教育部语用司2016年度调研项目

京津冀语言文字工作调研

长城文化带调研报告

河北省语言文字工作委员会办公室　编

河北大学出版社
·保定·

图书在版编目（CIP）数据

京津冀语言文字工作调研 ：长城文化带调研报告 / 河北省语言文字工作委员会办公室编. -- 保定 ：河北大学出版社，2017.12
ISBN 978-7-5666-1272-4

Ⅰ. ①京… Ⅱ. ①河… Ⅲ. ①汉语－语言学－调查报告－华北地区 Ⅳ. ①H1

中国版本图书馆 CIP 数据核字 (2017) 第 325651 号

京津冀语言文字工作调研——长城文化带调研报告
JINGJINJI YUYAN WENZI GONGZUO DIAOYAN
CHANGCHENG WENHUADAI DIAOYAN BAOGAO

出 版 人：耿金龙
责任编辑：韩立霞
装帧设计：赵 谦
责任印制：靳云飞

出版发行：河北大学出版社
地址：河北省保定市七一东路2666号 邮编：071000
电话：0312-5073033 0312-5073029
邮箱：hbdxcbs818@163.com 网址：www.hbdxcbs.com
印 刷：保定市北方胶印有限公司
开 本：787mm×1092mm 1/16
印 张：17.25
字 数：330千字
版 次：2017年12月第1版
印 次：2017年12月第1次印刷
书 号：ISBN 978-7-5666-1272-4
定 价：68.00元

《京津冀语言文字工作调研——长城文化带调研报告》

编 委 会

主　　任： 韩爱丽

副 主 任： 王　晖　张二刚　曹　昭

成　　员：（按姓氏笔画排序）

马志成　马美茹　龙凤江　白明珍　刘宏宇

许敬辉　杨　静　杨育才　何秀敏

主　　编： 王　晖

编写人员：（按姓氏笔画排序）

冯　玫　刘汛涛　许敬辉　吴丽君　张　进

魏志娟

调研团队成员

迁西县调研组： 刘汛涛　侯建华　刘伯群　王　斌　吴　菡

崇礼区调研组： 冯　玫　王晓东　张秀辉　段金旗　邓卫新　王海斌

常　乐　孟韶秀　郑　磊　张海涛

滦平县调研组： 吴丽君　王筱欢　马彦芳　郭志娟　于德富　梁　艳

田金虎　马　婧　何青霞　尉春艳

山海关区调研组： 张　进　龙凤江　张晓磊　张松竹　李　琦　关　凤

袁秀娥　刘玉敏

涞源县调研组： 杨育才　魏志娟　王栋祥　杨晓丽　任宝桥　赵海丽

刘　雅　张新永　孙抒格　曹国伟　项贵雪

前　言

万里长城横穿河北，连结京津，在河北境内长达2000多公里，大小关隘200多处，是长城保存最为完整最具代表性的区段。长城是中国古代以牧业经济为主的地区和以农业经济为主的地区之分界线。位于河北省的明代万里长城，东起秦皇岛市山海关老龙头，西至河北张家口怀安县马市口村进入山西省天镇县界。同时由北京市怀柔区结起一道内长城，经八达岭后进入河北省怀来县，复入北京市门头沟区，然后再进入涿鹿县，至涞源县，由涞源县七亩地村进入山西灵丘县境内。长城在河北省主要分布在秦皇岛市、唐山市、承德市、保定市、张家口市。

山海关是长城的起点，素有“天下第一关”之美誉，是中国名胜古迹荟萃、风光旖旎、气候宜人的历史文化古城和旅游避暑胜地。唐山境内长城蜿蜒220公里，遵化鹫峰山长城、迁西潘家口水下长城、迁安大理石长城、青山关、喜峰口、冷口关、监狱楼、七十二券楼、水门、长城砖窑、养马圈等皆为长城独秀，在国内外影响越来越大。金山岭长城建在金山岭山上，它是燕山的支脉，位于北京东北、承德南部，其东面是雾灵山，西面是卧虎岭，南通京都，北达坝上，是进出塞内外的咽喉要道，也是历史上兵家必争之地。保定地区明长城史称内长城，明朝叫作“次边”，西起偏关，东至怀柔与外长城汇合，著名的关隘有紫荆关、倒马关和龙泉关。张家口市辖区内长城修筑朝代最多，包括战国时期，秦、汉、北魏、北齐、唐、金、明等时代修筑的13段长城。

《京津冀语言文字事业协同发展战略协议书》于2015年6月4日由北京市、天津市、河北省三省市语言文字工作委员会的负责同志在张家口签订。该协议的签订，对促进京津冀三地文化交流、人文交流和经验交流，进一步提升京津冀语言文字区域竞争力、创新力，助力区域协同发展起到了积极的推动作用。

战略协议书签订后，河北省语委、教育厅着手规划京津冀语言文字事业协同发展调研项目。该项目共分三期，即长城文化带调研、运河文化带调研、太行山文化带调研等河北三大文化带调研。2016 年 1 月份，“京津冀语言文字工作协同发展调研项目第一期长城文化带调研”正式启动，河北省开展京津冀语言文字工作第一期调研。本次调研包括迁西县、崇礼区、滦平县、山海关区、涞源县等长城周边 5 县（区）的语言文字现状及发展对策研究，并形成调研报告，为京津冀语言文字事业协同发展政策调整提供理论依据和借鉴。

本书以历史的视角切入，从长城历史上用字为主的调研（迁西县）入手，到以迎 2022 年冬奥会为主题的社会用语用字规范化调研（崇礼区），再到普通话体验区建设为主的调研（滦平县），而后到旅游区用语用字规范化为主的调研（山海关区），最后到中小学校用语用字规范化为主的调研（涞源县）。本书的出版将为北京、天津、河北语言文字事业发展提供借鉴，促进京津冀协同发展。

本书由王晖同志负责组织领导，相关设区市语委办马志成、杨静、白明珍、龙凤江、杨育才等同志负责协调，许敬辉负责设计实施。迁西县调研材料由刘汛涛撰写，崇礼区调研材料由冯玫撰写，滦平县调研材料由吴丽君撰写，山海关区调研材料由张进撰写，涞源县调研材料由魏志娟撰写。

本书为教育部语用司 2016 年度调研项目。在整个调研过程中，河北省语委、教育厅领导给予了大力支持，相关设区市给予了积极配合，各调研团队努力进取、勇于探索，为形成全省的调研报告提供了充分的材料，在此一并表示感谢！

“路漫漫其修远兮，吾将上下而求索！”京津冀语言文字工作调研第一期只是一个起点，希望三期的调研为河北省语言文字事业的发展有所推进、有所借鉴、有所作用。

由于时间较紧，书中疏漏之处，敬请专家学者和读者提出宝贵意见。

编　者

2017 年 2 月 9 日于石家庄

目　录

迁西县历史文化用字调研报告

迁西县调研组　刘汛涛 执笔

迁西县地处河北省东北部，燕山南麓，长城脚下，滦河之滨，总面积1439平方公里，县城西距北京150公里，东距秦皇岛130公里，北距承德130公里，南距天津140公里。现辖17个乡镇、1个街道办事处，417个行政村、8个居委会，总人口41万（2016年）。其北部边界，长城绵延106.439公里；其西部重镇三屯营，为明代蓟镇总兵府所在地。因此，迁西全境均处于长城文化带中，其历史文化用字情况颇具典型意义。

迁西历史源远流长，文化底蕴比较深厚。早在旧石器时代，这里便有人类聚居；及至新石器时代，这里的文化已经十分发达。自有文字记载以来，其历史沿革大略如下：

迁西商代和西周时期属孤竹国，春秋中期以前为山戎、令支国地，春秋中期以后属燕国，秦属辽西郡离枝县。汉属幽州辽西郡令支县，西北部兼有右北平郡徐无县地。

三国魏省令支县入肥如，迁西遂属辽西郡肥如县。北魏太平真君七年（446年）令支并入阳乐县，仍属辽西郡。北齐省辽西郡入北平郡，省阳乐县入新昌县，遂为肥如、新昌二县地，属北平郡。隋开皇三年（583年）撤北平郡设平州，六年（586年）省肥如入新昌县，十八年（598年）改新昌县为卢龙县；大业三年（607年）改平州置北平郡，遂属北平郡卢龙县。唐仍为卢龙县地，属河北道平州。

辽代初期，太祖耶律阿保机（872—926）以定州安喜县（今定州市）俘户于今迁安一带置安喜县（属平州辽兴军），并于今迁西滦阳置滦河县（属中京道泽州），迁西遂分属安喜、滦河二县。金初省滦河县入神山县，改安喜县为迁安县。

金承安二年（1197年）置惠州，升孩儿馆（辽称“汉儿馆”）为滦阳县（治今汉儿庄）以隶之；泰和四年（1204年），罢惠州及滦阳县，省入神山县。元分属迁安、惠州。初于滦阳县故城（今汉儿庄）置惠州，无属县，后省神山县入惠州。

明洪武初，惠州省入迁安县，属永平府。永乐十九年（1421年），改北京为京师，设北直隶，迁西遂属北直隶永平府迁安县。

清属直隶省永平府，为迁安县地。民国二年（1913 年）属直隶省渤海道，为迁安县地；次年改属津海道，仍为迁安县地；十七年（1928 年）属河北省迁安县。民国二十二年（1933 年），迁西被日军侵占，后属伪“冀东防共自治政府”。

1937 年 7 月 7 日抗日战争全面爆发后，迁西成为晋察冀边区冀东革命根据地的一部分，开始建立革命政权。兴城、滦河以北地区建立迁（安）遵（化）兴（隆）联合县，兴城、滦河以南地区建立丰（润）滦（县）迁（安）联合县。此二县在 1943 年 7 月前属晋察冀边区冀东专区，后改属冀热边区第二专区。

1945 年丰滦迁县改属冀热辽区十五专区。同年秋日本投降，曾成立迁北县，仅 20 天后即改为迁西办事处。1946 年建迁西县（县佐），属冀东区十二专区。

1947 年正式建立迁西县，因位于迁安县之西，故名迁西。

1949 年 8 月 1 日河北省人民政府成立，迁西县（驻兴城）划归河北省，属唐山专区。

1949 年 10 月 1 日中华人民共和国成立后，迁西县仍属河北省唐山专区。

1958 年 12 月 20 日撤销迁西县，并入遵化、迁安二县。1961 年 7 月 9 日以原辖区恢复迁西县，仍属唐山专区（1968 年改为唐山地区）。

1983 年 5 月 5 日撤销唐山地区，迁西县划归唐山市管辖至今。

在调研过程中，我们以迁西历史沿革为线索，先后访察石刻遗存 50 余处，查阅文物资料 100 余份，拍摄相关图片 1000 余幅，整理拓片 300 余张，搜集《逸周书》《管子》《吕氏春秋》《三国志》《水经注》《契丹国志》《止止堂集》《练兵实纪》《四镇三关志》《天下郡国利病书》《畿辅通志》《永平府志》等古籍 150 余种；在此基础上，进行分类梳理，开展历史文化用字研究，取得了比较丰富的调研成果。现将有关情况报告如下，以就教于大方之家。

一、迁西历史文化用字的滥觞

《淮南子·本经训》云：“昔者苍颉作书，而天雨粟，鬼夜哭……”此语虽系传说之言，但借其说明文字的创造足以惊天地、泣鬼神则毫不为过。因为，系统的语言成为人与禽兽分离的重要标志，而文字符号的诞生与应用方使人类进入了“有史以来”的文明社会。

从仓颉（又称“苍颉”）造字的古老传说到 100 多年前甲骨文的发现，历代学者一直致力于揭开汉字起源之谜。结绳说、图画说、八卦说、仓颉造字说、河图洛书说等，均有较大影响，但各家至今争论不休，一直没有定论。

那么，地处长城文化带的迁西，又是从何时开始使用文字，自何时融入华夏文明体系的呢？在本次调研中，我们结合考古发现，查阅大量古籍，本着实事求是的原则，进行了追根溯源式的研究探讨。

（一）史前文物映现的文明曙光

地处燕山南麓、滦河中游的迁西，以其独特的地理位置、丰富的物产资源、优越的气候条件，自然而然地成为人类的发祥地之一。20 世纪 80 年代以来，文物工作者相继在迁西发现了泉庄旧石器时代文化遗址、西寨新石器时代文化遗址等一系列史前文化遗址。在这些古文化遗址中，考古工作者不仅发现了朴拙粗粝的砍砸器、投掷器、石网坠等打制石器，而且发现了制作精细的石斧、石刀、石磨棒等磨制石器；不仅发现了罐、碗、杯、樽等丰富多彩的各类陶器，而且发现了石质双人头像、太阳纹刻石等雕琢精美的石刻艺术品。这些发现无可辩驳地证明：早在 5 万多年前，我们的祖先就在迁西择山以聚、傍水而居，相濡以沫、生息繁衍；早在 7000 多年前，迁西人便开始步入新石器时代，并在不断发展中创造了令人惊叹的史前文化。

从严格意义上来说，迁西早期的打制石器，还难以列入石刻的范畴。但我们认为，早在 7000 多年前就开始出现的磨制石器，已经初步具备了石刻文化的美学特征，完全可以视为石刻文化的发端；而后来采用雕琢之法制作的石刻艺术品，则标志着迁西的石刻文化开始走向成熟，证明先民的符号意识已经十分强烈，这无疑为文字的出现与使用奠定了坚实的基础。

1. 西寨古文化遗址出土的石质双人头像的象征意义

西寨古文化遗址出土的石质双人头像，是迄今为止我国发现的年代最早的一件史前石质双人雕像，距今至少已有 7000 年的历史。它的发现，当年曾震动国内考古界。（图 1）

图 1　西寨石质双人头像

1990 年 3 月，这件小型石雕在西寨古文化遗址考古发掘中重见天光，顿时令考古工作者眼前一亮。因为，在此前的新石器时代考古发掘中，国内虽有许多形态不一的石雕人像相继出土，但双人连体石像却从未出现过。

这件小型石雕，高 2.5cm，宽 3.5cm，厚 1.3cm，由红色砂岩雕刻而成。人面呈蛋圆形，眉、眼、鼻、口俱全，比例协调适度。背面钻有四个小孔，便于系绳佩戴。

从社会学的角度来分析，作品中双人并列，一男一女，不仅突出体现了西寨人的性别意识，而且凸显了一种男女对应关系。这说明，当年的西寨部落，已经出现了对偶婚的萌芽。

从艺术的角度来看，这件作品属半圆雕，但在表现人的五官时却采用了阴刻技法，可谓别出心裁；其构思之巧妙，刀法之纯熟，令人拍案叫绝。

如果说石斧、石网坠等早期打磨石器还属于石刻文化萌芽之作的话，那么西寨石质双人头像的诞生，则宣告了迁西石刻艺术的升堂入室。

2. 西寨古文化遗址出土太阳纹刻石的符号特征

西寨古文化遗址出土的太阳纹刻石是一件精美的史前石刻艺术作品，20 世纪 80 年代发现于西寨古文化遗址西侧，现收藏于迁西县文物管理所。

这件石刻作品，长 14.7cm，厚 4cm，一端高 7.8cm，另一端高 4.5cm，由一块鹅卵石雕刻而成。在创作过程中，此石被划分为上、中、下三个部分：上面做留白处理，中间用娴熟的阴刻技法勾画出一组连续的日出日落图案，下面巧借粗糙的自然岩面作为河水。整组图案分正反两面，每面均在左右两端各刻出一个弧形的太阳，每个太阳发出 4—7 道光芒，射向天空；四个太阳之间，均有优美的光线相互连接。（图 2、图 3）

图 2　西寨太阳纹刻石正面

图 3　西寨太阳纹刻石背面

仔细审视这件石刻作品，一幅意境悠远的艺术画卷便会赫然展现在我们面前：天空高远，大河奔流，光芒四射的太阳从东方冉冉升起，继而又循着自然的轨迹徐徐落向西方；四季轮回，周而复始，无穷无尽……

通过这件精美的刻石，我们可以发现：早在 6000 多年前，西寨人便有了强烈的审美意识和太阳崇拜意识；他们不仅掌握了太阳的运行规律，而且关注到了四季的周期变化。

从文化学的角度来看，这件作品创意独特，构图完美，刀法洗练，线条流畅，令人叹为观止。不仅如此，由于作者在创作中大胆地引入了时间理念，这件作品还具有了四维空间的张力和抽象的符号意义。单从这一点来说，便足以令人相信：迁西一带符号创制的端倪已经悄然出现，文字应用的曙光已经喷薄欲出。

（二）先秦典籍中迁西故地的文字呈现

迁西春秋初期为孤竹、山戎、令支国地，春秋中期以后属燕国。由于地处游牧文化与农耕文化交汇的边缘地带，所以先秦典籍中关于迁西故地的明确记载比较稀少。但是，经过认真查考，我们发现，相关文字记载仍如草蛇灰线、伏脉千里，从中不仅可以寻获与迁西有关的历史流痕，而且可以窥知先贤述及此地时的用字情况。

1.《逸周书》关于孤竹、（不）令支、山戎的文字记载

《逸周书·王会解》载："成周之会……北方台正东……**孤竹距虚，不令支玄獏，**不屠何青熊。东胡黄罴，山戎戎菽……"（图 4）晋五经博士孔晁注云："孤竹，东北夷；距虚，野兽，驴骡之属。""不令支皆东北夷；獏，白狐，玄獏，则黑狐。""山戎，亦东北夷；戎菽，巨豆也。"清代学者卢文弨案："《汉志》，辽西郡有令支县，即其地也。疑'不'字及注中'皆'字并衍。否则'不'字当为发声，注乃误耳。"

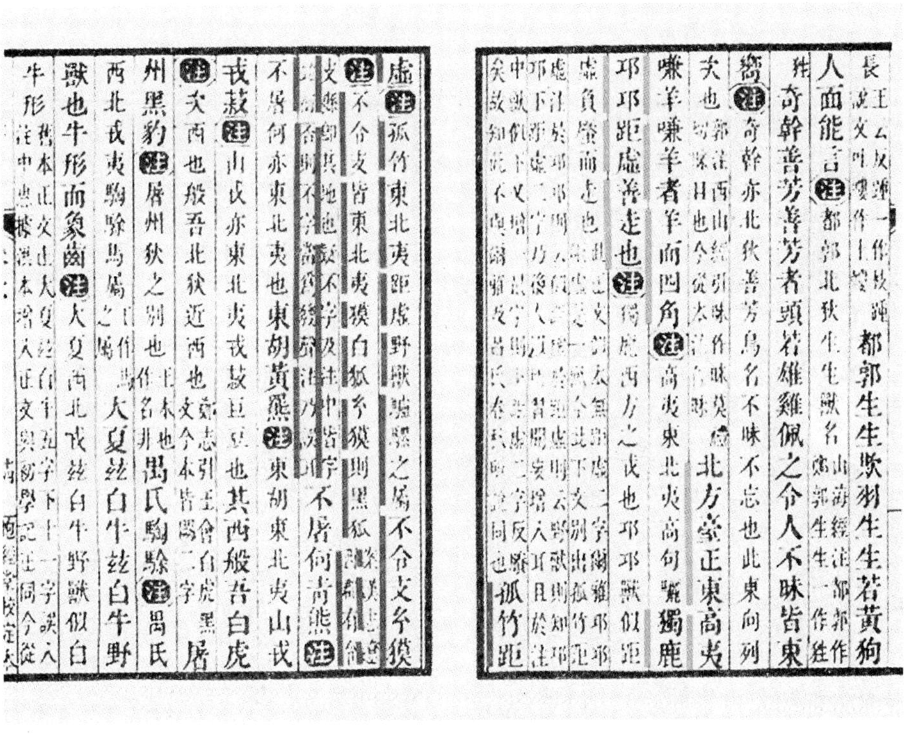

图 4　乾隆丙午抱经堂雕《逸周书》书影

《逸周书》原名《周书》，晋代始称此名，《隋书·经籍志》题为《汲冢周书》（实非汲冢所出），相传乃孔子编选《尚书》百篇之余，故不入"六经"。作者不详。此书

与《尚书》相类，系记录周朝诰誓辞命及重大事件的一部史书，经后代学者考证，确定为先秦古籍。今本全书 10 卷，正文 70 篇。其叙事上起周文王，下至春秋后期的灵王、景王。内容庞杂，体例不一，性质各异。其中不少史实，可以和《尚书》《史记》《礼记》《周礼》等典籍中的记载相互印证，为研究周代历史的重要资料。书中关于孤竹、（不）令支、山戎、东胡参加成周（洛阳）之会向周成王纳贡的文字记载，证明孤竹、（不）令支等方国与东胡、山戎部族曾长期并存，不仅关系十分密切，而且皆臣服于周王室。这为我们了解商周时期迁西、迁安一带历史发展情况提供了重要线索。

2.《国语》《管子》等关于山戎、令支（离枝）、孤竹的文字记载

《国语・齐语》载：“（齐桓公）即位数年……遂**北伐山戎，刜令支，斩孤竹而南归**，海滨诸侯莫不来服。”韦昭（三国时期学者）注云：“山戎，今之鲜卑，以其病燕，故伐之。”“（令支、孤竹）二国，山戎之与也。刜，击也；斩，伐也。令支，今为县，属辽西。”（图 5）《左传・庄公》亦载：鲁庄公三十年冬，齐桓公见鲁庄公，“谋山戎也，以其病燕故也。”

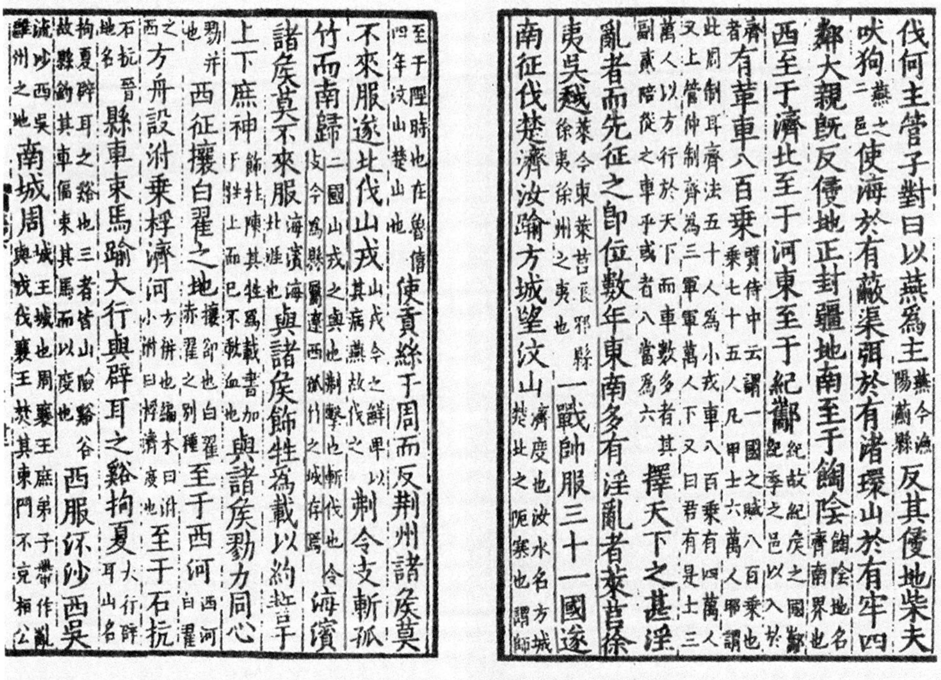
伐何主管子對曰以燕爲主燕今漁陽薊縣反其侵地柴夫
吠狗燕之二邑使海於有蔽渠弭於有渚環山於有牢四
鄰大親既反侵地正封疆地南至于䧟陰䧟陰地名齊南界也
西至于濟北至于河東至于紀酅紀故紀侯之國酅紀季之邑以入於
齊者有革車八百乘賈侍中云謂一國之賦八百乘也乘七十五人凡甲士六萬人鄭謂
此周制耳齊法五十人爲小戎車八百乘有四萬人又上管仲制齊爲三軍軍萬人下又曰君有是士三
萬人以方行於天下而車數多者其副貳陪從之車乎或者八當爲六擇天下之甚淫
亂者而先征之即位數年東南多有淫亂者萊莒徐
夷吳越萊今東萊莒琅邪縣徐夷徐州之夷也一戰帥服三十一國遂
南征伐楚濟汝踰方城望汶山濟度也汝水名方城楚北之阨塞也謂師

至于陘時也在魯僖四年汶山楚山也使貢絲于周而反荊州諸侯莫
不來服遂北伐山戎山戎今之鮮卑以其病燕故伐之刜令支斬孤
竹而南歸二國山戎之與也刜擊也斬伐也令支今爲縣屬遼西孤竹之城存焉海濱
諸侯莫不來服海濱海北涯也與諸侯飾牲爲載以約誓于
上下庶神飾牲陳其牲爲載書加于牲上而已不歃血也與諸侯勠力同心
勠并也西征攘白翟之地攘卻也白翟赤翟之別種至于西河西河白翟
之西方舟設泭乘桴濟河方併也編木曰泭小泭曰桴濟度也至于石抗
石抗晉地名縣車束馬踰大行與辟耳之谿拘夏大行辟耳山名
拘夏辟耳之谿也三者皆山險谿谷故縣鈎其車偏束其馬而以度也西服流沙西吳
流沙西吳雝州之地南城周城王城也周襄王庶弟子帶作亂與戎伐襄王焚其東門不克桓公

图 5　明金李泽远堂刊韦昭解本《国语》书影

《管子·大匡》载：“狄人伐，桓公告诸侯曰：‘请救伐。’诸侯许诺。大侯车二百乘，卒二千人；小侯车百乘，卒千人。诸侯皆许诺。齐车千乘，卒可致缘陵。战于后故，败狄。其车甲与货，小侯受之，大侯近者，以其县分之，不践其国。北州侯莫来，桓公遇南州侯于召陵，曰：‘狄为无道，犯天子令，以伐小国；以天子之故，敬天之命，令以救伐。北州侯莫至，上不听天子令，下无礼诸侯，寡人请诛于北州之侯。’诸侯许诺。**桓公乃北伐令支，下凫之山，斩孤竹，遇山戎。**”（图 6）

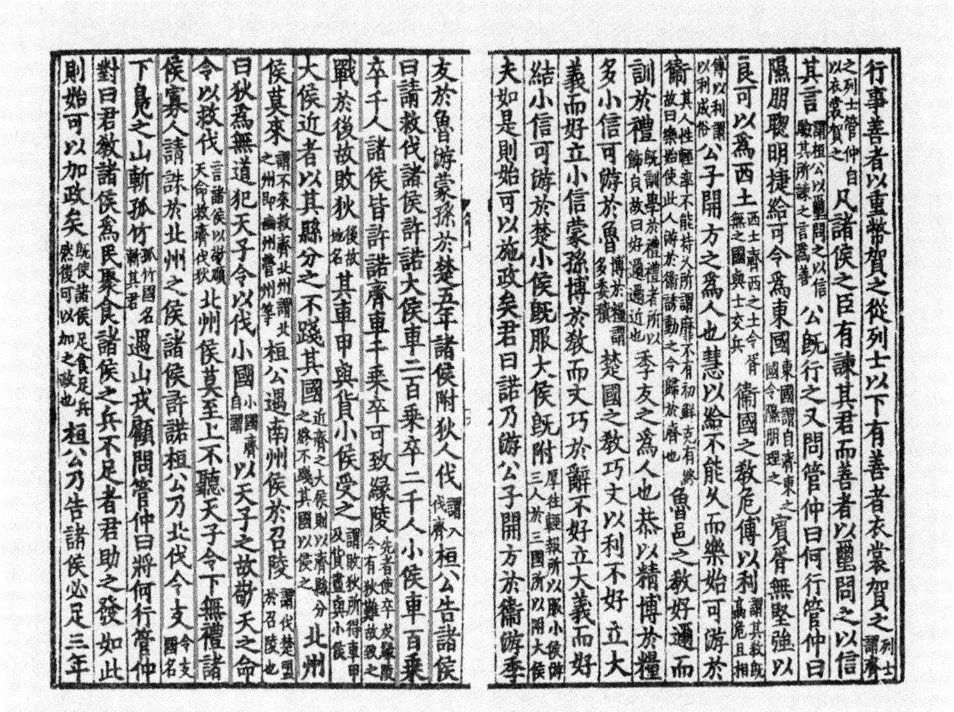
行事善者以重幣賀之從列士以下有善者衣裳賀之（列士謂齊
之列士管仲自以衣裳賀之）凡諸侯之臣有諫其君而善者以璽問之以信
其言（謂桓公以璽問之以信驗其所諫之言爲善）公既行之又問管仲曰何行管仲曰
隰朋聰明捷給可令爲東國（東國謂自齊東之國令隰朋理之）賓胥無堅強以
良可以爲西土（西土齊西之土令胥無之國與士交兵）衛國之教危傅以利（謂其教既高危且相
傅以利謂以利成俗）公子開方之爲人也慧以給不能久而樂始可游於
衛（其人性輕率不能持久所謂靡不有初鮮克有終故曰樂始使此人游於衛誘動之令歸於齊也）魯邑之教好邇而
訓於禮（既訓學於禮禮者所以飾良故曰好邇邇近也）季友之爲人也恭以精博於糧
多小信可游於魯（博於糧多委積）楚國之教巧文以利不好立大
義而好立小信蒙孫博於教而文巧於辭不好立大義而好
結小信可游於楚小侯既服大侯既附（厚往輕報所以服小侯游三人於三國所以附大侯）
夫如是則始可以施政矣君曰諾乃游公子開方於衛游季
友於魯游蒙孫於楚五年諸侯附狄人伐（謂入伐齊）桓公告諸侯
曰請救伐諸侯許諾大侯車二百乘卒二千人小侯車百乘
卒千人諸侯皆許諾齊車千乘卒可致緣陵（先者使卒戍緣陵今有狄難故致之）
戰於後故敗狄（後故地名）其車甲與貨小侯受之（謂敗狄所得車甲及貨盡與小侯）
大侯近者以其縣分之不踐其國（近齊之大侯則以齊縣分之終不踐其國以侵之）北州
侯莫來（謂不來救齊北州謂北之州即幽州營州等）桓公遇南州侯於召陵（謂伐楚盟於召陵也）
曰狄爲無道犯天子令以伐小國（小國齊自謂）以天子之故敬天之命
令以救伐（言諸侯以敬順天命救齊伐狄）北州侯莫至上不聽天子令下無禮諸
侯寡人請誅於北州之侯諸侯許諾桓公乃北伐令支（令支國名）
下鳧之山斬孤竹（孤竹國名斬其君）遇山戎顧問管仲曰將何行管仲
對曰君教諸侯爲民聚食諸侯之兵不足者君助之發如此
則始可以加政矣（既使諸侯足食足兵然後可以加之政也）桓公乃告諸侯必足三年

图 6 宋刊唐房玄龄注本《管子》书影之一

《管子·小匡》载：“桓公东救徐州，分吴半。存鲁蔡陵，割越地。南据宋、郑，征伐楚，济汝水，逾方地，望文山，使贡丝于周室。成周反胙于隆岳，荆州诸侯莫不来服。中救晋公，禽狄王，败胡貉，破屠何，而骑寇始服。**北伐山戎，制泠支，斩孤竹，而九夷始听，海滨诸侯莫不来服。**”（图 7）

《管子·轻重甲》载：“桓公曰：‘天下之国，莫强于越。**今寡人欲北举事孤竹、离枝，恐越人之至，为此有道乎？’……桓公终北举事于孤竹、离枝。**”（图 8）

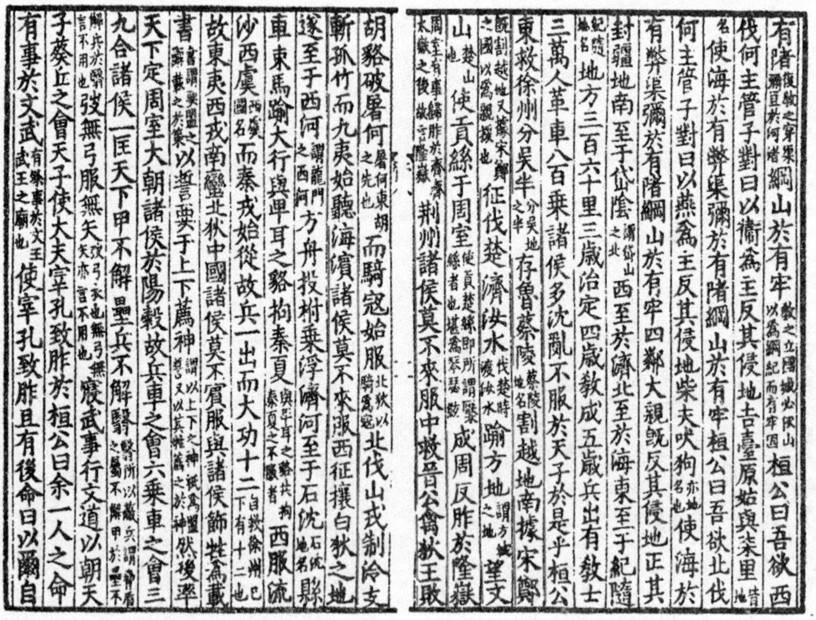

有渚（復較之穿渠瀰亘於河渚）綱山於有牢（敎之立國城必依山以為綱紀而有牢固）桓公曰吾欲西
伐何主管子對曰以衞為主反其侵地吉臺原姑與柒里（皆地
名）使海於有弊渠彌於有渚綱山於有牢桓公曰吾欲北伐
何主管子對曰以燕為主反其侵地柴夫吠狗（亦地名也）使海於
有弊渠彌於有渚綱山於有牢四鄰大親既反其侵地正其
封疆地南至于岱陰（謂岱山之北）西至於濟北至於海東至于紀隨
（紀隨地名）地方三百六十里三歲治定四歲敎成五歲兵出有敎士
三萬人革車八百乘諸侯多沈亂不服於天子於是乎桓公
東救徐州分吴半（分吴地之半）存魯蔡陵（蔡陵地名）割越地南據宋鄭
（既割越地又據宋鄭之國以為親援也）征伐楚濟汝水（伐楚時渡汝水）踰方地（謂方城之地）望文
山（楚山也）使貢絲于周室（使貢楚絲即所謂繫絲者也堪為琴瑟絃）成周反胙於隆嶽
（周室有事歸胙於齊齊太嶽之後故云隆嶽）荆州諸侯莫不來服中救晉公禽狄王敗
胡貉破屠何（屠何東胡之先也）而騎寇始服（北狄以騎為寇）北伐山戎制泠支
斬孤竹而九夷始聽海濱諸侯莫不來服西征攘白狄之地
遂至于西河（謂龍門之西河）方舟投柎乘浮濟河至于石沈（石沈地名）縣
車束馬踰大行與卑耳之貉拘秦夏（與卑耳之貉共拘秦夏之不服者）西服流
沙西虞（西虞國名）而秦戎始從故兵一出而大功十二（自救徐州已下有十二也）
故東夷西戎南蠻北狄中國諸侯莫不賓服與諸侯飾牲為載
書（會謂要盟之辭載之於策）以誓要于上下薦神（謂以上下之神祇為盟誓又以其辭薦之於神）然後率
天下定周室大朝諸侯於陽穀故兵車之會六乘車之會三
九合諸侯一匡天下甲不解壘兵不解翳（翳所以藏兵謂弓盾之屬不解甲於壘不
解兵於翳言不用也）弢無弓服無矢（弢弓衣也無弓無矢亦言不用也）寢武事行文道以朝天
子葵丘之會天子使大夫宰孔致胙於桓公曰余一人之命
有事於文武（有事於文王武王之廟也）使宰孔致胙且有後命曰以爾自

图 7　宋刊唐房玄龄注本《管子》书影之二

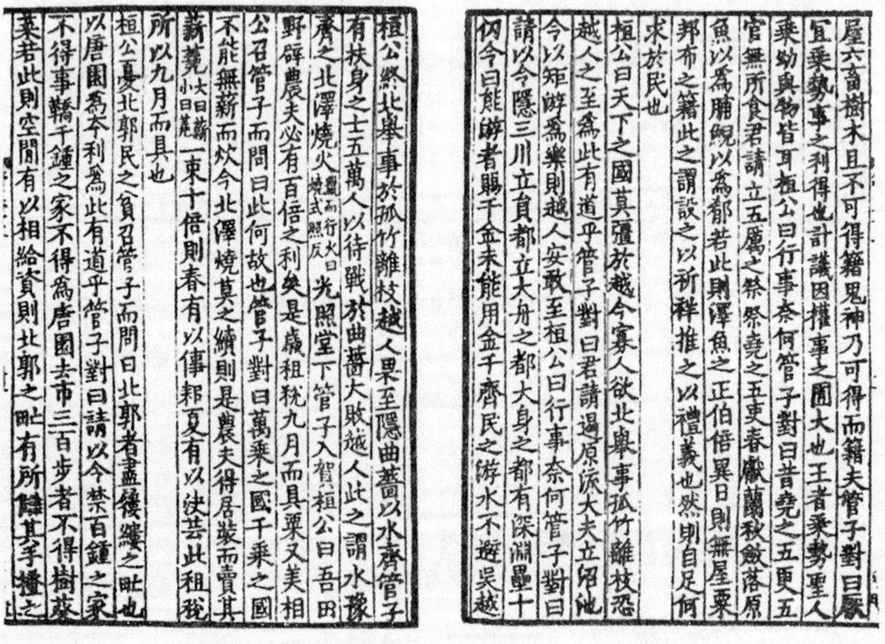

屋六畜樹木且不可得籍鬼神乃可得而籍夫管子對曰厭
宜乘勢事之利得也計議因權事之圖大也王者乘勢聖人
乘幼與物皆耳桓公曰行事奈何管子對曰昔堯之五吏五
官無所食君請立五厲之祭祭堯之五吏春獻蘭秋斂落原
魚以為脯鯢以為都若此則澤魚之正伯倍異日則無屋粟
邦布之籍此之謂設之以祈祥推之以禮義也然則自足何
求於民也
桓公曰天下之國莫彊於越今寡人欲北舉事孤竹離枝恐
越人之至為此有道乎管子對曰君請遏原流大夫立沼池
令以矩游為樂則越人安敢至桓公曰行事奈何管子對曰
請以令隱三川立員都立大舟之都大身之都有深淵壘十
仞令曰能游者賜千金未能用金千齊民之游水不避吳越
桓公終北舉事於孤竹離枝越人果至隱曲菑以水齊管子
有扶身之士五萬人以待戰於曲菑大敗越人此之謂水豫
齊之北澤燒火（爨而行火曰燒武照反）光照堂下管子入賀桓公曰吾田
野辟農夫必有百倍之利矣是歲租稅九月而具粟又美桓
公召管子而問曰此何故也管子對曰萬乘之國千乘之國
不能無薪而炊今北澤燒莫之續則是農夫得居裝而賣其
薪蕘（大曰薪小曰蕘）一束十倍則春有以傳耜夏有以決芸此租稅
所以九月而具也
桓公憂北郭民之貧召管子而問曰北郭者盡屨縷之甿也
以唐園為本利為此有道乎管子對曰請以令禁百鍾之家
不得事轜千鍾之家不得為唐園去市三百步者不得樹葵
菜若此則空閒有以相給資則北郭之甿有所歸其手搔之

图 8　宋刊唐房玄龄注本《管子》书影之三

《管子·轻重戊》载："桓公问于管子曰：'代国（汛涛按：商、周诸侯国之一，疆域在今山西大同与河北蔚县一带）之出何有？'管子对曰：'代之出狐白之皮，公其贵买之。'管子曰：'狐白应阴阳之变，六月而壹见，公贵买之，代人忘其难得，喜其贵买，必相率而求之，则是齐金钱不必出，代民必去其本而居山林之中；**离枝闻之，必侵其北；离枝侵其北，代必归于齐**。公曰今（汛涛按：抄本《册府元龟》作"公其令"，是也）齐载金钱而往。'桓公曰：'诺。'即令中大夫王师北将人徒载金钱之代谷之上，求狐白之皮。代王闻之，即告其相曰：**'代之所以弱于离枝者，以无金钱也。今齐乃以金钱求狐白之皮，是代之福也。子急令民求狐白之皮以致齐之币，寡人将以来离枝之民。'**代人果去其本，处山林之中，求狐白之皮。二十四月而不得一。**离枝闻之，则侵其北。代王闻之，大恐，则将其士卒葆于代谷之上。离枝遂侵其北，王即将其士卒愿以下齐。齐未亡一钱币，修使三年而代服。**"（图 9）

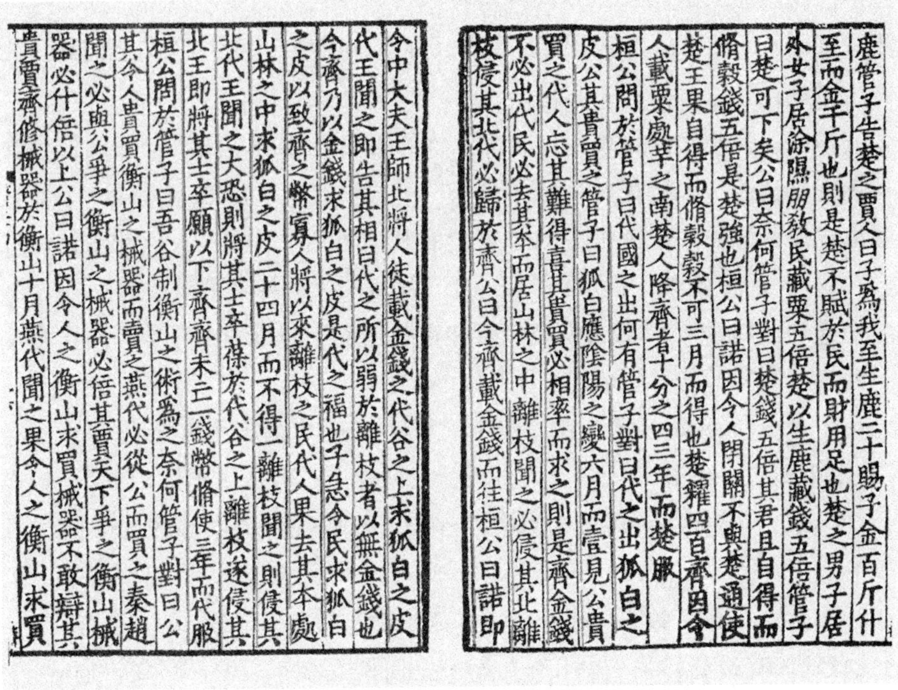
鹿管子告楚之賈人曰子為我至生鹿二十賜子金百斤什
至而金千斤也則是楚不賦於民而財用足也楚之男子居
外女子居涂隰朋教民藏粟五倍楚以生鹿藏錢五倍管子
曰楚可下矣公曰奈何管子對曰楚錢五倍其君且自得而
脩穀錢五倍是楚強也桓公曰諾因令人閉關不與楚通使
楚王果自得而脩穀穀不可三月而得也楚糴四百齊因令
人載粟處芊之南楚人降齊者十分之四三年而楚服
桓公問於管子曰代國之出何有管子對曰代之出狐白之
皮公其貴買之管子曰狐白應陰陽之變六月而壹見公貴
買之代人忘其難得喜其貴買必相率而求之則是齊金錢
不必出代民必去其本而居山林之中離枝聞之必侵其北離
枝侵其北代必歸於齊公曰令齊載金錢而往桓公曰諾即
令中大夫王師北將人徒載金錢之代谷之上求狐白之皮
代王聞之即告其相曰代之所以弱於離枝者以無金錢也
今齊乃以金錢求狐白之皮是代之福也子急令民求狐白
之皮以致齊之幣寡人將以來離枝之民代人果去其本處
山林之中求狐白之皮二十四月而不得一離枝聞之則侵其
北代王聞之大恐則將其士卒葆於代谷之上離枝遂侵其
北王即將其士卒願以下齊齊未亡一錢幣脩使三年而代服
桓公問於管子曰吾谷制衡山之術為之奈何管子對曰公
其令人貴買衡山之械器而賣之燕代必從公而買之秦趙
聞之必與公爭之衡山之械器必倍其賈天下爭之衡山械
器必什倍以上公曰諾因令人之衡山求買械器不敢辯其
貴賈齊修械器於衡山十月燕代聞之果令人之衡山求買

图 9　宋刊唐房玄龄注本《管子》书影之四

《国语》又名《春秋外传》或《左氏外传》，是中国最早的一部国别体史书，相传为春秋末年鲁国史官左丘明所撰。全书凡 21 卷，分周、鲁、齐、晋、郑、楚、吴、越八国记事，对研究春秋时期的历史具有非常重要的价值。其记事时间，上起西周中期，下迄春秋战国之交，前后达五百余年。其中《齐语》一卷，主要记载管仲辅佐齐桓公称霸而采取的内政外交措施及其相关历史事件，许多内容与《管子》中的相关记载基本一致。

《管子》是记录春秋时期齐国政治家、思想家管仲及管仲学派言行事迹的一部重要著作。《汉书·艺文志》将其列入子部道家类，《隋书·经籍志》将其列入法家类。原书 86 篇，至唐亡佚 10 篇，今本存 76 篇，托名管仲著。其实《管子》同许多先秦典籍一样，既非一人之著，亦非一时之书，当是一部稷下学派的文集汇编。此书内容较为庞杂，汇集了道、法、儒、名、兵、农、阴阳等百家之学，反映了齐国变法时期的政治、军事、外交实践。其思想特点是将道家、法家思想有机地结合起来，同时积极吸收儒家、墨家等学派的思想长处，主张礼法结合，倡导确立严格的等级名分体系及以之为基础的社会道德规范。这些思想主张，适应了春秋战国时期的社会需要，因此在诸子百家中占有十分重要的地位。书中关于山戎、令支（泠支、离枝）、孤竹的记载，可与《国语》相印证。

通观《国语》《管子》关于山戎、令支（泠支、离枝）、孤竹的文字记载，我们可以得出如下结论：

一是齐桓公、管仲北伐山戎、令支、孤竹的历史事件基本属实，齐桓公和管仲征战的足迹确曾抵达迁西、迁安一带。

二是以迁安、迁西一带为中心的令支国春秋时期曾十分强大，不仅能够与山戎、孤竹联合“病燕”，而且“上不听天子令，下无礼诸侯”，甚至可以威胁远在今山西东北部的代国并“侵其北”，以致齐桓公、管仲在图谋霸业的过程中经常将其作为重点研究对象，并且不惜劳师袭远，对其进行征伐。

三是由于令支长期被中原人视为蛮夷之国，以至其国名用字杂乱不一，甚至在《管子》一书中即有“令支”“泠支”“离枝”三种称谓；但从《国语》《管子》表述内容来看，“令支”“泠支”“离枝”当指以迁安、迁西一带为中心的同一侯国或地域无疑。

3.《吕氏春秋》《战国策》关于令疵塞和燕国物产的文字记载

《吕氏春秋·有始览》载：“山有九塞……何谓九塞？大汾，冥阨，荆阮，方城，殽，井陉，**令疵**，句注，居庸。”毕沅校注云：“《淮南》注云：‘令疵在辽西。’则即是令支，乃齐桓所剬者。”（图 10）

《吕氏春秋》是在秦国丞相吕不韦主持下，集合门客编撰的一部综合性理论巨著，成书于秦始皇统一中国前夕（公元前 239 年前后）。此书上应天时，中察人情，下观地利，以儒家学说为主干，以道家理论为基础，以名、法、墨、农、兵、阴阳家思想学说为素材，熔诸子百家学说为一炉，闪烁着博大精深的智慧之光。全书共分 26 卷，含

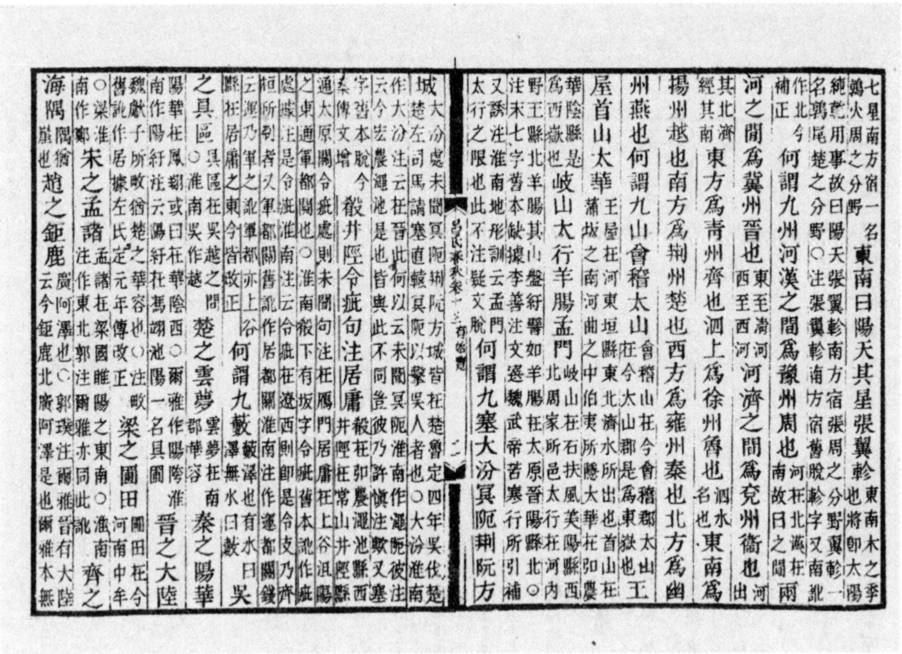

图 10　清乾隆五十三年灵岩山馆藏版《吕氏春秋》（高诱注、毕沅辑校本）书影

十二纪、八览、六论，计 20 余万字，对了解先秦时期政治思想和社会发展情况具有重要的研究价值。

据考证，令疵塞在辽西令支县西北，当即汉之卢龙塞，位于今迁西境内潘家口一带（下文详述）。《吕氏春秋》将其与井陉、句注（今雁门关）、居庸等并称，列为天下九塞之一，可见其战略地位在战国时期即已十分重要。这段文字记载虽极简要，但为我们考证迁西边塞地名变迁和用字情况提供了十分重要的依据。

《战国策·燕策》载：“苏秦将为**从**，北说燕文侯曰：‘燕东有朝鲜、辽东，北有林胡、楼烦，西有云中、九原，南有**呼沲**、易水。地方二千里，带甲数十万，车七百乘，骑六千匹，粟支十年。南有碣石、雁门之饶，**北有枣栗之利，民虽不田作，枣栗之实足食于民矣**。’此所谓天府也。”（图 11）

《战国策》是一部国别体史学著作，又称《国策》。记事年代起于战国初年，止于秦灭六国，约有 240 年的历史。此书记述了战国时期游说之士的政治主张和言行策略，展示了东周列国的历史特点和社会风貌，是研究战国历史的重要典籍。其作者并非一人，成书亦非一时，西汉刘向编定为十二策、三十三卷，书名亦为刘向所拟定。

今本《战国策》虽编订于西汉，但所收史料主要出自先秦，因此可以视为先秦典籍。书中关于燕国“北有枣栗之利，民虽不田作，枣栗之实足食于民矣”的描述，证

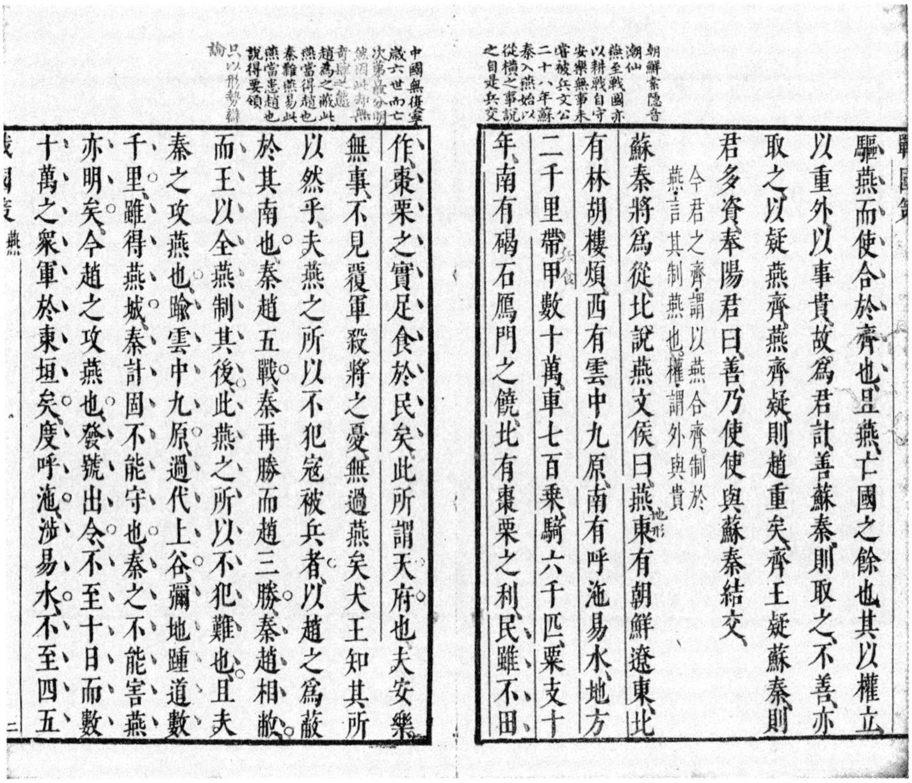
戰國策
驅燕而使合於齊也且燕亡國之餘也其以權立
以重外以事貴故爲君計善蘇秦則取之不善亦
取之以疑燕齊燕齊疑則趙重矣齊王疑蘇秦則
君多資奉陽君曰善乃使使與蘇秦結交
今君之齊謂以燕合齊制於燕言其制燕也權謂外與貴
蘇秦將爲從北說燕文侯曰燕東有朝鮮遼東北
有林胡樓煩西有雲中九原南有呼沲易水地方
二千里帶甲數十萬車七百乘騎六千匹粟支十
年南有碣石鴈門之饒北有棗栗之利民雖不田
作棗栗之實足食於民矣此所謂天府也夫安樂
無事不見覆軍殺將之憂無過燕矣大王知其所
以然乎夫燕之所以不犯寇被兵者以趙之爲蔽
於其南也秦趙五戰秦再勝而趙三勝秦趙相斃
而王以全燕制其後此燕之所以不犯難也且夫
秦之攻燕也踰雲中九原過代上谷彌地踵道數
千里雖得燕城秦計固不能守也秦之不能害燕
亦明矣今趙之攻燕也發號出令不至十日而數
十萬之衆軍於東垣矣度呼沲涉易水不至四五

图 11　明万历四十七年三色套印本《战国策》（闵齐伋裁注集评本）书影

明早在战国时期，大枣和板栗已成为燕山地区重要的经济作物。迁西地处燕山南麓，作为驰名中外的中国板栗之乡，其板栗栽培历史于此可以找到确切的文字依据。

综合分析先秦典籍与迁西有关的文字记载，研究迁西一带早期用字情况，我们可以发现：春秋中期以前，以迁西、迁安一带为核心的令支虽曾十分强大，并有新石器时代石刻文化的丰厚底蕴，但由于地处中原文化与游牧文化交错的边缘地带，因此对文字的使用并未形成自己的独立系统，甚至可能如《史记》所说，这里的先民与山戎、猃狁、荤粥等北方民族相似，“毋文书，以言语为约束”（《史记·匈奴列传》）；而由于远离中原政治中心，以中原文化为视角的先秦典籍多视这一带为蛮夷之地，及至战国晚期，对其用字仍缺乏统一性和规范性。最典型的例证是，对“令支”这一重要国名（或地名）的记载就有“不令支”“令支”“泠支”“离枝”“令疵”等多种不同的用字表达方式。此外，这些早期记载中古字和异体字运用较多，与后世通行文字对比，形成了比较突出的古今字和异体字现象，如：“禽”同“擒”，“见”同“现”，“从”同“纵”（古今字）；“句注”通“勾注”，“呼沲”通“滹沱”（异体字）等。由此我们亦可窥知中国古代文字发展变化的明显轨迹。

（三）青铜时代的辉煌与迁西早期的文字应用

如果说，先秦典籍中的相关文字记载，对迁西而言尚属“被用字”，不足以全面说明迁西一带早期实际用字情况；那么，迁西境内出土的战国文物，则可以为我们提供更为确凿的考证依据。

1. 大黑汀战国古墓青铜器的精美纹饰和疑似文字的发现

1989 年 5 月，迁西县文物管理所与河北省文物研究所对迁西县大黑汀村战国中期古墓群进行抢救性发掘，结果不仅发现了盉、壶、盘、匜、罐等大量完整、精美的陶器与玛瑙环、镳和青铜剑、戈等重要文物，而且还发现了敦、豆、鼎、盨等四件近乎完整的青铜器。这四件青铜器纹饰极其精美，其间不仅有常见的夔龙纹、云雷纹、蟠螭纹等，而且还有目前尚无法辨识的疑似文字的符号。其中的青铜鼎底部纹饰为圆环加十字，非常像金文“田”字。虽然目前文物专家尚不敢确定，但我们至少可以认为它带有明显的文字特征。（图 12、图 13、图 14、图 15）

图 12　大黑汀战国古墓出土的青铜敦

图 13　大黑汀战国古墓出土的青铜豆

图 14　大黑汀战国古墓出土的青铜鼎

图 15　大黑汀战国古墓出土的青铜鼎底部纹饰

战国中期已经处于青铜时代晚期，此时的青铜器制造技术已经十分成熟。迁西时属燕国，境内出土如此精美绝伦并且带有明显中原文化特征的成套青铜器，不仅证明当时这一带经济、文化已经非常发达，而且说明此时迁西一带已经完全融入中原文化圈。

2. 削刀的发现证明春秋战国时期简牍文字书写已在迁西一带流行

在本次调研中，我们偶然了解到，1989 年文物工作者对大黑汀战国中期古墓群进行抢救性发掘时，还发现了 10 多枚铜质削刀。其中两件比较完整，其他皆已严重残损。部分刀面存有铭文，可惜因残损太甚已无法辨识。（图 16、图 17）相对于其他精美的珍贵文物，这几枚铜质削刀并不起眼，但它们的出现，却引起了我们的格外重视。因为，它们蕴含的信息对于文字发展历史而言，有着别样的意义。

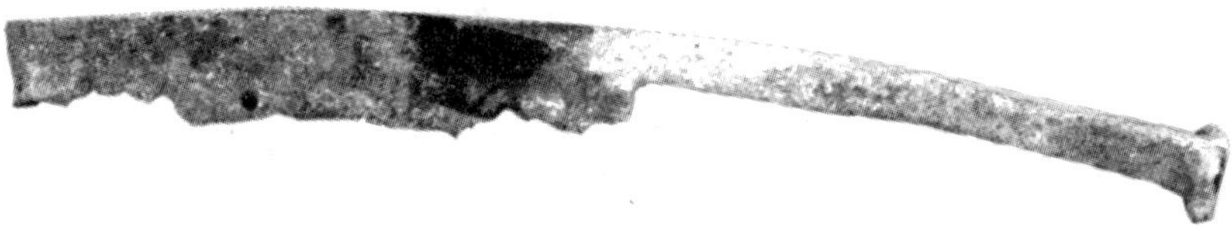

图 16　迁西县文物管理所藏燕国削刀之一

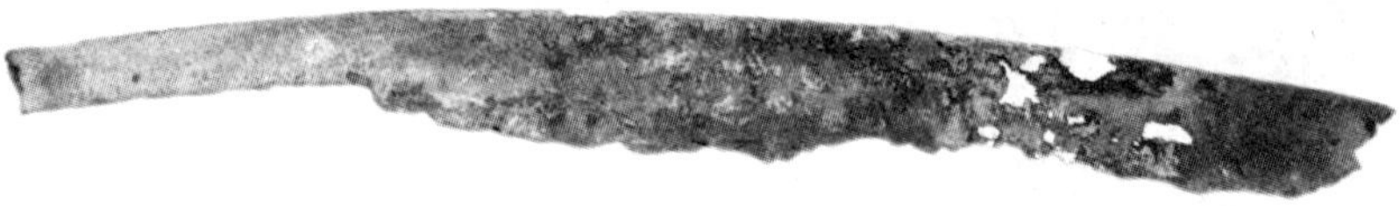

图 17　迁西县文物管理所藏燕国削刀之二

《释名·释兵》云："书刀，给书简有所刊削之刀也。"毕沅疏证："削刀即书刀。"经研究考证，可以确认，削刀是专门用来刮制简册与删改错字的工具，而非削皮割肉所用之器。我们现在使用的"删"字就是左边一个册，象征竹简，右边一个立刀旁，象征削刀，这也是一个沿用至今的会意字。削刀的功用相当于现代的橡皮擦，是古时文史须臾不可离身的文房必备之具，故后人常以"刀笔吏"指称腰悬铜削、手持毛笔的文法小吏，可谓精当。另有人经过考证，认为这种削刀是燕、赵刀币的雏形。这种看法也有一定的道理。

迄今为止，燕国故地极少发现简牍出土，但这几枚削刀的存在，足以证明：早在春秋战国时期，迁西一带燕国属地就已广泛使用简牍进行文字书写，其文化发展已经达到相当高的水准，远非传统印象中的北狄蛮荒之地。

3. 刀币与布币铭文证实春秋战国时期迁西一带文字已得到广泛应用

20 世纪 80 年代以来，迁西多次出土发现春秋战国时期广泛使用的刀币和布币。经过辨识分析，可以确认，早在春秋战国时期，随着商品经济发展和各国频繁交战，迁西一带文字应用已经相当广泛。其中的燕国明刀铭文，是迄今为止迁西使用文字最早的明确物证。（图 18）

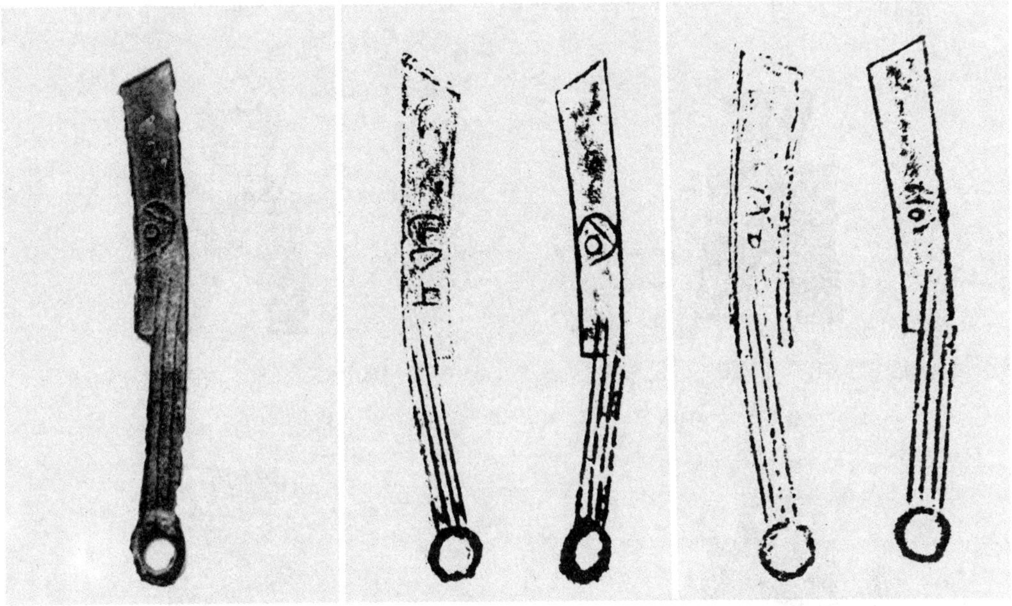

图 18 迁西出土的燕国明刀及铭文拓片

从图 18 可以看出，不同时期、不同地方铸造的燕国明刀铭文有着明显变化。左面实物图片的“明”字的“月”旁笔道圆润，外弧下端笔画明显加长。当中图片刀面的“明”字，外弧两端长度几乎相同，而刀背则有“中”“上”两字，其中的“上”字写法几乎与现代完全相同。右边图片刀面的“明”字外弧断笔，看去形如人眼，而刀背有一“右”字。几枚刀币铭文的丰富变化，不仅体现了燕国官方用字风格的演变，同时也表明，生活在迁西一带的燕国先民对文字的使用已经达到比较纯熟的境地。

与明刀均出自燕国不同，我们在赴迁西调研过程中，还发现了当地出土的产地各异的 5 枚布币。这 5 枚布币，铭文内容和文字风格明显不同，十分耐人寻味。经过认真比对、分析辨识，我们发现，几枚布币不仅铭文标明的产地各不相同，甚至国别也明显不同——其中两枚出自燕国，另外三枚则分别出自赵国和魏国。（图 19—图 24）下面，我们根据图片对这几枚布币用字情况进行一番简要的分析：

图 19　燕国“平阴”方足布正面

图 20　燕国“平阴”方足布背面

图 21　燕国“安阳”方足布

图 22　赵国“安阳”方足布

图 23　赵国“晋阳半”尖足布

图 24　魏国“梁邑”方足布

仔细察看上面三组图片，至少可以发现四个问题：

一是各国布币字体风格迥然不同。燕国“平阴”布铭文笔画歪斜，尤其是“平”字更为明显；同是“安阳”布（汛涛按：“安阳”布战国时期多国均曾铸造，并非仅东周有“安阳”布），燕“安阳”字体圆润绵软，而赵“安阳”字体则刚劲峭拔；赵国“晋阳半”字体疏朗洒脱，而魏国“梁邑”字体则简约清秀。

二是各国文字构成出入甚大。同是“阳”字，燕“安阳”之“阳”无“耳刀”，赵“安阳”之“阳”的“耳刀”则非常显著；“晋阳半”之“阳”虽然也无“耳刀”，但与燕国写法明显不同；燕、赵两国布币铭文笔画繁复，魏国布币铭文则用笔极简，一如现代的简化字。由此可以看出，秦始皇统一文字之前，各国文字差异极大。

三是各国布币文字排列顺序明显不同。燕国“平阴”布、“安阳”布，赵国“安阳”布、“晋阳半”尖足布，文字排列顺序都是右起左行，但魏国“梁邑”方足布文字排列顺序则是左起右行，与当代中国大陆排列方法一致。

四是各国币制不一、关系复杂。三国货币同在燕国属地迁西出土，说明战国时期各国关系十分微妙：或经济往来密切，或外交比较频繁，或争战掠夺剧烈。不管出于哪种原因，都体现出战国时期各国争战不休、社会动荡混乱的时代特点。

综合上述分析，我们认为：早在新石器时代，生活在迁西一带的先民即有了强烈的符号意识；及至西周初期，迁西一带就有了明确的文字记载；至迟到战国中期，迁西一带的简牍文字书写和货币文字应用即已广泛流行。因此，认为迁西地处蛮荒之地、民众开化极晚的论调，完全可以休矣！

二、迁西历史文化用字的发展

公元前221年，秦灭六国，统一天下，而后推行了一系列巩固中央集权的政策：统一货币，统一文字，统一度量衡；修筑长城，北击匈奴；废除分封制，实行郡县制。这些政策的实施，对后世产生了极其重大的影响。其中影响最深远者，莫过于统一文字。

殷商以后，文字逐渐普及。作为官方文字的金文，形制比较一致。但是春秋战国时期的陶文、帛书、简书等民间文字，则存在着明显的区域差异。这种状况，不仅妨碍了各地经济、文化的交流，也影响了中央政府政策法令的有效推行。于是，秦统一六国后，秦始皇命李斯等人进行文字整理、统一工作。

李斯以战国时期秦人通用的大篆为基础，吸取齐鲁等地通行的蝌蚪文笔画简省的优点，创造出一种匀圆齐整、笔画简略的新文字，称为“秦篆”，又称“小篆”，作为官方规范文字在全国推广，同时废除其他异体字。此外，一位叫程邈的衙吏因犯罪被关进云阳监狱后，在狱中“覃思十年，损益大小篆方圆笔法，成隶书三千字，始皇称善，释其罪而用为御史。以其便于官狱隶人佐书，故名曰‘隶’”（张怀瓘，《书断》）。隶书的创制，打破了古体汉字的传统，奠定了楷书字形结构的基础，提高了书写效率，对汉字的发展具有革命性意义。

秦始皇统一和简化文字，不仅是对中国古代文字发展、演变的一次全面总结，而且是一次规模浩大、影响深远的文字改革。

汉承秦朝统一之余绪，进一步推行大一统体制，国势日渐强盛，文化高度统一，科技发展迅速。造纸术的发明和改进，为文字传播提供了更先进的载体；隶书逐步取代小篆成为主要书写字体，楷书初步形成并逐渐完善，为后世通用汉字的定型起到奠基作用。而《史记》《汉书》《淮南子》《新书》《论衡》等文史巨著的诞生以及以汉赋为标志的诗文创作，为后世遣词用字、著述作文提供了典范性的标杆；《尔雅》的编定、《说文解字》的成书以及刘向、马融、郑玄、高诱等学者对先秦以降重要典籍的整理、校勘，为提高汉字应用的规范性发挥了积极作用。

这一时期，以儒、释、道文化为代表的汉文化圈初步形成，华夏民族开始被称为“汉族”，华夏文字亦被定名为“汉字”。自此以后，历经魏晋南北朝和隋唐宋元明清各代的发展，汉字文化日臻成熟，影响遍及世界，至今长盛不衰。

迁西虽属边地，但受秦汉大一统体制的影响，文化用字开始进入稳步发展阶段。自秦汉以降，至宋辽金元时期，迁西一带文字使用日益广泛，利用水平基本实现了与历史发展同步。

（一）秦汉时期迁西历史文化用字情况

迁西秦属辽西郡离枝县，汉属辽西郡令支县，西北部兼有右北平郡徐无县地。由于当时没有单独行政建制，所以明确可考的历史记载相对较少。但通过典籍记载和考古资料，我们依然可以发现秦朝统一文字和汉代文化繁荣对迁西一带历史文化用字的影响。

1. 出土钱币为探寻迁西秦汉时期用字情况提供了重要证据

20 世纪 80 年代以来，迁西相继出土的许多秦汉钱币，为我们探寻当时此地用字情况提供了确凿的证据。

截至目前，迁西出土的秦汉钱币，年代最早者均为“半两”钱。（图 25、图 26）

图 25　迁西出土的秦“半两”钱

图 26　迁西出土的汉“半两”钱

从上面两图可以看出，迁西出土的秦“半两”钱和汉“半两”钱与全国其他地区出土的同类钱币规制无异，铭文均为篆书。这说明，秦汉两代统一货币、统一文字的成效十分显著。通过进一步比较，我们也可发现，汉“半两”不仅比秦“半两”轻、薄，铭文书写风格也已经产生明显变化，从中我们亦可发现汉字演变的痕迹。

汉武帝元狩五年（公元前 118 年），实行币制改革，“废三铢钱，改铸五铢钱”。五铢钱轻重适中，合乎古代社会经济发展状况与价格水平对货币单位的要求，因而在汉武帝以后的西汉、东汉、蜀、魏、晋、南齐、梁、陈、北魏、隋、唐均有铸造，历时长达700余年，流布甚广。从各地出土钱币情况来看，不同时期、不同郡国铸造的汉五铢规制虽略有变化，但铭文基本均为小篆，而且字体均比“半两”钱更为柔婉秀丽。

20世纪90年代，迁西长岭峰、三屯营、汉儿庄等地相继出土许多汉“五铢”钱，其铭文风格虽略有不同，但形制、重量、铜质与全国其他地区出土的汉“五铢”基本一致。（图27、图28）

图27　迁西出土的汉“五铢”之一

图28　迁西出土的汉“五铢”之二

《史记·李将军列传》载：“匈奴入杀辽西太守，败韩将军（韩安国），后韩将军徙右北平。于是天子乃召拜广为右北平太守……广居右北平，匈奴闻之，号曰‘汉之飞将军’，避之数岁，不敢入右北平。”迁西地处辽西郡西端，西、北均与右北平郡交界（部分边地曾属右北平郡徐无县），“五铢”钱在这里大量出土，无疑可以印证，西汉中期这里虽然经常为匈奴所袭扰，但由于李广等名将兵锋强劲，汉文化的影响在此已根深蒂固，以小篆为主的汉字已经成为这一带的主流文字。

2. 汉代典籍有关记载折射出迁西一带秦汉时期用字发展情况

两汉时期，与山戎、令支、孤竹有关的文字记载仍频繁见诸各类典籍，从中我们可以窥知汉代学者用字的显著特点。

《史记·齐太公世家》载：“（齐桓公）二十三年，山戎伐燕，燕告急**於**齐。齐桓公救燕，遂伐山戎，至**于**孤竹而还。燕庄公遂送桓公入齐境。桓公曰：‘非天子，诸侯相送不出境，吾不可以无礼**於**燕。’**於**是分沟割燕君所至与燕，命燕君复修召公之政，纳贡**于**周，如成、康之时。诸侯闻之，皆从齐……是时周室微，唯齐、楚、秦、晋为**彊**。晋初与会，献公死，国内乱。秦穆公**辟**远，不与中国会盟。楚成王初收荆蛮，有之，夷狄自置。唯独齐为中国会盟，而桓公能宣其德，故诸侯宾会。於是桓公称曰：‘寡人南伐至召陵，望熊山；**北伐山戎、离枝、孤竹**；西伐大夏，涉流沙；束马悬车登太行，至卑耳山而还。诸侯莫违寡人。’”唐司马贞《史记索隐》曰：“离枝音零支，又音令祇，又如字。离枝、孤竹，皆古国名。秦以离支为县。故《地理志》云：‘辽西令支县有孤竹城。’”（图 29）

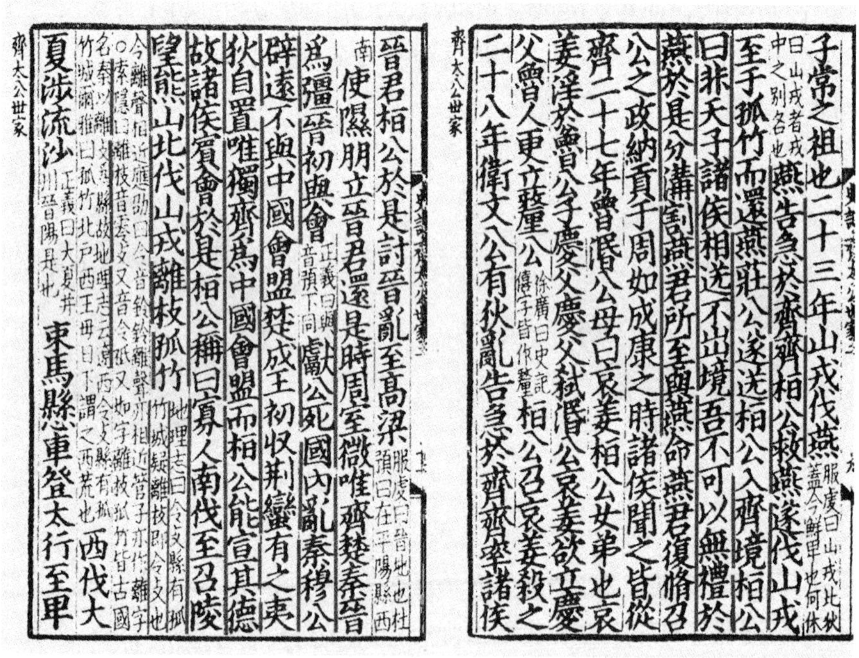
齊太公世家
子常之祖也二十三年山戎伐燕服虔曰山戎北狄蓋今鮮卑也何休
曰山戎者戎中之別名也燕告急於齊齊桓公救燕遂伐山戎
至于孤竹而還燕莊公遂送桓公入齊境桓公
曰非天子諸侯相送不出境吾不可以無禮於
燕於是分溝割燕君所至與燕命燕君復脩召
公之政納貢于周如成康之時諸侯聞之皆從
齊二十七年魯湣公母曰哀姜桓公女弟也哀
姜淫於魯公子慶父慶父弒湣公哀姜欲立慶
父魯人更立釐公徐廣曰史記僖字皆作釐桓公召哀姜殺之
二十八年衛文公有狄亂告急於齊齊率諸侯

齊太公世家
晉君桓公於是討晉亂至高梁服虔曰晉地也杜預曰在平陽縣西
南使隰朋立晉君還是時周室微唯齊楚秦晉
爲彊晉初與會正義曰與音預下同獻公死國內亂秦穆公
辟遠不與中國會盟楚成王初收荊蠻有之夷
狄自置唯獨齊爲中國會盟而桓公能宣其德
故諸侯賓會於是桓公稱曰寡人南伐至召陵
望熊山北伐山戎離枝孤竹地理志曰令支縣有孤竹城疑離枝即令支也
今離聲相近應劭曰令音鈴鈴離聲亦相近管子亦作離字○索隱曰離枝音零支又音令祗又如字離枝孤竹皆古國
名秦以離枝爲縣故地理志云遼西令支縣有孤竹城爾雅曰孤竹北戶西王母日下謂之西荒也西伐大
夏涉流沙正義曰大夏并州晉陽是也束馬縣車登太行至卑

图 29　南宋黄善夫刻本《史记·齐太公世家》书影

《淮南鸿烈解·墬形训》载：“何谓九塞？曰：大汾、渑阨、荆阮、方城、殽阪、井陉、**令疵**、句注、居庸。”许慎注云：“太汾在晋。渑阨，今弘农渑池是也。荆阮、方城皆在楚。殽阪，弘农郡渑池殽钦吟是也。井陉在常山，通太原关是也。**令疵**在辽西。句注在雁门，阴馆句注是也。居庸在上谷阻阳之东，通运（運）都关是也。”（汛涛按：据毕沅考证，“阻阳”当作“沮阳”，“運都关”当作“军都关”。）（图 30）

桓宽《盐铁论·伐功》载：“齐桓公越燕伐山戎，破孤竹，残令支。”（图 31）

班固《汉书·地理志》载：“辽西郡秦置……属幽州……县十四：……令支有孤竹城。莽曰令氏亭……”（图 32）

上述典籍中，关于山戎、令支、孤竹的文字记载，与《逸周书》《国语》《管子》《吕氏春秋》等先秦典籍相关记载内容基本一致，但仔细比较，却可发现汉代用字的发展与进步。

一是文字表述的系统性明显提高。先秦典籍的表述，虽然比较丰富，但显得凌乱

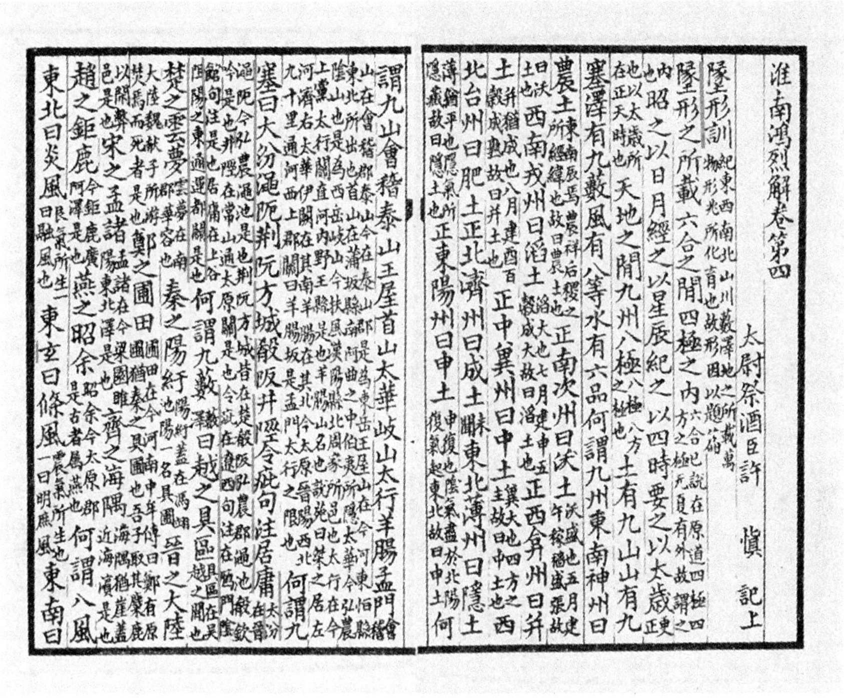

淮南鴻烈解卷第四
太尉祭酒臣許 慎 記上
墬形訓
墬形之所載六合之間四極之内昭之以日月經之以星辰紀之以四時要之以太歲天地之間九州八極土有九山山有九塞澤有九藪風有八等水有六品何謂九州東南神州曰農土正南次州曰沃土西南戎州曰滔土正西弇州曰并土正中冀州曰中土西北台州曰肥土正北濟州曰成土東北薄州曰隱土正東陽州曰申土何謂九山會稽泰山王屋首山太華岐山太行羊腸孟門何謂九塞曰大汾澠阸荆阮方城殽阪井陘令疵句注居庸何謂九藪曰越之具區楚之雲夢秦之陽紆晉之大陸鄭之圃田宋之孟諸齊之海隅趙之鉅鹿燕之昭余何謂八風東北曰炎風東方曰條風東南曰

图 30 清刘泖生景写北宋本《淮南鸿烈解》书影

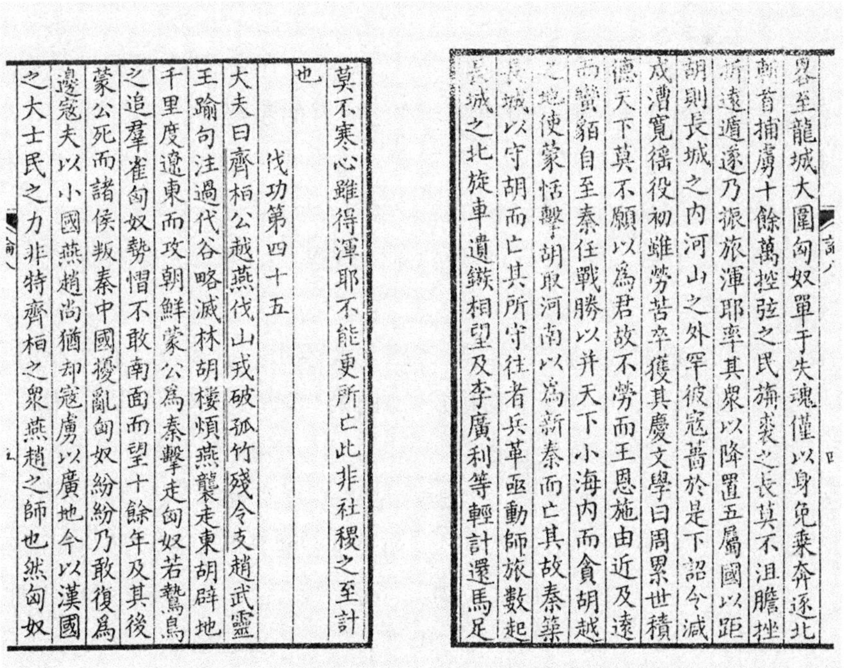

畧至龍城大圍匈奴單于失魂僅以身免乘奔逐北斬首捕虜十餘萬控弦之民旃裘之長莫不沮膽挫折遠遁遂乃振旅渾耶率其衆以降置五屬國以距胡則長城之內河山之外罕被寇菑於是下詔令減戍漕寬徭役初雖勞苦卒獲其慶文學曰周累世積德天下莫不願以爲君故不勞而王恩施由近及遠而蠻貊自至秦任戰勝以并天下小海内而貪胡越之地使蒙恬擊胡取河南以爲新秦而亡其故秦築長城以守胡而亡其所守往者兵革亟動師旅數起長城之北旋車遺鏃相望及李廣利等輕計還馬足莫不寒心雖得渾耶不能更所亡此非社稷之至計也

伐功第四十五

大夫曰齊桓公越燕伐山戎破孤竹殘令支趙武靈王踰句注過代谷略滅林胡樓煩燕襲走東胡辟地千里度遼東而攻朝鮮蒙公爲秦擊走匈奴若鷙鳥之追羣雀匈奴勢慴不敢南面而望十餘年及其後蒙公死而諸侯叛秦中國擾亂匈奴紛紛乃敢復爲邊寇夫以小國燕趙尚猶却寇虜以廣地今以漢國之大士民之力非特齊桓之衆燕趙之師也然匈奴

图 31 明□祯覆宋嘉泰本《盐铁论》书影

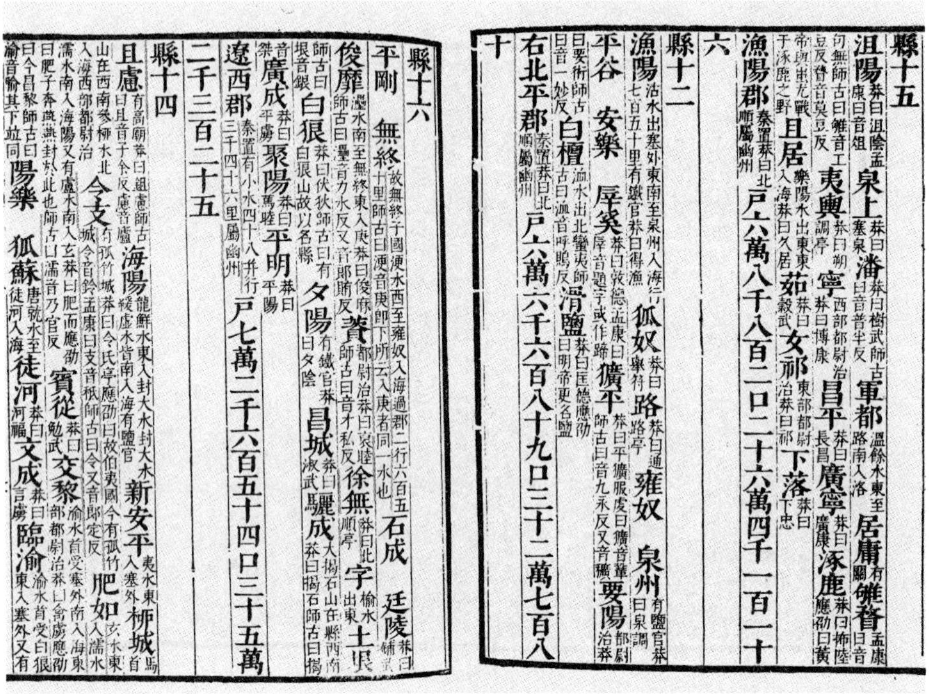
縣十五
沮陽莽曰沮陰 泉上莽曰塞泉 潘莽曰樹武師古曰音普半反 軍都溫餘水東至路南入沽 居庸有關 雊瞀孟康曰音
句無師古曰雊音工豆反瞀音莫豆反 夷輿莽曰朔調亭 寧西部都尉治莽曰博康 昌平莽曰長昌 廣寧莽曰廣康 涿鹿莽曰抪陸應劭曰黃
帝與蚩尤戰于涿鹿之野 且居樂陽水出東東入海莽曰久居 茹莽曰穀武 女祁東部都尉治莽曰祁 下落莽曰下忠
漁陽郡秦置莽曰北順屬幽州 戶六萬八千八百二口二十六萬四千一百一十
六
縣十二
漁陽沽水出塞外東南至泉州入海行七百五十里有鐵官莽曰得漁 狐奴莽曰舉符 路莽曰通路亭 雍奴 泉州有鹽官莽曰泉調
平谷 安樂 厗奚莽曰敦德孟康曰厗音題字或作蹏 獷平莽曰平獷服虔曰獷音鞏師古曰音九永反又音穬 要陽都尉治莽
曰要術師古曰音一妙反 白檀洫水出北蠻夷師古曰洫音呼鵙反 滑鹽莽曰匡德應劭曰明帝更名鹽
右北平郡秦置莽曰北順屬幽州 戶六萬六千六百八十九口三十二萬七百八
十
縣十六
平剛 無終故無終子國浭水西至雍奴入海過郡二行六百五十里師古曰浭音庚即下所云入庚者同一水也 石成 廷陵莽曰鋪武
俊靡灅水南至無終東入庚莽曰俊麻師古曰灅音力水反又音郎賄反 蓋都尉治莽曰哀睦師古曰音才私反 徐無莽曰北順亭 字榆水出東 土垠
白狼莽曰伏狄師古曰有白狼山故以名縣 夕陽有鐵官莽曰夕陰 昌城莽曰淑武 驪成大揭石山在縣西南莽曰揭石師古曰揭
音桀 廣成莽曰平虜 聚陽莽曰篤睦 平明莽曰平陽
遼西郡秦置有小水四十八并行三千四十六里屬幽州 戶七萬二千六百五十四口三十五萬
二千三百二十五
縣十四
且慮有高廟莽曰鉏慮師古曰且音子余反慮音廬 海陽龍鮮水東入封大水封大水緩虛水皆南入海有鹽官 新安平夷水東入塞外 柳城馬
首山在西南參柳水北入海西部都尉治 令支有孤竹城莽曰令氏亭應劭曰故伯夷國今有孤竹城令音鈴孟康曰支音秖師古曰令又音郎定反 肥如玄水東入濡水濡水南入海陽又有盧水南入玄莽曰肥而應劭曰肥子奔燕燕封於此也師古曰濡音乃官反 賓從莽曰勉武 交黎渝水首受塞外南入海東部都尉治莽曰禽虜應劭
曰今昌黎師古曰渝音喻其下並同 陽樂 狐蘇唐就水至徒河入海 徒河莽曰河福 文成莽曰言虜 臨渝渝水首受白狼東入塞外又有

图 32　明汲古阁本《汉书·地理志》书影

不一。尤其是《管子》中的相关文字记载，不仅对令支的称谓极不统一，而且相关记载散见于各篇，或自相重复，或互相冲突，缺乏应有的系统性。这当与其书并非出自一人之手有关。而《史记》等汉代典籍的记载，对令支的称呼基本归为“离枝”“令支”两种（汛涛按：《淮南鸿烈解》中“令疵塞”之名仍依其旧，盖出于作者及注者对塞名考证的谨慎），对齐桓公北伐山戎、令支、孤竹的背景、过程、结果及其影响的文字表述，条理清晰，系统完整。

二是表述用字的准确性明显增强。对齐桓公北伐山戎、令支、孤竹事件的表述，先秦典籍用字与汉代典籍差异明显。对山戎，《国语》《管子》分别用了“伐”“遇”两字，“遇”字表义不明，历来多有争论（安井衡云：古本“遇”作“過”；陶鸿庆云：“遇”字无义，疑为“遏”字；黎翔凤云：“遇”即“不期而与山戎遇”），莫衷一是；而《史记》《盐铁论》皆用“伐”字，《盐铁论》还在“伐”字前加上“越燕”二字，简洁而明确。对令支（离枝），《国语》《管子》分别用了“斛”“伐”“制”等字，歧义纷出；而《史记》《盐铁论》则只用了“伐”“残”两字，尤其“残”字，表述精准，据史家考证，更符合历史实际。对孤竹，《国语》《管子》分别用了“伐”“斩”两字，“斩”字语意不明，自古争议不休（韦昭注云：斩，伐也；尹知章注云：谓斩其君；俞樾云：“斩”读为“擳（chàn）”，

“撕，拍取也”，“撕孤竹”犹取孤竹）；而《史记》和《盐铁论》则分别用了“伐”“破”两字，“伐”字通俗明了，“破”字则更为生动准确。

三是书面用字规范性明显提升。通过对先秦典籍的整理校勘，汉代学者对文字形音义的考证渐趋一致，书面用字的规范逐步形成。从本文所举汉代典籍例文来看，虽然古今字（如《淮南鸿烈解》中“大汾”许慎注作“太汾”）、异体字（如《史记·齐太公世家》中“强”作“彊”，“於”“于”并用，《淮南鸿烈解》中“勾”作“句”，“地”作“墬”）、通假字（如《史记·齐太公世家》中“辟”通“僻”）依然比较常见，但基本都合乎古汉语用字规范。同先秦典籍进行认真比较，即可发现，汉代典籍用字的规范性普遍有了大幅度提高。

需要说明的是：本文举示的先秦和汉代典籍书影中，有许多文字明显缺笔，如“敬”字少一捺，“弘”字少一点，“玄”字少一点或写作“幺”，“桓”字少一横等，这是后世刻书者为避开皇帝或尊亲名讳而故意为之的规范性“错误”（汛涛按：“敬”宋避赵匡胤祖父赵敬之讳；“弘”宋避赵匡胤父亲赵弘殷之讳，清避高宗弘历之讳；“玄”宋避始祖赵玄朗之讳，清避圣祖玄烨之讳；“桓”宋避钦宗赵桓之讳），不应视为错字，更不应归罪于秦汉学者。

3. 假司马印的出土与东汉时期迁西历史文化用字的发展

1994年11月22日，迁西县尹庄乡大付庄村民付桂民在滦河南岸麦田挖水渠时挖出铜印一方。此印瓦钮方形，印台边长2.4cm，厚0.8cm，带钮通高2cm，印面阴刻“假司马印”四字。（图33、图34、图35）

图33 迁西出土的“假司马印”

图34 “假司马印”印面

图35 “假司马印”印模

根据形制考证，此印当为东汉官印。按汉代“司马”为高级武官，“假”在秦汉官印里本意为代理、暂摄，因此当初的“假司马”即指“代理司马”。“假司马”之名，最早见于《汉书·赵充国传》：“武帝时，（赵充国）以假司马从贰师将军击匈奴。”这时的“假司马”，当非常设之官。及至东汉，这一官职发生了明显变化。《后汉书·百官志》记载：“大将军营五部，部校尉一人，比二千石；军司马一人，比千石。部下有曲，曲有军候一人，比六百石……其不置校尉部，但军司马一人。又有军假司马、假候，皆为副贰。”由此可见，东汉时期，“假司马”已为常设官职，属军司马之副职，或称“军假司马”，其级别比军司马略低。军司马秩为比千石，假司马应至少为比六百石，属于军队的中级领兵武官。

传世的古代军方印玺，多出土于古城废墟、河流沿岸或乡间田野之中。有的为战败者流亡时所遗弃，有的为战殁者随身之遗物。迁西东汉时仍属幽州辽西郡，北与匈奴、乌桓相邻，常受匈奴、乌桓侵扰。此印在迁西滦河南岸田野出土，不仅说明当年此地常有汉军驻扎、经常发生战争，而且也为我们研究迁西汉代用字情况提供了重要的线索和依据。

从文字学的角度来看，此印印文之中，不仅“假”字的字义已发生明显的转变（由西汉的“代理、暂摄”转为“副贰”之义），而且同传统的小篆相比，字形也发生了很大变化——结体平直方正，笔画棱角分明，字体已流露出明显的楷书风格。

玺印的起源，至今尚无定论。根据实物和历史记载，玺印至少在春秋时期即已出现，战国时代已普遍使用。魏晋以前，由于文书大都写在竹木简牍上，为避免简牍散失，密封文书内容，就在写好的简牍外，再加上一块挖有方槽的检木，并用绳子捆扎，而后把绳结放入方槽内，加上一块软泥，用印在泥上按捺出印文。这种干后硬化的带字泥块，就是今天考古和收藏界经常提到的“封泥”。（图 36）据专家考证，东汉时期，虽然有了纸的发明和运用，但官方文书仍以简牍为主，因此印玺依然主要用于封泥钤记；直至隋唐以后，才有了将印章印色以后钤盖在纸上的用印方式。由此看来，迁西出土的这方东汉铜印，用字媒介亦当以简牍封泥为主。

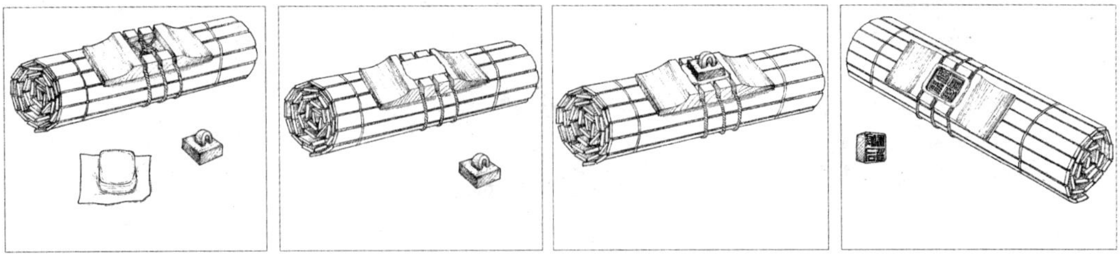

① ② ③ ④

图 36 简牍封泥用印过程示意图（张致嘉绘）

（二）魏晋南北朝时期迁西历史文化用字情况

魏晋南北朝时期，迁西一带战乱频仍，百姓流离失所，因此给后世留下的文物资料极为罕见。但是，由于此时书籍已经广泛流传，迁西明确可考的边塞地名开始以文字形式频繁载入历史典籍，这为我们考察这一带的历史文化用字情况提供了重要的线索。

卢龙塞，这经常出现于古代典籍的三个汉字，在调研中引起了我们的高度关注。

据前人考证，卢龙塞之名，当有广义与狭义之分。广义的卢龙塞，系今兴隆、宽城、青龙与遵化、迁西交界的卢龙山一带边塞的统称；而狭义的卢龙塞则指卢龙塞道与滦河谷、卢龙山交合之处的关塞，即今迁西潘家口。乾隆皇帝《御制滦河濡水源考证》云："至云'濡水又东南，迳卢龙塞'，则为今之潘家口无疑。"其所云卢龙塞，即指狭义的卢龙塞。《辞海》及部分学者称卢龙塞"在今迁西喜峰口一带"，并不准确；一些人以讹传讹，称卢龙塞即今迁西喜峰口，错误更为突出，纯属张冠李戴。另据今人考证，汉唐之卢龙塞（狭义），辽宋称松亭关，明初更名为潘家口。其地位于今河北省迁西县北部边界，南距迁西县城35公里，东距喜峰口5公里（《读史方舆纪要》《畿辅通志》称十二里），西南距遵化40公里，东北距内蒙古宁城105公里（以上所称距离均为直线距离），是著名的长城关隘。滦河（古称濡水）自北而南，由此入塞，流经迁西、迁安、卢龙、滦县，最后从乐亭入海。

魏晋以后，这三个标志性地名用字及相关记载开始频繁见诸典册，今择其要者举例分析如下。

1.《三国志》关于卢龙塞的文字记载

西晋陈寿《三国志》卷一《魏书·武帝纪》载："（曹操）将北征三郡**乌丸**……（建安十二年，207年）夏五月，至无终。秋七月，大水，傍海道不通，田畴请为乡导，公**从**之。引军出**卢龙塞**，塞外道绝不通，乃堑山堙谷五百余里，经白檀，历平冈，涉**鲜卑**庭，东指柳城。未至二百里，虏乃知之。尚、熙与**蹋顿**、辽西单于**楼班**、右北平单于能臣**抵**之等将数万骑逆军。八月，登白狼山，**卒**与虏遇，众甚盛。公车重在后，**被**甲者少，左右皆惧。公登高，望虏阵不整，乃纵兵击之，使张辽为先锋，虏众大崩，斩**蹋顿**及名王**已**下，胡、汉降者二十余万口。"（图37）

同书卷十一《田畴传》载："田畴，字子泰，右北平无终人也。好读书，善击剑……建安十二年，太祖北征乌丸。未至，先遣使辟畴……随军次无终。时方夏水雨，而滨海**洿**下，泞滞不通，虏亦遮守蹊要，军不得进。太祖患之，以问畴。畴曰：'此道秋夏每常有水，浅不通车马，深不载舟船，为难久矣。旧北平郡治在平冈，道出**卢龙**，达于柳城。自建武以来，陷坏断绝，垂二百载，而尚有微径可**从**。今虏将以大军当由无终，不得进而退，懈弛无备。若**嘿**回军，从**卢龙口**，越白檀之险，出空虚之地，路近而便，掩其不备，**蹋顿**之首可不战而**禽**也。'太祖曰：'善。'乃引军还，而署大木表于水侧路傍曰：'方今暑夏，道路不通，且俟秋冬，乃复进军。'虏候骑见之，诚以为

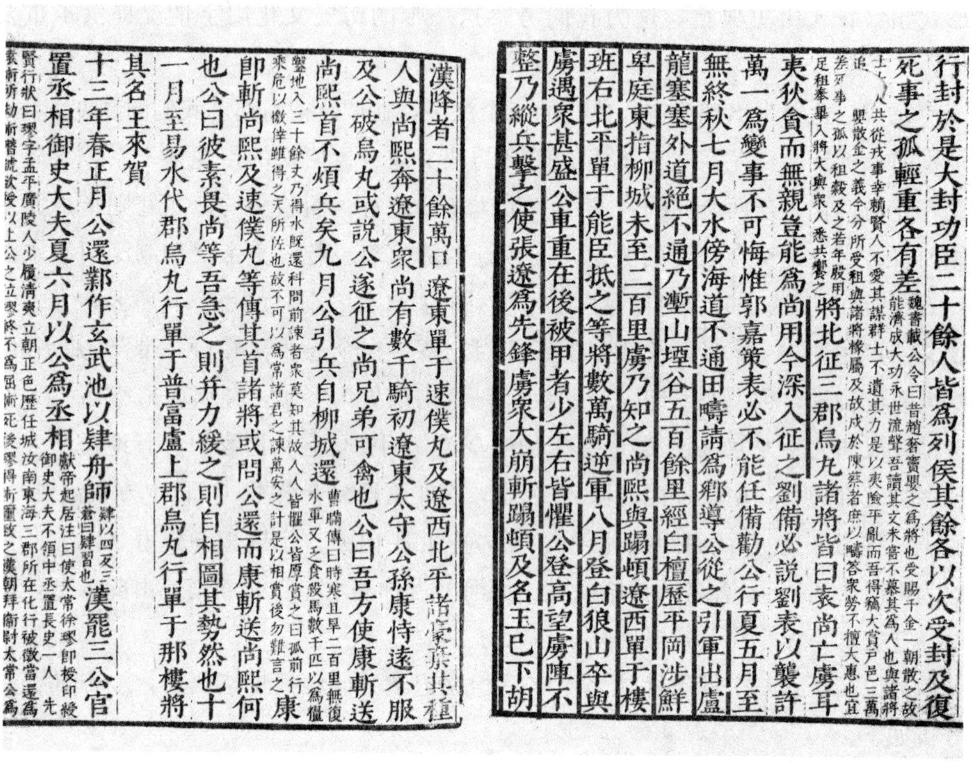
行封於是大封功臣二十餘人皆爲列侯其餘各以次受封及復死事之孤輕重各有差魏書載公令曰昔趙奢竇嬰之爲將也受賜千金一朝散之故能濟成大功永世流聲吾讀其文未嘗不慕其爲人也與諸將士大夫共從戎事幸賴賢人不愛其謀群士不遺其力是以夷險平亂而吾得竊大賞戶邑三萬追思竇嬰散金之義今分所受租與諸將掾屬及故戍於陳蔡者庶以疇答衆勞不擅大惠也宜差死事之孤以租穀及之若年殷用足租奉畢入將大與衆人悉共饗之將北征三郡烏丸諸將皆曰袁尚亡虜耳夷狄貪而無親豈能爲尚用今深入征之劉備必說劉表以襲許萬一爲變事不可悔惟郭嘉策表必不能任備勸公行夏五月至無終秋七月大水傍海道不通田疇請爲鄉導公從之引軍出盧龍塞塞外道絕不通乃塹山堙谷五百餘里經白檀歷平岡涉鮮卑庭東指柳城未至二百里虜乃知之尚熙與蹋頓遼西單于樓班右北平單于能臣抵之等將數萬騎逆軍八月登白狼山卒與虜遇衆甚盛公車重在後被甲者少左右皆懼公登高望虜陣不整乃縱兵擊之使張遼爲先鋒虜衆大崩斬蹋頓及名王已下胡漢降者二十餘萬口遼東單于速僕丸及遼西北平諸豪棄其種人與尚熙奔遼東衆尚有數千騎初遼東太守公孫康恃遠不服及公破烏丸或說公遂征之尚兄弟可禽也公曰吾方使康斬送尚熙首不煩兵矣九月公引兵自柳城還曹瞞傳曰時寒且旱二百里無復水軍又乏食殺馬數千匹以爲糧鑿地入三十餘丈乃得水既還科問前諫者衆莫知其故人人皆懼公皆厚賞之曰孤前行乘危以徼倖雖得之天所佐也故不可以爲常諸君之諫萬安之計是以相賞後勿難言之康即斬尚熙及速僕丸等傳其首諸將或問公還而康斬送尚熙何也公曰彼素畏尚等吾急之則并力緩之則自相圖其勢然也十一月至易水代郡烏丸行單于普富盧上郡烏丸行單于那樓將其名王來賀

十三年春正月公還鄴作玄武池以肄舟師肄以四反三蒼曰肄習也漢罷三公官置丞相御史大夫夏六月以公爲丞相獻帝起居注曰使太常徐璆即授印綬御史大夫不領中丞置長史一人 先賢行狀曰璆字孟平廣陵人少履清爽立朝正色歷任城汝南東海三郡所在化行被徵當還爲袁術所劫術僭號欲授以上公之位璆終不爲屈術死後璆得術璽致之漢朝拜衞尉太常公爲

图 37　明汲古阁本《三国志》卷一《魏书·武帝纪》书影

大军去也。太祖令畴将其众为乡导，上徐无山，出**卢龙**，历平冈，登白狼堆，去柳城二百余里，虏乃惊觉。单于身自临阵，太祖与交战，遂大斩获，追奔逐北，至柳城。军还入塞，论功行封，封畴亭侯，邑五百户。畴自以始为居难，率众遁逃，志义不立，反以为利，非本意也，固让。太祖知其至心，许而不夺……从征荆州还，太祖追念畴功殊美。恨前听畴之让，曰：‘是成一人之志，而亏王法大制也。’于是乃复以前爵封畴。畴上疏陈诚，以死自誓。太祖不听，欲引拜之，至于数四，终不受……太祖犹欲侯之。畴素与夏侯惇善，太祖语惇曰：‘且往以情喻之，自从君所言，无告吾意也。’惇就畴宿，如太祖所戒。畴揣知其指，不复发言。惇临去，乃拊畴背曰：‘田君，主意殷勤，曾不能顾乎！’畴答曰：‘是何言之过也！畴，负义逃窜之人耳，蒙恩全活，为幸多矣。**岂可卖卢龙之塞，以易赏禄哉**？纵国私畴，畴独不愧于心乎？将军雅知畴者，犹复如此，若必不得已，请愿效死刎首于前。’言未卒，涕泣横流。惇具答太祖。太祖喟然知不可屈，乃拜为议郎。年四十六卒，子又早死。文帝践阼，高畴德义，赐畴从孙续爵关内侯，以奉其嗣。”（图 38、图 39、图 40）

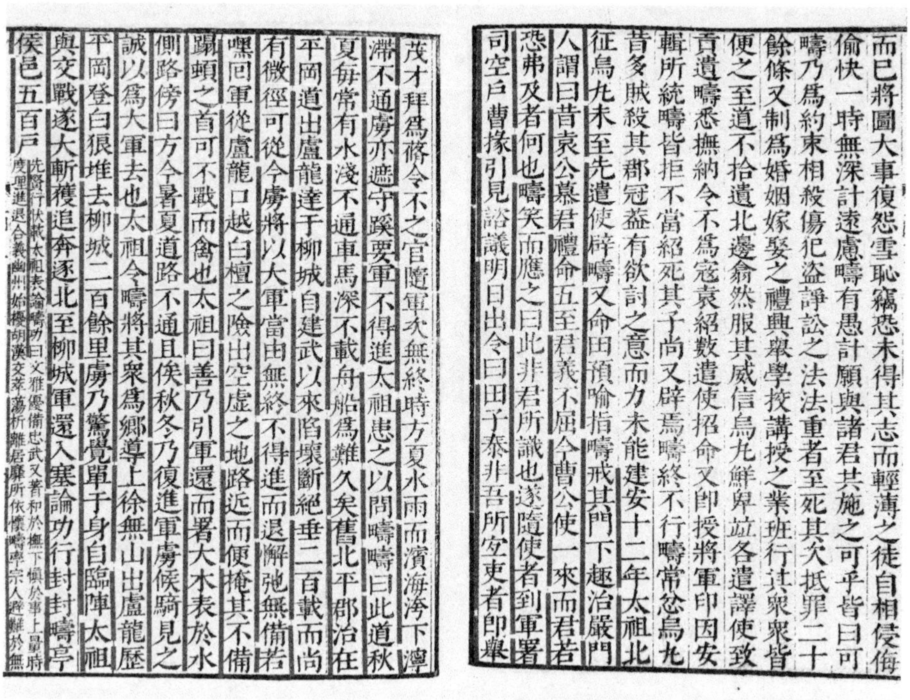

而已將圖大事復怨雪恥竊恐未得其志而輕薄之徒自相侵侮偷快一時無深計遠慮疇有愚計願與諸君共施之可乎皆曰可疇乃爲約束相殺傷犯盜諍訟之法法重者至死其次抵罪二十餘條又制爲婚姻嫁娶之禮興舉學校講授之業班行其衆衆皆便之至道不拾遺北邊翕然服其威信烏丸鮮卑並各遣譯使致貢遺疇悉撫納令不爲寇袁紹數遣使招命又即授將軍印因安輯所統疇皆拒不當紹死其子尚又辟焉疇終不行疇常忿烏丸昔多賊殺其郡冠蓋有欲討之意而力未能建安十二年太祖北征烏丸未至先遣使辟疇又命田豫喻指疇戒其門下趣治嚴門人謂曰昔袁公慕君禮命五至君義不屈今曹公使一來而君若恐弗及者何也疇笑而應之曰此非君所識也遂隨使者到軍署司空戶曹掾引見諮議明日出令曰田子泰非吾所宜吏者即舉

茂才拜爲蓨令不之官隨軍次無終時方夏水雨而濱海洿下濘滯不通虜亦遮守蹊要軍不得進太祖患之以問疇疇曰此道秋夏每常有水淺不通車馬深不載舟船爲難久矣舊北平郡治在平岡道出盧龍達于柳城自建武以來陷壞斷絕垂二百載而尚有微徑可從今虜將以大軍當由無終不得進而退懈弛無備若嘿回軍從盧龍口越白檀之險出空虛之地路近而便掩其不備蹋頓之首可不戰而禽也太祖曰善乃引軍還而署大木表於水側路傍曰方今暑夏道路不通且俟秋冬乃復進軍虜候騎見之誠以爲大軍去也太祖令疇將其衆爲鄉導上徐無山出盧龍歷平岡登白狼堆去柳城二百餘里虜乃驚覺單于身自臨陣太祖與交戰遂大斬獲追奔逐北至柳城軍還入塞論功行封封疇亭侯邑五百戶先賢行狀載太祖表論疇功曰文雅優備忠武又著和於撫下慎於事上量時度理進退合義幽州始擾胡漢交萃蕩析離居靡所依懷疇率宗人避難於無

图 38　明汲古阁本《三国志》卷十一《田畴传》书影之一

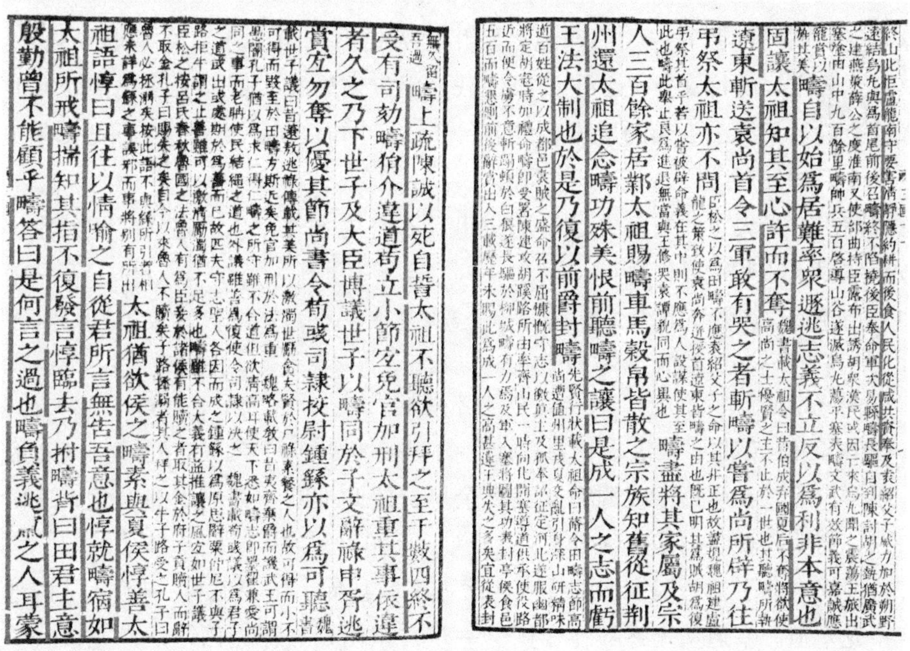

終山北拒盧龍南守要害清靜隱約耕而後食人民化從咸共資奉及袁紹父子威力加於朔野遠結烏丸與爲首尾前後召疇終不陷撓後臣奉命軍次易縣疇長驅自到陳討胡之勢猶廣武之建燕陳餘之度淮南又使部曲持臣露布出誘胡衆漢民或因亡來烏丸聞之震蕩王旅出塞塗由山中九百餘里疇帥兵五百啓導山谷遂滅烏丸蕩平塞表疇文武有效節義可嘉誠應寵賞以旌其美疇自以始爲居難率衆遁逃志義不立反以爲利非本意也固讓太祖知其至心許而不奪魏書載太祖令曰昔伯成棄國夏后不奪將欲使高尚之士優賢之主不止於一世也其聽疇所執遼東斬送袁尚首令三軍敢有哭之者斬疇以嘗爲尚所辟乃往弔祭太祖亦不問臣松之以爲田疇不應袁紹父子之命以其非正也故盡規魏祖建盧龍之策致使袁尚奔迸授首遼東疇之由也既已明其爲賊胡爲弔祭其首乎若以嘗被辟命義在其中則不應爲人設謀使其至此也疇此舉止良爲進退無當與王脩哭袁譚貌同而心異也疇盡將其家屬及宗人三百餘家居鄴太祖賜疇車馬穀帛皆散之宗族知舊從征荊州還太祖追念疇功殊美恨前聽疇之讓曰是成一人之志而虧王法大制也於是乃復以前爵封疇先賢行狀載太祖令曰蓨令田疇志節高尚遭值州里戎夏交亂引身深山研精味道百姓從之以成都邑袁賊之盛命召不屈慷慨守志以徼真主及孤奉詔征定河北遂服幽都將定胡寇時加禮命疇即受署陳建攻胡蹊路所由率齊山民一時向化開塞導道供承使役路近而便令虜不意斬蹋頓於白狼遂長驅於柳城疇有力焉及軍入塞將圖其功表封亭侯食邑五百而疇懇惻前後辭賞出入三載歷年未賜此爲成一人之高甚違王典失之多矣宜從表封

疇上疏陳誠以死自誓太祖不聽欲引拜之至于數四終不受有司劾疇狷介違道苟立小節宜免官加刑太祖重其事依違者久之乃下世子及大臣博議世子以疇同於子文辭祿申胥逃賞宜勿奪以優其節尚書令荀彧司隸校尉鍾繇亦以爲可聽……太祖猶欲侯之疇素與夏侯惇善太祖語惇曰且往以情喻之自從君所言無告吾意也惇就疇宿如太祖所戒疇揣知其指不復發言惇臨去乃拊疇背曰田君主意殷勤曾不能顧乎疇答曰是何言之過也疇負義逃竄之人耳蒙

图 39　明汲古阁本《三国志》卷十一《田畴传》书影之二

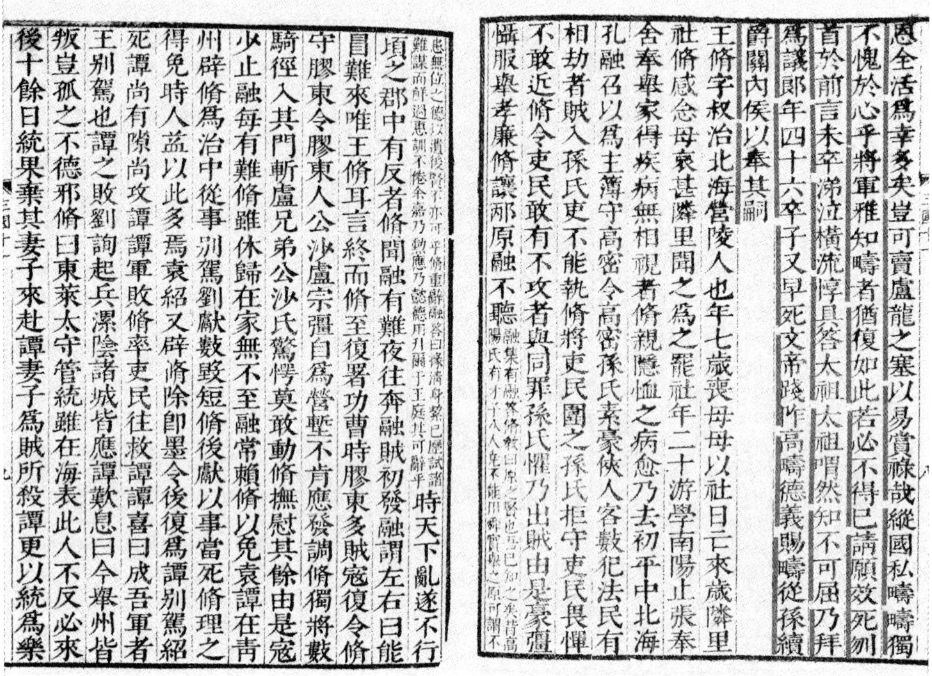
恩全活爲幸多矣豈可賣盧龍之塞以易賞祿哉縱國私疇疇獨
不愧於心乎將軍雅知疇者猶復如此若必不得已請願效死刎
首於前言未卒涕泣橫流惇具答太祖太祖喟然知不可屈乃拜
爲議郎年四十六卒子又早死文帝踐阼高疇德義賜疇從孫續
爵關內侯以奉其嗣
王脩字叔治北海營陵人也年七歲喪母母以社日亡來歲鄰里
社脩感念母哀甚鄰里聞之爲之罷社年二十游學南陽止張奉
舍奉舉家得疾病無相視者脩親隱恤之病愈乃去初平中北海
孔融召以爲主簿守高密令高密孫氏素豪俠人客數犯法民有
相劫者賊入孫氏吏不能執脩將吏民圍之孫氏拒守吏民畏憚
不敢近脩令吏民敢有不攻者與同罪孫氏懼乃出賊由是豪彊
懾服舉孝廉脩讓邴原融不聽融集有融答脩教曰原之賢也吾已知之矣昔高陽氏有才子八人堯不能用舜實舉之原可謂不
患無位之德以遺後賢不亦可乎脩重辭融答曰掾清身絜己歷試諸難謀而鮮過惠訓不倦余嘉乃勳應乃懿德用升爾于王庭其可辭乎時天下亂遂不行
頃之郡中有反者脩聞融有難夜往奔融賊初發融謂左右曰能
冒難來唯王脩耳言終而脩至復署功曹時膠東多賊寇復令脩
守膠東令膠東人公沙盧宗彊自爲營塹不肯應發調脩獨將數
騎徑入其門斬盧兄弟公沙氏驚愕莫敢動脩撫慰其餘由是寇
少止融每有難脩雖休歸在家無不至融常賴脩以免袁譚在青
州辟脩爲治中從事別駕劉獻數毀短脩後獻以事當死脩理之
得免時人益以此多焉袁紹又辟脩除即墨令後復爲譚別駕紹
死譚尚有隙尚攻譚譚軍敗脩率吏民往救譚譚喜曰成吾軍者
王別駕也譚之敗劉詢起兵漯陰諸城皆應譚歎息曰今舉州背
叛豈孤之不德邪脩曰東萊太守管統雖在海表此人不反必來
後十餘日統果棄其妻子來赴譚妻子爲賊所殺譚更以統爲樂

图 40　明汲古阁本《三国志》卷十一《田畴传》书影之三

这是迁西明确可考的古代边塞地名及相关历史事件第一次以文字形式载入正史，因此具有十分重要的特殊意义。这两段记载，不仅使田畴引曹操大军出卢龙塞北征乌丸、大获全胜后又辞爵不受的历史事件名传千古，同时也标志着迁西历史文化用字步入了一个全新的发展阶段。

除田畴引曹操大军北征乌丸这一历史事件本身内容外，从上述文字记载中，我们还可以获取以下一些重要信息：

（1）卢龙塞位于徐无山（汛涛按：汉徐无故城在今遵化市。《畿辅通志》引《遵化州志》云："徐无山今名鹿儿岭……鹿儿岭，州东五十里，黎河出此。"《读史方舆纪要》云："路儿岭在兴州东，或曰即鹿儿岭也，在永平府迁安县之景山北。"据此分析，徐无山当即今迁西县景忠山北面的玄武山及其西部附属山脉）东北、西汉白檀县（汛涛按：据陈烈等考证，其治所在今河北宽城东 8 里）西南，距鲜卑庭（在今辽宁凌源东）五百余里。按此推断，其地当在遵化、迁西北部边界一线，与明长城走向基本吻合。

（2）西汉右北平治平冈（旧址在今内蒙古宁城县甸子镇黑城村一带），从内地去这里须走卢龙塞道。塞道从无终（在今蓟县一带）东出，登徐无山，从卢龙口（今迁西潘家口）出塞，越白檀之险，历经平冈，达于柳城（旧址在今辽宁朝阳市南柳城镇袁台子村）。东汉建武（25—56）以后，"陷坏断绝，垂二百载"，曹操北征乌丸时重新修复。由此可以推知，当年李广“为右北平太守”，必曾从卢龙口出塞，先抵平冈，而后挥师漠北，横扫匈奴。故后世称李广曾出卢龙塞，于史有征，并非无稽之谈。

（3）曹操北征乌丸，“尚、熙与蹋顿、辽西单于楼班、右北平单于能臣抵之等将数万骑逆军”，“公车重在后，被甲者少”，犹能将其击溃。由此看来，曹军前锋当不少于万骑，加上后续重装主力，北征大军当有数万之众。据此进一步分析，可以推断：在北征中途的卢龙塞附近，曹军当设粮秣转运基地。这与《水经注》“濡水又东南，迳卢龙塞……濡水又东南，迳卢龙故城东，汉建安十二年，魏武征蹋顿所筑也”的说法基本相合。

（4）滦河从潘家口入塞段素有三峡之险，“山势高峻……春秋水深丈余，入夏或数丈，波流甚驶，帆樯上下相接”（《永平府志》），因此过去走陆路出潘家口多从汉儿庄—岔沟—西城峪—东城峪一线绕行，只有冬季水浅结冰时，大队人马方能沿河谷出入。曹操大军出卢龙塞远征的时间为“秋七月”，“时方夏水雨，而滨海洿下，泞滞不通”；当时滦河亦必波涛汹涌、水势浩大。因此，曹操数万步骑沿险峰夹峙的滦河谷出塞的可能性几乎为零，出“卢龙口（潘家口）”后继续沿滦河北进，再循瀑河谷奔平冈的可能性更是微乎其微。据此推断，其出塞路线当为：玄武山（徐无山）—汉儿庄—岔沟—西城峪—东城峪—潘家口，而后从潘家口渡过滦河东行，过喜峰口外峡谷后北转，“越白檀之险”，再赴平冈。

（5）卢龙塞事关曹操北征成败、牵系田畴一生荣辱，其战略价值之高、历史影响之大，于此可见一斑。作为重要的历史地标，迁西人当引以为傲。

从用字的角度来看，这两段文字有几个特点值得注意：

一是外族语译音字大量出现。如：“乌丸”“蹋顿”“楼班”“能臣抵之”等。其中的“乌丸”，《史记》和《后汉书》称“乌桓”，另有“古丸”“乌延”等译音称谓。据史料记载，乌丸，古代北方民族名，为东胡系统古代民族之一，其语言与鲜卑相同，属东胡语言分支，无文字，刻木为信。秦汉之际，活动于饶乐水（今西拉木伦河）一带。东汉末年，因曹魏政权征讨，族众伤亡甚重，除部分远迁辽东地区外，“其馀众万余落，悉徙居中国”。从上述对“乌丸”的不同称谓中，我们可以发现，古代汉语译音用字的模糊性与差异性均十分明显。

二是古今字、异体字、通假字大量存在。如：“乡（鄉）”同“向（嚮）”，“卒”同“猝”，“被”同“披”，“嘿”同“默”，“禽”同“擒”，“具”同“俱”，“戒”同“诫”（古今字）；“壍”同“堑”，“洿”同“污”（异体字）；“已”通“以”，“傍”通“旁”，“指”通“旨”（通假字）等。这说明，魏晋时期用字依然颇有秦汉遗风。

三是多音、多义字使用频率明显增多。如：“卒”“被”“嘿”“从”“傍”等。其中

“卒”字在两段相关记载中音义均有变化；“从”字读音虽然未变（“纵”字用了今字），但所用五处之中，字义即有四种变化。这说明，随着时代的发展，汉字的形音义开始日趋丰富，用法也更趋灵活。

2.《水经注》关于卢龙塞等迁西古代地名的文字记载

北魏著名地理学家郦道元《水经注》卷十四载：“濡水又东南，迳卢龙塞。塞道自无终县东出，渡濡水，向林兰陉，东至清陉。案：清陉，《方舆纪要》作青陉，下同。卢龙之险，峻坂萦折，故有九绛之名矣。案：绛，近刻作峥。燕景昭元玺二年，遣将军步浑治卢龙塞道，焚山刊石，令通方轨，刻石岭上，以记事功，其铭尚存。而庾杲之注《扬都赋》，言卢龙山在平冈城北，殊为孟浪，远失事实。余按：卢龙东越清陉，至凡城二百许里。自凡城东北出，趣平冈故城，可百八十里。向黄龙则五百里。故陈寿《魏志》：田畴引军出卢龙塞，堑山堙谷，五百余里，迳白檀，历平冈，登白狼，望柳城。平冈在卢龙东北远矣，而仲初言在南，非也。濡水又东南，迳卢龙故城东，汉建安十二年，魏武征蹋顿所筑也。濡水又南，黄洛水注之，水北出卢龙山，南流入于濡。濡水又东南，洛水合焉，水出卢龙塞西南，流注濡水。濡水又屈而流，左得去润水，又合敖水，二水并自卢龙西注濡水。濡水又东南，流迳令支县故城东，王莽之令氏亭也。秦始皇二十二年分燕置，辽西郡令支隶焉。”（图 41）

这段文字，对濡水（滦河）等流经迁西的重要河流做了简要的描述，同时对卢龙塞等重要地标及相关历史事件做了审慎的考证。对其进行准确解读，不仅对探索迁西历史发展及地名变迁情况具有十分重要的意义，而且对破解中国古代历史研究中的诸多疑案具有颇为关键的作用。

经黄省曾、朱谋玮、戴震、赵一清、全祖望、孙星衍、王先谦、杨守敬等历代学者研究考证，学界对这段文字中涉及的几个最重要的问题基本形成了一致的看法：

（1）濡水即滦河。濡，《集韵》作“渜”，奴官切（nuán）；唐以后始写作“滦”，读作卢丸切（luán）。这是河流名称字义未变而字形和读音均发生变化的一个典型案例。

（2）郦注所称“卢龙塞”有广义与狭义之分。广义的卢龙塞，系今承德市东南与遵化、迁西交界的卢龙山一带边塞的统称；而狭义的卢龙塞（即田畴所称“卢龙口”）则指濡水（滦河）入塞之关隘，即今迁西潘家口。

（3）林兰陉即今迁西喜峰口，在卢龙塞口（潘家口）东部，为另一重要关口。

（4）令支县故城，在今迁安市区西，滦河西岸。

上述学术成果，为我们研究迁西古今地名变迁确立了重要的坐标。可惜，此外尚存一系列问题，自古迄今，一直争论不休。如：清陉在今何处，黄洛水、洛水、去润水、敖水分别指今天哪条河流，卢龙山到底指哪一段山脉，卢龙故城何在，等等。

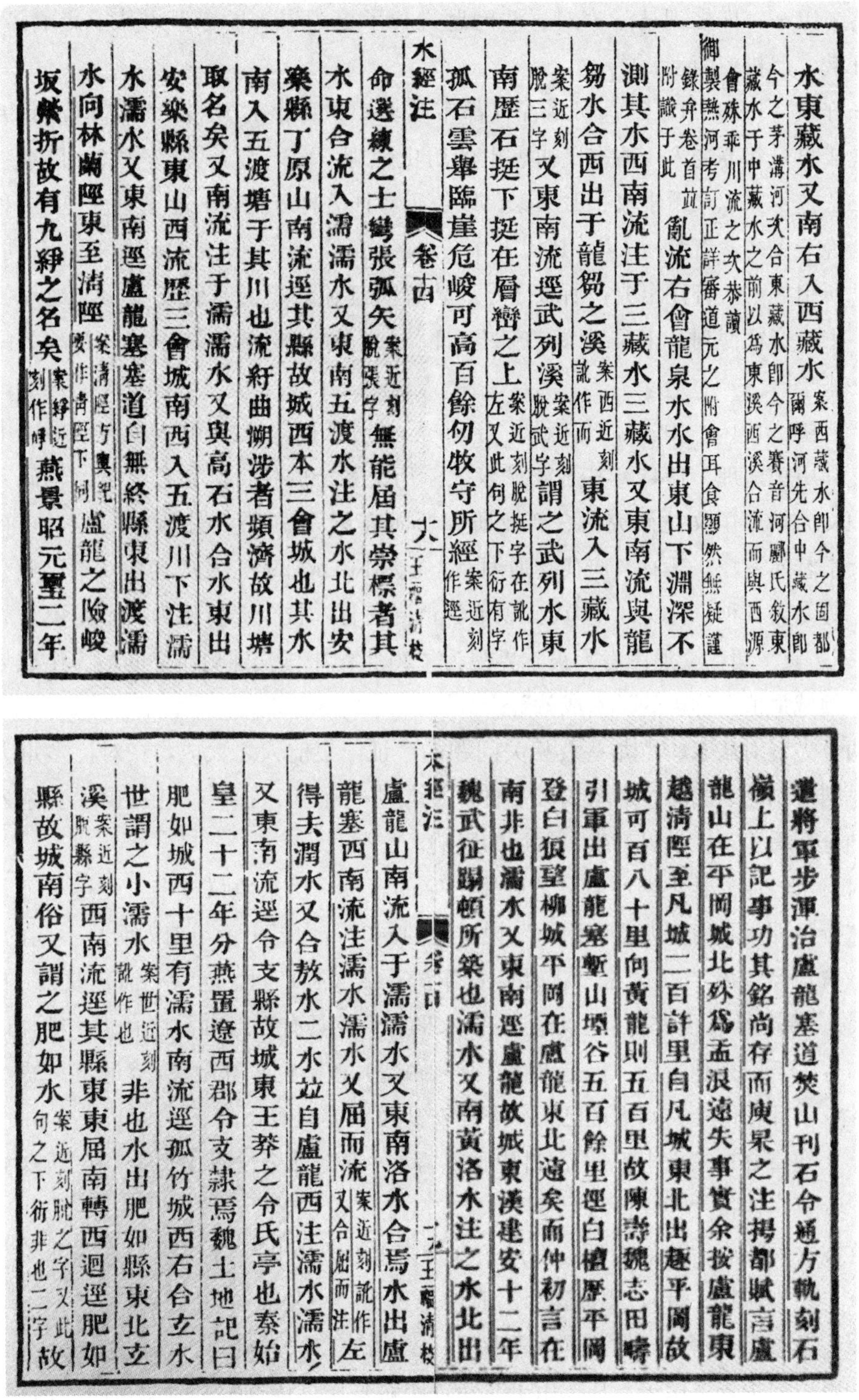

水東藏水又南右入西藏水案西藏水即今之固都爾呼河先合中藏水即
今之茅溝河次合東藏水即今之賽音河酈氏敘東
藏水于中藏水之前以爲東溪西溪合流而與西源
會殊乖川流之次恭讀
御製熱河考訂正詳審道元之附會耳食顯然無疑謹
錄弁卷首並附識于此亂流右會龍泉水水出東山下淵深不
測其水西南流注于三藏水三藏水又東南流與龍
芻水合西出于龍芻之溪案西近刻訛作而東流入三藏水
案近刻脫三字又東南流逕武列溪案近刻脫武字謂之武列水東
南歷石挺下挺在層巒之上案近刻脫挺字在訛作左又此句之下衍有字
孤石雲舉臨崖危峻可高百餘仞牧守所經案近刻作逕
水經注 卷十四 十八
命遜績之士巒張弧矢案近刻脫張字無能屆其崇標者其
水東合流入濡濡水又東南五渡水注之水北出安
樂縣丁原山南流逕其縣故城西本三會城也其水
南入五渡塘于其川也流紆曲㴝涉者頻濟故川塘
取名矣又南流注于濡濡水又與高石水合水東出
安樂縣東山西流歷三會城南西入五渡川下注濡
水濡水又東南逕盧龍塞塞道自無終縣東出渡濡
水向林蘭陘東至清陘案清陘方輿紀要作青陘下同盧龍之險峻
坂紆折故有九綼之名矣案綼近刻作綧燕景昭元璽二年

遣將軍步渾治盧龍塞道焚山刊石令通方軌刻石
嶺上以記事功其銘尚存而庾杲之注揚都賦言盧
龍山在平岡城北殊爲孟浪遠失事實余按盧龍東
越清陘至凡城二百許里自凡城東北出趣平岡故
城可百八十里向黄龍則五百里故陳壽魏志田疇
引軍出盧龍塞塹山堙谷五百餘里逕白檀歷平岡
登白狼望柳城平岡在盧龍東北遠矣而仲初言在
南非也濡水又東南逕盧龍故城東漢建安十二年
魏武征蹋頓所築也濡水又南黄洛水注之水北出
水經注 卷十四 十九
盧龍山南流入于濡濡水又東南洛水合焉水出盧
龍塞西南流注濡水濡水又屈而流案近刻訛作又合屈而注左
得夫潤水又合敖水二水並自盧龍西注濡水濡水
又東南流逕令支縣故城東王莽之令氏亭也秦始
皇二十二年分燕置遼西郡令支隸焉魏土地記曰
肥如城西十里有濡水南流逕孤竹城西右合玄水
世謂之小濡水案世近刻訛作也非也水出肥如縣東北玄
溪案近刻脫縣字西南流逕其縣東東屈南轉西迴逕肥如
縣故城南俗又謂之肥如水案近刻脫之字又此句之下衍非也二字故

图 41 武英殿聚珍版《水经注》卷十四书影

清末以来，许多训诂学家对这些问题进行了更为深入的考证，其中影响最大者，有杨守敬、严耕望两家。

杨守敬（1839—1915），湖北省宜都市陆城镇人，谱名开科，榜名恺，后更名守敬，晚年自号邻苏老人。清末民初杰出的历史地理学家、金石文字学家、目录版本学家、书法艺术家、泉币学家、藏书家。以长于考证著称于世，一生著述多达 83 种，被誉为“晚清民初学者第一人”。其代表作《水经注疏》（其门人熊会贞续纂后合刊），将郦学“所引之书，皆注出典，所叙之水，皆详其迁流。集当时研究郦学及地理各家之长于一书，旁征博列，正误纠谬，疏图互证”（赵平，《杨守敬文化》），被称为郦学史上的一座丰碑。

严耕望（1916—1996），名德厚，字耕望，号归田，安徽桐城人。专治中国中古政治制度和历史地理。1941 年毕业于武汉大学历史系。曾任台湾齐鲁大学国学研究所及香港中文大学中国文化研究所、新亚研究所研究员、教授，美国哈佛大学访问学者、耶鲁大学客座教授。著有《唐代交通图考》《唐仆尚丞郎表》及成名作《秦汉地方行政制度》等专著 7 种、论文 40 多篇。以治学严谨著称，被余英时称为“中国史学界的朴实楷模”。其《唐代交通图考》被学界视为“20 世纪中国交通史研究的最突出成果，也是这一领域最值得称羡的学术成就”。

两位先贤对濡水、卢龙塞及相关问题的考证，集前人之大成，在对许多重大问题提出总结性结论的同时，对争议较多的问题均进行了深入探讨，并提出了一系列颇有见地的全新看法，在学界产生了深远的影响。

对《水经注》卷十四所载“清陉”二字的解读，历来争议颇多。经过考证，二人在对“青陉即永平府卢龙县青山口”说质疑的同时，均提出了与前人明显不同的观点。杨守敬《水经注疏》云：“朱（谋玮）青作清，戴（震）同。赵（一清）改云：《永平府志》《方舆纪要》俱作青陉。《纪要》：永平府卢龙县有青山口，在府北，桃林口东第四关口也。下云东越青陉，仍是青字。全（祖望）改青同。守敬按：《通鉴》晋永和五年《注》引此作清陉，则沿讹已久。今迁安县西北亦有青山口（汛涛按：又称青山关，今属迁西），在喜峰口东六十里。”严耕望则直言：“青陉即今之青山口关，在迁安县西北一百二十里，西接大喜峰口六十里”。

在本次调研中，我们发现，沿卢龙塞道东北行奔平冈（在今平泉县东北、宁城县西南甸子镇黑城村一带），出潘家口后有两条古道：一是潘家口—喜峰口—椴木峪—万塔黄崖—龙须门—平泉—黄土梁—平冈；一是潘家口—喜峰口—铁门关—分水岭—董家口—青山口关外孤山子，从孤山子北转，经峪耳崖（读 nié），至龙须门与西路相合，而后从平泉东南奔平冈。从潘家口经青山口关外孤山子至平泉，其路程约 100 公里；

从平泉至平冈，其路程约90公里。若依乾隆皇帝所云，“清陉即今冷口”，赴平冈则须从迁西青山口外先向东南绕行50公里再往回转向西北奔平冈，根本不合情理；而按王先谦《合校水经注》、顾祖禹《读史方舆纪要》及《永平府志》等所言，青陉在桃林口东之青山口（今属抚宁县），则需从冷口继续向东南绕行近50公里再转向西北奔平冈，简直南辕北辙。因此，杨守敬、严耕望之说不仅更合情理，而且与郦注“卢龙东越清（青）陉，至凡城（在今平泉东南）二百许里。自凡城东北出，趣平冈故城，可百八十里”的说法完全吻合。故而我们可以断言，青陉即今之迁西青山口的论断准确可信。

按《水经注》记载，濡水进入卢龙塞后流至令支故城（今迁安市区西）东，其间先后汇入四条较大河流，即黄洛水、洛水、去润水、敖水。经实地考察发现，此间确有四条较大河流汇入，而且都在迁西境内，自上而下，依次为瀫河、横河（又名恒河）、长河、清河。据此初步推断：黄洛水当即今之瀫河，洛水当即今之横河，去润水当即今之长河，敖水当即今之清河。这一推断，本来非常明了，不应产生争议；但是，在查阅资料的过程中，我们发现：自古以来，对这四条河流的定位一直众说纷纭，至今莫衷一是。争议的焦点在于，对黄洛水如何定位。各家由于对黄洛水定位不准，往往产生多米诺骨牌效应，对其他三条河流及相关地名的判定也产生种种错位。

对这一问题，杨守敬和严耕望也都进行了深入探讨，并提出了相似的观点。可惜，通过调研考察，我们发现，二人对关键地标如黄洛水、卢龙山的定位依然明显不准；受此影响，对相关地名的判定自然也出现了一系列传导性误判。今分别辨析如下：

杨守敬《水经注疏》云：“守敬按：《寰宇记》卢龙县下：黄洛城，殷诸侯之国。此黄洛水以黄洛城得名，当即今出董家口东北之水，下流至潘家口北入滦河者也。而《辽志》云：滦州义丰县本黄洛故城，黄洛水北出卢龙山，南流入于滦水，误。辽义丰即今滦州，去黄洛水甚远，故《一统志》驳之。”“今迁安县西北有长河，即洛水，源出董家口外。”在“左得润水，又会敖水”文下，“会贞按：今迁安县西北有清河、蛤螺河，并出口外，一自榆木岭流入，一自城子岭流入，合流南入滦河，即此二水也。”

经调研考察发现：杨守敬关于“《辽志》云：滦州义丰县本黄洛故城，黄洛水北出卢龙山，南流入于滦水，误。辽义丰即今滦州，去黄洛水甚远”的判断十分准确，但黄洛水得名于卢龙县黄洛城之说理据并不充分，且黄洛城何在至今并无确论；而出董家口东北之水西南流者仅有长河一水，且董家口外与铁门关之间有海拔较高的一道分水岭（今西麓有岭西村、东麓有岭根村），绝无可能有任何一条河流从董家口外西越分水岭，再“下流至潘家口北入滦河”。杨守敬显然是将长河董家口外段误认作发源于今宽城县西南炮岭下的铁门关水，并进而将其错认作了黄洛水（下文详述）。接下来，杨守敬又将发源于都山从董家口进入迁西的长河认作濡水（滦河）入塞后汇入的第二条河流（洛水），显然忽略了瀔河与横河（恒河）的存在，明显存在重要遗漏，与实际情况及《水经注》记载难以相合。鉴于河流数目对应不上，其弟子熊会贞将清河的两条支流分别当作去润水和敖水充数，则纯属主观臆断，毫无任何依据。通过实地考察发现：清河的两条支流一自迁西大岭寨而非榆木岭入，一自迁西城子岭入，至太平寨合而为一，两条支流与干流均称清河，而蛤螺河（又称"隔滦河"）则为从迁安西峡口汇入滦河的另外一条经常断流的小河。师徒二人一错再错，简直令人惊愕。

在《唐代交通图考》篇五壹《幽州东北塞诸道三——历代卢龙塞道》中，严耕望对卢龙塞道的走向、路线，卢龙塞的大体方位，滦河入塞后汇入的主要河流，以及卢龙塞与松亭关的承继关系等进行了详细论述，思路清晰，分析透彻，大体判断基本可信。然而，严先生同时提出："铁门关水即郦注之黄洛水，在今潘家口长城之北"，并认为此水发源于都山，而后判定"此尤都山即郦注卢龙山之强证"；以此为据，又推断洛水、去润水、敖水分别对应瀔河、横河（恒河）、长河；为自圆其说，复断言卢龙塞及卢龙故城当在今潘家口之北、瀑河口之南、滦河西岸。

经考察分析，发现严先生的论断有三点致命的错误：

其一，断言铁门关水发源于都山，并将都山视为卢龙山，将铁门关水视为黄洛水，既不符合实际地望，更不符合《水经注》记载。经实地考察发现，铁门关水发源于关外附近的炮岭，其源头不仅与都山隔有分水岭，而且距都山尚有近百里之遥。此水从铁门关入塞，西流至喜峰口，北折出关后再向西流，从现存潘家口城堡对面汇入滦河，干流总长不过 15 公里，平日河宽不足一米，汛期亦不过两三米而已。《水经注》记录濡水入塞前的河流，连柳河那样的大河都未著录，怎么可能著录这样一条小溪呢？即便著录，又怎么可能将东出西流之水错写成"北出卢龙山，南流入于濡"呢？而且，《水经注》明确指出，黄洛水是濡水"迳卢龙塞"即穿越卢龙口入塞后才汇入的一条河流，而铁门关水汇入濡水处还在最险峻的"卢龙口"之北，因此这一判断与郦注很难相合，明显有误。

其二，以对黄洛水的错误判断为依据，断言洛水、去润水、敖水分别对应瀔河、横河（恒河）、长河，漏洞更为明显。这样，不仅漏掉了比铁门关水至少长 5 倍、宽 10 倍的清河，而且违背郦道元自上而下的叙述视角，忽视了"左得去润水"的"左"字，将从西面（右岸）汇入滦河的横河（恒河）当成了"去润水"，左右错乱，东西颠倒，根本解释不通。

其三，作者为自圆其说，推断卢龙塞及卢龙故城当在今潘家口之北、瀑河口之南、滦河西岸，更不合乎情理。如前文所述，当年曹操北征正值汛期，滦河水势浩大、超乎常年，大队人马出潘家口后沿滦河谷北上并于中途筑城的可能性微乎其微；另外，

《水经注》明确说明，“塞道自无终县东出，渡濡水，向林兰陉，东至清（青）陉”，意即从潘家口渡过滦河后东行奔喜峰口、青山口方向，那么曹操大军出潘家口后怎么会先沿滦河北上筑城，然后再向南退回来东转奔喜峰口方向呢？因此，推断曹操率众到今潘家口之北、瀑河口之南、滦河西岸筑城既不合乎逻辑，也不符合文献记载。大概作者自己亦发觉此论漏洞百出，复言“是青陉虽与潘家口外曹氏所筑卢龙城同称为卢龙塞道，而实非一道，盖即前燕慕容儁遣步浑所开者”。这一说法，依据并不充足，纯属主观臆断，不仅难以自证，又导致了对慕容儁遣步浑“治卢龙塞道”这一史实的误判，与《水经注》记载明显不合，实在令人感到遗憾。

以杨守敬、严耕望之严谨，为何会产生如此众多的误判呢？在本次调研中，我们出于谨慎，对此进行了深入分析。发现原因有三：

其一，《水经注》记载虽然简明扼要，但用字过于俭省，尤其是对“卢龙”二字的使用，如严耕望所言，“或曰山，或曰塞”，语义不明，导致后人经常产生误读。另外，由于对“卢龙山”未加注解，对“卢龙塞”时用广义，时用狭义，也给后人留下了误读、误判的空间。

其二，后世学者解读《水经注》，往往习惯于单凭文献资料进行分析考证，很少结合实地考察进行研究，其所据古代或近代地图又往往标注不细、比例不准。因此，发生误判，实属难免。

其三，在分析论证过程中，杨守敬、严耕望等学者往往以错误的假说为前提进行推理，同时又常常循环自证，结果导致一错再错。

基于上述教训，我们在充分研究各类文献资料的基础上，对相关山川关隘进行了全面的实地考察，而后对《水经注》相关文字记载做了“复盘”印证式的解读，结果豁然开朗，获得了一系列全新的发现，许多问题迎刃而解。

其一，《水经注》载：“濡水又东南，迳卢龙塞。塞道自无终县东出，渡濡水，向林兰陉，东至清陉。案：清陉，《方舆纪要》作青陉，下同。卢龙之险，峻坂萦折，故有九峥之名矣。”经核对《三国志》《晋书》等历史记载，结合实地考察分析，可以断定：郦注所言卢龙（这里指卢龙山）“峻坂萦折”，且“有九峥之名”，当指今兴隆、宽城、青龙与遵化、迁西交界处形似长龙的一道山脉，范围不仅限于潘家口以东，更不仅指都山一峰及其周边山脉，严耕望等视《永平府志》所言都山（一名“乌都山”）与《大清一统志》所言“乌龙山（在府东南二百五十里，古卢龙山也）”为一山，明显属于误判；广义的卢龙塞当指与卢龙山相合的一段边塞，其走向、范围与明长城马兰峪关至迁安洪峪口段基本一致，而狭义的卢龙塞则指滦河与卢龙山交合之处的关隘，即田畴所谓“卢龙口”、乾隆皇帝所谓“今之潘家口”。

其二，《水经注》载："燕景昭元玺二年，遣将军步浑治卢龙塞道，焚山刊石，令通方轨，刻石岭上，以记事功，其铭尚存。"经实地考察发现，此卢龙塞道与田畴引曹操大军经行之路应基本一致，除如前文所述塞外可能有东西分支外，沿塞之道（与明长城走向基本一致）不可能出现第二条。由这段记载亦可推知：尽管随着岁月流逝，步浑当年所刻铭文今已无从查找，但至少在十六国时期，迁西北部边塞已有石刻铭文出现。更耐人寻味的是，燕元玺二年（353年），即晋永和九年，是中国文字史上十分值得纪念的一年——是年三月三日，王羲之与友人"会于会稽山阴之兰亭"，写下了震烁千古的《兰亭集序》。步浑同年于卢龙塞道刻石勒铭，虽远不及书圣挥洒"天下第一行书"影响巨大，但凭借郦道元的记述，仍足以昭示后人：即便在"五胡乱华"的北方边塞，文字传承的薪火也如文化发达的南方一样，时时熠熠闪光，一直没有绝灭。

其三，《水经注》载："濡水又南，黄洛水注之，水北出卢龙山，南流入于濡。"经实地考察发现，作为滦河入潘家口后汇入的第一条河流，唯潵河可与黄洛水相当。经进一步实地踏勘获知，潵河发源于今承德市兴隆县城东八品叶梁下，经南天门、半壁山、蓝旗营、三道河进入迁西龙井关，到栗树湾子汇入黑河，而后转向东南，经汉儿庄继续流向东南，至今洒河桥（潵河桥）北汇入滦河。其发源地恰在卢龙山西段，干流至卢龙山中段折而南流，与《水经注》所言"水北出卢龙山，南流入于濡"的记载完全相合，而与都山毫不相涉。据此可以断定，《水经注》所言黄洛水当即今之潵河无疑。

其四，《水经注》载："濡水又东南，洛水合焉，水出卢龙塞西南，流注濡水。""水出卢龙塞西南，流注濡水"一句，杨守敬等皆断为"水出卢龙塞，西南流注濡水"，因此产生误判，将发源于塞外都山、经迁西董家口入塞的长河误断为洛水，其错十分明显（见前文分析），今特予改正。据实地考察发现，滦河入塞后汇入的第二条较大河流为今之横河（恒河），此水发源于今迁西县三屯营镇王寺峪村西北的十八盘山（其地恰在潘家口西南），向南流经迁西高家店、三屯营，再转向东南，于今迁西县兴城镇白堡店村南汇入滦河。根据地望分析，结合《水经注》描述顺序，可以断定，郦注所言洛水，当即今之横河（恒河）无疑。

其五，《水经注》载："濡水又屈而流，左得去润水，又合敖水，二水并自卢龙西注濡水。"经实地考察发现，濡水（滦河）汇入横河后，于今迁西县城北折而东流，而后于迁西九山村西汇入从董家口、渔户寨、韩庄、米峪口向南流来的长河，于迁西罗家屯村南汇入从太平寨向南流来的清河。这与"又屈而流""左得去润水，又合敖水"的描述完全相符；尤其是"又屈而流"的描述，与实际地望可谓对应精准。因此，参照《水经注》所述濡水（滦河）入塞后汇入的四条河流的顺序，我们可以断言：前文"去润水即今长河，敖水即今清河"的推断准确无误。至于"二水并自卢龙西注濡水"

一句，如前所述，由于“卢龙”二字语义不明，许多学者往往对此感到十分困惑，继而妄加推断，甚至篡改原文。其实，结合实地考察分析，即可豁然开朗——卢龙山或广义的卢龙塞主脉到迁西青山口开始南折，经榆木岭、大岭寨、城子岭、擦崖子，至迁安洪峪口再折向东；而长河、清河均在青山口至洪峪口这段南北走向的山岭西面从滦河北岸（左岸）流入滦河。因此，长河、清河的流向及汇入滦河的方位与《水经注》所载“左得去润水，又合敖水，二水并自卢龙西注濡水”的描述完全吻合，并无任何冲突。

其六，《水经注》载：“濡水又东南，迳卢龙塞……濡水又东南，迳卢龙故城东，汉建安十二年，魏武征蹋顿所筑也……濡水又南，黄洛水注之。”依据《三国志》《水经注》记载和前文论述，“魏武征蹋顿所筑”卢龙故城，当在卢龙塞（今潘家口）之南，黄洛水（今澈河）之北、滦河西岸。经过实地反复踏勘分析，可以断定：其地非今迁西汉儿庄一带莫属。此地北依卢龙山（今脖子梁、猴儿山、三十二壳楞一带山脉），南瞰澈河川，东距滦河 4 公里，地势平旷，峰峦环护，不仅扼守出卢龙塞（潘家口）陆路之要冲，而且十分适宜筑城，历代均为兵家必争之地，其地理坐标与《水经注》描述完全一致。因此，推断曹操大军汛期循滦河谷西侧陆路北上，于卢龙塞（潘家口）西南之汉儿庄一带筑卢龙城以为粮秣转运基地，不仅合乎情理，且与《三国志》《水经注》记载完全吻合。另外，此地辽代曾设汉儿馆，金代曾为滦阳县治，元代曾为惠州治所，明代曾驻车营，至今梁梦龙、戚继光等重修的古城遗迹尚存，亦可以作为佐证。

至此，对前人争议不休的几个问题，我们可以得出最后的结论：卢龙山当指今兴隆、宽城、青龙与遵化、迁西交界处形似长龙的一道山脉，而绝非仅指都山；黄洛水即今澈河，而非铁门关水；洛水即今横河（恒河），而非澈河，更非长河；去润水即今长河，而非横河，更非清河西支；敖水即今清河，而非蛤螺河；卢龙故城在今迁西汉儿庄一带，而非潘家口之北、瀑河口之南、滦河西岸某处，更不可能如旧志和某些网文所言，在今卢龙县境内。

通过对《水经注·卷十四》关于濡水（滦河）与卢龙塞相关文字记载的考证与解读，心中感慨良多：

其一，语言表述固应简明扼要，但用字过于俭省，可能会给后人留下误读的空间。“文章千古事，得失寸心知”，遣字作文，绝非易事，可不慎乎？

其二，文字训诂，古称“小学”；然而一字误判，则会导致错误纷出。以此观之，“小学”之道，可谓大矣！

其三，从事文史研究，尤其是探讨舆地之学，必须在钻研文献资料的同时进行深入的实地考察，否则将会“差之毫厘，谬以千里”。著名作家、中亚史研究学者张承志云：“学术必须两脚沾上泥巴才可能可信。”（《火焰山小考》）诚哉斯言！

3.《魏书》关于卢龙塞的文字记载

《魏书》卷八十二《列传第七十》载："常景，字永昌，河内人也。父文通，天水太守。景少聪敏，初读《论语》《毛诗》，一受便览。及长，有才思，雅好文章。廷尉公孙良举为律博士，高祖亲得其名，既而用之……**杜**洛周反于燕州，仍以景兼尚书为行台，与幽州都督、平北将军元谭以御之。景表求勒幽州诸县悉入古城，山路有通贼之处，权发兵夫，随宜置戍，以为防遏。又以顷来差兵，不尽强壮，今之三长，皆是豪门多丁为之，今求权发为兵。肃宗皆从之。进号平北将军。别敕谭西至军都关，北**从**卢龙塞，据此二险，以**杜**贼出入之路。又诏景山中险路之处，悉令捍塞……"（图42）

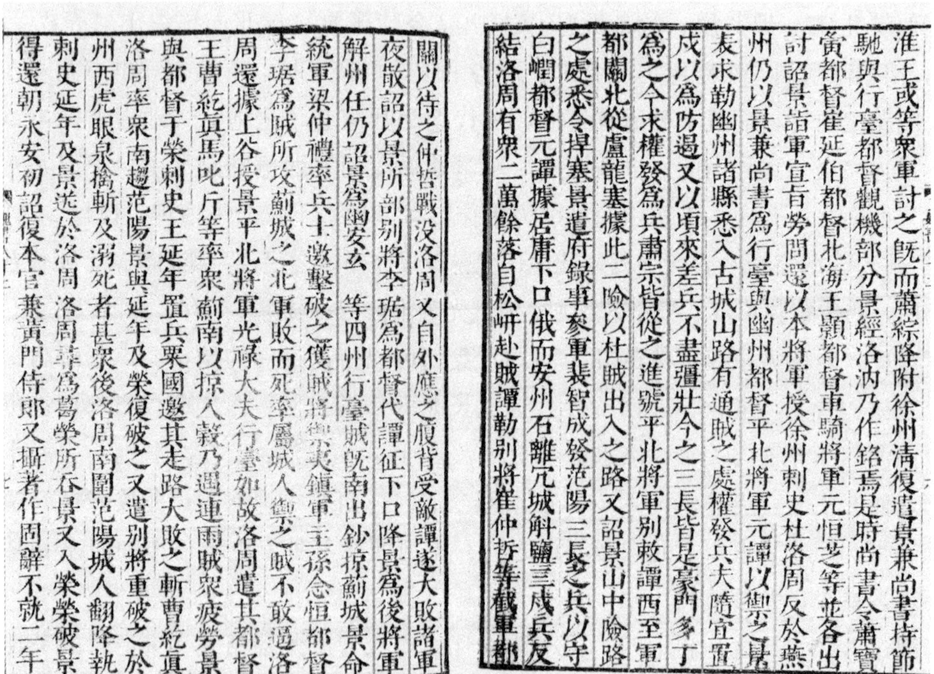
淮王彧等衆軍討之既而蕭綜降附徐州清復遣景兼尚書持節
馳與行臺都督觀機部分景經洛汭乃作銘焉是時尚書令蕭寶
夤都督崔延伯都督北海王顥都督車騎將軍元恒芝等並各出
討詔景詣軍宣旨勞問還以本將軍授徐州刺史杜洛周反於燕
州仍以景兼尚書爲行臺與幽州都督平北將軍元譚以禦之景
表求勒幽州諸縣悉入古城山路有通賊之處權發兵夫隨宜置
戍以爲防遏又以頃來差兵不盡彊壯今之三長皆是豪門多丁
爲之今求權發爲兵肅宗皆從之進號平北將軍別敕譚西至軍
都關北從盧龍塞據此二險以杜賊出入之路又詔景山中險路
之處悉令捍塞景遣府録事參軍裴智成發范陽三長之兵以守
白㟁都督元譚據居庸下口俄而安州石離冗城斛鹽三戍兵反
結洛周有衆二萬餘落自松岍赴賊譚勒别將崔仲哲等截軍都
關以待之仲哲戰沒洛周又自外應之腹背受敵譚遂大敗諸軍
夜散詔以景所部别將李琚爲都督代譚征下口降景爲後將軍
解州任仍詔景爲幽安玄 等四州行臺賊既南出鈔掠薊城景命
統軍梁仲禮率兵士邀擊破之獲賊將御夷鎮軍主孫念恒都督
李琚爲賊所攻薊城之北軍敗而死率屬城人禦之賊不敢逼洛
周還據上谷授景平北將軍光祿大夫行臺如故洛周遣其都督
王曹紇眞馬叱斤等率衆薊南以掠人穀乃遇連雨賊衆疲勞景
與都督于榮刺史王延年置兵粟國邀其走路大敗之斬曹紇眞
洛周率衆南趨范陽景與延年及榮復破之又遣别將重破之於
州西虎眼泉擒斬及溺死者甚衆後洛周南圍范陽城人翻降執
刺史延年及景送於洛周 洛周尋爲葛榮所吞景又入榮榮破景
得還朝永安初詔復本官兼黃門侍郎又攝著作固辭不就二年

图42　汲古阁本《魏书》卷八十二《列传第七十》书影

同书卷九十五《列传第八十三》载："（慕容）儁，字宣英。既袭位，号年为元年。闻石氏乱，乃**砺**宋本作厉甲严兵，将为进取之计。凿山除道，入自卢龙，**剋**蓟城而都之。进**剋**中山、常山，大破冉闵于魏昌廉台，擒之。闵太子叡固守邺城，进师攻邺，**剋**之。建国十五年，儁**僭**称皇帝，置百官，号年元玺，国称大燕，郊祀天地。十六年，遣使朝贡。儁自蓟迁都于邺，号年为光寿。儁死，子暐统任。"（图43）

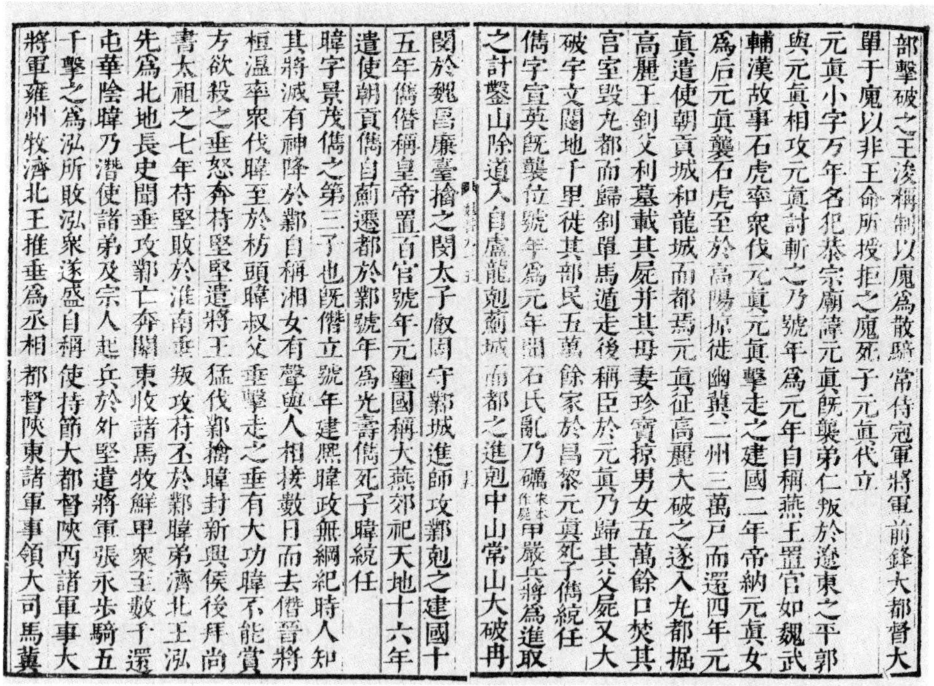
部擊破之王浚稱制以廆爲散騎常侍冠軍將軍前鋒大都督大
單于廆以非王命所授拒之廆死子元真代立
元真小字万年名犯恭宗廟諱元真既襲弟仁叛於遼東之平郭
與元真相攻元真討斬之乃號年爲元年自稱燕王置官如魏武
輔漢故事石虎率衆伐元真元真擊走之建國二年帝納元真女
爲后元真襲石虎至於高陽掠徙幽冀二州三萬戶而還四年元
真遣使朝貢城和龍城而都焉元真征高麗大破之遂入丸都掘
高麗王釗父利墓載其屍并其母妻珍寶掠男女五萬餘口焚其
宮室毀丸都而歸釗單馬遁走後稱臣於元真乃歸其父屍又大
破宇文國地千里徙其部民五萬餘家於昌黎元真死子儁統任
儁字宣英既襲位號年爲元年因石氏亂乃礪宋本作厲甲嚴兵將爲進取
之計鑿山除道入自盧龍剋薊城而都之進剋中山常山大破冉
閔於魏昌廉臺擒之閔太子叡固守鄴城進師攻鄴剋之建國十
五年儁僭稱皇帝置百官號年元璽國稱大燕郊祀天地十六年
遣使朝貢儁自薊遷都於鄴號年爲光壽儁死子暐統任
暐字景茂儁之第三子也既僭立號年建熙暐政無綱紀時人知
其將滅有神降於鄴自稱湘女有聲與人相接數日而去僭晉將
桓溫率衆伐暐至於枋頭暐叔父垂擊走之垂有大功暐不能賞
方欲殺之垂怒奔苻堅堅遣將王猛伐鄴擒暐封新興侯後拜尚
書太祖之七年苻堅敗於淮南垂叛攻苻丕於鄴暐弟濟北王泓
先爲北地長史聞垂攻鄴亡奔關東收諸馬牧鮮卑衆至數千還
屯華陰暐乃潛使諸弟及宗人起兵於外堅遣將軍張永步騎五
千擊之爲泓所敗泓衆遂盛自稱使持節大都督陝西諸軍事大
將軍雍州牧濟北王推垂爲丞相都督陝東諸軍事領大司馬冀

图 43　汲古阁本《魏书》卷九十五《列传第八十三》书影

《魏书》，二十四史之一，北齐尚书右仆射魏收撰，记载鲜卑拓跋部早期兴起至公元 550 年东魏被北齐取代这一阶段的历史。全书共一百二十四卷，其中本纪十二卷，列传九十二卷，志二十卷，因个别纪、列传、志篇幅过长，又分为上、下两卷或上、中、下三卷，实共一百三十一卷。举凡政治、经济、军事、文化、礼俗、宗教等社会生活各方面情况，书中均有较为详细的记载。

作者魏收（507—572），字伯起，小字佛助，钜鹿下曲阳（今河北晋州）人。南北朝时期著名史学家、文学家。历仕北魏、东魏、北齐三朝，与温子升、邢邵并称“北地三才子”。累官至尚书右仆射，掌诏诰，总议监五礼事，位特进。天保八年（557 年）迁太子少傅。北齐武平三年（572 年）卒，追赠司空、尚书左仆射，谥“文贞”。天保二年（551 年），受命撰魏史，“博访百家谱状，搜采遗轶，包举一代始终，颇为详悉”（北宋刘攽、刘恕等撰，《魏书目录叙》）；与房延祐、辛元植、刁柔、裴昂之、高孝幹等“博总斟酌”，至天保五年（554 年）三月，撰成“《魏书》一百三十篇（实为一百三十一卷）”。书成之后，众口沸腾，号为“秽史”，后三易其稿，方成定本。

魏收性格急躁，恃才傲物，任史官时尝言：“何物小子，敢共魏收作色！举之则使上天，按之当使入地。”（李延寿，《北史・魏收传》）受此影响，《魏书》“党齐毁魏，褒贬肆情，时论以为不平”（宋刘攽、刘恕等撰，《魏书目录叙》）。

从本文引述的两篇文字来看，《魏书》的确存有取舍失衡、详略悬殊、“褒贬肆情”之弊。《常景传》记述常景事迹极为详细，溢美之词洋洋洒洒；而《慕容儁传》用笔则极为吝啬，不仅忽略许多重要史实，而且由于用字过于粗疏，导致记述难以连贯，极易造成误读。比如：“建国十五年，儁僭称皇帝，置百官，号年元玺，国称大燕，郊祀天地。十六年，遣使朝贡。儁自蓟迁都于邺，号年为光寿”一段中，“十六年，遣使朝贡”一句，既无主语，又无状语，谁朝贡？向谁朝贡？语焉不详。接下来直接说：“儁自蓟迁都于邺，号年为光寿”，给人的印象是：“建国十六年”即“自蓟迁都于邺”、改元“光寿”。实则“元玺”共有六年，“迁都于邺”后方改元“光寿”。若无其他史料可资考证，如此记载，势必给后人留下争论不休的历史疑案。另外，慕容儁乃前燕颇有作为的一代皇帝，《魏书》为其作传仅用120字，不及同书《常景传》（近4000字）零头，较之《晋书·慕容儁传》（7000余字）相差更为悬殊。以此观之，足见魏收偏见之深重、史笔之任性。

不过，《魏书》虽因“褒贬肆情”被指为“秽史”，但作为研究北魏历史的重要著作，仍有其不容忽视的价值。从上面引述的两段文字中，我们即可获取关于卢龙塞及相关历史事件的一系列重要信息：

（1）北魏时期，卢龙塞即与军都关（居庸关）并称“二险”，为兵家所必争之地，足见其军事地位之重要。

（2）“景表求勒幽州诸县悉入古城，山路有通贼之处，权发兵夫，随宜置戍，以为防遏……肃宗皆从之……又诏景山中险路之处，悉令捍塞”等记载说明，北魏时期即已在卢龙塞至军都关（居庸关）一线各险要关隘置戍扼守，这无疑为北齐文宣帝天保七年（556年）“自西河总秦戍（在今大同市西北）筑长城，东至海”（《北史·齐本纪》）这一历史事件埋下了重要的伏笔。据罗哲文等专家考证，此段北齐长城与明长城走向基本一致；今迁西北部长城沿线尚有许多北齐长城遗址，可资印证。

（3）慕容儁“凿山除道，入自卢龙，克蓟城而都之”一段记载，证明在元玺二年（353年）遣步浑治卢龙塞道之前，慕容儁即曾亲率大军入卢龙塞，并攻占蓟城而建都。这是卢龙塞在中国历史变迁中产生的又一重要影响，而这一次与曹操北征乌丸不同，系北方鲜卑民族入卢龙塞南下征服中原。

从文字学的角度来分析，这段记载中有几处值得注意：

第一，“杜洛周”之“杜”与“以杜贼出入之路”之“杜”极易混淆。其实二者为多义字，前者为姓氏，后者义为“阻塞”，如不详加辨析，很可能造成误读。

第二，“肃宗皆从之”与“北从卢龙塞”所用两个“从”字，为多音多义字。前者读“cóng”，义为“听从”；后者读“zòng”，同“纵”，义为“出兵”。

第三，“砺”，宋本作“屍”，同“尸”，义为“陈列”，亦通；盖后世以为不祥，改为“砺”，本义为“磨砺”，引申为“整治”。

第四，“剋”同“克”，为“克”之今字，义为“攻取”或“战胜”。先秦此字本为“克”，如“郑伯克段于鄢”（《左传》），后世用此义时改为“剋”，盖加立“刀”以强化“攻取”之义。《魏书》用此“今字”，说明南北朝时期“今字”即已开始出现，同时也证明“古今字”是一个相对概念。

第五，“僣”同“僭”，读“jiàn”，为“僭”的异体字，义为“超越本分”，系贬义词。《魏书》将此字用于慕容儁，明显表现出对慕容儁乃至前燕政权的贬抑和鄙视。

魏收治史“褒贬肆情”，生前虽多遭诟病，但因帝室袒护未及致祸；然而，“收既以魏史招众怨咎，齐亡之岁，盗发其冢，弃骨于外”（宋刘攽、刘恕等撰，《魏书目录叙》）。文字之祸历代皆有，多因秉笔直书招致；而魏收恃才任性，死后以“曲笔”得之，不亦悲乎！这一案例，再次提醒我们：用字之道，绝非小事，志于此者，岂可等闲视之?!

除《三国志》《水经注》《魏书》外，《十六国春秋》《北史》《晋书》等历史典籍对卢龙塞及魏晋南北朝时期与其相关的历史事件亦多有提及，限于篇幅，不再一一举证。

（三）隋唐时期迁西历史文化用字情况

天下大势，合久必分，分久必合。历经三国两晋南北朝长达360余年的分裂征战，至隋唐时期，天下重归一统。其间虽然经历了隋末战乱、武周篡唐、安史之乱，但统一局面一直延续到唐朝末年。这一时期，经济、文化呈现出空前繁荣的局面。纸张的广泛应用、雕版印刷术的成熟，为文化传播插上了雄健的翅膀；典籍整理的全面推进、史志记载的广泛深入，为后世留下了不可多得的文化财富；而诗歌、散文、小说、书法创作的飞跃，使这一时期的用字水平形成了一座令人仰视的高峰。受此影响，迁西一带文化用字开始跨上一个新的台阶。

1. 隋唐史志文献中与迁西有关的文字记载

隋朝初期，迁西一带属北平郡肥如县。开皇三年（583年）废北平郡入平州，开皇六年省肥如入新昌县，开皇十八年改新昌县为卢龙县；大业初改平州为北平郡，迁西遂属北平郡卢龙县。唐代迁西属河北道平州，仍为卢龙县地。

在隋唐辽阔的疆域中，迁西本系一个狭小的角落；但是，由于其地处边塞要地，因此在兵家、史家和文人墨客的眼中依然备受关注。尤其是“卢龙塞”三字，在隋唐浩瀚的史志典籍中，依然如耀眼的明星，时时绽放夺目的光彩。

（1）《隋书》关于卢龙塞及相关历史事件的文字记载

《隋书》卷三十九《列传第四》载：“阴寿，字罗云，武威人也。父嵩，周夏州刺史。寿少果烈，有武干，性谨厚，敦然诺。周世屡以军功拜仪同。从武帝平齐，进位开府，赐物千段、奴婢百口、女乐二十人。及高祖为丞相，引寿为掾。尉迥作乱，高祖以韦孝宽为元帅击之，令寿监军。时孝宽有疾，不能亲总戎事，每卧帐中，遣妇人传教命。三军纲纪，皆取决于寿。以功进位上柱国。寻以行军总管镇幽州，即拜幽州总管，封赵国公。时有高宝宁者，齐氏之疏属也，为人桀黠，有筹算，在齐久镇黄龙。及齐灭，周武帝拜为营州刺史，甚得华夷心。高祖为丞相，遂连结契丹、靺鞨举兵反。高祖以中原多故，未遑进讨，以书喻之而不得。开皇初，又引突厥攻围北平。至是，令寿率步骑数万，出**卢龙塞**以讨之。宝宁求救于突厥。时卫王爽等诸将数道北征，突厥不能援。宝宁弃城奔于碛北，黄龙诸县悉平。寿班师，留开府成道昂镇之。宝宁遣其子僧伽率轻骑掠城下而去。寻引契丹、靺鞨之众来攻，道昂苦战连日乃退。寿患之，于是重购宝宁，又遣人阴间其所亲任者赵世模、王威等。月余，世模率其众降，宝宁复走契丹，为其麾下赵修罗所杀，北边遂安。赐物千段。未几，卒官，赠司空，子世师嗣。”（图 44）

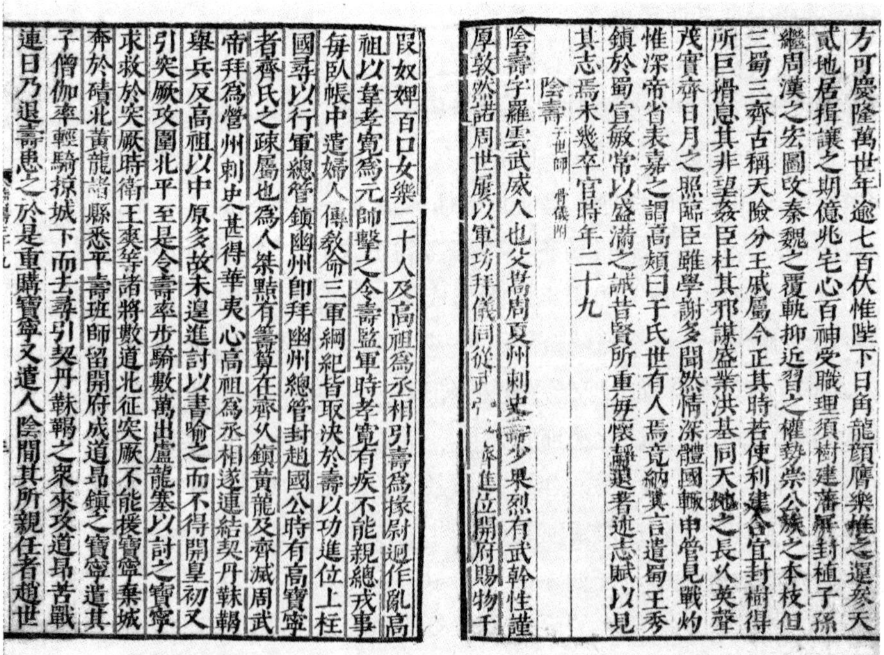
方可慶隆萬世年逾七百伏惟陛下日角龍顔膺樂推之運參天
貳地居揖讓之期億兆宅心百神受職理須樹建藩屏封植子孫
繼周漢之宏圖改秦魏之覆軌抑近習之權勢崇公族之本枝但
三蜀三齊古稱天險分王戚屬今正其時若使利建合宜封樹得
所巨猾息其非望姦臣杜其邪謀盛業洪基同天地之長久英聲
茂實齊日月之照臨臣雖學謝多聞然情深體國輒申管見戰灼
惟深帝省表嘉之謂高熲曰于氏世有人焉竟納其言遣蜀王秀
鎮於蜀宣敏常以盛滿之誡昔賢所重每懷靜退著述志賦以見
其志焉未幾卒官時年二十九

陰壽 子世師 骨儀附

陰壽字羅雲武威人也父嵩周夏州刺史壽少果烈有武幹性謹
厚敦然諾周世屢以軍功拜儀同從武帝平齊進位開府賜物千
段奴婢百口女樂二十人及高祖爲丞相引壽爲掾尉迥作亂高
祖以韋孝寬爲元帥擊之令壽監軍時孝寬有疾不能親總戎事
每臥帳中遣婦人傳教命三軍綱紀皆取決於壽以功進位上柱
國尋以行軍總管鎮幽州即拜幽州總管封趙國公時有高寶寧
者齊氏之疎屬也爲人桀黠有籌算在齊久鎮黄龍及齊滅周武
帝拜爲營州刺史甚得華夷心高祖爲丞相遂連結契丹靺鞨
舉兵反高祖以中原多故未遑進討以書喻之而不得開皇初又
引突厥攻圍北平至是令壽率步騎數萬出盧龍塞以討之寶寧
求救於突厥時衛王爽等諸將數道北征突厥不能援寶寧棄城
奔於磧北黄龍諸縣悉平壽班師留開府成道昂鎮之寶寧遣其
子僧伽率輕騎掠城下而去尋引契丹靺鞨之衆來攻道昂苦戰
連日乃退壽患之於是重購寶寧又遣人陰間其所親任者趙世

图 44 汲古阁本《隋书》卷三十九《列传第四》书影

《隋书》全书共八十五卷，分为两部分：一是纪传部分，由魏徵主编，成书于唐太宗贞观十年（636 年）；二是史志部分，始修于贞观十五年，成书于唐高宗显庆元年（656 年），由长孙无忌监修而成。由于先后参加编修者如魏徵、孔颖达、许敬宗、颜师古、李淳风等皆饱学多才之士，因而此书具有很高的史学价值和文字水平。

从此书《阴寿传》文字记载中，我们可以发现以下几个问题：

一是高宝宁引突厥围北平（今秦皇岛市卢龙县），阴寿“率步骑数万，出卢龙塞以讨之”，当为从侧后出击；“突厥不能援”，高宝宁则“弃城奔于碛北”。这说明，卢龙塞在隋朝时期，依然是南兵北伐的经行要塞，并且具有牵一发而动全身的战略地位。

二是隋唐时期，突厥、契丹、靺鞨等北方少数民族开始崛起，并对中原形成了强烈威胁，而曾经十分强大的匈奴则逐步退出了历史舞台。

三是此文语言表述简明扼要、用字精准且通达晓畅，通假字、生僻字明显减少。这说明，唐代语言文字运用水平又有了进一步的提升。

四是书影中“段”字皆刊为“叚”，属于相沿已久的讹误。据考证，“段”与“叚”因篆书字形相近，自汉代隶书即已经常相混，后世以讹传讹，逐渐相沿成习，如黄庭坚楷书“段”即写成“叚”。至明代以后，“段”“叚”混用已成通例。但是，历代文字学家对此一直没有停止辨析纠正，如《康熙字典》就特意注明：“段，丁乱反。从殳，耑省声。与叚别。叚乃假借之义，古马切。俗通用，非是。”武英殿本《隋书》此字亦刊为“段”，证明乾隆时期官方已开始明确对此进行规范。近几十年来，随着国家大力提倡语言文字规范化，“段”“叚”混用问题已基本解决，但受历史影响，二字混用现象并未彻底绝迹，尤其是在书法作品中仍时常出现，因此需要进一步注意纠正。

（2）《隋书》《旧唐书》关于“北平”“平州”“卢龙”的相关记载

《隋书·地理志中》载：“**北平郡**旧置平州　统县一，户二千二百二十九。**卢龙**旧置北平郡，领新昌、朝鲜二县。后齐省朝鲜入新昌，又省辽西郡并所领海阳县入肥如。开皇六年又省肥如入新昌，十八年改名卢龙。大业初置北平郡。有长城，有关官。有临渝官。有覆舟山。有碣石。有玄水、卢水、涅水、闰水、龙鲜水、臣（巨）梁水。有海。”（图 45）

《旧唐书·地理志二》载：“（河北道）**平州**　隋为北平郡。武德二年，改为平州，领临渝、肥如二县。其年，自临渝移治肥如，改为卢龙县，更置抚宁县。七年，省临渝、抚宁二县。天宝元年，改为北平郡。乾元元年，复为平州。旧领县一，户六百三，口二千五百四十二。天宝领县三，户三千一百一十三，口二万五千八十六。在京师东北二千六百五十里，至东都一千九百里。**卢龙**　后汉肥如县，属辽西郡，至隋不改。武德二年，改为卢龙县，复开皇旧名。**石城**　汉县，属右北平。贞观十五年，于故临渝县城置临渝。万岁通天二年，改为石城，取旧名。**马城**　开元二十八年，分卢龙县置。”（图 46）

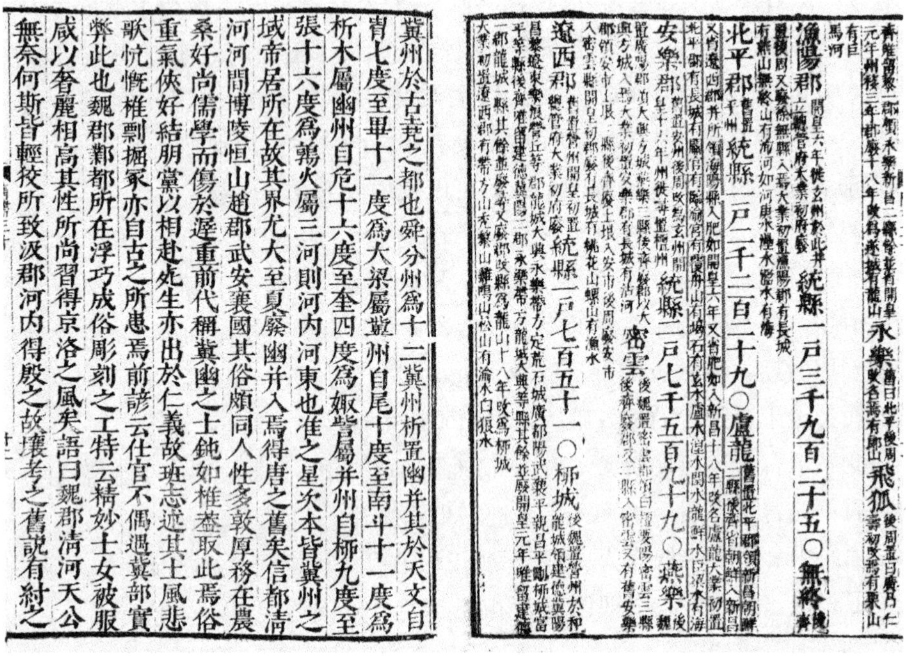

永樂　飛狐

漁陽郡　統縣一　戶三千九百二十五　○無終

北平郡　統縣一　戶二千二百二十九　○盧龍

安樂郡　統縣二　戶七千五百九十九　○燕樂　密雲

遼西郡　統縣一　戶七百五十一　○柳城

冀州於古堯之都也舜分州爲十二冀州析置幽并其於天文自胃七度至畢十一度爲大梁屬冀州自尾十度至南斗十一度爲析木屬幽州自危十六度至奎四度爲娵訾屬并州自柳九度至張十六度爲鶉火屬三河則河內河東也淮之星次本皆冀州之域帝居所在故其界尤大至夏殷幽并入焉得唐之舊矣信都清河河間博陵恒山趙郡武安襄國其俗頗同人性多敦厚務在農桑好尚儒學而傷於遲重前代稱冀幽之士鈍如椎蓋取此焉俗重氣俠好結朋黨以相赴死生亦出於仁義故班志述其土風悲歌忼慨椎剽掘冢亦自古之所患焉前諺云仕宦不偶遇冀部實弊此也魏郡鄴都所在浮巧成俗彫刻之工特云精妙士女被服咸以奢麗相高其性所尚習得京洛之風矣語曰魏郡清河天公無奈何斯皆輕狡所致汲郡河內得殷之故壤考之舊說有紂之

图 45　汲古阁本《隋书》卷三十《地理志中》书影

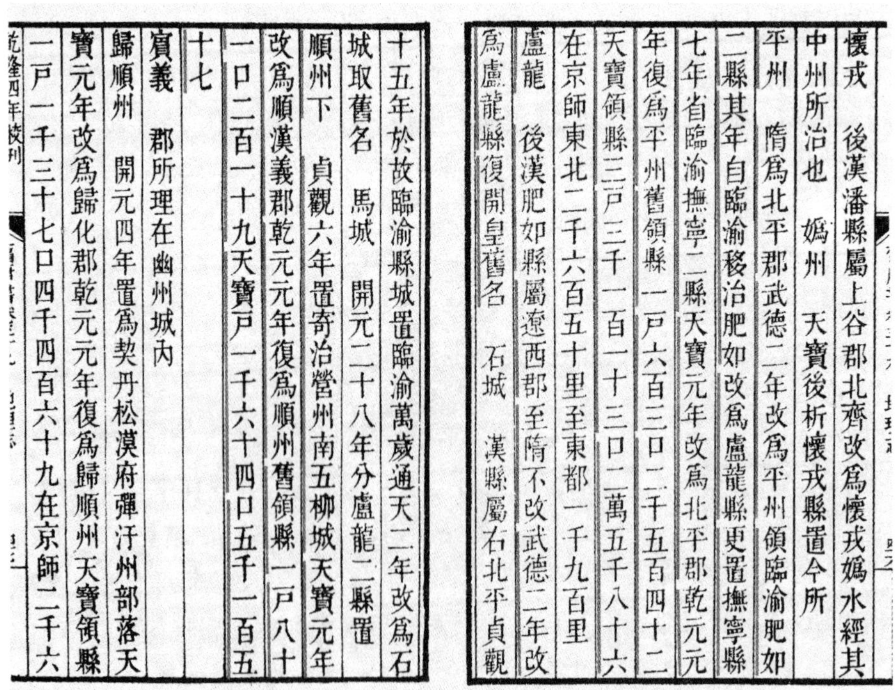

懷戎　後漢潘縣屬上谷郡北齊改爲懷戎嬀水經其中州所治也　嬀州　天寶後析懷戎縣置今所

平州　隋爲北平郡武德二年改爲平州領臨渝肥如二縣其年自臨渝移治肥如改爲盧龍縣更置撫寧縣七年省臨渝撫寧二縣天寶元年改爲北平郡乾元元年復爲平州舊領縣一戶六百三口二千五百四十二天寶領縣三戶三千一百一十三口二萬五千八十六在京師東北二千六百五十里至東都一千九百里

盧龍　後漢肥如縣屬遼西郡至隋不改武德二年改爲盧龍縣復開皇舊名　石城　漢縣屬右北平貞觀十五年於故臨渝縣城置臨渝萬歲通天二年改爲石城取舊名　馬城　開元二十八年分盧龍二縣置

順州下　貞觀六年置寄治營州南五柳城天寶元年改爲順漢義郡乾元元年復爲順州舊領縣一戶八十一口二百一十九天寶戶一千六十四口五千一百五十七

賓義　郡所理在幽州城內

歸順州　開元四年置爲契丹松漠府彈汗州部落天寶元年改爲歸化郡乾元元年復爲歸順州天寶領縣一戶一千三十七口四千四百六十九在京師二千六

乾隆四年校刊

图 46　武英殿本《旧唐书》卷三十九《地理志二》书影

上述两段文字记载，虽未明确提及迁西边塞地名，但清晰地厘清了隋唐时期迁西归属行政区划的沿革脉络，并为后人考察相关历史情况提供了丰富的文字依据。

从上述文字记载中，我们至少可以获得以下重要信息：

其一，卢龙县得名于隋开皇十八年（598 年），远远晚于东汉末年即已名闻遐迩的卢龙塞；虽然隋唐时期迁西归属平州（北平郡）卢龙县管辖，但说卢龙塞得名于卢龙县则纯属罔顾历史、颠倒黑白。

其二，《隋书》对北平郡卢龙县境内风物的记述极为简约，但通过“有长城，有关官”六字，我们即可发现，当时迁西至山海关一线的长城不仅形成了完整的防御体系，而且设关官负责戍守，一直发挥着重要的军事作用。

其三，通过两部史书对平州（北平郡）沿革的描述，我们可以推知，隋唐时期其辖境相当于今河北省陡河流域以东、长城以南所有地区，今唐山市开平、古冶、迁西、迁安、滦县、滦南、乐亭、唐海以及秦皇岛、抚宁、昌黎、卢龙等市、县、区皆归其管辖，幅员可谓广阔。但是，继续阅读两书关于平州（北平郡）户籍的记述，即可发现，当时的人口状况简直令人难以置信：隋全盛时期“统县一，户二千二百二十九”；唐初“领县一，户六百三，口二千五百四十二”；“天宝领县三（汛涛按：时卢龙县一分为三，平州辖境未变），户三千一百一十三，口二万五千八十六”。审视这些冰冷的数字，只要略加想象，即当不寒而栗——土地肥沃、物产丰饶、依山面海、气候宜人、总面积约达 1.2 万平方公里的平州（今唐山、秦皇岛地区大部），唐初总计只剩 603 户、2542 口人，那是一种何等凄惨悲凉的景象！就连“白骨露于野，千里无鸡鸣”（曹操，《蒿里行》）的东汉末年，田畴尚能在徐无山中聚起“五千馀家”，而到了大唐全盛的天宝时期，这里仍不过“户三千一百一十三”！原因何在？其实，只要回顾一下前文“（高宝宁）又引突厥攻围北平。至是，令寿率步骑数万，出卢龙塞以讨之”之语，即可略知端倪；如果再回味一下“边庭流血成海水，武皇开边意未已”（杜甫，《兵车行》）两句诗，答案当不言自明——面对接连不断的战乱，百姓除了死亡，只有流亡，劫后余生能有几何？整个平州如此，地处兵家必争之地的迁西又当如何？

（3）《杜氏通典》与《元和郡县图志》关于卢龙和卢龙塞的文字记载

《杜氏通典》卷第一百七十八《州郡八》载：“**平州**今理卢龙县，殷时孤竹国。春秋山戎、肥子二国地也。今卢龙县有古孤竹城，伯夷、叔齐之国也。战国时属燕。秦为右北平及辽西二郡之境，二汉因之。晋属辽西郡。后魏亦曰辽西郡。隋初置平州，炀帝初州废，复置北平郡。大唐因之。领县三：**卢龙**汉肥如县。有碣石山，碣然而立在海旁，故名之。《晋太康地志》云：‘秦筑长城，所起自碣石，在今高丽旧界，非此碣石也。’汉辽西郡故城在今郡东。又有汉令支县城。临闾关今名临榆关，在县城东一百八十里。卢龙塞在城西北二百里。**石城**汉旧县。**马城**。”（图 47）

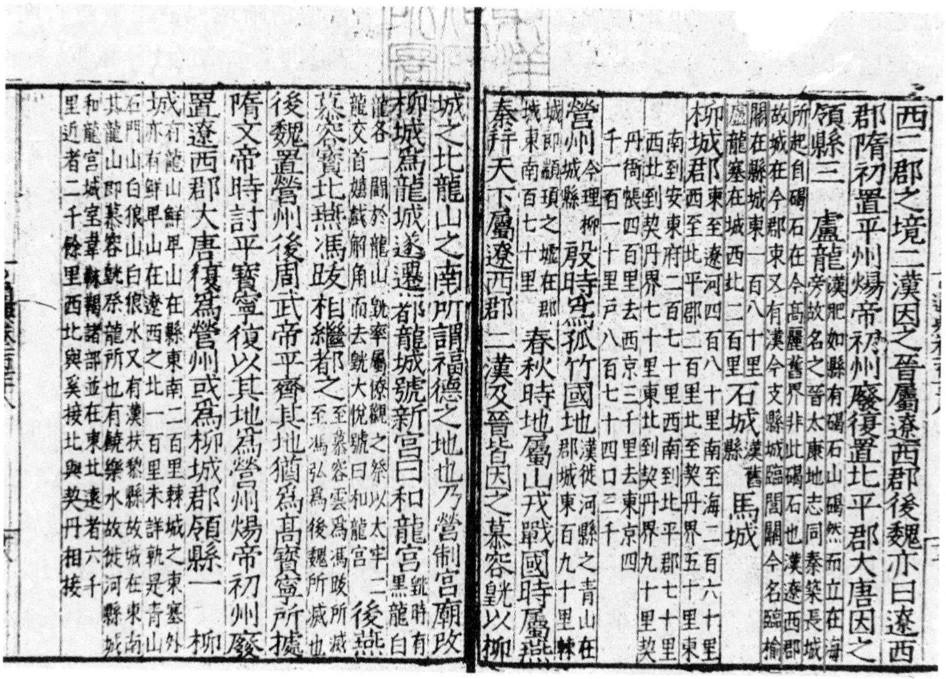
西二郡之境二漢因之晉屬遼西郡後魏亦曰遼西郡隋初置平州煬帝初州廢復置北平郡大唐因之領縣三

盧龍漢肥如縣有碣石山碣然而立在海旁故名之晉太康地志同秦築長城所起自碣石在今高麗舊界非此碣石也漢遼西郡故城在今郡東又有漢令支縣城臨閭關今名臨榆關在縣城東一百八十里盧龍塞在城西北二百里　石城漢舊縣　馬城

柳城郡東至遼河四百八十里南至海二百六十里西至北平郡二百里北至契丹界五十里東南到安東府二百七十里西南到北平郡七十里西北到契丹界七十里東北到契丹界九十里契丹衙帳四百里去西京三千里去東京四千一百一十里戶八百七十四口三千

營州今理柳城縣殷時為孤竹國地漢徙河縣之青山在郡城東百九十里棘城即顓頊之墟在郡城東南百七十里春秋時地屬山戎戰國時屬燕秦并天下屬遼西郡二漢及晉皆因之慕容皝以柳城之北龍山之南所謂福德之地也乃營制宮廟改柳城為龍城遂遷都龍城號新宮曰和龍宮皝時有黑龍白龍各一鬭於龍山皝率僚觀之祭以太牢二龍交首嬉戲解角而去皝大悅號曰和龍宮後燕慕容寶北燕馮跋相繼都之至慕容雲為馮跋所滅至馮弘為後魏所滅也後魏置營州後周武帝平齊其地猶為高寶寧所據隋文帝時討平寶寧復以其地為營州煬帝初州廢置遼西郡大唐復為營州或為柳城郡領縣一

柳城有龍山鮮卑山在縣東南二百里棘城之東塞外亦有鮮卑山在遼西之北一百里未詳孰是青山石門山白狼山白狼水又有漢扶黎縣故城在東南其龍山即慕容皝祭龍所也有饒樂水故徙河縣城和龍宮城室韋靺鞨諸部並在東北遠者六千里近者二千餘里西北與奚接北與契丹相接

图 47　明嘉靖十八年西樵病叟方献夫刊本《杜氏通典》书影

《杜氏通典》，又称《通典》，唐代史学家杜佑（735—812）撰。唐德宗贞元十七年（801 年）成书，共 200 卷，内分食货、选举、职官、礼、乐、兵、刑、州郡、边防九典，各冠总论，下系子目 1584 条，共约 190 万字。该书通记唐天宝末年以前历代典章制度及建置沿革情况，为中国历史上第一部体例完备的政书，对后世史书编纂影响甚大。

从《杜氏通典》对平州及卢龙县建制沿革的记述来看，考据翔实、脉络清晰，语言简洁、用字精准。尤其是对卢龙县与卢龙塞相对关系及其相距里程的记载，简明扼要、准确精当。经实际考察验证，今潘家口恰在卢龙县城西北 100 公里左右（实际路程，非直线距离）。由此可以再次印证，“卢龙塞（狭义）即今之潘家口”的判断准确无误。

《元和郡县图志》卷十四《雁门县》载：“勾注山，一名西陉山，在县西北三十里。晋咸宁元年勾注碑曰：‘盖北方之险，有卢龙、飞狐、勾注为之首，天下之阻，所以分别内外也。’汉高祖欲伐匈奴，不从娄敬之说，械系于广武，遂逾勾注，困于平城，谓此地也。”（图 48）

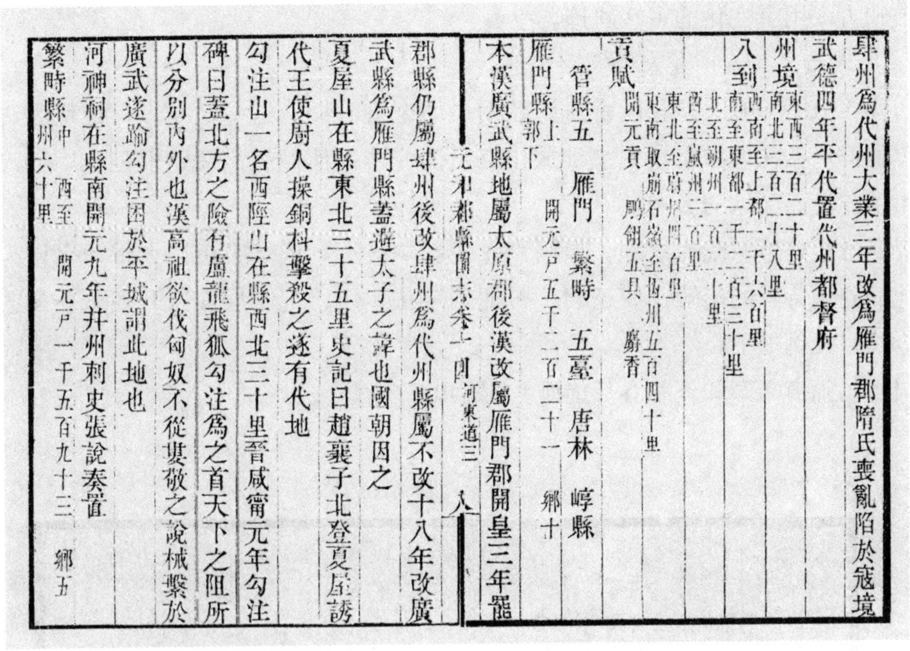
肆州爲代州大業三年改爲雁門郡隋氏喪亂陷於寇境
武德四年平代置代州都督府
州境 東西三百二十里 南北三百二十八里
八到 西南至上都一千六百里 南至東都一千二百三十里 北至朔州三百十里 西至嵐州三百里 東北至蔚州四百里 東南取崩石嶺至忻州五百四十里
貢賦 開元貢 鵰翎五具 麝香
管縣五 雁門 繁時 五臺 唐林 崞縣
雁門縣 上 郭下 開元戶五千二百二十一 鄉十
本漢廣武縣地屬太原郡後漢改屬雁門郡開皇三年罷
元和郡縣圖志卷十四 河東道三 八
郡縣仍屬肆州後改肆州爲代州縣屬不改十八年改廣
武縣爲雁門縣蓋避太子之諱也國朝因之
夏屋山在縣東北三十五里史記曰趙襄子北登夏屋誘
代王使廚人操銅料擊殺之遂有代地
勾注山一名西陘山在縣西北三十里晉咸甯元年勾注
碑曰蓋北方之險有盧龍飛狐勾注爲之首天下之阻所
以分別內外也漢高祖欲伐匈奴不從婁敬之說械繫於
廣武遂踰勾注困於平城謂此地也
河神祠在縣南開元九年并州刺史張說奏置
繁時縣 中 西至州六十里 開元戶一千五百九十三 鄉五

图 48　清光绪《畿辅丛书》本《元和郡县图志》卷十四书影

《元和郡县图志》是一部唐代地理总志，因成书于唐宪宗元和八年（813 年），故称此名。此书对古代政区地理沿革有比较系统的记述。《四库全书总目提要》称："舆地图经，隋唐志所著录者，率散佚无存；其传于今者，惟此书为最古，其体例亦为最善。后来虽递相损益，无能出其范围。"撰者李吉甫（758—814），字弘宪，赵郡赞皇（今河北赞皇）人，政治家、地理学家，唐宪宗时曾任宰相。父李栖筠，唐代宗时为御史大夫；子李德裕，为唐朝名相。

在流传过程中，《元和郡县图志》不仅附图全部散失，而且文字也有残缺。今本四十卷中，缺十九、二十、二十三、二十四、二十六、三十六诸卷及十八卷和二十五卷部分文字。

其中《河北道・平州》部分当在卷十九，很早即已缺失，其内容今已无从查考。幸运的是，卷十四《河东道・雁门县》内容完整无缺，其中所引"晋咸宁元年勾注碑曰：'盖北方之险，有卢龙、飞狐、勾注为之首，天下之阻，所以分别内外也"一段文字，仍使地处迁西的卢龙塞在此书中留下了重要的痕迹。据严耕望先生考证，《元和郡县图志》与《太平寰宇记》所引"勾注碑"文字一致，均当出自当时尚未残缺的《水经注》。值得注意的是，这里引录的《元和郡县图志》（孙星衍校本）相关文字中，"句注"均作"勾注"。由此可见，"句"同"勾"，二者为古今字无疑。从这一案例，我们亦可推知古今用字变化的一些轨迹。

2. 唐代诗人关于卢龙塞的文字描述

唐代（618—907）是我国古典诗歌发展的全盛时期。这一时期，大批优秀诗人犹如璀璨的群星，在世界文化史上绽放出夺目的光彩。他们充满激情的创作，使汉语文学产生了广泛而深远的影响。

迁西虽地处边塞荒凉之地，但因卢龙塞影响极大，依然吸引了大批著名诗人的目光。他们充满诗意的笔触，使迁西一带的用字从实用、纪实层面跃升到全新的艺术境界。今试举几例如下：

（1）杨师道《奉和圣制春日望海》（图 49）

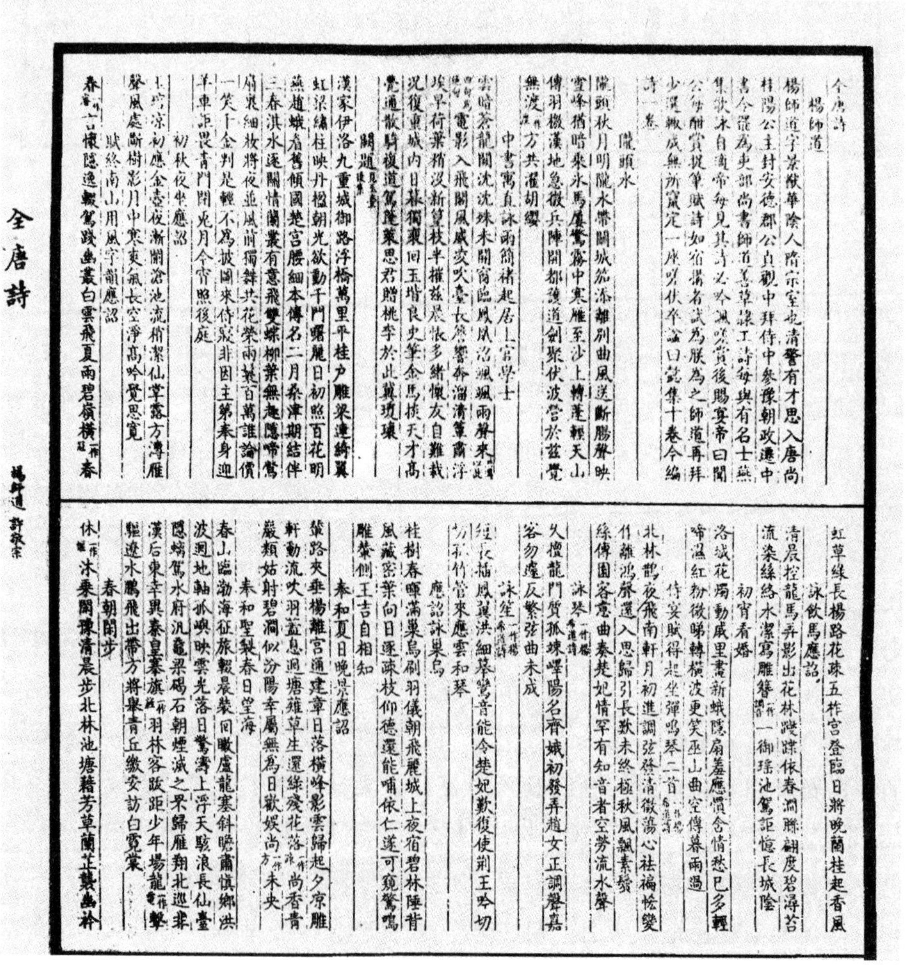
全唐詩
楊師道
楊師道字景猷華陰人隋宗室也清警有才思入唐尚桂陽公主封安德郡公貞觀中拜侍中參豫朝政遷中書令罷為吏部尚書師道善草隸工詩每與有名士燕集歌詠自適帝每見其詩必吟諷咨賞後賜宴帝曰聞公每酬賞捉筆賦詩如宿構者試為朕為之師道再拜少選輒成無所竄定一座嗟伏卒謚曰懿集十卷今編詩一卷
隴頭水
隴頭秋月明隴水帶關城笳添離別曲風送斷腸聲映雪峰猶暗乘冰馬屢驚霧中寒雁至沙上轉蓬輕天山傳羽檄漢地急徵兵陣開都護道劍聚伏波營於茲覺無渡方共濯胡纓
中書寓直詠雨簡褚起居上官學士
雲暗蒼龍闕沈沈殊未開窗臨鳳凰沼颯颯雨聲來電影入飛閣風威凌吹臺長簷響奔溜清簟肅浮埃早荷葉稍沒新篁枝半摧嵇叔恨多緒懷友自難裁況復東城內日暮獨裴回玉堦良史筆金馬掞天才高覺通散騎復道駕蓬萊思君贈桃李於此贊瓊瑰
闕題
漢家伊洛九重城御路浮橋萬里平桂戶雕梁連綺翼虹梁繡柱映丹楹朝光欲動千門曙麗日初照百花明燕趙蛾眉舊傾國楚宮腰細本傳名二月桑津期結伴三春淇水逐關情蘭叢有意飛雙蝶柳葉無趣隱啼鶯扇裏細妝將夜並風前獨舞共花榮兩鬟百萬誰論價一笑千金判是輕不為披圖來侍寢非因主第奉身迎羊車詎畏青門閉兎月今宵照後庭
初秋夜坐應詔
玉琯涼初應金壺夜漸闌滄池流稍潔仙掌露方漙雁聲風處斷樹影月中寒爽氣長空淨高吟覺思寬
賦終南山用風字韻應詔
眷言懷隱逸輟駕踐幽叢白雲飛夏雨碧嶺橫春虹草綠長楊路花疎五柞宮登臨日將晚蘭桂起香風
詠飲馬應詔
清晨控龍馬弄影出花林躞蹀依春澗聯翩度碧潯苔流染絲絡水潔寫雕簪一御瑤池駕詎憶長城陰
初宵看婚
洛城花燭動戚里畫新蛾隱扇羞應慣含情愁已多輕啼溫紅粉微睇轉橫波更笑巫山曲空傳暮雨過
侍宴賦得起坐彈鳴琴二首
北林鵲夜飛南軒月初進調弦發清徵蕩心祛褊悋變作離鴻聲還入思歸引長歎未終極秋風飄素發
絲傳園客意曲奏楚妃情罕有知音者空勞流水聲
詠琴
久擅龍門質孤竦嶧陽名齊娥初發弄趙女正調聲嘉容勿遽反繁弦曲未成
詠笙
短長插鳳翼洪細摹鸞音能令楚妃歎復使荊王吟切切孤竹管來應雲和琴
應詔詠巢烏
桂樹春暉滿巢烏刷羽儀朝飛麗城上夜宿碧林陲背風藏密葉向日逐疎枝仰德還能哺依仁遂可窺驚鳴雕輦側王吉自相知
奉和夏日晚景應詔
輦路夾垂楊離宮通建章日落橫峰影雲歸起夕涼雕軒動流吹羽蓋息迴塘薙草生還綠殘花落尚香清巖類姑射碧澗似汾陽幸屬無為日歡娛尚未央
奉和聖製春日望海
春山臨渤海征旅輟晨裝回瞰盧龍塞斜瞻肅慎鄉洪波迴地軸孤嶼映雲光落日驚濤上浮天駭浪長仙臺隱螭駕水府汎黿梁碣石朝煙滅之罘歸雁翔北巡非漢后東幸異秦皇搴旗羽林客跋距少年場龍擊驅遼水鵬飛出帶方將舉青丘繳安訪白霓裳
春朝閒步
休沐乘閒豫清晨步北林池塘藉芳草蘭芷襲幽衿
楊師道 許敬宗

图 49 上海古籍出版社缩印本《全唐诗》书影

杨师道（？—647），字景猷，弘农华阴（今陕西华阴）人，唐朝宰相。隋朝观王杨雄之子，隋亡后投奔唐朝，拜上仪同、驸马都尉，娶桂阳公主（长广公主）为妻，后出任灵州总管，多次击退突厥入侵。历任吏部侍郎、太常卿，封安德郡公。贞观十年（636年），升任侍中。贞观十三年，改任中书令。李承乾谋反案后，被罢为吏部尚书。唐太宗东征时，暂代中书令，不久又罢为工部尚书。贞观二十一年病逝，追赠吏部尚书、并州都督，谥曰“懿”。

据《旧唐书》《新唐书》等史料记载，贞观十九年（645年）二月，杨师道随唐太宗率六军从洛阳出发，东征高句丽，经今冀东一带抵达辽东后，唐太宗在渤海边作《春日观海》诗，杨师道奉旨而和之，写下了这首《奉和圣制春日望海》。全诗如下：

奉和圣制春日望海

春山临渤海，征旅辍晨装。**回瞰卢龙塞，斜瞻肃慎乡**。
洪波回地轴，孤屿映云光。落日惊涛上，浮天骇浪长。
仙台隐螭驾，水府泛鼋梁。**碣石**朝烟灭，**之罘**归雁翔。
北巡非汉后，东幸异秦皇。搴旗羽林客，跋距少年场。
龙击驱**辽水**，鹏飞出**带方**。将举**青丘缴**，安访**白霓裳**。

关于唐王征东，唐山、迁西一带流传着许多传说。迁西许多村名、地名据传皆因唐王征东故事而得名，如兴城“救驾岭”、滦阳“亮甲店”、白庙子“翻鞍寨”乃至“罗家屯（落甲屯）”等尽皆如此。但是，由于缺乏翔实的文字记载，上述传说始终无法得到证实。幸运的是，杨师道这首奉和应制之作，却如吉光片羽，从另外一个侧面，折射出唐太宗大军经行迁西的痕迹，为我们留下了重要的考察线索。

通观全诗，我们至少可以获取如下一些信息：

一是从作者描述的意境来看，唐太宗和杨师道作诗时间当在春日傍晚，作诗地点当在辽东海滨东岸，这与史书记载基本吻合。

二是作品对本次东征涉及的卢龙塞（今遵化、迁西北部一带边塞）、肃慎乡（今东北满族先民聚居地）、碣石（在今河北昌黎，一说在辽宁绥中）、之罘（在今山东省烟台市北，为东征水路大军出发地）、辽水（今辽河）、带方（今朝鲜凤山一带）等重要地标一一道明，视野开阔、气势恢宏，虚实结合、细节生动，不仅可与史书相印证，而且可补史书之不足。

三是“回瞰卢龙塞，斜瞻肃慎乡”二句，既点明了作者当时所处的方位，同时也透露出大军行经的路线。一个“回”字，足以表明唐太宗东征大军曾经经过卢龙塞及其周边地区。由此可见，迁西一带广为流传的唐王征东传说绝非妄加杜撰的不经之谈。

四是根据史书记载，薛仁贵此时尚未成名，因此“白霓裳”即指白袍薛礼（薛仁贵）之说依据不足；但我们可以认为，“安访白霓裳”诗句的传播，极可能为薛仁贵在唐军进攻安地城时“异其服色，著白衣，握戟，腰鞬张弓，大呼先入，所向无前”（《旧唐书·薛仁贵传》）的闪亮登场埋下了重要的伏笔。

从用字的角度来看，阅读此诗应注意以下几个问题：

一是“之罘”亦作“芝罘”，“之”与“芝”当为同音假借字，不应视为错字。

二是“青丘缴”，典出《淮南子·本经训》：“尧乃使羿诛凿齿于畴华之野，杀九婴于凶水之上，缴大风于青邱之泽……”据东汉高诱等考证，这里的“缴”字，指拴在箭上的丝绳，用于射鸟，引指带有丝绳的箭，因此应当读为“zhuó”；百度百科等误注为“jiǎo”，应当予以纠正。

三是“霓裳”的“裳”字，古代指遮蔽下体的裙子，读作“cháng”；今人将此字与“衣”连用时，方读作“shang”（轻声）。许多著名演员和媒体明星不知区别，经常将“霓裳”和“罗裳”之“裳”误读为“shang”，亟须加以纠正。

（2）陈子昂《送别崔著作东征》

陈子昂（659—700），字伯玉，梓州射洪（今属四川）人。唐代著名文学家，初唐诗文革新运动发起者之一。少时轻财好施，慷慨任侠。24 岁举进士，以上书论政得到武则天重视，授麟台正字。后升右拾遗，直言敢谏。曾因“逆党”反对武后而株连下狱。26 岁、36 岁时两次从军边塞，在军事方面颇有识见。解职归乡后受人所害，忧愤而死。现存诗 100 余首，后人辑有《陈拾遗集》。其诗风骨峥嵘，寓意深远，代表作《登幽州台歌》在中国几乎家喻户晓，至今传诵不衰。

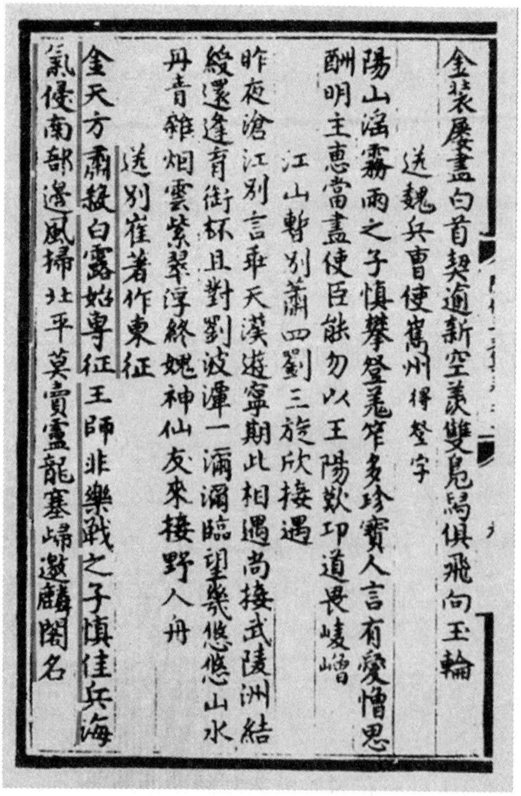
金裝屢盡白首契逾新空羨雙鳧舄俱飛向玉輪
送魏兵曹使巂州得登字
陽山淹霧雨之子慎攀登羌笮多珍寶人言有愛憎思
酬明主惠當盡使臣能勿以王陽歎邛道畏崚嶒
江山暫別蕭四劉三旋欣接遇
昨夜滄江別言乖天漢遊寧期此相遇尚接武陵洲結
綬還逢育銜杯且對劉波潭一瀲灩臨望幾悠悠山水
丹青雜烟雲紫翠浮終媿神仙友來接野人舟
送別崔著作東征
金天方肅殺白露始專征王師非樂戰之子慎佳兵海
氣侵南部邊風掃北平莫賣盧龍塞歸邀麟閣名

图 50 四库全书本《陈拾遗集》书影

武则天万岁通天元年（696 年）五月，由于唐朝将帅对边事处置失当，契丹部孙万荣、李尽忠发动叛乱，攻陷营州。同年七月，以梁王武三思为榆关道安抚大使，率军东征，以备契丹。崔融时任著作佐郎，以掌书记身份随武三思出征。临行前，陈子昂赋诗为其饯行。（图 50）全诗如下：

送别崔著作东征

金天方肃杀，白露始专征。王师非乐战，之子慎佳兵。

海气侵南部，边风扫北平。莫卖**卢龙塞**，归邀麟阁名。

此诗又题《送著作佐郎崔融等从梁王东征》。在这首诗中，陈子昂借用前文所述田畴引曹操大军东征乌丸凯旋后不肯凭“卖卢龙之塞，以易赏禄”的典故，劝诫崔融等人东征时慎于用兵，切莫贪功邀名，具有明显的反战倾向。此诗后世被收入《千家诗》，影响甚广。

（3）高适《塞上》

高适（约 700—765），字达夫，又字仲武，唐朝渤海郡（今河北景县）人，后迁居宋州宋城。唐代著名边塞诗人，曾任刑部侍郎、左散骑常侍，封渤海县侯，世称高常侍。其诗笔力雄健，气势奔放，洋溢着盛唐时期所特有的奋发进取、蓬勃向上的时代精神。有《高常侍集》传世。后人将高适、岑参、王昌龄、王之涣合称“边塞四诗人”。

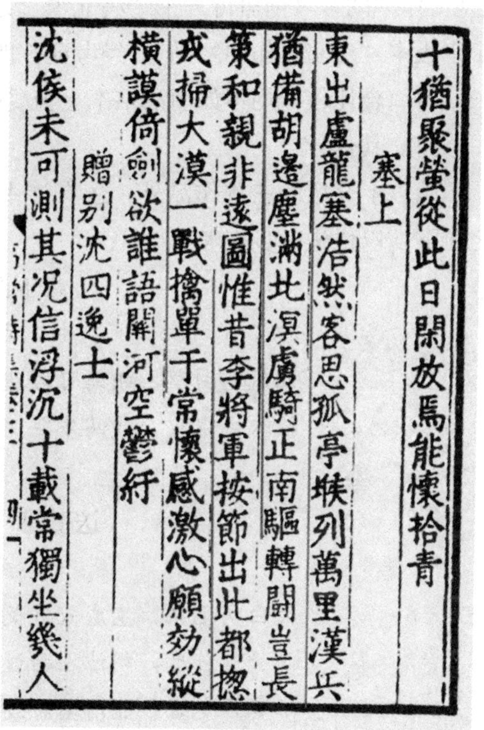
十猶聚螢從此日閑放馬能懷拾青
塞上
東出盧龍塞浩然客思孤亭堠列萬里漢兵
猶備胡邊塵滿北溟虜騎正南驅轉鬭豈長
策和親非遠圖惟昔李將軍按節出此都揔
戎掃大漠一戰擒單于常懷感激心願效縱
橫謨倚劍欲誰語關河空鬱紆
贈別沈四逸士
沈侯未可測其況信浮沉十載常獨坐幾人

图 51　明活字本《高常侍集》书影

开元十九年至二十二年（731—734 年）间，高适曾北游燕赵，先后欲投朔方节度副大使信安王李祎、幽州节度使张守珪幕府。在此期间，曾写下《蓟门不遇王之涣、郭密之因以留赠》《蓟门五首》及《塞上》等诗作。在《塞上》一诗中，作者记述了自己东出卢龙塞时所见景象，表达了巩固边防应该以攻为守的战略思想，在对飞将军李广寄予敬仰之意的同时，抒发了自己怀才不遇、报国无门的郁闷心情。字里行间，洋溢着一股沉郁苍凉的浩然之气。（图 51）兹录原诗如下：

塞　上

东出**卢龙塞**，浩然客思孤。亭堠列万里，汉兵犹备胡。

边尘**满**北溟，**虏骑**正南驱。转斗岂长策，和亲非远图。

惟昔李将军，按节出**此**都。总戎扫大漠，一战擒单于。

常怀感激心，愿效纵横谟。倚剑欲谁语，关河空郁纡。

从这首作品中，我们可以获取三条重要信息：

一是“东出卢龙塞，浩然客思孤”的记述，表明高适的足迹确曾深入迁西北部边塞；而这一带的雄壮关河，使其产生了难以遏制的豪情，写下了这首流传千古的名作。

二是盛唐时期，迁西一带边塞地区依然烽烟不断，长城沿线不仅亭堠林立，而且有大量汉军驻守“备胡”。

三是诗中“惟昔李将军，按节出此都。总戎扫大漠，一战擒单于”的表述，说明高适对李广曾出卢龙塞征讨匈奴的说法亦基本认同。

从用字的角度来看，此诗异文较多，值得注意。如：四库全书本“卢龙塞”之“塞”作“间”，《全唐诗》中“满北溟”之“满”作“涨”、“此都”作“皇都”，还有个别版本“虏骑”作“塞马”。经考证，四库本当属误抄或妄改，其他版本用字各有短长，但综合比较，均不如明活字本更为妥帖。立此存照，以供参校。

（4）其他

除以上介绍的三首作品外，还有许多唐诗咏及卢龙塞，今选四首影响较大者，录之于下，以供进一步查考：

塞下曲（其六）

戎　昱

北风凋白草，胡马日骎骎。夜后戍楼月，秋来边将心。

铁衣霜露重，战马岁年深。自有**卢龙塞**，烟尘飞至今。

——《全唐诗》卷二百七十

送王使君赴太原行营

钱　起

太白明无象，皇威未戢戈。诸侯持节钺，千里控山河。

汉驿双旌度，胡沙七骑过。惊蓬连雁起，牧马入云多。

不卖**卢龙塞**，能消瀚海波。须传出师颂，莫奏式微歌。

——《全唐诗》卷二百三十八

卢龙塞行送韦掌记二首（其一）

杨巨源

雨雪纷纷黑水外，行人共指**卢龙塞**。

万里飞沙压鼓鼙，三军杀气凝旌旆。

——《全唐诗》卷三百三十三

和李秀才边庭四时怨（其二）

卢汝弼

卢龙塞外草初肥，雁乳平芜晓不飞。

乡国近来音信断，至今犹自著寒衣。

——《全唐诗》卷六百八十八

从上面四首作品来看，在中晚唐诗人的笔下，“卢龙塞”三字的纪实色彩已逐步淡化，而象征意味日趋显著。这说明，随着历史的推移，“卢龙塞”三字同“玉门关”“贺兰山”等一样，已逐步演变为北方边塞的代名词。

3. 出土钱币为隋唐时期迁西用字情况提供的实物佐证

隋唐时期，迁西一带战事频繁、烽烟不断，因此当地遗留下来的文字载体比较稀少。但是，多年以来，迁西各地屡屡出土的隋唐钱币，依然为我们提供了难得的考察线索。在本次调研中，我们经多方访察、认真梳理，发现隋五铢钱和多种版本的开元通宝钱在迁西均有流布，这为隋唐时期迁西一带用字情况提供了有力的实物佐证。

据考证，隋初所铸“开皇五铢”，又称“置样五铢”，笔画工整，材质精良；但炀帝以后始铸夹锡五铢，导致币制混乱、劣钱泛滥。

唐高祖武德四年（621 年），为整治币制，废隋钱，效仿西汉五铢模式，始铸“开元通宝”。其形制仍沿用秦方孔圆钱，规定每十文重一两，每一文的重量称为一钱。

《旧唐书・食货志》载：“武德四年七月，废五铢钱，行开元通宝钱。开元钱之文，为给事中欧阳询制词及书，文字庄重、隽秀、挺拔，时称其工。其字在篆隶之间。其词先上后下、次右左读之。自上及右回环读之，其义亦通，流俗谓之开通元宝钱。”

这段记载，为我们考察唐代用字情况提供了许多重要信息：一是载明钱文“制词及书”者为著名书法家欧阳询，这是钱文书者姓名载入史册的首次记录，同时也说明朝廷对钱币用字极为重视；二是称其字体在“篆隶之间”，实际察验则更近楷体，这无疑为我们研究汉字字体的演变及各体之间的关系提供了很好的证据；三是注明钱文的标准读法与流俗读法，并称“自上及右回环读之，其义亦通”，说明唐代官方与民间用字差异虽大，但仍可“兼容并包”，由此可见唐代文化具有很强的宽容性和多元性。

需要说明的是，许多人都认为开元通宝为年号钱，因为唐玄宗李隆基有个年号是“开元”，其实大错而特错。因为开元通宝在唐初就已开铸，而且唐朝历代皆铸，李隆基以“开元”为年号，则纯属巧合。

开元通宝钱的铸制与流通，在我国钱币史上具有划时代的意义。“开元”，意指开辟新纪元；“通宝”，意指通行宝货。唐代以前的钱币，多以形制或重量为名称，如刀币、布币、半两、五铢等，而自“开元通宝”以后，后世铸币多沿袭唐制，称之为

“宝”“通宝”或“元宝”，足见其影响之大。

在唐朝统治的 290 年中，开元通宝一直是主要流通货币。从初唐、盛唐到中唐、晚唐，不同时期均有铸造，且形制略有变化。迁西虽地处边塞地区，但“普天之下，莫非王土”，所用之钱，自然也莫非“开元”。从本次调研情况来看，迁西一带出土或流布的“开元通宝”种类较为丰富，“初唐开元”“盛唐开元”“中唐开元”“晚唐开元”乃至“会昌开元”均有发现，今列举几种，并简要分析如下：

（1）初唐时期所铸“开元通宝”

据考证，初唐“开元通宝”自唐高祖武德四年（621 年）始铸，终于唐高宗中后期。钱径 24mm 左右，穿径 7mm 左右，廓宽 2mm 左右，重达 4 克左右。正面“開元通寳”四字，兼含篆书与隶书笔意，并呈现明显的楷书风格，用笔灵动，富有活力。“开”字写成“井”形，结构匀称，气势雄浑；“通”字“辶”前三笔各不相连，呈三撇状，“甬”部上笔开口较大；“寳”字用笔精巧、疏密有致，其“貝”部内为两短横，不与左右竖笔相连。钱背光整无文。（图 52）

图 52　初唐时期所铸“开元通宝”

（2）盛唐时期所铸“开元通宝”

据考证，盛唐“开元通宝”始铸于唐高宗后期，终于唐玄宗天宝末年，做工更加精美。相比初唐，盛唐的钱文变得更加丰满健硕。“开”部两竖与内廓相连；“元”字首横加长，次画左挑；“通”字“辶”前三笔由三撇演变为连续的拐折，“甬”部上笔开口明显变扁；“寳”字“貝”部内中间两横加长，与左右两竖衔接。钱背从光整无文，变为带有星月印记。背面的月形印记，据传为杨贵妃观看铸钱时留下的指甲痕，故民间又称其为“贵妃钱”。其实，星月印记当为各钱局用于区分不同钱炉而设置的炉记，传说之言并不足信。（图 53）

图 53　盛唐时期所铸“开元通宝”

（3）中唐时期所铸“开元通宝”

据考证，中唐“开元通宝”始铸于唐肃宗初年，终于唐宪宗元和末年。这一时期的开元通宝与盛唐后期所铸大同小异，但做工不及盛唐精美，重量有所减轻。从本次调研选拍的这枚钱币来看，正面钱文明显变得比较纤弱。“开”字略微变宽，“通”字“辶”前三笔若断若连，“甬”部上笔开口再次变大，“元”字首横重又变短；而背面月痕处于下端，且开口向下呈覆扣状。（图 54）

图 54　中唐时期所铸“开元通宝”

（4）晚唐时期所铸“开元通宝”

据考证，晚唐“开元通宝”在唐宪宗元和末年开始铸造，一直持续到唐朝灭亡。从质地上看，这一时期的“开元通宝”用料驳杂，重量较轻，铸工草率，轮廓不整，普遍不如“中唐开元”精致。从选拍的这枚钱币来看，正面钱文笔画纤细，但字迹比较模糊；背面做工粗糙，有无背文难以辨识。（图 55）

通过对不同版本的隋五铢和唐“开元通宝”进行分析比较，不难发现这样一个规律：钱币的铸造质量，直接反映着国家的金融状况，牵系着国运的兴衰；而钱文的用字风格，则往往体现着当时的审美趋向，折射出社会风尚的变化。

图 55　晚唐时期所铸“开元通宝”

（四）辽宋金元时期迁西历史文化用字情况

907 年，朱温篡政，唐朝灭亡；同年，契丹建国。此后，历经五代十国、宋辽西夏对峙、宋金对峙，至 1279 年元灭南宋，数百年间，中国实际上一直处于分裂状态。

从唐朝灭亡到 1368 年明朝灭元，迁西先后为辽、金、元统治区域。但是，由于汉文化影响深远，辽、金、元统治者一直推行汉化政策，迁西一带的汉语用字不仅未受到严重影响，而且得到了进一步发展。从本次调研情况来看，迁西这一时期的文字遗存皆为汉字资料，而契丹文、女真文、西夏文、蒙古文资料基本没有发现。

1. 辽宋金元时期文献典籍关于迁西的文字记载

据史料记载，天赞二年（923 年），辽太祖（耶律阿保机）徙定州安喜县（今定州市）俘户于今迁安及迁西东部地区，置安喜县（属平州辽兴军），并于今迁西滦阳一带置滦河县（属中京道泽州），在今迁西汉儿庄设汉儿馆，迁西辽代遂分属安喜、滦河二县。金初省滦河县入神山县，改安喜县为迁安县。承安二年（1197 年），升孩儿馆（汉儿馆）为滦阳县（治今汉儿庄），泰和四年（1204 年）滦阳县亦省入神山县。元迁西分属迁安、惠州。

据考证，契丹建国后，势力不断向南推进，至 936 年后晋石敬瑭割让幽云十六州后，南部疆域推至今天津市海河—河北省霸州—山西省雁门关一线，迁西一带遂成辽国腹地。为加强军事防御，控制交通要道，契丹（辽）开始在卢龙塞（今迁西潘家口一带）设松亭关。此后，卢龙塞之名渐渐淡出人们的视野，而松亭关开始声誉鹊起。自五代、辽、宋以降，这里发生的许多重大历史事件，不仅时常震动朝野，广为世人瞩目，而且多次影响了中国历史的进程。

正因为如此，“松亭关”三字开始频频出现于各类典籍史册之中。今择其要者，举例分析如下：

（1）北宋曾公亮、丁度撰《武经总要》前集卷二十二《北蕃地理》载：“**幽州**，古冀北之地……正东微北至**松亭关**四百五十里……**松亭关**，关东北五里至滦河关城。自幽州东趋营平路，甚平坦。自古匈奴犯边，多由此路。幽州东北四百八十里，北趋泽州路，至中京四百五十里……**中京**，旧鲜卑之地，在饶乐府西南，本奚王国牙帐之地……南至幽州九百里（一路由**松亭关**，一路古北口）……**泽州**，**松亭关**北，辽泽之地。东至利州百里，北至中京百里，西至北安州二百里，南至平州二百五十里，西南至**松亭关**二百里。”（图 56）

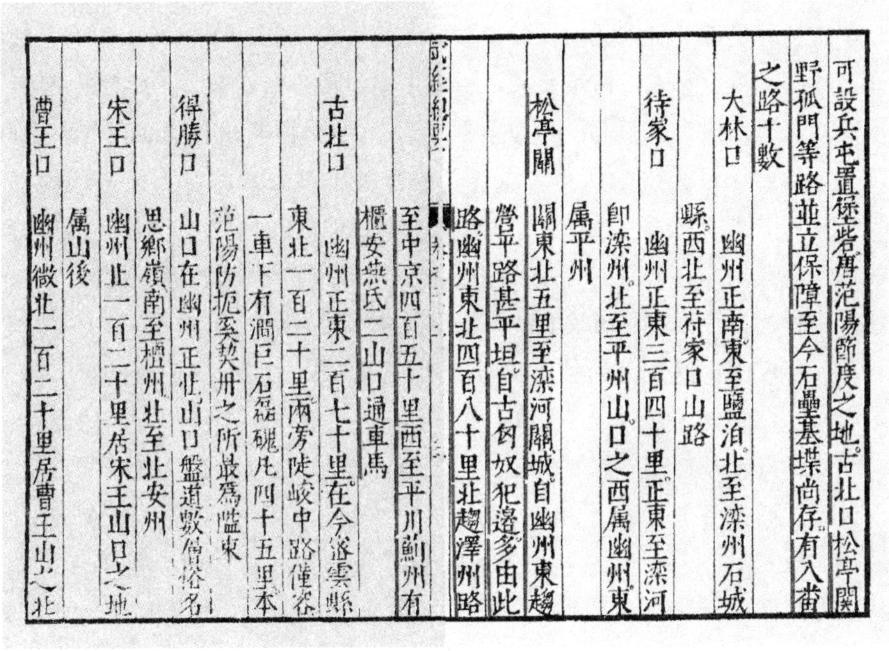
可設兵屯置堡砦為范陽節度之地古北口松亭關
野孤門等路並立保障至今石壘基堞尚存有入番
之路十數
大林口 幽州正南東至鹽泊北至灤州石城
縣西北至待家口山路
待家口 幽州正東三百四十里正東至灤河
即灤州北至平州山口之西屬幽州東
屬平州
松亭關 關東北五里至灤河關城自幽州東趨
營平路甚平坦自古匈奴犯邊多由此
路幽州東北四百八十里北趨澤州路
至中京四百五十里西至平川薊州有
櫃安燕氏二山口通車馬
古北口 幽州正東二百七十里在今密雲縣
東北一百二十里兩旁陡峻中路僅容
一車下有澗巨石磊磈凡四十五里本
范陽防扼奚契丹之所最為隘束
得勝口 山口在幽州正北山口盤道數曾俗名
思鄉嶺南至檀州北至北安州
宋王口 幽州北一百二十里居宋王山口之地
屬山後
曹王口 幽州微北一百二十里居曹王山口之北

图 56 明金陵书林唐富春刻本《武经总要》卷二十二《北蕃地理》书影

（2）元脱脱等撰《辽史》卷三十九《地理志三》载：“**泽州**……有**松亭关**、神山、九宫岭、石子岭、滦河、**撒**河。属中京。统县二：**神山县**。神山在西南。**滦河县**。本汉徐无县地。属永兴宫。”

（3）《辽史》卷三十四《兵卫志上》载：“太祖（耶律阿保机）即位五年，讨西奚、东奚，悉平之，尽有奚、霫之众。六年春，亲征幽州，东西旌旗相望，亘数百里。所经郡县，望风皆下，俘获甚众，振旅而还……其南伐点兵，多在幽州北千里鸳鸯泊。及行，并取居庸关、曹王峪、白马口、古北口、安达马口、**松亭关**、榆关等路。”

（4）南宋叶隆礼撰《契丹国志》卷之六《景宗孝成皇帝》载：“秋七月，太宗（宋太宗赵炅）至幽州，攻城逾旬不下，士卒疲顿，转输回远，又恐辽救兵至，遂退师。先是，宋师自并幸幽，乘其无备；帝（辽景宗耶律贤）方猎，急归牙帐，议弃幽、蓟，以兵守**松亭**、虎北口而已。”

（5）《契丹国志》卷之十二《天祚皇帝下》载：“初，萧后东归以避金人，至**松亭关**，议所往。耶律大石林牙，辽人也，欲归天祚；四军大王萧幹，奚人也，欲就奚王府立国。有宣宗驸马都尉萧勃迭曰：‘今日固合归天祚，**然而有何面目相见**?’林牙命左右牵出斩之。传令军中，有敢异议者斩。于是，辽、奚军列阵相拒而分矣。辽军从林牙，挟萧后以归天祚于夹山。时奚、渤海军从萧幹留奚王府，幹据府自立，僭号为神圣皇帝，国号大奚，改元天兴。”

（6）南宋杨仲良编《皇宋通鉴长编纪事本末》卷第一百四十三《金盟下》载：“又翌日，兀室（完颜希尹）来，诘难良久，遂出书**藁**租税事目，云：‘事悉在书中。能从固善，不能从，无以议为也。’并出燕地图，指示曰：‘**招燕州是渤海聚落**，合归本朝外，居庸、金坡两关已为南朝所得，古北、**松亭关**本奚家族帐，当还金国矣。’良嗣（赵良嗣）曰：‘古北、**松亭关**初议已与南朝，今复取之，何哉?’再三力争，良久方去。后两日，良嗣入辞。金国主云：‘古北、**松亭**本奚地，合归北界。初以汝力争，疑非善意。今已释然，**待将古北与汝家**。其**松亭关**本朝屯戍，不可求也。’……时金人得左企弓辈，日与之谋，以为南朝雅畏契丹，加以刘延庆之败，益有轻我心。左企弓**常献诗**金主曰：‘君王莫轻捐燕议，一寸山河一寸金。’”

（7）元脱脱等撰《金史》卷七十七《列传第十五》载：“奚路兵官浑黜不能安辑其众，遂以挞懒为奚六路军帅镇之。习古乃、婆卢火护送常胜军及燕京豪族工匠自**松亭关入内地**，上戒之曰：‘若遇险厄，则分兵以往。’”

仅从上述几例，便足以看出，松亭关不仅曾是辽国兴衰的重要节点，而且是宋金争夺的战略要地，因此数百年间一直为兵家所瞩目。

从用字的角度来看，上述文字记载有以下几点值得注意：

一是少数民族人名、地名译音字明显增多。这一方面体现了以记载少数民族统治活动为主要内容的文献典籍的特点，同时也体现了汉语言文字的强大活力。

二是“然而有何面目相见”“招燕州是渤海聚落”“待将古北与汝家”等语，带有明显的白话口语色彩，用字亦带有明显的通俗化倾向。这表明，辽宋金元时期古白话对书面语用字的影响开始逐步增强。

三是“灤河”之“灤”写作“撒”，“书稿”之“稿”写作“藁”，“尝献诗”之“尝”写作“常”，当为同音假借。近年“灤”已从俗简化为“洒”，而“稿”则无人再写作“藁”。这表明，汉语用字呈现着由繁化简、由僻趋俗的倾向。

四是《金史》卷七十七《列传第十五》所言“内地”二字，是指金国北方腹地，而非我们习惯中所认为的中原。这种因看问题视角不同而造成的字义转换，在古籍中比较常见，今人阅读时必须加以注意，否则会造成错误理解。

值得关注的是，在元刻本《契丹国志》卷首，载有《契丹地理之图》和《晋献契丹全燕之图》，两图均将松亭关作为重要关隘予以标注。（图 57、图 58）

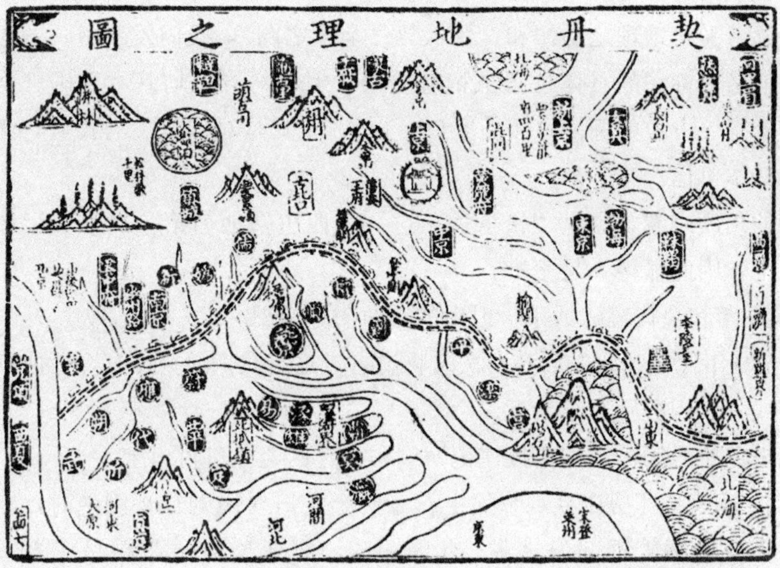

图 57　元刻本《契丹国志》中收录的《契丹地理之图》

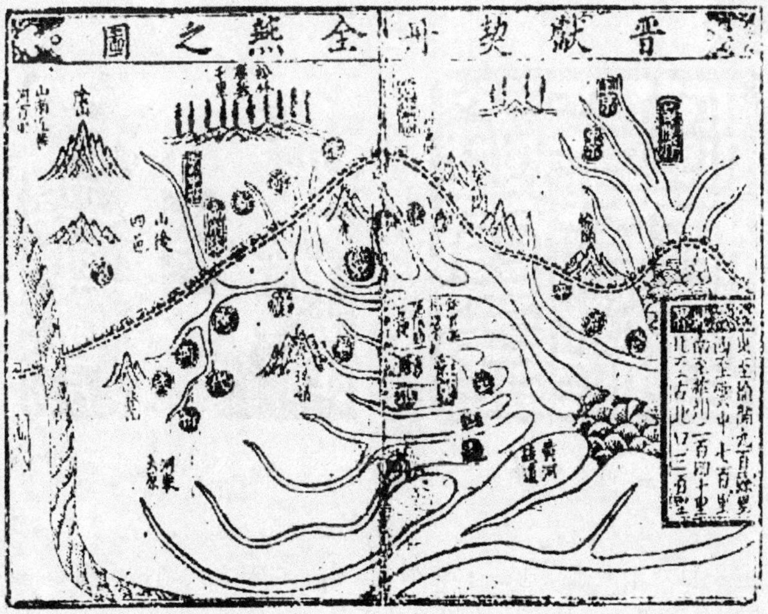

图 58　元刻本《契丹国志》中收录的《晋献契丹全燕之图》

对这两幅地图，北京大学中国古代史研究中心教授刘浦江先生曾在《契丹地理之图考略》一文中做过十分精细严密的考证，确认两图皆出于南宋人之手，且源于当时最具权威性、至清初方失传的《契丹疆宇图》。据此，笔者认为，两图绘制时间与辽最近，并且具有较高的权威性，因此完全可以作为松亭关定位的重要参考依据。

仔细审读《契丹地理之图》和《晋献契丹全燕之图》，我们发现：两图对当时比较重要的其他地名，标注的具体位置虽稍有差误，但相对方位均基本正确。据此可以推定：两图对松亭关方位的标注（今潘家口一带），尤其是对松亭关与长城、滦河相对位置的界定，基本可信。

从用字的角度来看，这是“松亭关”这一迁西边塞地名第一次以文字形式出现于古代地图之中，因此显得弥足珍贵。

2. 北宋军印和金代窖藏钱币折射出的迁西用字情况

20 世纪 80 年代，迁西先后有两次文物出土，这为我们研究宋辽金元时期用字情况提供了重要线索，现分别介绍如下。

（1）北宋“雄勇第十二副指挥使记”铜印在迁西金龙口村出土

1984 年，迁西县瓦房庄乡（今属上营乡）金龙口村民刘长兴刨地时，刨出北宋军印一方，后上交文物管理部门收藏。此印铜铸，通高 3. 81cm，略呈正方形。印纽高 2. 5cm，宽 0. 9cm，上面刻一“上”字，两侧印背阴刻楷书“太平兴国五年七月铸”9 字。印面长 5. 4cm，宽 5. 3cm，阳刻篆书“雄勇第十二副指挥使记”10 字。（图 59）

图 59　“雄勇第十二副指挥使记”铜印印文及款识

《宋史》卷一百八十七《兵志一・禁军上》载：“宋之兵制，大概有三：天子之卫兵，以守京师，备征戍，曰禁军；诸州之镇兵，以分给役使，曰厢军；选于户籍或应募，使之团结训练，以为在所防守，则曰乡兵……禁兵者，天子之卫兵也，殿前、侍卫二司总之。其最亲近扈从者，号诸班直，其次总于御前忠佐军头司、皇城司、骐骥院。馀皆以守京师、备征伐……太平兴国二年，诏改簇御马直曰簇御龙直，铁骑曰日骑……雄威曰雄勇，龙骑曰雄猛……雍熙四年……日骑改为捧日，骁猛改为拱辰，雄勇改为神勇。”同书又载：“雄勇，旧号雄威，太平兴国二年改今名。雍熙四年，改神勇，复于本军选退入次等者为之。旧指挥五，至和五年增为八。”

根据《宋史》记载和印文、印款可知，此印本属北宋太宗时期禁军中的“雄勇”军，铸于太平兴国五年（980 年）；而雄勇军得名于太平兴国二年（977 年），改名于雍熙四年（987 年）。由此可知，此印的存用时间当在 980—987 年之间。那么，在此期间，这方北宋禁军铜印怎么会流落到时属辽国腹地的迁西金龙口村呢？

查《宋史》及相关资料可知，太平兴国四年（979 年）高梁河之役宋军大败于辽后，休整数年；至雍熙北伐前，宋辽之间未发生大的征战。雍熙三年（986 年），宋太宗为收复幽云十六州，复遣二十万大军分四路伐辽：命曹彬为幽州道行营前军骑水陆都部署，向雄州、霸州方面推进；命米信为西北道都部署，率军出雄州（今河北雄县）；以田重进为定州路都部署，出飞狐（位于今河北省涞源县北与蔚县交界处）；以潘美、杨业为正副统帅，率领云、英、朔诸州宋军出雁门。最初宋军诸路皆捷，并收复不少失地，但随着米信部新城（在今河北保定新城）会战失利、曹彬大军在岐沟关（在今河北涿州市西南）被耶律休哥击败，宋太宗急令四路大军撤退，宋军全线溃败。此战之后，宋军元气大伤，对辽战略关系由主动进攻转为全面防御。

根据上述情况，我们可以得出如下几点结论：

一是依据几个关键时间节点推断，此印当为 986 年雍熙北伐期间宋军遗失之物。

二是雍熙北伐期间宋辽交战区域距迁西最近者（霸州）尚有数百里之遥，而此印在辽国腹地迁西一带出土，说明此印当属辽军大胜后缴获的战利品。

三是宋朝禁军将领印玺的遗失，证明宋军雍熙北伐不仅全线溃败，而且败得十分惨烈。

从用字的角度来看，此印印面篆书笔画清秀、疏密有致，具有典型的“后期缪篆”风格，印背楷书款识用笔端庄、刚劲有力，具有较高的艺术水准。其中印背款识“興”“國”“鑄”三字皆为变体，并均呈简化趋势，值得格外留意。

同前文所述东汉“假司马印”相比，这方北宋军印铸造更为精美，铭文更为丰富，用字载体无疑已从封泥转为纸张。此印流入迁西以后，对持有者而言，其印信作用无疑已经消失，只能留作纪念、收藏和鉴赏。由此亦可推断：宋辽交战对峙时期，迁西一带尽管受契丹人统治，但汉文化的影响依然颇为深远，用字应当依然以汉字为主。

（2）金代窖藏钱币先后在迁西长岭峰村和东寨出土

1987 年夏，迁西县长岭峰村一村民建房取土时发现一大型陶罐，内藏大量成串置放的铜币。经县文物管理所发掘清理，共出土铜钱 46 公斤，计 8214 枚。据迁西文物管理所陈环同志撰文介绍：其中有汉半两 1 枚，汉五铢 2 枚；隋五铢 2 枚；唐开元通宝 696 枚（其中 99 枚背面铸有星月纹或文字；字迹能辨认者有“昌、洛、兴、润、梁、潭、洪、梓”等，当为“会昌开元”），乾元重宝 18 枚（其中 3 枚背有“一”字纹）；南唐开元通宝 4 枚、唐国通宝 7 枚，后周隶书周元通宝 7 枚，前蜀真书乾德元宝 2 枚；北宋隶书宋元通宝 23 枚，隶书太平通宝 66 枚，真行草三体淳化元宝 107 枚，至道元宝 17 枚，真书咸平元宝 201 枚，景德元宝 221 枚，祥符通宝、元宝 682 枚，天禧通宝 201 枚，真篆对钱天圣元宝 521 枚，明道元宝 46 枚，景祐元宝 127 枚，皇宋元宝 866 枚，至和元宝、通宝 146 枚，嘉祐元宝、通宝 481 枚，治平元宝、通宝 211 枚，窄边篆书皇宋通宝 41 枚，花穿、真书嘉祐元宝小平钱 5 枚，真篆对钱熙宁重宝折二钱、熙宁元宝小平钱 1103 枚，行篆对钱元丰通宝折二、小平钱 1052 枚，元祐通宝折二、小平钱和绍圣元宝折二、小平钱 256 枚，元符通宝折二、小平钱 183 枚，圣宋元宝折二、小平钱 284 枚，瘦金体崇宁通宝当五钱、隶书崇宁重宝当五钱 172 枚，瘦金体大观通宝小平钱 49 枚，隶篆对钱政和通宝小平钱 223 枚，宣和通宝小平钱、折二钱 63 枚，篆书政和通宝折二钱 2 枚；南宋篆书建炎通宝折二钱 3 枚，瘦金体与篆书对钱绍兴元宝折二钱及真书绍兴通宝折二钱 61 枚；金正隆元宝 59 枚，大定通宝 3 枚。（图 60）

从清理统计情况来看，此批窖藏钱币的铸造时间上起汉代初期，中间历经隋唐、五代十国、北宋、南宋，讫于金大定年间（1161—1190）；藏品种类十分丰富，其中北宋钱币最多，约占总量的 89. 5%。从年代最晚的金“大定通宝”存量较少来看，窖藏时间当在金大定年间。

1990 年 7 月，迁西县东寨村一村民挖井时，再次出土一批金代窖藏钱币。这批钱币重 54. 5 公斤，计 11294 枚。其中：东汉五铢 1 枚，隋五铢 2 枚；唐开元通宝 734 枚（部分钱背铸有“兴”“昌”“洛”“洪”等字，当为“会昌开元”）、乾元重宝 36 枚；后汉汉元通宝 1 枚，后周周元通宝 4 枚，南唐开元通宝 21 枚、唐国通宝 6 枚，前蜀通正元宝 1 枚、乾德元宝 2 枚；北宋宋元通宝、太平通宝、淳化元宝、至道元宝、咸平元宝、景德元宝、祥符元宝、祥符通宝、天禧通宝、天圣元宝、明道元宝、景祐元宝、皇宋通宝、庆历重宝、至和元宝、至和通宝、嘉祐元宝、嘉祐通宝、治平元宝、治平通宝、熙宁重宝、熙宁元宝、元丰通宝、元祐通宝、绍圣元宝、元符通宝、圣宋元宝、崇宁通宝、崇宁重宝、大观通宝、政和通宝、宣和通宝等 10375 枚；南宋建炎通宝 21 枚，绍兴元宝、绍兴通宝 11 枚，隆兴元宝 3 枚；辽大康通宝 1 枚，金正隆元宝 72 枚、大定通宝 3 枚。（图 61）

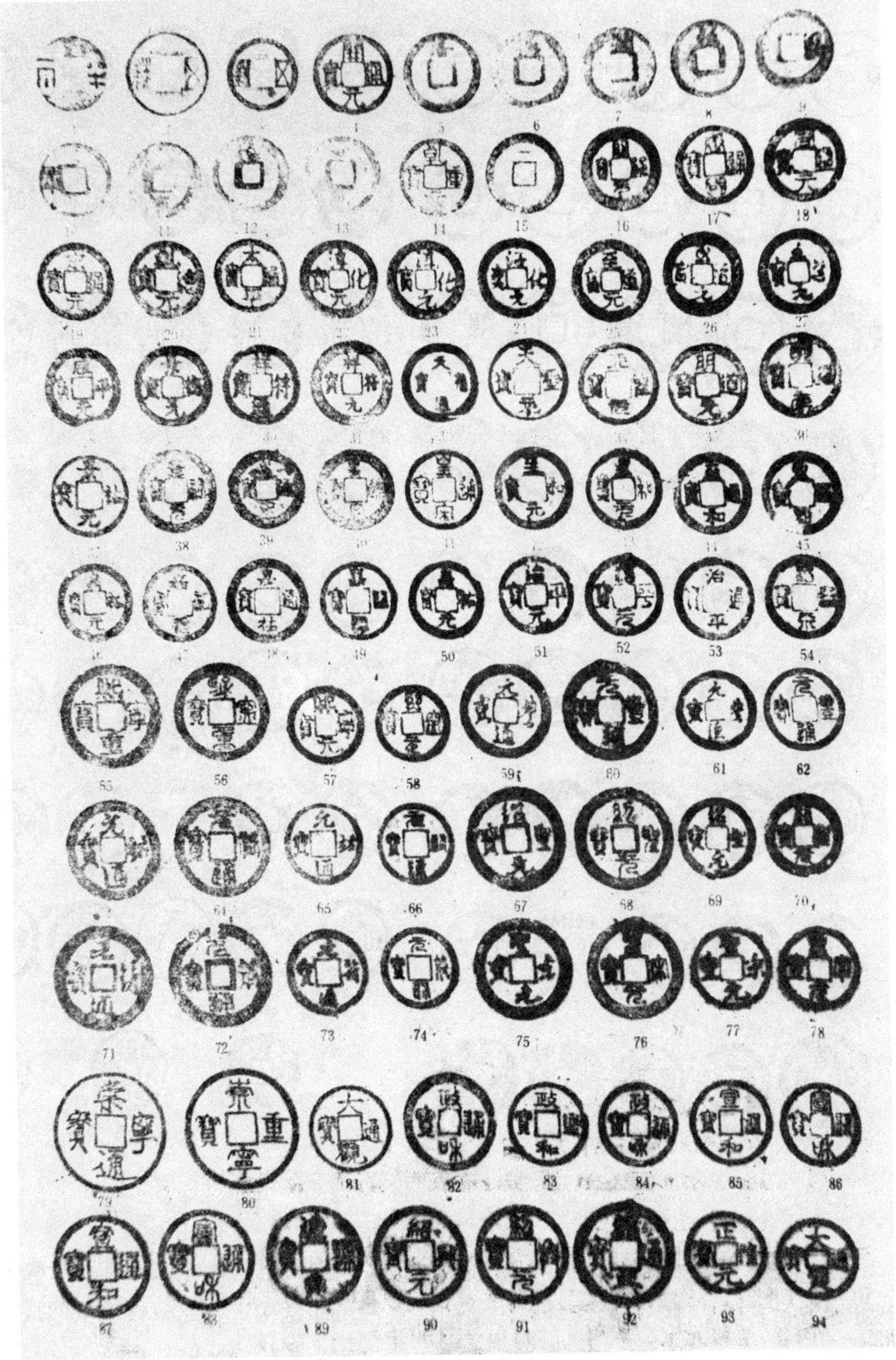

图 60　迁西县长岭峰村出土的金代窖藏钱币样品拓本（缩印）

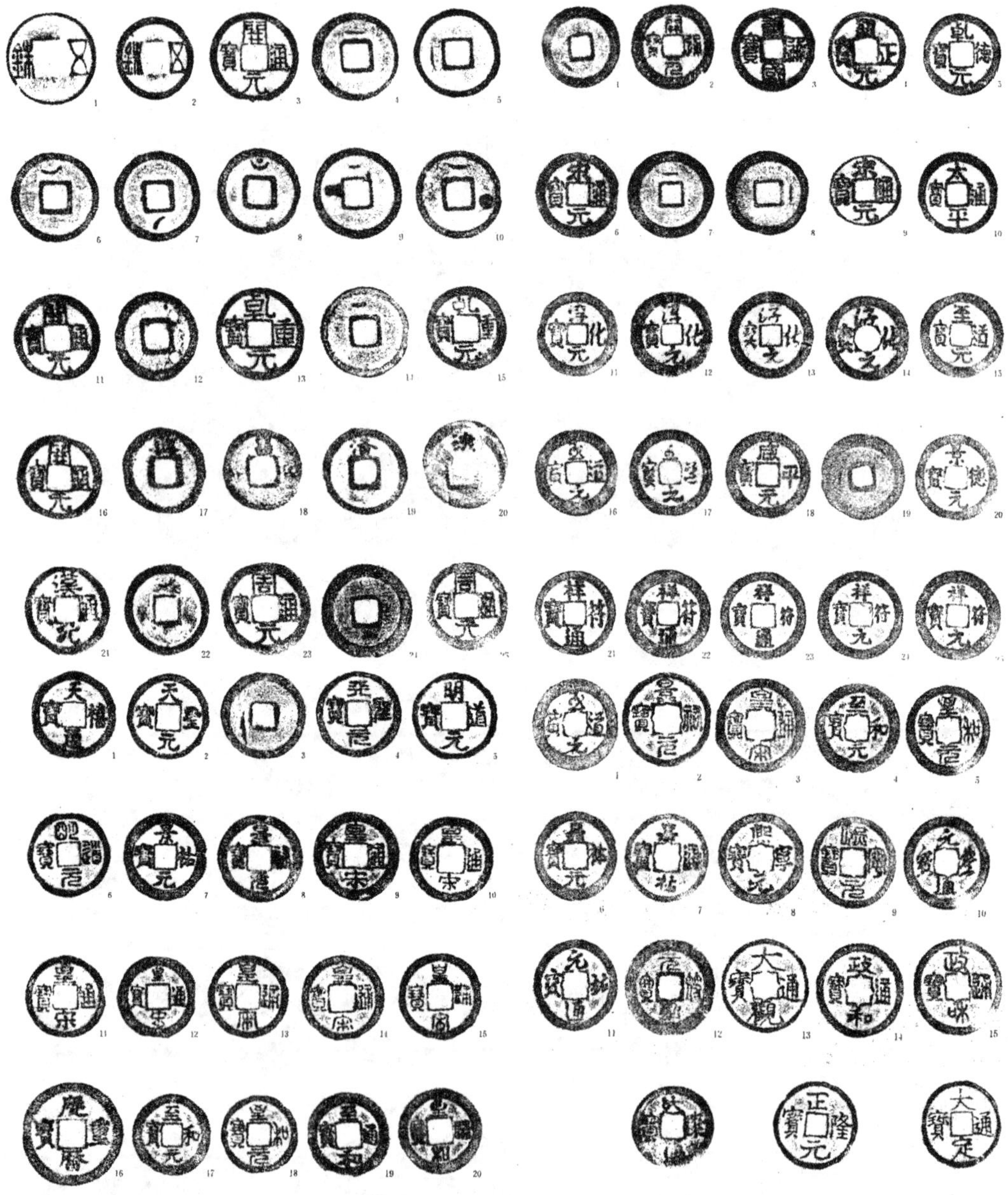

图 61　迁西县东寨村出土的金代窖藏钱币部分样品拓本（缩印）

从清理统计情况来看，这批窖藏钱币的铸造时间最早者为东汉五铢，最晚者为金大定通宝；其藏品种类与长岭峰村出土的窖藏钱币非常接近，北宋钱币依然最多，约占总量的 91.9%。其中后汉汉元通宝、辽大康通宝为长岭峰窖藏钱币所未见。从年代最晚的金大定通宝存量较少来看，其窖藏时间亦当在金大定年间。

仔细审读这两批窖藏钱币样品拓本，感觉像在阅读中国汉代至宋金时期钱币铸造史，从中可以获取大量历史信息：

一是秦汉以后，我国历代铸币大体经历了记重钱—通宝钱—年号钱的演变过程，其间虽间有交叉（如年号钱最早者为十六国汉李寿所铸“汉兴钱”，但五代以后方始盛行），并时有特殊品种出现，但总体趋势基本如此。

二是由于古代铜与金银一样属于贵金属之一，所以铜币跨代混用、跨国混用现象比较明显，这两批窖藏货币便是极好的证明。

三是这两批窖藏铜币时空跨越之大，令人倍感惊讶——从时间上看，跨越十几个朝代，前后达1300余年；从空间上看，南唐、前蜀钱币居然能流通到远在北方的辽金腹地。这一方面说明，我国古代钱币铸造源远流长，而民间积藏财富的传统更为深厚；另一方面也说明，唐宋辽金时期，华夏各地经济交流十分发达，即使在分裂状态下，也始终没有停滞或中断。

四是同全国各地发现的金代窖藏钱币一样，这两批窖藏货币中宋朝钱币比重最大。根据史料分析，其来源大致有三：岁贡纳币，战争掠夺，榷场交易。这充分说明：宋朝经济发达，但军事、外交的确长期处于劣势。

五是根据史料记载和考古发现分析，金代窖藏钱币盛行，与金朝后期统治者滥发纸币（交钞），导致通货膨胀、经济崩溃有关。这两批窖藏铜币在迁西发现，证明当年地处金国腹地的迁西也一样经受了金融动荡的强烈影响。

从文字学角度对这两批出土钱币进行分析，我们可以做出如下判断：

一是钱文篆、隶、真、草、行各体皆备，很好地向我们展示了一幅汉字发展演变脉络图景；而各体书法对钱大量出现、宋徽宗瘦金体书法用于钱文，证明宋代书法艺术十分繁荣，并且在钱币铸造中得到了充分展现。

二是宋朝钱币在辽金腹地广泛流行，甚至辽金钱文也使用汉字，进一步证明，即使在辽金统治区域，汉文化影响依然十分强大，汉字应用依然占据绝对的主流地位。

三是根据《金史·食货志》记载，金代海陵王正隆二年（1157年）曾铸“正隆通宝，轻重如宋小平钱，而肉好、文字峻整过之，与旧钱通用”，但迄今为止，各地只发现过“正隆元宝”，从未发现“正隆通宝”；经前辈学者考证，“正隆通宝”之说，实为史家之误。在本次调研中，我们发现，长岭峰村和东寨窖藏钱币中出现的也都是“正隆元宝”，而非“正隆通宝”。这说明，钱币学界“以钱证史，可以校其误也”的说法言之有据，值得在用字研究中加以借鉴。

四是从发掘清理情况来看，长岭峰村和东寨窖藏钱币皆成串置放，并有归类迹象，尤其是书法对钱和花穿钱明显集中收放，说明当年的藏主不仅注意积藏财富，而且具有一定的鉴赏水平。由此亦可推断，当年迁西民间人士对汉字的应用已开始从实用交流上升到艺术欣赏境界。

3. 赵炳墓志的发现与《元史》等文献资料相关记载

2001 年 10 月，迁西县洒河桥镇大河山村退休工人赵印山在本村赵现哲家发现一块石碑，并报告县文物管理所。县文管所从速派人调查，通过座谈了解到，1969 年春赵现哲在大河山赵家祖坟东老坟犁地时偶然发现此石，而后运回家中长期保存。经现场勘测，此石高 70cm，宽 44cm，厚 12cm，呈长方体，尽管磨蚀严重，但多数文字仍可辨识。（图 62）

其残存文字如下：

图 62　元代名臣赵炳墓志拓片

忠 愍 公

故中奉大夫，安西王相，兼京兆路总
管、府尹，诸军奥鲁总管，总领营缮使，
兼管陕西等路、西蜀、四川诸□课程
屯田事赵炳　赠：
资善大夫、中书左丞，谥曰：
忠愍公夫人□氏　□□□氏
　　长男仁表　次男仁□
　　次男仁轨　次男□□
　　次男仁□
至元二十二年十月　□□□

将上述墓志铭与《元史》《迁安县志》相关记载对照，则不难发现：墓主赵炳生前官职、逝后谥“忠愍”等与有关记载均完全相符。由此，县文物管理人员断定：此石乃元代名臣赵炳墓志，很有考古价值。同时，根据古人归葬故里的传统，他们进一步推断：赵炳当系今大河山村赵氏家族先人。

在本次调研中，我们专门查阅了《元史》。《元史》卷一百六十三《列传第五十》载：

赵炳，字彦明，惠州滦阳人。父弘，有勇略，国初为征行兵马都元帅，积阶奉国上将军。炳幼失怙恃，鞠于从兄。岁饥，往平州就食，遇盗，欲杀之，兄解衣就缚。**炳年十二，泣请代兄，盗惊异，舍之而去。甫弱冠，以勋阀之子，侍世祖于潜邸**，恪勤不怠，遂蒙眷遇。**世祖次桓、抚间，以炳为抚州长，城邑规制，为之一新**。己未，王师伐宋。未几，北方有警，括兵敛财，燕蓟骚动。王师北还，炳远迓中途，具以事闻，追所括兵及横敛财物，悉归于民，世祖嘉其忠。

中统元年，命判北京宣抚司事。北京控制辽东，番夷杂处，号称难治。时参知政事杨果为宣抚使，闻炳至，喜曰：“吾属无忧矣。”三年，括北京鹰坊等户丁为兵，蠲其赋，令炳总之。时李璮叛，据济南，炳请讨之。国兵围城，炳将千人独当北面，有所俘获，即纵遣去，曰：“胁从之徒，不足治也。”**济南平，入为刑部侍郎，兼中书省断事官**。时有携妓登龙舟者，即按之以法。未几，其人死，其子犯跸诉冤，诏让之。炳曰：“臣执法尊君，职当为也。”帝怒，命之出，既而谓侍臣曰：“炳用法太峻，然非循情者。”**改枢密院断事官**。济南妖民作乱，赐金虎符，**加昭勇大将军**、济南路总管。炳至，止罪首恶，余党解散。岁凶，发廪赈民，而后以闻，朝廷不之罪也。迁辽东提刑按察使，辽东闻其来，豪猾屏迹。

至元九年，帝念关中重地，风俗强悍，思得刚鲠旧臣以临之，**授炳京兆路总管，兼府尹**。皇子安西王开府于秦，诏治宫室，悉听炳裁制。王府吏卒横暴扰民者，即建白，绳以法。王命之曰："后有犯者，勿复启，请若自处之。"自是豪猾敛戢，秦民以安。有旨以解州盐赋给王府经费，岁久，积逋二十余万缗，有司追理，仅获三之一，民已不堪。炳密启王曰："十年之逋，责偿一日，其孰能堪！与其裒敛病民，孰若惠泽加于民乎！"王善其言，遽命免征。会王北伐，诏以京兆一年之赋充军资，炳复请曰："所征逋课，足佐军用，可贷岁赋，以苏民力。"令下，秦民大悦。十四年，**加镇国上将军、安西王相**。王府冬居京兆，夏徙六盘山，岁以为常。王既北伐，六盘守者构乱，炳自京兆率兵往捕，甫及再旬，元恶授首。十五年春，六盘再乱，复讨平之。王还自北，嘉赏战功，赉赐有加。是岁十一月，王薨。

十六年秋，被旨入见便殿，帝劳之曰："卿去数载，衰白若此，关中事烦可知已。"询及民间利病，炳悉陈之，因言王薨之后，运使郭琮、郎中郭叔云窃弄威柄，恣为不法。**帝卧听，遽起曰："闻卿斯言，使老者增健。"饮以上尊马湩。改中奉大夫、安西王相，兼陕西五路、西蜀四川课程屯田事，余职如故**，即令乘传偕敕使数人往按琮等。至则琮假嗣王旨，入炳罪，收炳妻孥囚之。时嗣王之六盘，徙炳等于平凉北崆峒山，囚闭益严。炳子仁荣诉于上，即诏近侍二人驰驿而西，脱炳，且械琮党偕来。琮等留使者，醉以酒，**先遣人毒炳于平凉狱中。其夜星陨，有声如雷，年五十九，实十七年三月也。帝闻之，抚髀叹曰："失我良臣！"**俄械琮等百余人至，**帝亲鞫问，尽得其情，既各伏辜，命仁荣手刃琮、叔云于东城**，籍其家以付仁荣。仁荣曰："不共戴天之人，所蓄之物，皆取于民，何忍受之！"**帝善之，别赐钞二万二千五百缗，为治丧具。国朝旧制，无赙臣下礼，盖殊恩也。六月，诏雪炳冤，特赠中书左丞，谥"忠愍"**。

子六人：仁显，早亡。次仁表，仁荣，仁旭，仁举，仁轨。仁荣仕至中书平章政事；余俱登显仕。

经过对大河山出土墓志与上述文字记载进行比较分析，我们可以做出以下几点判断：

（1）从官职、谥号、子嗣等方面文字记载来看，《元史·列传第五十》与迁西大河山出土墓志所载赵炳确系一人。

（2）这方墓志当属迁西迄今为止发现的年代最早的墓志，而《元史·列传第五十》所载《赵炳传》也标志着目前明确可考的迁西籍人物第一次进入正史列传。

（3）元代惠州曾设滦阳县（治今迁西汉儿庄），而大河山村等迁西西部地区当年均属其管辖；《元史》称赵炳为“惠州滦阳人”，当与古往今来记载人物籍贯往往表述到县一级的传统习惯有关，与赵炳属滦阳县大河山村人并不冲突；1991年版《迁西县志》据《元史》和民国版《迁安县志》记载，推断赵炳为汉儿庄人，明显有误（此方墓志出土后，新版《迁西县志》已做纠正）。

（4）从《元史》记载来看，赵炳之父赵弘“有勇略，国初为征行兵马都元帅，积阶奉国上将军”，而赵炳“幼失怙恃，鞠于从兄。岁饥，往平州就食”，年方十二，即敢挺身而出，代兄赴死，说明赵氏父子皆有刚烈忠义之风，令人十分敬佩。

（5）赵炳“甫弱冠，以勋阀之子，侍世祖于潜邸”，而后一直追随元世祖忽必烈，历任要职，功勋卓著，不仅勇略过人、刚正不阿，而且体恤民情、治理有方，因此深受忽必烈信赖。

（6）赵炳被奸臣陷害毒死之后，“帝亲鞫问，尽得其情，既各伏辜，命仁荣手刃琮、叔云于东城，籍其家以付仁荣”；仁荣坚辞不受，世祖“别赐钞二万二千五百缗，为治丧具……盖殊恩也”。由此益见忽必烈与赵炳关系之密切。

（7）《元史》载，赵炳卒年五十九，“实（至元）十七年（1280年）三月也”，而墓志落款时间为至元二十二年（1285年）十月，说明历经五年多赵炳才从陕西归葬故里；究其原因，除路途遥远、运输不便，官场斗争、颇多周折外，可能与大规模造茔有关，大河山东老坟残存大量石像生可为佐证。

（8）《元史》载，赵炳“子六人：仁显，早亡。次仁表，仁荣，仁旭，仁举，仁轨”。从墓志所载赵炳在世五子排列顺序来看，仁表列为“长男”，符合情理；而仁轨位列第三，当为仁显亡故后实际上的第三子，这明显与《元史》记载不合。按一般规律，墓志当为在世后人亲自组织刊刻，因此不可能在长幼顺序方面出错，故而可以断定，《元史》记载明显有误。

（9）单纯从用字的角度来看，赵炳墓志形制比较粗陋，铭文字体亦难称精美，较之隋唐墓志，差距十分明显。初步分析，感觉可能与元初蒙古统治者文化风格比较粗犷有关，这从“奥鲁”（汛涛按：奥鲁，为蒙古语“ɑ́uruq”的音译，明代汉译为“老小营”，指征戍军人家属所在）二字的使用即可看出些许端倪。

依据《元史·赵炳传》关于赵炳后人的记载，我们在调研中做了进一步的考察。通过考证发现，赵炳五子俱不辱门风，个个建功立业，先后荣登显位。资料显示最多的是关于赵仁荣的记载。除《元史·赵炳传》相关记载外，《元史》还记载：“大德四年正月，丙寅，以御史中丞、太仆卿塔斯布哈为中书右丞，江南行台中丞赵仁荣为中书参知政事”；“大德十一年七月甲子，以中书参知政事赵仁荣为太子詹事”；“至元二十六年，桑哥请钩考甘肃行尚书省及益都淄莱淘金总管府，佥省赵仁荣等因罪免职”。

此外，资料显示：山西运城至元二十七年（1290 年）《盐池庙碑》由赵仁轨正书，赵仁荣题额；南岳衡山水帘洞雪浪厅旁石壁上刻有“至元二十九年八月初四日资善大夫湖广行省左丞赵仁荣同前湖南道宣慰使中奉大夫赵淇来游住山洞泉法师费希升上石”等文字。

最为令人瞩目的是，文献资料中关于赵仁举笺注唐樊宗师《绛守居园池记》的记载。

元代著名文学家、史学家陶宗仪《南村辍耕录》卷十二载：“唐南阳樊宗师，字绍述，所撰《绛守居园池记》，艰深奇涩，读之往往昧其句读，况义乎哉？韩文公谓其文不蹈袭前人一言一句。观此记，则诚然矣。宋王晟、刘忱尝为解释，今不复有。偶得溧阳赵仁举（字伯昂）笺注本，句分字析，词理焕然。因书其记，传其句读，以便披览云。有未解者，又须观全注可也……”（图 63）

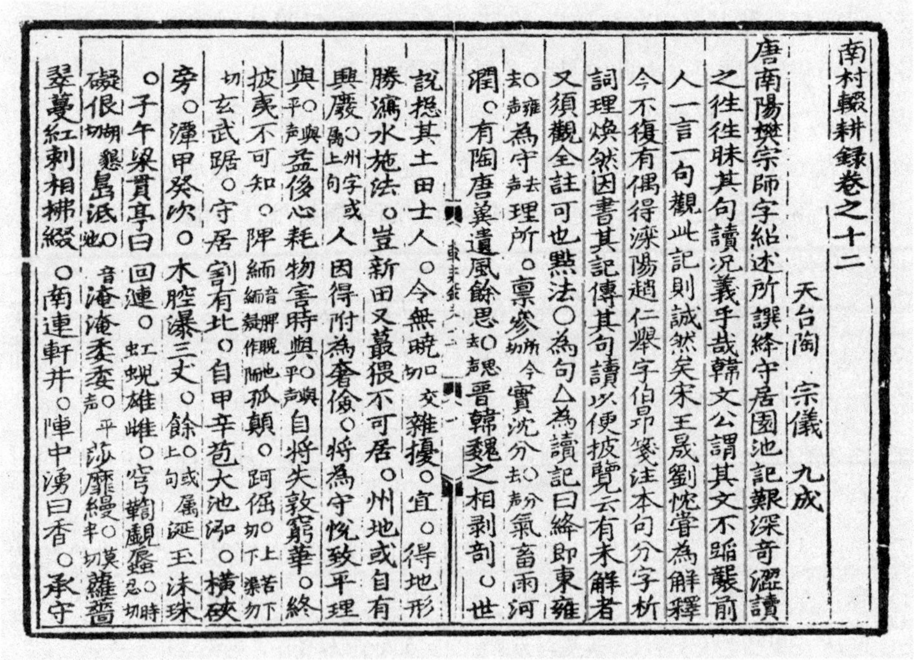
南村輟耕録卷之十二
天台陶　宗儀　九成
唐南陽樊宗師字紹述所譔絳守居園池記艱深奇澀讀
之往往昧其句讀况義乎哉韓文公謂其文不蹈襲前
人一言一句觀此記則誠然矣宋王晟劉忱嘗為解釋
今不復有偶得溧陽趙仁舉字伯昂箋注本句分字析
詞理煥然因書其記傳其句讀以便披覽云有未解者
又須觀全註可也點法○為句△為讀記曰絳即東雍
○雍去声為守去声理所○稟參所今切實沈分○分去声氣畜雨河
潤○有陶唐冀遺風餘思○思去声晉韓魏之相剥剖○世
說揔其土田士人○今無曉口交切雜擾○宜○得地形
勝瀉水施法○豈新田又蕞猥不可居○州地或自有
興廢○州字或屬上句人因得附為奢儉○將為守悦致平理
與○與平声益侈心耗物害時與○與平声自將失敦窮華○終
披夷不可知○陴緬緬音陴睨作陴他孤顛○跒偶切○上若下渠勿
切玄武踞○守居割有北○自甲辛苞大池泓○橫硤
旁○潭甲癸次○木腔瀑三丈○餘○上句或屬涎玉沫珠
○子午梁貫亭曰回漣○虹工蜺雄雌○穹鞠覷蠢○時忍切
礙佷胡懇切島坻池○音淹淹委委○委平声莎靡縵○縵莫半切蘿薔
翠蔓紅刺相拂綴○南連軒井○陣中湧曰香○承守

图 63　四部丛刊景印元刊本《南村辍耕录》卷十二书影

明谢榛《四溟诗话》载：“《辍耕录》曰：‘樊宗师《绛守居园池记》，艰深奇涩，人莫能诵。宋王晟、刘忱为之注释，赵仁举为之句读’，诚可怪也。韩退之作宗师墓志铭曰：‘文从字顺各识职。’盖讥之也。退之《城南联句》，意深语晦，相去几何！”

《钦定四库全书总目》卷一百七十四《集部二十七·别集类存目一》载：“《樊绍述集注》二卷浙江巡抚采进本：国朝孙之騄撰之……樊宗师之文见称于韩愈……《绛守居

园池记》旧有宋王晟、刘忱所注，至元时已不传。其载于《辍耕录》者凡有二本，其一为滦阳赵仁举字伯昂者所笺注，其一不著注者姓名。然宗仪亦仅著其句读，而不尽著其笺注。此本以宗仪所得前本为主，而以后一本及它本注释并题跋附焉……”（图 64）

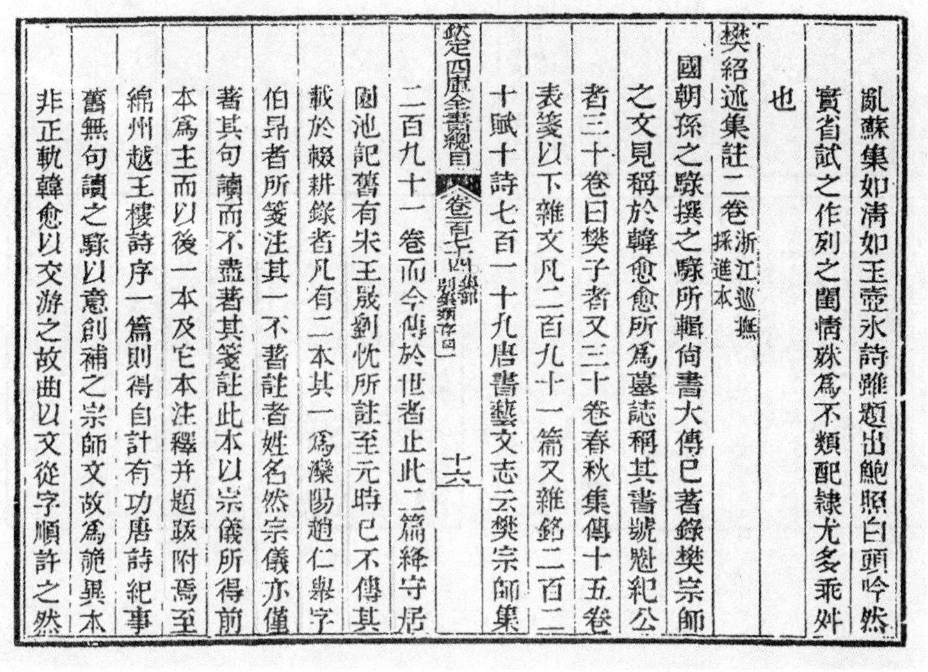
亂蘇集如清如玉壺氷詩雜題出鮑照白頭吟然
實省試之作列之閨情殊爲不類配隸尤多乖舛
也
樊紹述集註二卷 浙江巡撫採進本
國朝孫之騄撰之騄所輯尚書大傳已著錄樊宗師
之文見稱於韓愈愈所爲墓誌稱其書號魁紀公
者三十卷曰樊子者又三十卷春秋集傳十五卷
表箋以下雜文凡二百九十一篇又雜銘二百二
十賦十詩七百一十九唐書藝文志云樊宗師集
欽定四庫全書總目 卷百七十四 集部 別集類存目 十六
二百九十一卷而今傳於世者止此二篇絳守居
園池記舊有宋王晟劉忱所註至元時已不傳其
載於輟耕錄者凡有二本其一爲灤陽趙仁舉字
伯昂者所箋注其一不著註者姓名然宗儀亦僅
著其句讀而不盡著其箋註此本以宗儀所得前
本爲主而以後一本及它本注釋并題跋附焉至
綿州越王樓詩序一篇則得自計有功唐詩紀事
舊無句讀之騄以意創補之宗師文故爲詭異本
非正軌韓愈以交游之故曲以文從字順許之然

图 64 《钦定四库全书总目》卷一百七十四书影

经进一步查阅发现，《钦定四库全书·集部二·别集类一》全文收录《绛守居园池记》赵仁举注本，其提要云：“臣等谨案：《绛守居园池记》一卷，唐樊宗师撰，元赵仁举、吴师道、许谦三家所注也。宗师始末具韩愈所作墓志中。是文乃长庆三年宗师官绛州刺史，即守居构园池，自为之记。文僻涩不可句读……据李肇《国史补》，唐（汛涛按：《辍耕录》《四溟诗话》《钦定四库全书总目》均称“宋”，《提要》此处说法有异）时有王晟、刘忱二家注，今并不传，故赵仁举补为此注……今考宗师别有《越王楼诗序》，载计有功《唐诗纪事》中，其僻涩与此文相类。谦盖偶未及检，国朝仁和孙之騄始合二篇而注之，题曰《樊绍述集注》，今别著于录云。”（图 65）

从上述文献资料来看，至晚到元代，明确可考的迁西籍人士的书法、题刻已经广涉全国多地，并且达到了较高水准。而赵仁举对唐代韩愈之友樊宗师《绛守居园池记》一文的笺注，不仅得到陶宗仪、谢榛的充分肯定，而且受到《四库全书》编者纪昀、陆锡熊、孙士毅、陆费墀等文史大家的关注，全文载入《钦定四库全书》，则充分证

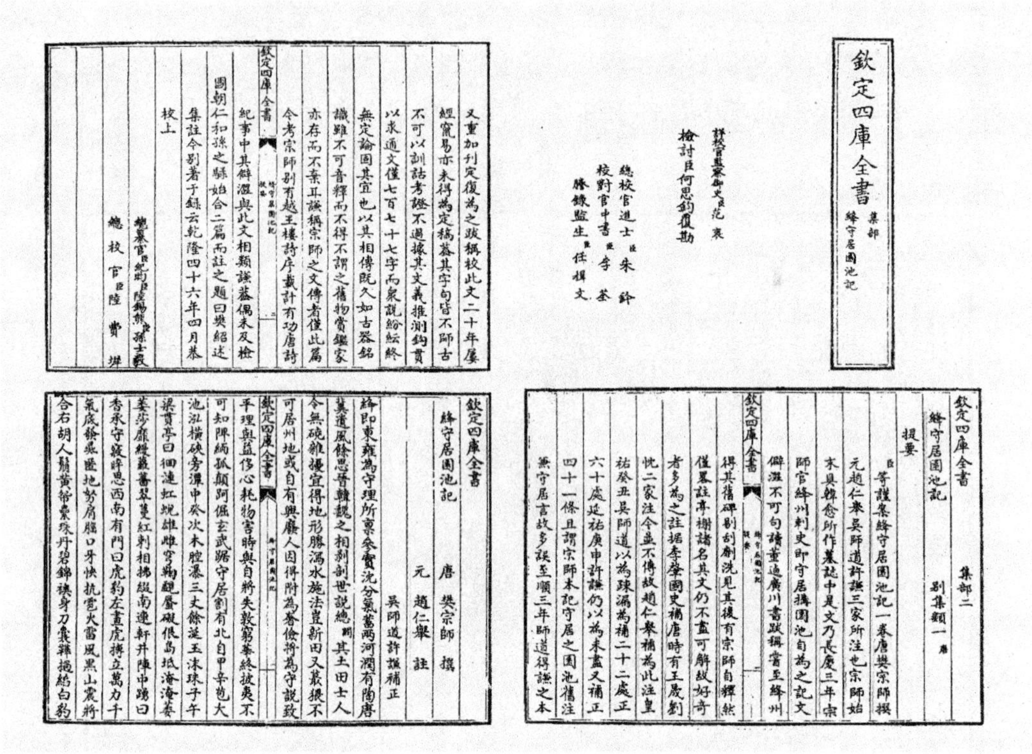

图 65 文渊阁本《钦定四库全书·集部二·别集类一》书影

明：至晚到元代，迁西人就在用字方面进入了研究阶段，其成果不仅达到了很高水平，而且产生了广泛而深远的影响。

从文字学角度来看，元刊本《南村辍耕录》书影中有几字写法值得特别关注：“往”右旁写作“生”，“解”右旁写作“羊”，“撰”写作“譔”，当均为异体字；而“灤”则写作“滦”，与今简化汉字写法完全一致。这进一步说明，宋元时期，异体字交互使用比较普遍，而汉字简化现象已经开始出现。

4. 辽宋金元时期名家诗文对迁西边塞关隘的文字描述

辽宋金元时期，由于迁西地处边塞要地，加之松亭关声名鹊起，述及迁西一带边塞关隘的诗文明显增多，用字水平从总体来看也有明显提升。今择其要者，举例分析如下：

（1）北宋沈括《熙宁使虏图抄》相关记载

北宋沈括《熙宁使虏图抄》载：“……东行三十余里至檀州……通三十余里，钩折投山隙以度，所谓古北口也……又四十里至中顿。过顿，又东南数里逾小山，复三十里至路口村，有歧路，西南出幽州。自幽州由歧路出**松亭关**，走中京五百里……”

沈括（1031—1095），字存中，号梦溪丈人，北宋杭州钱塘县（今浙江杭州）人。

仁宗嘉祐八年（1063 年）进士。熙宁五年（1072 年）提举司天监，熙宁八年（1075 年）出使辽国；熙宁九年（1096）任翰林学士，权三司使；后知延州（今陕西延安）；元丰五年（1082 年），以永乐城之战宋军为西夏所败，连累被贬。晚年在镇江梦溪园撰写了《梦溪笔谈》，刊行后影响甚大，英国科学史家李约瑟称之为“中国科学史上的里程碑”。

根据记载，沈括此番使辽，由河北白沟河（今拒马河）出发，经古北口、富峪馆，到辽中京、松山州，过潢水（今西拉木伦河），直达单于庭（道宗行在兔儿山，在今巴林左旗乌兰坝一带）。《熙宁使虏图抄》即沈括此次奉命使辽回朝后上报的出使记录。本次出使，沈括并未走松亭路，但在文中专门述及松亭关，足见松亭关在宋辽对峙时期战略地位之重要。书名称辽为“虏”，一字之用，充分显示出宋臣对辽国的敌视。

（2）北宋刘敞五言律诗《铁浆馆》

北宋刘敞《公是集》卷二十二《铁浆馆》诗云：“稍出**卢龙塞**，回看万壑青。旷原开碛口，别道入**松亭**。此馆以南属奚，山溪深险，以北属契丹，稍平衍，渐近碛矣。**别一道自松亭关入幽州**，甚径易，虏常秘，不欲使汉知。虏马寒随草，奚车夕戴星。奚人以车帐为生，昼夜移徙。忽悲田子泰，寂寞向千龄。”（图 66）

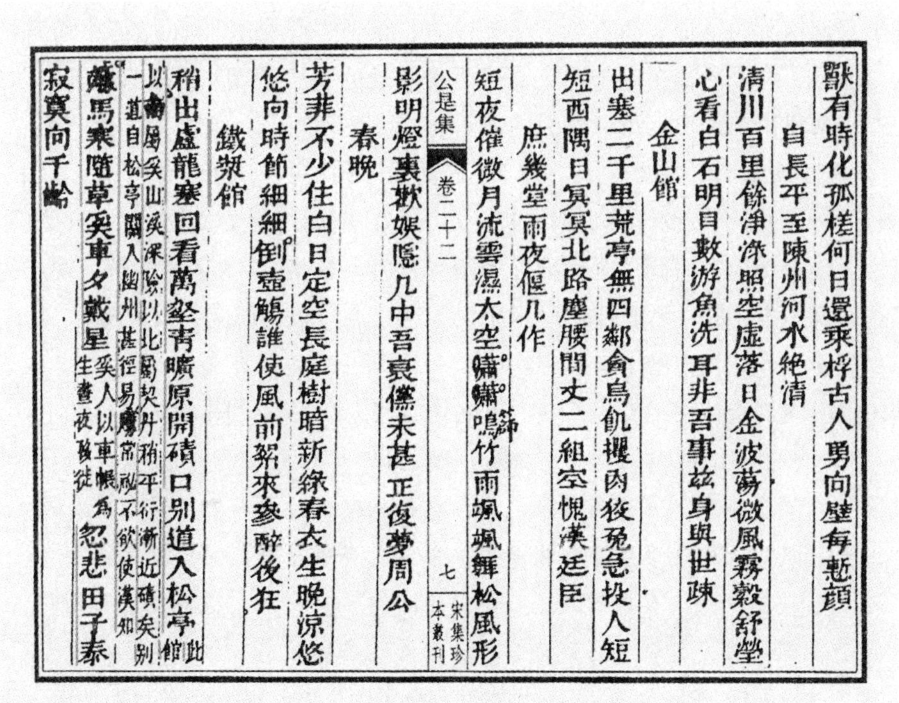
猷有時化孤槎何日還乘桴古人勇向壁每慙顔

自長平至陳州河水絶清

清川百里餘淨滌照空虛落日金波蕩微風霧縠舒塋心看白石明目數游魚洗耳非吾事茲身與世疎

金山館

出塞二千里荒亭無四鄰飡烏飢攫肉狡兔急投人短短西隅日冥冥北路塵腰間丈二組空愧漢廷臣

庶幾堂雨夜偃几作

短夜催微月流雲濕太空蕭蕭鳴竹雨颯颯舞松風形

公是集 卷二十二 七 宋集珍本叢刊

影明燈裏欹娛隱几中吾衰憊未甚正復夢周公

春晚

芳菲不少住白日定空長庭樹暗新綠春衣生晚涼悠悠向時節細細倒壺觴誰使風前絮來參醉後狂

鐵漿館

稍出盧龍塞回看萬壑青曠原開磧口別道入松亭此館以南屬奚山溪深險以北屬契丹稍平衍漸近磧矣別一道自松亭關入幽州甚徑易虜常秘不欲使漢知虜馬寒隨草奚車夕戴星奚人以車帳爲生晝夜移徙忽悲田子泰寂寞向千齡

图 66　宋集珍本丛刊收清光绪覆聚珍本《公是集》卷二十二书影

刘敞（1019—1068），北宋史学家、经学家、文学家。字原父（一作原甫），临江新喻（今江西樟树）人。庆历六年（1046 年）与弟刘攽同科举进士，后以大理评事通判蔡州，官至集贤院学士。为人耿直，立朝敢言，为政有绩，诗文俱佳，深受梅尧臣、欧阳修等推重。著有《公是集》。其《铁浆馆》一诗，曾经引发史学界一段颇有影响的学术公案，今简要辨析如下：

根据记载，刘敞使辽，走的也是古北口路，并未经过松亭关；但由于他在《铁浆馆》诗中有“稍出卢龙塞，回看万壑青。旷原开碛口，别道入松亭”之句，清顾祖禹等著名学者便认为：卢龙塞距铁浆馆（在今平泉附近）不远，松亭关则应在铁浆馆附近。这便是后世影响甚大的“松亭关在平泉”说的主要根源。其实经过仔细查考，便会发现，这不过是一个常识性的误会。刘敞使辽走的是古北口路，根本未经过松亭关，所以，以刘敞之诗推断松亭关在铁浆馆附近殊无道理。而认真查阅刘敞《公是集》所载《铁浆馆》一诗原作（见书影），就会发现，刘敞在《铁浆馆》“别道入松亭”一句后有明确的自注：“此馆以南属奚，山溪深险，以北属契丹，稍平衍，渐近碛矣。别一道自松亭关入幽州，甚径易，虏常秘，不欲使汉知。”这段自注，与沈括所言如出一辙，其本意就是指在平泉铁浆馆一带有岔道通往松亭关，而不是说松亭关就在铁浆馆附近。后人辗转传录其诗，不查原书之注，结果造成了错误的解读，并以此作为“松亭关在平泉西南”的铁证，简直令人啼笑皆非。至于“卢龙塞”，刘敞诗中所言，当指广义的卢龙塞，即今承德东南与遵化、迁西交界处的整道边塞；“忽悲田子泰”一句，引用田畴引曹操出塞之典，可以作为佐证。

通过辨析可知，《铁浆馆》一诗，并不影响前述“松亭关在今迁西潘家口一带”的论断。《铁浆馆》一诗引发的学术公案，进一步表明：遣词用字至关重要——刘敞通过 43 字的夹注，使全诗内容得到了全面准确的阐释；后人忽略这 43 字的注解，便产生了严重的误读，并引发了长达数百年的学术争议。这一点，至今仍应引以为鉴。

（3）陆游名作《楼上醉书》

南宋陆游《剑南诗稿》卷之八收有其名作《楼上醉书》。（图 67）全诗如下：

楼上醉书

丈夫不虚生世间，本意灭虏收河山。岂知蹭蹬不称意，八年梁益凋朱颜。

三更抚枕忽大叫，梦中夺得松亭关。中原机会嗟屡失，明日茵席留馀潸。

益州官楼酒如海，我来解旗论日买。酒酣博簺为欢娱，信手枭卢喝成采。

牛背烂烂电目光，狂杀自谓元非狂。故都九庙臣敢忘？祖宗神灵在帝旁。

陆游（1125—1210），字务观，号放翁，越州山阴（今浙江绍兴）人，南宋著名文学家、史学家、爱国诗人。生逢北宋灭亡之际，少年即受爱国思想熏陶。宋高宗时，

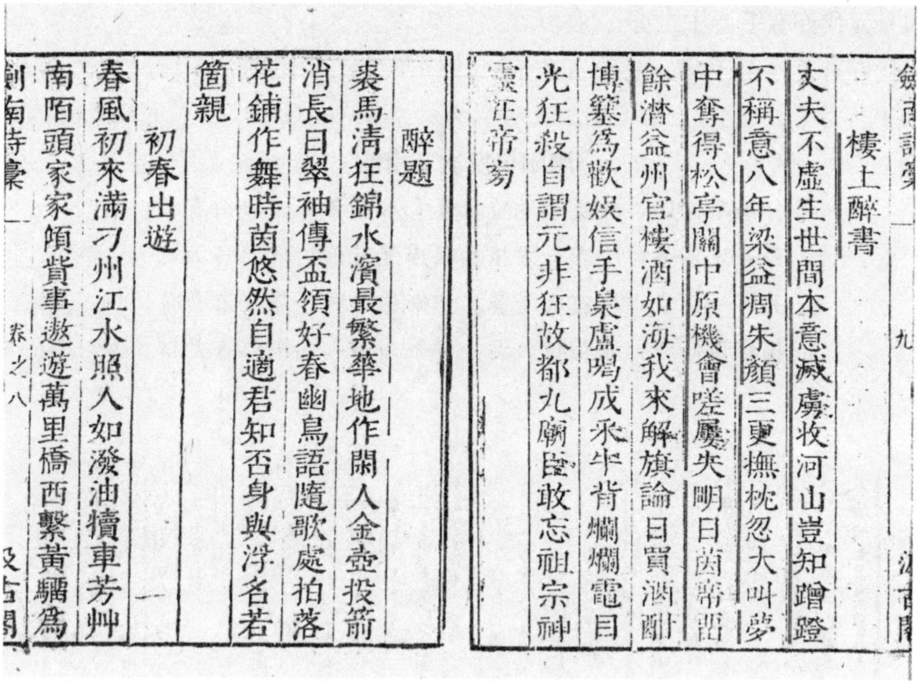
劍南詩稾 九 汲古閣

樓上醉書

丈夫不虛生世間本意滅虜收河山豈知蹭蹬
不稱意八年梁益凋朱顏三更撫枕忽大叫夢
中奪得松亭關中原機會嗟屢失明日茵席留
餘潸益州官樓酒如海我來解旗論日買滿酣
博簺爲歡娛信手梟盧喝成采牛背爛爛電目
光狂殺自謂元非狂故都九廟臣敢忘祖宗神
靈在帝旁

醉題

裘馬清狂錦水濱最繁華地作閑人金壺投箭
消長日翠袖傳盃領好春幽鳥語隨歌處拍落
花鋪作舞時茵悠然自適君知否身與浮名若
箇親

初春出遊

春風初來滿刀州江水照人如潑油犢車芳艸
南陌頭家家傾貲事遨遊萬里橋西繫黃驪爲

劍南詩稾 卷之八 汲古閣

图 67　汲古阁本《剑南诗稿》卷之八书影

因受秦桧排挤，仕途不畅；孝宗即位后，赐进士出身，历任福州宁德县主簿、敕令所删定官、隆兴府通判等职，因坚持抗金，屡遭主和派排斥。乾道七年（1171 年），应四川宣抚使王炎之邀，任职于南郑幕府，次年奉诏入蜀。宋光宗继位后，升为礼部郎中兼实录院检讨官，不久罢官，归居故里。嘉泰二年（1202 年），奉宁宗诏入京，主持编修《两朝实录》和《三朝史》，官至宝章阁待制。书成后，长期蛰居山阴，嘉定二年除夕（农历十二月二十九日，1210 年 1 月 26 日）与世长辞。著有《剑南诗稿》《渭南文集》《南唐书》《老学庵笔记》等，后人编有《陆放翁全集》。

陆游一生笔耕不辍，诗词文赋俱有很高成就。其诗语言晓畅、章法谨严，兼具雄奇奔放与沉郁苍凉之气，尤以饱含爱国激情而深受后人称颂。

《楼上醉书》作于陆游入蜀任职期间。当时作者虽久居西南边陲、郁郁寡欢，但一直念念不忘北伐中原，因此诗中虽充满郁勃不平之气，但字里行间始终洋溢着兴复中原的壮志豪情。其中“三更抚枕忽大叫，梦中夺得松亭关”两句，已成千古绝唱，至今广为传诵。

经查考史料可知，陆游一生并未到过迁西一带边塞，因此“松亭关”三字在其诗中具有明显的象征意义。从另外一个角度来看，这恰恰证明，在宋金对峙其间，松亭关依然具有极高的战略价值和广泛的社会影响。

（4）元代许有壬诗作二首

元代许有壬《至正集》卷第五收有《滦阳早发次辛甫韵》一诗。（图 68）全诗如下：

滦阳早发次辛甫韵

行山不惮远，破晓陟危峻。崖悬水成瀑，云出山有晕。

商声发寥廓，吹万气方振。艰虞复有乐，词源日加浚。

关河一锦囊，风霜两蓬鬓。但惭抱坚顽，犀革未易皲。

摇摇课修程，茫茫付天运。怀哉山中人，南鸿杳无信。

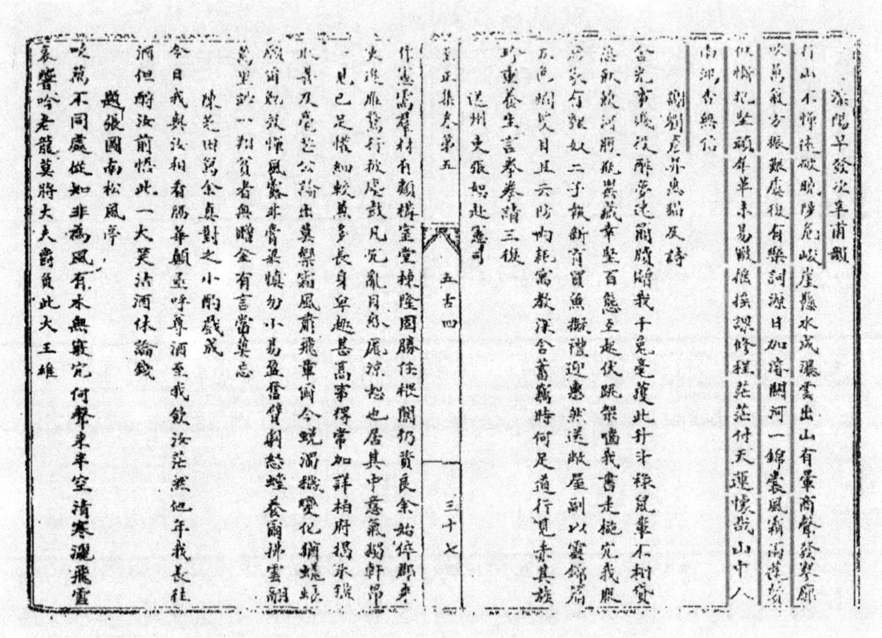
灤陽早發次辛甫韻
行山不憚遠破曉陟危峻崖懸水成瀑雲出山有暈商聲發寥廓
吹萬氣方振艱虞復有樂詞源日加濬關河一錦囊風霜兩蓬鬢
但慚抱堅頑犀革未易皲摇摇課修程茫茫付天運懷哉山中人
南鴻杳無信
至正集卷第五　五古四　三十七

图 68　元人文集珍本丛刊收《至正集》卷第五书影

同书卷第八，还收有《喜逢口》一诗，并带有序文。（图 69）原作如下：

喜　逢　口

滦阳驿东北四十里，山有双冢，世传昔有久戍不归者，其父求之，适相遇此山下，相抱大笑，喜极而死，遂葬于是，俗因谓之“**喜逢口**”，亦犹望夫之有石也。虽莫究其世代姓氏，而其言有足感人者，故作是以纪之。

儿寒解衣重抚摩，儿饥推食孰忍诃。长成与国远负戈，一去不返当如何。

去时云戍东北鄙，直出榆关度辽水。白头郎罢与影俱，岂惮山川千万里。

天教此地适相逢，父曰从天坠吾子。笑疲乐极俱殒身，谁谓情钟遽如此。
官家开边方未已，同生又别宁同死。山云漠漠风飕飕，山头双冢知几秋。
当时不忍一朝喜，今日翻成千载愁。犹胜贞女化为石，终古孤身双不得。
清江寒影日悠悠，行人一去无消息。

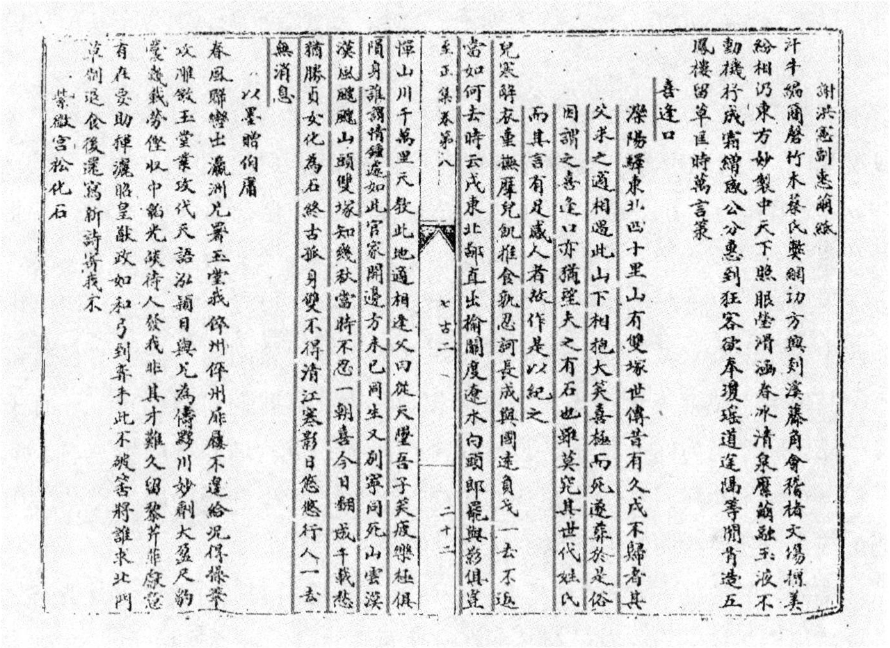
謝洪憲副惠繭絲
汴牛絲爾磐竹木蔡氏槳綱功方輿到溪藤角會稽楮文錫標美
紛相仍東方妙製中天下照眼瑩滑涵春冰清泉壓繭融玉液不
動機杼成萬縷瓻公分惠到狂客欲奉瓊瑤道蓬陽寺閒肯遣五
鳳樓留草匡時萬言策
喜逢口
灤陽驛東北四十里山有雙塚世傳昔有久戍不歸者其
父來之適相遇此山下相抱大笑喜極而死遂葬於是俗
因謂之喜逢口亦猶望夫之有石也鄉莫究其世代姓氏
而其言有足感人者故作是以紀之
兒寒辭衣重撫摩兒飢推食孰忍訶長成與國遠負戈一去不返
當如何去時云戍東北鄙直出榆關度遼水白頭郎罷與影俱豈
至正集卷第八　七古二　二十二
憚山川千萬里天教此地適相逢父曰從天墜吾子笑疲樂極俱
隕身誰謂情鍾遽如此官家開邊方未已同生又別寧同死山雲漠
漠風颼颼山頭雙塚知幾秋當時不忍一朝喜今日翻成千載愁
猶勝貞女化為石終古孤身雙不得清江寒影日悠悠行人一去
無消息
以墨贈倪厲
春風聯轡出瀛洲兄署玉堂我符州符州羸羸不遑給况得操拳
攻雕數玉堂業攻代天語泓穎日與兄為儔鄭川妙劑大盈尺韵
蒙幾我勞僾収中豁光焱待人發我非其才難久留黎芹非獻蔻
有在要助揮灑昭皇猷政如和弓到弄手此不破窖將誰求北門
草制退食後還寫新詩寄我不
紫微宮松化石

图 69　元人珍本丛刊收《至正集》卷第八书影

许有壬（1286—1364），元代文学家。字可用，彰德汤阴（今属河南汤阴）人。延祐二年（1315 年）进士及第，授同知辽州事。后历任中书左司员外郎、枢密副使、中书左丞、集贤大学士等职。“历事七朝，垂五十年，遇国家大事，无不尽言，皆一根至理，而曲尽人情”。至正十七年（1357 年）以老病致仕，至正二十四年去世，谥“文忠”。著有《至正集》《圭塘小稿》等。

检阅《至正集》全书，发现卷第五《滦阳早发次辛甫韵》一诗前，还收有《宽河道中次辛甫韵》一首。从三首诗的内容来看，许有壬当年曾亲自行经宽河（今宽城）、喜逢口（今喜峰口）、滦阳、滦阳驿等地，因此《滦阳早发次辛甫韵》和《喜逢口》两诗，当属即景生情之作。

需要注意的是，“滦阳”二字，古今表达的概念不尽相同，需要详加辨析。

根据史料记载分析，《滦阳早发次辛甫韵》中的“滦阳”二字，当指距宽河恰有一日之程的元代惠州滦阳县治所（在今迁西汉儿庄），而非今迁西县滦阳镇（辽代曾为滦河县治，金废；明代设滦阳车营，始称“滦阳”），更非一些古籍校勘者妄注之承德。因为，今承德元明时期为蒙古族游牧地，至清初为止，始终未设立过任何官方管理机构，只是一个“名号不掌于职方”的小村落，清康熙四十二年（1703 年）在此修建行宫，此后方设官方机构，因地处滦河北岸，始有“滦阳”之别称。后因纪晓岚《滦阳消夏录》影响较大，所以一些人认为所有“滦阳”均指承德，其实这是“只知其一，不知其二”造成的常识性错误。

至于“滦阳驿”中的“滦阳”二字，虽也指“滦河之阳”，但其地既不在今迁西滦阳镇或汉儿庄，更不在承德。戚继光《创修滦阳驿记》（见《止止堂集·横槊稿中》）云：“若今滦阳驿，亦其一也。驿在三屯镇城西里许，自昔总兵驻师地……北至喜峰口，乃胜国（汛涛按：指“为我所胜之国”，即被明朝灭亡的元朝）屡出山后等州路，我朝三卫夷人贡市所经，必由滦阳馆毂而去，返亦如之……”根据《喜逢口》诗序中“滦阳驿东北四十里，山有双冢”的记载推断，许有壬所言“滦阳驿”当在“喜逢口”西南四十里，其地恰与戚继光所言方位、里程相合。因此，我们可以断言，许有壬、戚继光所言“滦阳驿”当为同一驿站，其地在今迁西县三屯营城西 500 米左右。此驿同汉儿庄一样，也处于滦河西岸，故亦有“滦阳”之称。一些古籍校勘者称“滦阳驿”亦在承德，或在今迁西滦阳镇，实属不知就里而妄下断语。

从历史研究的角度来看，《喜逢口》一诗具有重要的考据价值。这首诗记述了一个民间传说故事：久戍不归的游子与其父在今迁西喜峰口一带意外相逢，“相抱大笑，喜极而死，遂葬于是，俗因谓之‘喜逢口’”。作者朴实无华的笔墨，不仅揭露了统治者开边拓土给百姓造成的巨大痛苦，颂扬了下层人民真挚感人的亲情，而且揭示了“喜逢口”得名的由来。根据史志记载，明代初年，“喜逢口”更名为“喜峰口”。此后，“喜峰口”开始声名鹊起，并在中国历史上产生了一系列重大影响。

从用字的角度来看，“喜逢口”更名为“喜峰口”，当属“同音异字”之变，与“瓶形关”更名为“平型关”相类。而许有壬《喜逢口》一诗及其短序，虽仅 234 字，却为后人研究相关地名变迁及其源流关系提供了不可多得的依据，因此弥足珍贵。

除上述诗文外，南宋周辉《清波杂志·虏程迂回》、刘克庄《饮马长城窟》、邵元实《水调歌头·双阙步云尾》等许多作品也曾述及“松亭关”“卢龙塞”等迁西边塞地名。其中邵元实《水调歌头》中“收了卢龙塞，却访赤松游”等语，堪称名句，颇有影响。限于篇幅，不再一一举证分析。

纵观秦汉至宋元时期迁西一带漫长的用字历程，我们可以发现，其间虽历尽风雨沧桑、磨难曲折，但汉字文化的传承不仅从未出现历史断档，而且始终保持发展壮大之势。这为明清时期域内用字全面走向繁荣，奠定了十分坚实的基础。

三、迁西历史文化用字的繁荣

历史发展到明代，尤其是明成祖朱棣迁都北京、开始“天子守边”之后，蓟镇成为“九边之首”，地位陡然上升；而随着蓟镇总兵府明初从桃林口移驻峙子谷（汎涛按：又称狮子峪，位于今迁西县王寺峪、旧营一带），继而又移三屯营，迁西一带逐成为朝野上下、长城内外关注的焦点。数百年间，营寨卫所主兵云集，南北客兵交相轮戍，帝王将帅足迹时至，文人墨客络绎不绝。受其影响，迁西一带文化用字出现了空前繁荣的局面。

明亡以后，由于顺治、康熙等清代帝王推崇佛教、关注京畿，多次巡幸景忠山、喜峰口等地，迁西依然备受世人瞩目，加之这一时期社会发展比较稳定、人口繁衍明显加快，迁西一带文化用字水平得到进一步提升。

通过调研发现，明清时期，迁西境内各类用字载体遗存十分丰富，举凡碑刻、匾额、图书、诗文等比比皆是，令人目不暇接。为深入探寻这一时期迁西历史文化用字的特点和规律，我们从史志记载、石刻遗存、图书诗文等几个方面进行了分类梳理，现将有关情况介绍如下。

（一）史志文献中的相关文字记载

明清时期，官方对编史修志一直比较重视，因此有关迁西的文字记载大量出现于《明实录》《明通鉴》《明史》《四镇三关志》《畿辅通志》《永平府志》《迁安县志》等史志文献中，今择要举例分析如下。

1. 官方史书中与迁西有关的文字记载

（1）《明太祖实录》卷之一百四十八载：“洪武十五年九月……丁卯，北平都司言：‘边卫之设，所以限隔内外，宜谨烽火、远斥堠，控守要害，然后可以詟服胡虏，抚辑边氓。按所辖关隘：曰一片石、曰黄土岭、曰董家口、曰义院口、曰箭簳岭、曰孤窑儿、曰刘家口……曰**擦崖子**、曰**城子岭**、曰**大峪**、曰**水峪**、曰**中寨**、曰**榆木岭**、曰**青山**、曰**游乡口**、曰**铁门口**、曰**大喜峰口**、曰**小喜峰口**、曰**团亭寨**、曰**潘家口**、曰**常峪寨**、曰**三台山**、曰**隘口寨**、曰**龙井寨**……曰古北口、曰潮河寨……曰居庸、曰阳峪口、曰苏林口……凡二百处，宜以各卫校卒戍守其地。’诏从之。”

（2）《明太祖实录》卷之一百八十载：“洪武二十年……正月……癸丑，命宋国公冯胜为征虏大将军，颍国公傅友德为左副将军，永昌侯蓝玉为右副将军……率师二十万北伐……二月甲申，大将军宋国公冯胜等兵至通州，遣逻骑出**松亭关**，闻虏骑有屯庆州者，乃遣右副将军蓝玉乘大雪将轻骑往袭之，杀其平章果来，擒其子不兰奚，并获人马而还……三月辛亥朔……大将军宋国公冯胜等率师出**松亭关**，筑大宁、宽河、会州、富峪四城，遂提兵驻于大宁……”

(3)《明太祖实录》卷之一百八十载：“二十一年三月壬午，诏大将军永昌侯蓝玉北征。玉等帅师十五万由大宁进至庆州，闻虏主在捕鱼儿海，从间道兼程而进……脱因帖木儿将逃，失马，窜伏草间，擒之。它所虏获无算，遂班师。凡玉北征所私驼马、珍宝亦无算。夜度**喜峰关**，关吏以夜不即纳，玉怒，纵兵毁关而入……（六月）甲午，增置山海卫至辽东、松亭关至大宁凡十七驿。”

(4)《明太宗实录》卷之四上《（建文）元年》载：“上议攻大宁，诸将咸曰：‘攻大宁必道**松亭关**，今刘真、陈亨守关，先破真等，然后可入。而关险塞，猝恐难下，迟留日久，李景隆必攻北平，恐城中不安。莫若回师，破景隆，徐取大宁，万全之计也。’上曰：‘今从刘家口径趋大宁，不数日可达。大宁将士悉聚**松亭关**，其家在城，皆老弱者居守，师至不日可拔。城破之日，抚绥其家属，松亭之众不降则溃矣。’……甲寅，拔大宁之众及宁王权皆回北平……丁巳，师入**松亭关**。”

(5)清夏燮撰《明通鉴》卷十二《建文朝事略》载：“（建文元年秋七月）庚寅，大宁都指挥卜万与其部将陈亨、刘真等，引兵号十万，出**松亭关**攻遵化。燕王遣兵来援，万等退保关内。”

(6)《明史》卷四十《地理志一》载：“遵化，州东。东北有五峰山，南有灵灵山及龙门峡。又东有**滦河**，西南有梨河，北有**喜峰口**、马兰峪、**松亭**等关。”

(7)《明史》卷九十一《兵志三》载：“洪武……九年，敕燕山前后等十一卫，分兵守古北口、居庸关、**喜峰口**、**松亭关**，烽堠百九十六处，参用南北军士。”

(8)《明史》卷九《宣宗本纪》载：“宣德……三年……秋七月戊辰，录囚。八月辛卯，罢北京行部及行后军都督府。丁未，帝自将巡边。九月辛亥，次石门驿。兀良哈寇会州，帝帅精卒三千人往击之。乙卯，出**喜峰口**，击寇于宽河。帝亲射其前锋，殪三人，两翼军并发，大破之。寇望见黄龙旂，下马罗拜请降，皆生缚之，斩渠酋。甲子，班师。癸酉，至自**喜峰口**。”

(9)《明史》卷二百五十九《袁崇焕传》载：“袁崇焕，字元素，东莞人。万历四十七年进士。授邵武知县。为人慷慨，负胆略，好谈兵……天启二年正月朝觐在都，御史侯恂请破格用之，遂擢兵部职方主事。无何，广宁师溃，廷议扼山海关，崇焕即单骑出阅关内外……崇焕因诘文龙违令数事，文龙抗辩。崇焕厉色叱之，命去冠带絷缚，文龙犹倔强……遂取尚方剑斩之帐前……时崇祯二年五月也……文龙既死，甫逾三月，我大清兵数十万分道入**龙井关**、大安口。崇焕闻，即督大寿、可刚等入卫……帝闻其至，甚喜，温旨褒勉，发帑金犒将士，令尽统诸道援军。俄闻率教战殁，遵化、

三屯营皆破，巡抚王元雅、总兵朱国彦自尽，大清兵越蓟州而西。崇焕惧，急引兵入护京师，营广渠门外……**崇焕甫闻变，即千里赴救，自谓有功无罪，然都人骤遭兵，怨谤纷起，谓崇焕纵敌拥兵。朝士因前通和议，诬其引敌胁和，将为城下之盟。帝颇闻之，不能无惑。会我大清设间，谓崇焕密有成约，令所获宦官知之，阴纵使去。其人奔告于帝，帝信之不疑**。十二月朔，再召对，遂缚下诏狱。法司坐崇焕谋叛。**三年八月，遂磔崇焕于市**。兄弟妻子流三千里，籍其家。崇焕无子，家亦无余资，天下冤之……初，崇焕妄杀文龙，至是帝误杀崇焕。**自崇焕死，边事益无人，明亡征决矣**。"

通过以上几段文字记载，我们可以发现以下几个问题：

一是从明初开始，迁西北部边关地名即开始大量载入《明实录》《明通鉴》《明史》等官方史册，其中擦崖子、城子岭、榆木岭、青山口、游乡口、铁门口、大喜峰口、小喜峰口、团亭寨、潘家口、常峪寨、三台山、龙井关（寨）等关寨名称一直延续至今，仅大峪、隘口寨、水峪、中寨四处出现更名现象。

二是从相关记载中松亭关与喜峰口皆并称来看，喜峰口绝非松亭关，至今许多人仍将二者混为一谈，纯属以讹传讹；而松亭关与潘家口从无并称现象，可证松亭关更名潘家口传承有序，毫无史料冲突。

三是松亭关、喜峰口、龙井关等迁西北部关隘在明代一直具有较大影响，相关历史事件（如朱棣征大宁回师松亭关、清兵破龙井关包围北京导致袁崇焕被杀等）甚至影响了中国历史的进程。

四是从用字的角度来看，明代文献对迁西一带边关的记载更加详细丰富，用字也更为简明准确。由此亦可推知，明代迁西的战略地位进一步跃升，备受朝野上下关注。

除上述记载外，《明史》中还分别收有两位迁西籍名将赵胜和马永的列传，今录之如下：

《明史》卷一百七十三《列传第六十一》载：

> 赵胜，字克功，迁安人。袭职为永平卫指挥使。正统末，御寇西直门，进都指挥佥事。天顺初，与孙镗等预"夺门"功，超迁都督佥事。又与镗击反者曹钦，进同知。孛来犯甘肃，胜与李杲充左右参将，从白圭西征至固原，击寇，却之。宪宗立，典鼓勇营训练。成化改元，山西告警，拜将军。次雁门，寇已退，乃还。明年复出延绥御寇。会方纳款，遂旋师。寻典耀武营。四年，充总兵官，镇辽东。七年，召典五军营，已，改三千营。乩加思兰犯宣府，诏胜为将军，统京兵万人御之，亦以寇遁召还。久之，进左都督，加太子太保。十九年，封昌宁伯。
>
> 胜初与李杲并有名。后屡督大师，未见敌，无功，夤缘得封，名大损。后加太保，营万贵妃茔，堕崖石间死。赠侯，谥"壮敏"。弘治初，孙鉴乞袭爵。吏部

言胜无功，不当传世，乃授锦衣卫指挥使。

《明史》卷二百十一《列传第九十九》载：

马永，字天锡，迁安人。生而魁岸，骁果有谋。习兵法，好《左氏春秋》。嗣世职为金吾左卫指挥使。正德时，从陆完击贼有功，进都指挥同知。江彬练兵西内，永当隶彬，称疾避之。守备遵化，寇入马兰峪，参将陈乾被劾，擢永代。战柏崖、白羊峪，皆有功。

十三年，进都督佥事，充总兵官，镇守蓟州。尽汰诸营老弱，听其农贾，取备直给健卒，由是永所将独雄于诸镇。武宗至喜峰口，欲出塞，永叩马谏。帝注视久之，笑而止。中路擦崖当敌冲，无城堡，耕牧者辄被掠。永令人持一月粮，营崖表，版筑其内。城廨如期立，乃迁军守之。录功，进署都督同知。

嘉靖元年，金山矿盗作乱。遣指挥康雄讨平之，塞其矿。朵颜把儿孙结诸部邀赏不得，盗边。永迎击洪山口，而伏兵断其后，斩获过当，进右都督。已，复馘其骁将，把儿孙不敢复扰边。大同兵变，杀巡抚张文锦，命桂勇为总兵官往镇，而议将抚之。永言："逆贼干纪，朝廷赦其胁从，恩至渥也，顾犹抗命。今不剿，春和北寇南牧，叛卒勾连，祸滋大。宜亟调邻镇兵，克期攻城，晓譬利害，悬破格之赏，令贼自相斩为功，元凶不难殄也。"乃命永督诸军与侍郎胡瓒往。会乱平，乃还镇。

永上书为陆完请恤典，且乞宥议礼获罪诸臣。帝大怒，夺永官，寄禄南京后府。巡按御史丘养浩言："永仁以恤军，廉以律己，固边防，却强敌，军民安堵，资彼长城。闻永去，遮道乞留，且携子女欲遂逃移。夫陆完久死炎瘴，非有权势可托。永徒感国士知，欲救区区之报。不负知己，宁负国家？祈曲赐优容，俾还镇。"顺天巡抚刘泽及给事、御史交章救之，俱被谴。永竟废不用。永杜门读书，清约如寒士。久之，用荐佥书南京前府。大同军再乱，廷臣交荐。召至，已就抚，复还南京。

十四年，辽东兵变。罢总兵官刘淮，以永代之。大清堡守将徐颢诱杀泰宁卫九人。部长把当孩怒，寇边，永击斩之。其族属把孙借朵颜兵报仇，复为永所却。已，复入犯。中官王永战败，永坐戴罪。

辽东自军变后，首恶虽诛，漏网者众。悍卒无所惮，结党叫呼，动怀不逞。广宁卒佟伏、张鉴等乘旱饥，倡众为乱，诸营军惮永无应者。伏等登谯楼，鸣鼓大噪，永率家众仰攻。千户张斌被杀，永战益力，尽歼之。事闻，进左都督。

永畜士百余人，皆西北健儿，骁勇敢战。辽东变初定，帝问将于李时。时荐永，且曰："其家众足用也。"帝曰："将须文武兼，宁专恃勇乎？"时曰："辽土新定，须有威力者镇之。"至是，竟得其力。都御史王廷相言："永善用兵，且廉洁，宜仍用之蓟镇，作京师藩屏。"未及调，卒。辽人为罢市。丧过蓟州，州人亦洒泣。两镇并立祠。

永为将，厚抚间谍，得敌人情伪，故战辄胜。雅知人，所拔卒校，后多至大帅。尚书郑晓称永与梁震有古良将风。

根据家谱、方志、墓志、碑刻等记载考证，马永本姓赵，与赵胜均为今迁西县大黑汀村（明属迁安县）人。按辈分，赵胜远高于马永（赵永）；按职级，赵胜亦远高于马永（赵永）。但是，从《明史》记载来看，由于赵胜一生功业、社会评价远不及马永，两人传记用字相差悬殊——《赵胜传》不及《马永传》三分之一。由此可见，《明史》作者颇擅春秋笔法。

除上述二人外，《明史》中还载有戚继光等数十位曾在迁西驻守的蓟镇将帅的传记，限于篇幅，不再一一引述。

2. 官修志书中与迁西有关的文字记载

明清修志之风甚盛，传世志书较多。从本次调研搜集的方志、专志来看，《四镇三关志》《畿辅通志》《永平府志》等对迁西一带山川、关隘、城池、物产、风俗、名胜、古迹、人物等方面的文字记载十分丰富。今摘取数例，简析如下。

（1）明杨兆等修、刘效祖纂《四镇三关志·蓟镇形胜》载："**太平路**关寨九　**擦崖子下**：城子**峪**（**岭**）关……擦崖子关……洪**谷**口关……新开岭（**关**）……五重安关……白羊谷关……边城四十七里……附墙台五座，空心敌台四十五座……**榆木岭下**：榆木岭关……烂柴沟（寨）……大岭寨……边城二十三里……附墙台四座，空心敌台二十四座隆庆三年至万历元年节次建。**喜峰口路**关寨一十二　**董家口下**：胜岭寨……董家口关……游乡口关……横山寨……青山口关……边城二十八里……空心敌台二十五座隆庆三年至万历元年节次建。**大喜峰口下**：团亭寨……小喜峰口关……石梯子谷寨……**榾木谷**寨……李家**谷**寨……铁门关……边城三十四里……空心敌台二十五座。**松棚路**关寨二十四　**龙井儿下**：椽八谷寨……张家安寨……龙井儿关……苏朗**谷**关……三台山关……西常**谷**关……东常谷关……潘家口新关嘉靖四十一年建，通骑，冲，旧关不守。边城五十里……附墙台四座，空心敌台四十四座隆庆三年至万历元年节次建。"（图 70、图 71）

（2）清黄彭年等撰《畿辅通志·关隘二·潘家口关》载："（潘家口）山势西北高峻，城负山麓，可通马。阻河为险，为滦河上流。春秋水深丈余，入夏或数丈，波流甚驶，帆樯上下相接；北通热河，南经迁、卢、滦、乐、昌五邑，顺流而下，实水路要冲。"

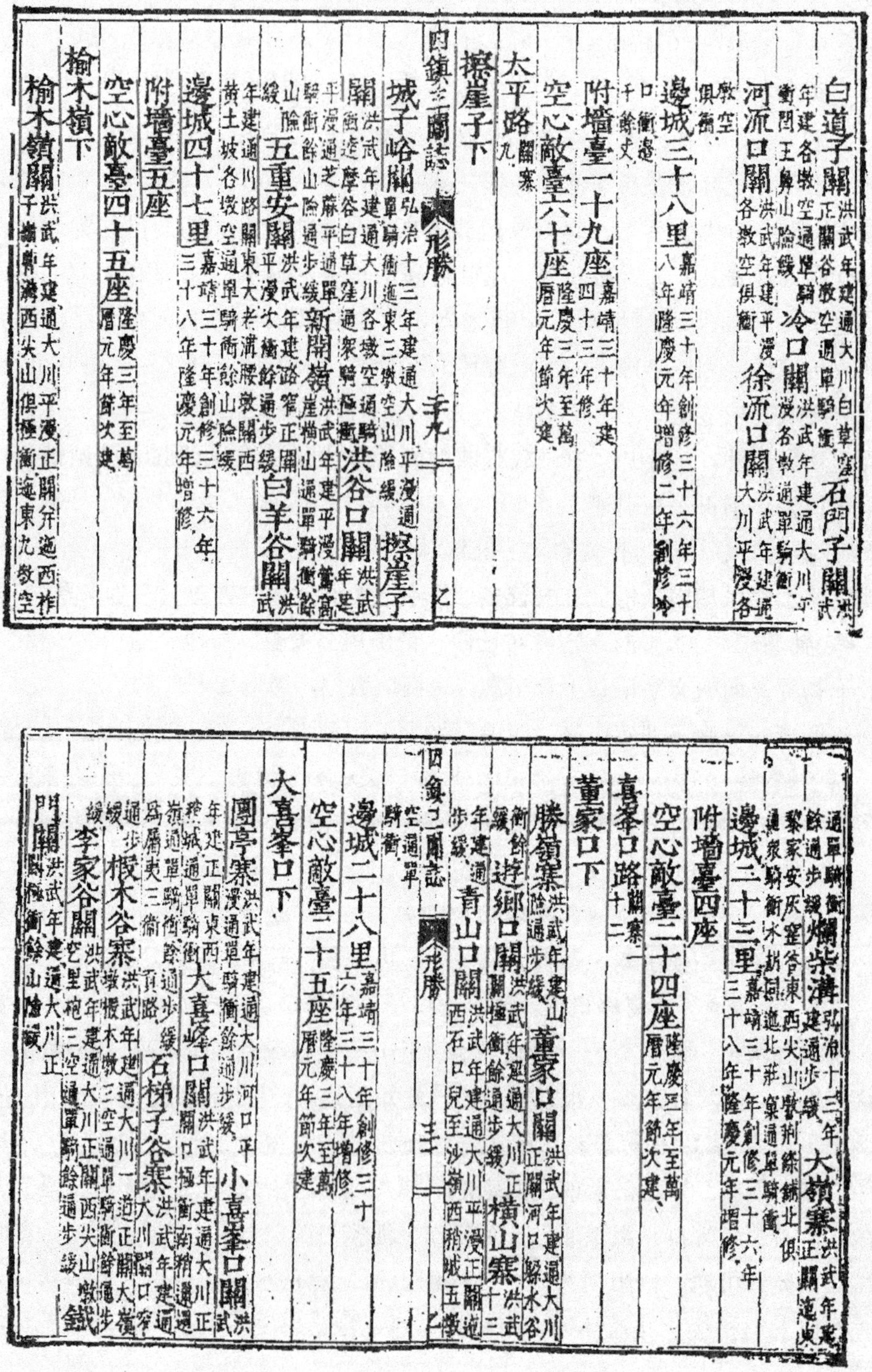
白道子關洪武年建通大川白草窪石門子關洪武
正關谷敵空通單騎衝　武
年建各墩空通單騎冷口關洪武年建通大川平
衝問王鼻山險緩　漫各墩空通單騎衝
河流口關各墩空俱衝　徐流口關大川平漫各
洪武年建平漫　洪武年建通
敵空俱衝
邊城三十八里嘉靖三十年創修三十六年三十
八年隆慶元年增修二年創修冷
口衝邊千餘丈
附墻臺一十九座嘉靖三十年建四十三年修
空心敵臺六十座隆慶三年至萬曆元年節次建
太平路九關寨
擦崖子下
四鎮三關誌　形勝　三十九
城子峪關弘治十三年建通大川平漫通擦崖子
單騎衝邊東三墩空山險緩
關洪武年建通大川各墩空通騎洪谷口關洪武年建
衝邊摩谷白草窪通衆騎極衝
平漫通芝麻平通單新開嶺洪武年建平漫驚窩
騎衝餘山險通步緩崖橫山通單騎衝餘
山險五重安關洪武年建路窄正關白羊谷關洪武
緩平漫尖衝餘通步緩
年建通川路關東大老滿腰敦關西
黄土坡各墩空通單騎衝餘山險緩
邊城四十七里嘉靖三十年創修三十六年
三十八年隆慶元年增修
附墻臺五座
空心敵臺四十五座隆慶三年至萬曆元年節次建
榆木嶺下
榆木嶺關洪武年建通大川平漫正關并邊西作
子嶺東溝西尖山俱極衝邊東九墩空

通單騎衝爛柴溝弘治十三年大嶺寨洪武年建
餘通步緩建通步緩正關邊東
黎家安灰窑谷東西尖山墩荊條鋪北俱
邊泉騎衝水峪邊北菲窠通單騎衝
邊城二十三里嘉靖三十年創修三十六年
三十八年隆慶元年增修
附墻臺四座
空心敵臺二十四座隆慶三年至萬曆元年節次建
喜峯口路十二關寨
董家口下
勝嶺寨洪武年建山險通步緩董家口關洪武年建通大川
正關河口縣水谷
衝餘邊鄉口關洪武年建通大川正橫山寨洪武
緩關極衝餘通步緩十三
年建通青山口關洪武年建通大川平漫正關邊
步緩西石口兒至沙嶺西稍賊五墩
四鎮三關誌　形勝　三十一
空通單騎衝
邊城二十八里嘉靖三十年創修三十六年三十八年增修
空心敵臺二十五座隆慶三年至萬曆元年節次建
大喜峯口下
團亭寨洪武年建通大川河口平小喜峯口關洪武
漫通單騎衝餘通步緩
年建正關東西大喜峯口關洪武年建通大川正
稍城通單騎衝關口極衝南稍邊通
嶺通單騎衝餘通步緩石梯子谷寨洪武年建通
爲屬夷三衛貢路大川谿口窄
通步緩根木谷寨洪武年建通大川一道正關大嶺
緩墩根木墩三空通單騎衝餘通步
緩李家谷關洪武年建通大川正關西尖山墩鐵
空里砲三空通單騎餘通步緩
門關洪武年建通大川正
關極衝餘山險緩

图 70　明万历四年刻本《四镇三关志》书影之一

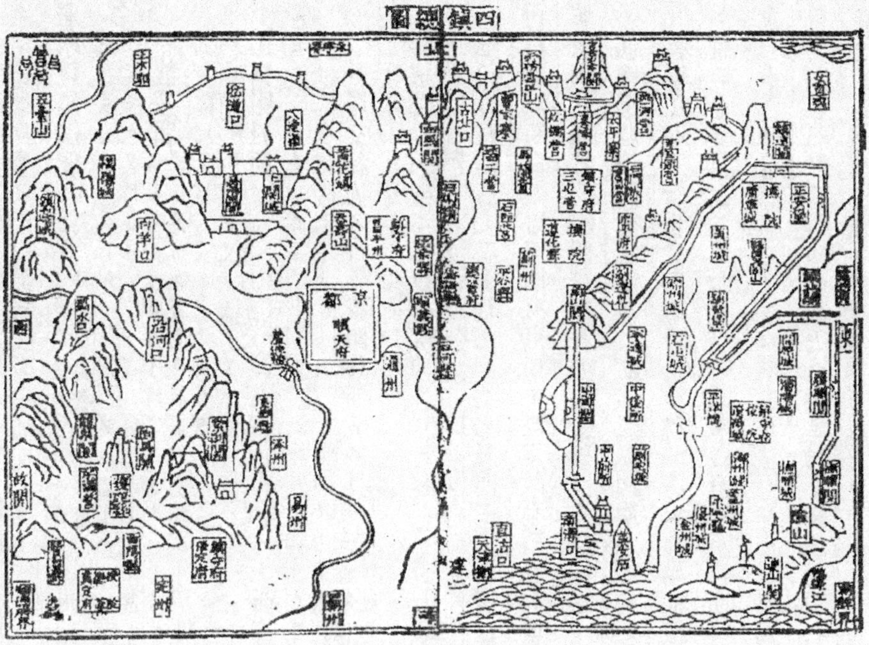

图 71 明万历四年刻本《四镇三关志》书影之二

（3）清宋琬撰次、张朝琮续纂《永平府志·边防》载：“**潘家口关提调**城土，高二丈二尺，周二百十九丈六尺，门曰西曰南，校场在城南……**三屯营** 城石，高三丈，周千百九十丈七尺。门三：东曰宾日，西曰巩京（原），南曰景忠。四隅有角楼，中间以敌台。门各有重城。东西北隅各有小门。鼓楼在城南中，即上古营南第一楼也。钟楼在鼓楼后。池深二丈，广倍之。城隍庙在城内西北，校场在城外西北。**车前营** 旧汉儿庄，潘家口属也。城土，高二丈，周五百二十六丈。门三：曰东，曰西，曰南。校场城东。**车后营** 旧滦阳营，喜峰口属也……”（图 72）

从目前掌握的史志资料来看，由于《明实录》《明史》皆为朝廷官修，《明通鉴》为史学大家所撰，尽管其记载内容多有出入，但用字普遍比较规范；而各类志书限于编者水平，不仅内容多有舛误，而且用字规范性明显较差。如：《四镇三关志·蓟镇形胜》中，记载各路及主要关隘按照自东而西的顺序，可记载主要关隘附属关寨却按照自西而东的顺序，极易造成误解。不仅如此，书中一些关寨的排列顺序还时有错位，如游乡口关在董家口关之西（同书附图标注十分明确，与事实相符），作者却违背上述附属关寨自西而东的记载顺序，将其载于董家口之后，明显有误。单纯从用字的角度来看，该书文字亦多有失范之处，如“城子岭”误作“城子峪”，“新开岭”后脱“关”

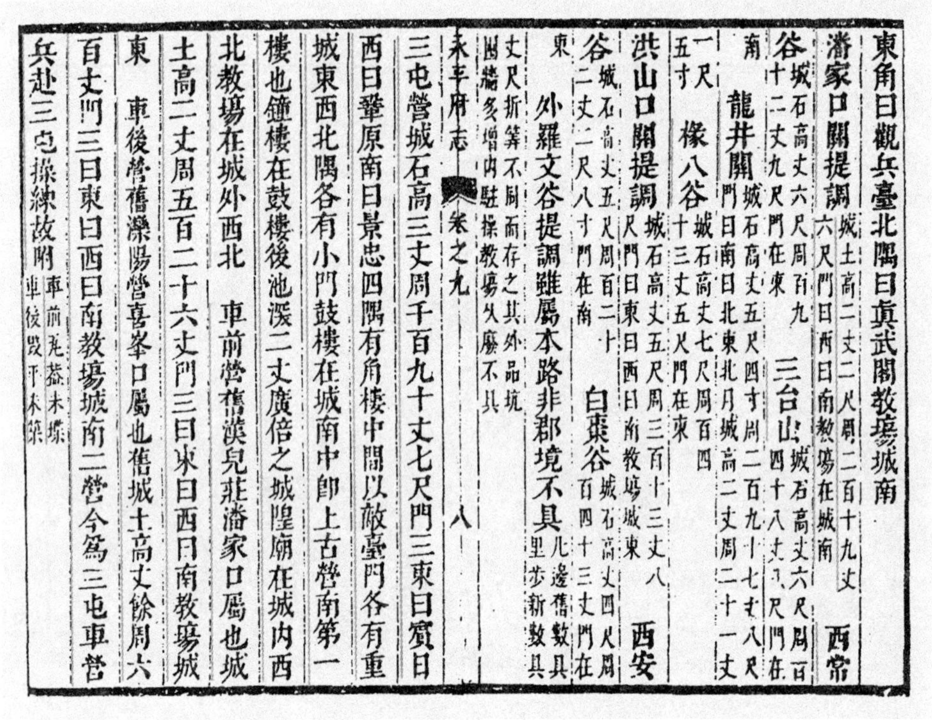
東角曰觀兵臺北隅曰眞武閣教場城南
潘家口關提調城土高二丈二尺周二百十九丈六尺門曰西曰南教場在城南 西常
谷城石高丈六尺周百九十二丈九尺門在東 三台山城石高丈六尺周百四十八丈八尺門在
南 龍井關城石高丈五尺四寸周二百九十七丈八尺門曰南曰北東北月城高二丈周二十一丈
一尺五寸 椽八谷城石高丈七尺周百四十三丈五尺門在東
洪山口關提調城石高丈五尺周三百十三丈八尺門曰東曰西曰南教場城東 西安
谷城石高丈五尺周百二十二丈二尺八寸門在南 白棗谷城石高丈四尺周百四十三丈門在
東 外羅文谷提調雖屬本路非郡境不具凡邊舊數具里步新數具
丈尺折筭不同而存之其外品坑圍牆多增內駐操教場久廢不具
永平府志 卷之九 八
三屯營城石高三丈周千百九十丈七尺門三東曰賓日
西曰鞏原南曰景忠四隅有角樓中間以敵臺門各有重
城東西北隅各有小門鼓樓在城南中郎上古營南第一
樓也鐘樓在鼓樓後池濠二丈廣倍之城隍廟在城內西
北教場在城外西北 車前營舊漢兒莊潘家口屬也城
土高二丈周五百二十六丈門三曰東曰西曰南教場城
東 車後營舊灤陽營喜峯口屬也舊城土高丈餘周六
百丈門三曰東曰西曰南教場城南二營今爲三屯車營
兵赴三屯操練故附車前兆荔未築車後毀亦未築

图 72　康熙五十年版《永平府志》书影

字，“烂柴沟”后脱“寨”字，“椴木谷”之“椴”讹为“椵”，等等。需要特别说明的是，此书中“洪谷口”“白羊谷”“石梯子谷”“椴木谷”“李家谷”“苏郎谷”“东常谷”“西常谷”之“谷”皆为“峪”之古字，音义均同“峪”。同一书中，“谷”“峪”两个古今字时常混用，也很容易造成误读。又如：康熙五十年版《永平府志》载：“潘家口关提调城土，高二丈二尺……三屯营　城石……车前营旧汉儿庄，潘家口属也。城土……”实际上，明万历初年以后，潘家口城、三屯营城、汉儿庄城均已修为包砖之城，康熙时期并无改变，遗址至今尚存，《永平府志》纂者不加详考、照抄旧志，仍写为“城土”或“城石”，显然极不严谨。另外，三屯营城西门为“巩京门”，戚继光《重建辟三屯营城记》等对此记载十分明确，其石刻门额至今尚存，此版《永平府志》居然将其错录为“巩原”，简直令人啼笑皆非。

（二）迁西现存明清石刻用字情况

明代以后，迁西一带成为京畿重地，将士云集，群英荟萃。戍边将士、筑城军民、地方官员、游客骚人，或刊石以志胜，或摩崖以寄慨，或刻匾以示敬，或勒碑以抒怀，在这里留下了种类繁多、形制不一的大量石刻。这些石刻，历尽风雨沧桑，至今仍闪烁着难以磨灭的光芒。透过这些石刻，不仅可以探究蓟镇长城的兴衰变迁，而且可以发现许多鲜为人知的历史真相；不仅可以追怀昔日豪杰志士的丰功伟绩，而且可以领略当年金戈铁马的悲壮与苍凉……当然，从这些丰富多彩的石刻文字中，我们更可探寻迁西一带官民用字的特点与规律。

据初步统计，迁西境内现存各类明清石刻100余件，本着取精用宏的原则，今选择最有代表性者分类予以简要分析。

1. 边塞营寨石刻用字情况

迁西地处塞下，自古为兵家必争之地。其北部边境，长城绵延106.439公里，自东向西，依次串联起203座敌台、23个烽墩，以及擦崖子关、城子岭关、大岭寨口、烂柴沟（今称兰城沟）口、榆木岭关、青山关、董家口、游乡口、铁门关、李家峪关、椴木峪口、石梯子峪口、大喜峰口、小喜峰口、潘家口、东常峪（今称东城峪）口、西常峪（今称西城峪）口、柞子庵关、三台山关、苏郎峪关、龙井关等20余座雄关险隘。

据初步分析，迁西境内的长城，当始筑于燕秦，今明确可考者始筑于北齐，后历代均有修缮，至今保存较为完整者皆为明长城。据史料记载，明洪武十四年（1381年），太祖朱元璋曾派大将徐达发燕山卫屯兵，修筑永平府境内的32座关城；正统十四年（1449年）“土木之变”后，朝廷又多次组织人力，整修蓟镇倒塌破损、失去防御功能的关口和城墙；至嘉靖三十年（1551年），已将蓟镇长城所有的关口、城堡、边墙重新连为一体。隆庆二年（1568年），抗倭名将戚继光以钦差总理练兵事务兼镇守蓟州、永平、山海等处地方总兵官之职，驻守迁西三屯营。上任伊始，他便号令全镇大规模整修边墙，并创设了空心敌台。“（隆庆）五年（1571年）秋，台功成，精坚雄壮，二千里声势联接”，气吞山河。迁西境内现存的长城敌台，多是戚继光当年的杰作。

外设关城以御敌，内设营寨以备兵，自古而然。因此，凡临关而以营、寨称者，多为古屯兵处。今迁西之境纵横不过百里，南北村庄称谓却迥然不同。南距边关较远，则以营寨称者绝少；北与关城切近，则以营寨称者甚多。如擦崖子关内有太平营（今称太平寨），榆木岭关、董家口关内有上青山营、下青山营，铁门关、喜峰口关内有喜峰营、团汀寨、滦阳营，潘家口关、龙井关内有汉儿庄营，在中枢要地则设有总镇三屯营。

通过调研发现，在长城沿线关隘营寨修筑和长期戍守过程中，各级将帅乃至底层军民为我们留下了大量石刻文字。这些珍贵的石刻，穿越历史的时空，让今天的人们仍可追怀昔日的风采，领略汉字的光辉。兹选保存较好并具代表性者，展示如下。（图73—图87）

图 73　迁西三屯营古城“巩京门”石刻门额拓片

图 74　迁西太平寨现存“太平营”石刻门额拓片

图 75　迁西喜峰口古城石刻门额拓片

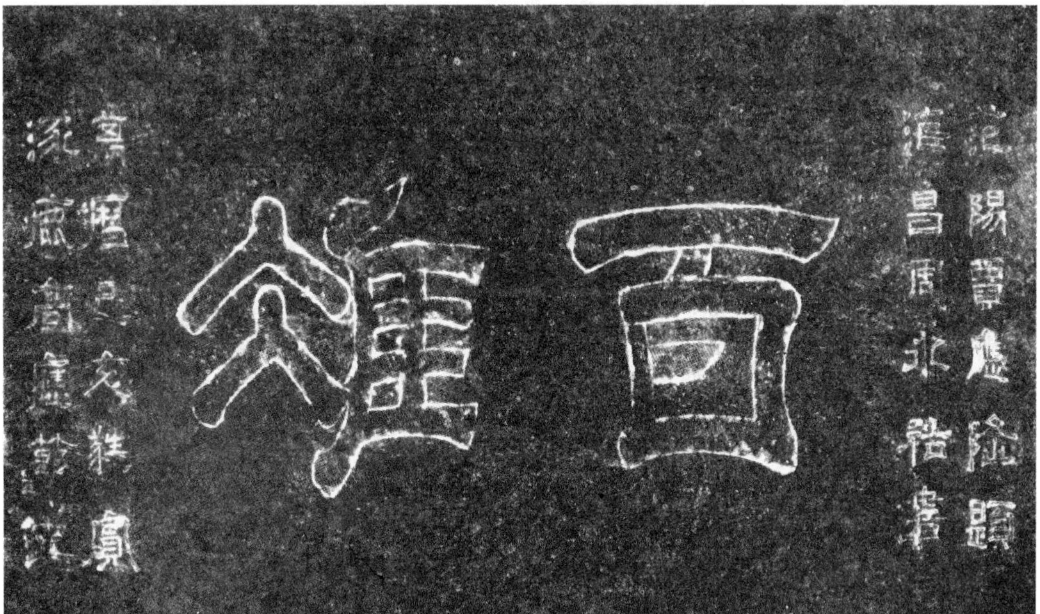

图 76　迁西榆木岭关城石刻门额拓片

图 77　明代各级将士在迁西修筑长城时留下的部分城工碑拓片

图 78　在迁西县擦崖子村发现的下层军民修筑长城时刻制的城工碑拓片之一

图 79　在迁西县擦崖子村发现的下层军民修筑长城时刻制的城工碑拓片之二

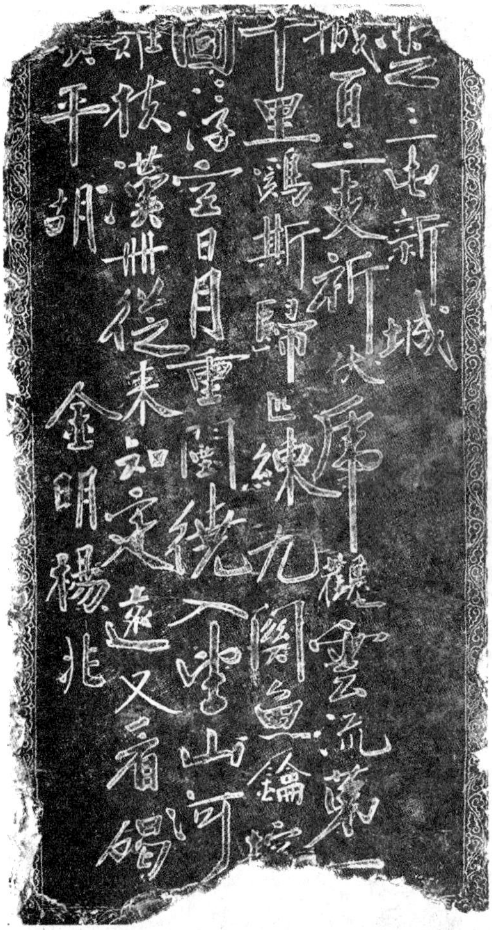

杨兆题诗碑

三屯营镇府旧址石刻

三屯营石刻镇水兽

▼ 介石轩铭帖石

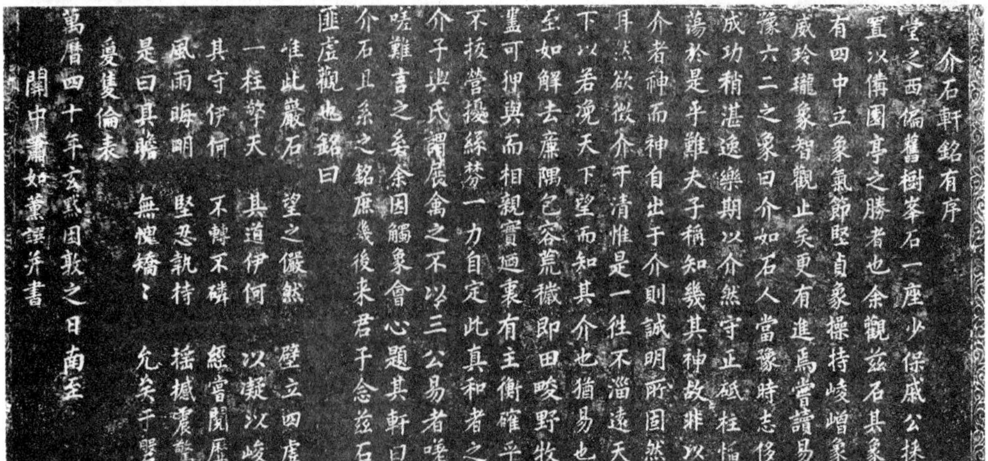

介石軒銘有序
堂之西偏舊樹峯石一座少保戚公扶
置以備園亭之勝者也余觀茲石其象
有四中立象氣節堅貞象操持峻嶒象
威玲瓏象智觀止矣更有進焉嘗讀易
豫六二之象曰介如石人當豫時志侈
成功稍湛逸樂期以介然守正砥柱恬
蕩於是乎難夫子稱知幾其神故非以
介者神而神自出于介則誠明所固然
耳然欲微介于清惟是一往不淄遠天
下以若浼天下望而知其介也猶易也
至如解去廉隅包容荒穢即田畯野牧
盡可狎與而相親實迴裹有主衡確乎
不拔營擾緣棼一力自定此真和者之
介子與氏謂展禽之不以三公易者嘵
嘵難言之矣余因觸象會心題其軒曰
介石且系之銘庶幾後來君子念茲石
匪虛觀也銘曰
唯此巖石　望之儼然　壁立四虛
一柱擎天　其道伊何　以凝以峻
其守伊何　不轉不磷　經嘗閱歷
風雨晦明　堅忍執持　搖撼震驚
是曰其體　無愧矯矯　允矣于磐
曼曼倫表
萬曆四十年玄黓困敦之日南至
閩中蕭如薰譔并書

图 80　三屯营镇府现存石刻及相关碑帖拓片

图 81　戚继光立《重建三屯营镇府记》碑拓片

图 82　迁西县汉儿庄古城带川门遗址

图 83　迁西县汉儿庄古城带川门石刻匾额

图 84　创建大喜峰口关三官庙碑拓片

图 85　城子岭长城脚下的摩崖石刻拓片

图 86　擦崖子关嘉靖四十一年屯田文告碑拓片

图 87　擦崖子关守将题名碑拓片

仅从上面精选的十几件石刻即可看出，迁西现存明代边塞营寨石刻，绝大多数规制严整、刻工精良，尤其是戚继光立《重建三屯营镇府记》碑、杨兆题诗碑、萧如薰《介石轩铭有序》帖石、汉儿庄“带川门”门额、榆木岭关城“百雉”匾额等，文辞典雅、用字讲究、书艺超凡，无疑已经达到明代顶级水平。但是，我们在调研过程中也发现，从明代末期到清代初期，一些碑碣不仅刻制水平明显下降，而且出现了明显的一石复刻现象。为探寻明代边塞营寨石刻用字的特点与规律，我们选几件最具代表性者，进行重点介绍和分析。

（1）戚继光立《重建三屯营镇府记》碑

上列明代边塞营寨石刻中，最珍贵者当属戚继光立《重建三屯营镇府记》碑（图81）。此碑1957年发现于三屯营镇府旧址，1982年被列为河北省重点文物保护单位，现存三屯营镇府旧址碑亭。碑高356cm，宽120cm，厚26cm，立碑时间为万历五年（1577年）三月。碑题《重建三屯营镇府记》，戚继光撰文并立石，南海陈经翰书，新安黄沛刻。碑文计21行、890字，无缺损。兹录原文如下：

重建三屯营镇府记

国初镇蓟，为侯伯所开府云。自天顺移镇，而有三屯营署。其后多都督，或参以内臣。逮（光绪十四年重刊本《止止堂集》和道光二十七年重刊本《戚少保年谱耆编》均作“迨”，义同）嘉靖来，乃权一而势重。府尚卑隘，而偪介于城。幕客中无所居，掾史则便于私室，故机密多泄漏，而缘簿书为奸久矣。凡历三十八人，余乃以总理称。自隆庆二年至，将展之而未赡也。居六年，始辟城，展前门于其阯。外达通衢，中立桓表。两端为次门。屏以肃墻（《止止堂集》和《戚少保年谱耆编》均作“萧墙”。萧，通“肃”。何晏《论语集解》：郑玄曰：“萧之言肃也，墙谓屏也。君臣相见之礼，至屏而加肃敬焉，是以谓之萧墙。”），施以周栏。而左右桓表远跨衢之东西，其间容千马，可方轨而四出。入次门，为军候厢房及钲鼓（《止止堂集》和《戚少保年谱耆编》均作“鼓”，碑文写为异体字）亭台，乃周道以上，其等级尊矣。门有伉而庑有奕，左中甄、右偏裨，列校候人，其庐维旅，神祠宾馆，夹于其内。入仪门而甬，**有奇石以对于堂，号曰“常对君”**。堂列五楹，衡高台广，台下可容数千卒。余涖以作之，**故其名“率忠”**。后为中霤，当皇为止止堂。**盖取之“艮而止”，忠之义在是矣**。后为牙舍，护以层楼。堂左有五六区如肆，聚掾史辈居之，簿书乃聚于公室。牙舍之右为图书府。其前斋有亭池，或节劳佚于斯。斋右为习射之区，有层轩，序宾而揖让焉。其右为牧圉。缭府维垣，疏以周道，言言如也，跋跋如也。而不（《止止堂集》和《戚少保年谱耆编》均作“北”。用“不”亦通，但不如用“北”更合文意）衡垣如城。堪舆家以坎位大川，宜蔽以高垣。适余请创全镇塞垣，其襄工有四等，恐将士未喻，于兹试之，以为边式，俾未临塞者登兹而虏亦在目中矣，岂不益壮鉅丽而称雄于列镇乎？然费不烦公帑，乃余节浮而举之，故告成工而力不诎。落成之旦，用诘（《止止堂集》作“诰”，《戚少保年谱耆编》亦作“诘”，当以“诘”为是）军正。不穀闻大司马掌武备，像猛兽，以爪牙为卫，**军门旗帐咸以“牙”名之，出师则称“建牙”**，号令必至其下。**故幕曰“府”而部曰“署”，牙门所繇名，其起于武也明矣。自譌而为“衙”，文署因通称之**，而鲜有弗缮，以其费有所出。武署之毁过半，虽京卫且然，则军驭不张而陵替可慨矣。夫称大将军而少负大志者，营家且广前路，以容大戟旛旗；况于公署，为全镇所瞻视，尤贡夷往来稽颡之地，而不之辟与？不穀弱冠从戎，未尝敢以家为，但于营伍所至，治之急于垣屋。乃镇府而自弛，其何以观哉？然则新三军耳目于兹，宁不以急乎？初有事塞垣，今乃克遂所志，亦岂敢以定居？第急公之义则然耳！古人虽一日必葺，去之日如始至。其用心若兹，非为后事者地邪？不穀始至则陋，而今奂然改观焉。实服其劳，亦令无以加。敢诏来者，第葺之而已矣。乃记诸石，并题名者，亭立于仪门之前。嗟夫，昔之居者乃尔，其名岂不咸在？焉知来者视今何如哉！

万历岁次丁丑春三月吉旦

特进光禄大夫，中军都督府左都督，奉勅总理练兵事务兼镇守蓟州、永平、山海等处地方，前福、浙、江、广、神威营总兵官定远戚继光譔并立石

幕下南海陈经翰书，新安黄沛刻

自明朝天顺二年（1458 年）起，至明朝灭亡，三屯营一直是蓟镇军事指挥中心。东起山海关，西至慕田峪，绵延 1000 余公里的蓟镇长城防线皆须听命于此。有明一代，先后曾有 70 余任总兵官在此更番坐镇。

从天顺二年（1458 年）胡镛移镇三屯营，至隆庆二年（1568 年）戚继光上任，三屯营已有 110 年的历史，此时的营城、镇府城已经破烂不堪。尽管如此，戚继光并没有以重修营城、府衙为首务，而是先操练兵马、整饬军伍，修复边墙、创建敌台。迨“士卒知方，器械犀利，马战、步战、车战等等有法，井井有条，二千里台隍顿成金汤之胜”（马思恭撰，《蓟镇都护戚少保公功德碑记》）时，才将重修三屯营城列入议事日程。万历四年（1576 年），营城改造基本完毕，戚继光方以“节浮”之资对镇府进行了全面重建。这篇碑记，即为万历五年镇府重建工程告竣后戚继光亲自撰写。本文不仅介绍了重建镇府的缘起、过程，记述了新镇府的整体布局、建筑名称，而且解释了资金来源、开支情况，论述了设施改造及其命名的理由和意义，因此具有非常重要的研究价值。

从行文的角度来看，《重建三屯营镇府记》叙议结合、详略得当，文气畅达、措辞

严谨，堪称古代散文典范。文中对“率忠堂”“止止堂”等建筑命名用字的解释以及对“牙”与“衙”等字的考证，足见戚继光用字之讲究。

从书法的角度来看，陈经翰（汛涛按：字忠甫，今广东增城市［旧属南海郡］西洲村人，明泉州通判陈尧典次子，曾为戚继光幕僚。熟习阴符，占通阵法。从军有边功，授狼牙总镇，迁镇潮州。下笔兼擅众体，千言立就，有古儒将风）的行楷既端庄工稳，又灵动飘逸，堪称上乘佳作。其间虽多用异体字（如“逼”写为“偪”，“址”写为“阯”，“鼓”写为“皷”，“莅”写为“涖”，“巨”写为“鉅”，“讹”写为“譌”，“幡”写为“旛”，“敕”写为“勑”，“撰”写为“譔”，等等），但多与撰者原文一致，且按明代用字标准衡量，并无明显失范之处。至于“建”字“廴”上多加一“丶”（汛涛按：智永、欧阳询、赵孟頫等皆有如此写法），“迨”写为“逮”，“萧墙”写为“肃墻”，虽与《止止堂集》有别，但皆取法有据，且不影响文意，因此亦无明显不妥，不应轻率地依今天的用字规范判其为错。

（2）把总百户城工碑

同戚继光立《重建三屯营镇府记》碑和谭纶、刘应节等钦差大臣所立长城鼎建碑相比，两块明代下层军民修筑长城时刻制的城工碑（图 88、图 89）不免显得有些寒酸，但在调研中却引起了我们的格外关注。

这两块城工碑，均为青石质，大小、形制完全相同，高 32cm，宽 47cm，厚 8cm，1995 年初夏发现于迁西县太平寨镇擦崖子村，现为迁西县文物管理所珍藏。

在本次调研过程中，笔者对它们进行了认真研究。经仔细比较发现，两碑不仅形制相同、内容相近，而且书写工整、字体清秀，风格完全一致，显然为同时所刻，且出自同一书家、同一刻工之手。兹录原文如下：

其　一

把总、百户傅柱熊，分修城工一十二丈五尺。

督工、号头谢三三，泥水匠头靳歪头，石匠头张八。

其　二

把总、百户姜鹏，分修城工一十一丈二尺。

督工、旗牌李保子，泥水匠头王信，石匠头赵文学。

与以前发现的城工碑相比，这两块城工碑不仅没有题写上级官员的名讳，而且连施工时间也一并略去，因此显得十分另类。由此看来，这两块石碑的刻制，与其说是为了应付验收稽核，倒不如说是为了“立此存照”“千古流芳”；不过，打算“千古流芳”的，不再是那些钦差大臣，而是品级很低的把总、百户以及谢三三、靳歪头、张八、李保子等下层百姓。

端详着这些质朴粗俗的名字，我们不仅丝毫没有觉得可笑，反而感受到一种十分强烈的震撼——万里长城万里长，从鸭绿江口到山海关，从山海关到嘉峪关，这堪称人间奇迹的万里长城，哪一段不是这些胼手胝足、默默无闻的戍卒、边匠，一砖一石、一尺一丈地修筑起来的呢？万里长城之上，最应该留下名字的，不正是他们吗？

从用字的角度来看，这两块小小的城工碑极有特点。一是谢三三、靳歪头、张八、李保子等戍卒、工匠连“雅号”都没有，但同样渴望通过立碑刻字“青史留名”，证明明代底层百姓的用字意识十分强烈；二是此碑虽小，但刻制非常精细，而且字体端庄、书艺不凡，说明当时民间亦不乏用字高手。

（3）两通一石复刻碑

在考察边塞营寨石刻过程中，我们发现了两通一石复刻碑，十分耐人寻味。

上列擦崖子屯田文告碑（图 86）与擦崖子关守将题名碑（图 87）拓片，即拓于同一块碑石。此碑碑身已残，残高 87cm，宽 57cm，厚 14cm。2003 年春发现于迁西县擦崖子村一旧庙址，现存于擦崖子村部。此碑阴阳两面均有文字，且皆刻有勾云纹饰。碑阳文字系刻于明嘉靖四十一年（1562 年）十月的一篇屯田文告，无标题。文中公布了城子岭关、擦崖子关、洪峪口关、新开岭关、五重安关、白羊峪关、白道子关、五重安营等七关一营经案验核准的屯田顷亩、须缴赋税数目，以及征解要求。碑阴文字系擦崖子关守将题名录，主要记载了自明嘉靖四十年（1561 年）至崇祯十三年（1640 年）80 年间擦崖子关先后在任的 25 位官员的姓名及其擢升情况。这是迄今发现的擦崖子关城中启刻年代最早的一通未涉长城修筑而事关屯田戍防的碑刻。

初观此碑，会产生许多疑问：一是碑阴的落款时间比碑阳晚 64 年，这是怎么造成的呢？二是碑阴的落款时间为天启六年（1626 年），但上面为何竟有天启七年以后守将的题名？三是职官题名体例不一、排列混乱，这又是怎样造成的呢？

在对此碑进行认真考察之后，我们发现，碑阴有明显的翻刻痕迹：其纹饰与碑阳风格一致，但右侧有明显的磨痕；新刻文字的空白之处，尚有“安”“千户”“刘”“内”等残存的旧刻文字隐约可辨。正因碑阴文字为后来翻刻，所以才出现了两面文字落款时间不一的情况。

根据落款时间和职官题名推断，碑阴翻刻之举当系柳荣及其幕僚所为。柳荣天启三年（1623 年）八月到任，天启六年九月离任，而碑阴题名录的启刻时间为天启六年端阳，正好在他离任之前不久。从刻制情况看，此公及其幕僚不仅素质低下，而且不遵规制：碑题不伦不类，而且刻到边缘纹饰之上；用字错讹百出，题名丢三落四，补刻的“李如梓（汛涛按：名将李成梁第六子）”一条居然放到了短序尾行的下面。更为可笑的是，他竟在题名碑上打破常规，刻下了时间落款。其实这个落款毫无必要，因为这种题名碑，启刻者身后还有多少继任者，谁也无法预测，怎能用一个具体的时间来固定呢？当然，他后面的几位继任者也没管这一套，继续在碑上刻录自己的姓名，这就导致了第二个问题的发生。杨应元、王嘉陈、孙献捷三位，比柳荣还不讲规矩。杨应元不顾格式，把自己的简介往下写出了头；王嘉陈大概不愿受欺，便打破了原来的排名体例，没有继续往下接，而是与杨比肩，并排刻下了自己的姓名和简介；孙献捷则更不客气，不仅与王嘉陈并列题名，而且不留余地，径直把自己的简介顶到了落款。本来，柳荣刻碑时，职官题名为每行三人、上下排列；但经三位一闹，规律尽皆打破。这样一来，后人如不仔细推究，就很难厘清头绪。

嘉靖后期，灾祸不断，边备废弛，这从碑阳的屯田文告中可以看出一些端倪。及至天启、崇祯年间，明朝政权摇摇欲坠，底层官员更是一蟹不如一蟹，碑阴文字便是极好的佐证。如此看来，虽然此碑刻制粗劣、错字迭现，但其史学价值却不可小觑。

不仅此碑存有翻刻现象，我们在考察三屯营杨兆题诗碑（图 80）时，也发现了类似问题。此碑现存三屯营城内，已残。残高 163cm，宽 78.5cm，厚 22.5cm。碑阳刻有明代蓟辽保定总督杨兆的题诗，全文 6 行 65 字，6 字缺损；碑阴则刻有清代蓟镇副总兵兰泗记述康熙三年（1664 年）重建镇府经过的《重建三屯营镇府记》，但文字多已漫漶不清。题诗的一面，字词均出自杨兆之手。碑文如下：

登三屯新城

金城百二支祈伏，虎观云流第一枢。千里鸡斯归匹练，九关鱼钥控雄图。

浮空日月重阖绕，入望山河列雉扶。汉册从来知定远，又看碣石颂平胡。

金明杨兆

杨兆，字梦镜，号晴川，陕西肤施（今延安，北魏曾置金明郡，其地属之）人，嘉靖三十五年（1556 年）进士，隆庆二年（1568 年）任都察院右佥都御史、顺天巡抚（驻遵化），万历元年至万历五年（1573—1577）任蓟辽保定总督、兵部侍郎兼都察院右佥都御史，官至兵部尚书、工部尚书，加太子太保。文武兼备，诗文俱佳，一生酷爱书法，字体遒劲洒脱。曾与名将戚继光悉心筹边，致蓟镇一线百废俱举。

三屯营新城完工后，杨兆登城巡视，赞叹不已，遂欣然命笔，写下《登三屯新城》一诗，后由人摹勒上石，刻成此碑。

那么，碑阴怎么又出现了兰泗康熙三年（1664 年）刻制的《重建三屯营镇府记》呢？仔细查看，原来也是磨去旧碑文、翻刻新文字的拙劣之举。其实，这种做法，不仅迁西曾经发生，据说北京也曾出现过：辛亥革命后，将“大清门”改名为“中华门”，更换门额时，有人想把原“大清门”匾额拆下翻转使用，在背面刻上“中华门”。可是，把石匾拆下来时，人们发现里面竟刻着“大明门”三字！这种可恶的“除旧布新”之举，简直令人啼笑皆非。

在本次调研中，我们在发现大量边塞营寨石刻的同时，还在西城峪、大岭寨、城子岭等村长城沿线和汉儿庄、三屯营等古城发现了大量铭文砖，其用字情况与石刻相似，亦颇有特点。今选数例，附载如下。（图 88、图 89、图 90）

图 88 迁西县城子岭长城墙体上嵌入的铭文砖

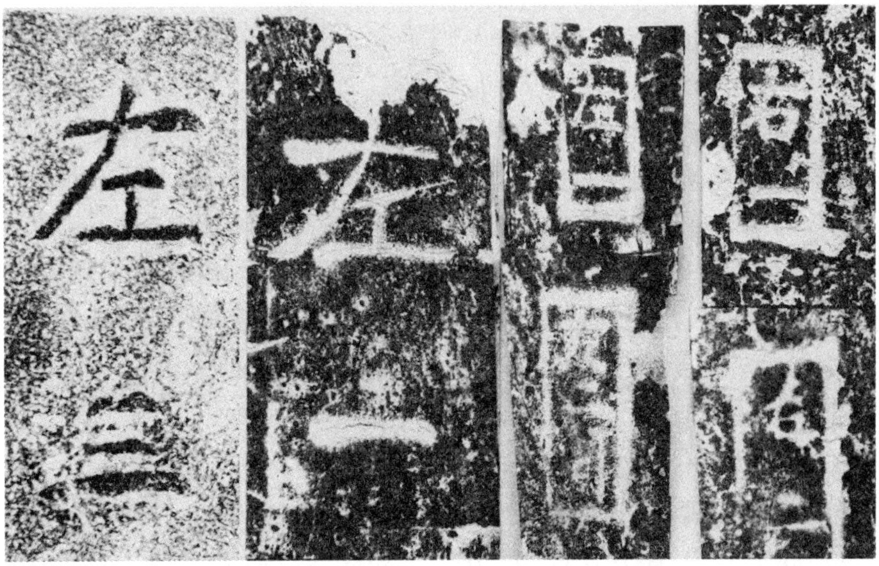

图 89 迁西县大岭寨长城砖窑出土的铭文砖拓片

图 90　迁西县三屯营古城遗存的铭文砖拓片

从目前发现的长城或营城铭文砖来看，砖上文字多为阴文，只有极少数阳文；字体以楷书为主，间有隶书出现。根据分析，不管阴文、阳文，均为先在坯模上反刻文字，而后压制成型，最后烧造而成。从其用字目的来看，当属为明确施工责任、确保造砖质量而设置的窑记。根据史料记载考证，将文字用于长城砖烧造，当系戚继光当年在督修蓟镇长城、创设空心敌台过程中提出的一项具有创造性的举措。从历史发展的角度来看，此举不仅确保了明代包砖长城的修筑质量，而且为我们留下了宝贵的文字遗产，足以令人肃然起敬。

2. 名山胜境石刻用字情况

迁西地处燕山南麓、长城脚下、滦河之滨，素以山清水秀、风景壮丽著称，因此域内名山胜境众多，诸如景忠山、五峰山、凤凰山、平台山等，皆名闻遐迩。

古语云：自古名山僧占多。正因如此，迁西境内昔日坛庙祠宇众多。这些名山古刹中，大都留下了许多碑碣帖石，不仅可供今人探古寻幽，也为我们研究域内用字情况提供了丰富的资料。今择其要者，简介分析如下。

（1）景忠山石刻

景忠山位于三屯营古城之南，海拔 610 米，素以京东名岫著称。明嘉靖初年，蓟镇总兵马永在山顶重修三忠祠、创立碧霞元君庙，即引得四方善信纷至沓来。其后，经历任总兵、明清帝王及善男信女、高僧大德不断增修翻建，山上山下庙宇林立、亭台相望，此山遂成京东地区冠压群芳的游览胜地。数百年来，虽历经兵燹动乱、地震破坏，但山间庙宇屡毁屡兴，至今香火依然十分旺盛。

历尽风雨沧桑，山上留下了大量碑碣帖石，其绚丽多彩的文字，不仅记载了景忠山的兴衰变化，也为我们探寻明清时期迁西一带用字情况留下了极好的凭据。今选最具代表性者介绍如下。（图 91—图 101）

从下面精选的一组石刻来看，撰文题刻者既有明代蓟镇将帅，也有顺治、康熙两代皇帝，还有天童恋山翁、别山法师性在等高僧大德，以及尤侗（时任永平府推官）等著名文人学士，其地位之高，可谓难出其右。也正因如此，各类碑文、题刻，无论遣词用字，还是书法刻工，都达到了很高水平。

图 91　景忠山峰顶古建筑群及其碑帖匾额

图 92 景忠山峰顶南天门正面石质匾额题刻

图 93 景忠山峰顶南天门背面石质匾额题刻

图 94　景忠山峰顶南天门东壁顺治皇帝圣旨帖石拓片

图 95　景忠山峰顶南天门西壁天童恋山翁《留别别山慧善普应禅师有序》帖石拓片

图 96　景忠山知止洞石刻门额拓片

图 97　景忠山知止洞门额东侧临济正宗勒僧人宗谱拓片

图 98　景忠山知止洞石刻门额西侧尤侗题诗拓片

图 99 景忠山康熙敕建碑拓片

图 100 景忠山碧霞元君殿楹联拓片

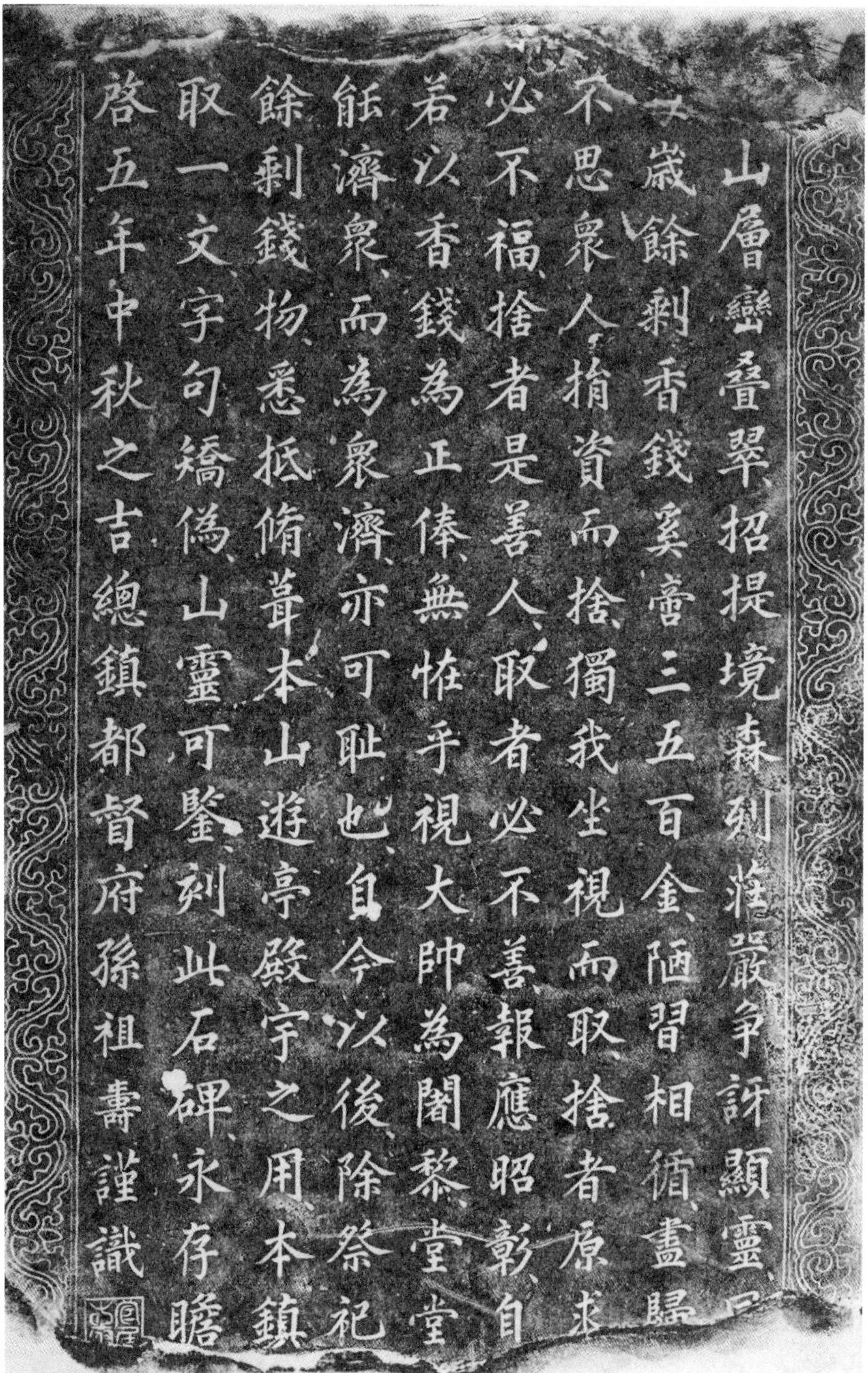

图 101　明蓟镇总兵孙祖寿训令碑拓片

从文字学角度来看，其中有三件（组）石刻值得格外关注：

①康熙敕建碑

此碑由康熙皇帝于顺治十八年（1661 年）三月二十七日立，现存景忠山顶。碑身高 230cm，宽 87cm，厚 19.5cm；碑首高 95cm，宽 90cm，厚 19.5cm；碑基高 93cm，宽 104cm，厚 35cm；碑首篆题“敕建”二字，碑基为赑屃座，碑文为满汉两种文字。这是迁西境内迄今发现的唯一的一通“满汉”双文碑。其汉文标题“景忠山庙碑文”，计 15 行不到 500 字，原文如下：

景忠山庙碑文

古帝王乂宁海宇，怀柔百神，非第岁修禋祀，仰答灵庥，而时若必钦，清晏必报，所以重民生而彰帝眷也。**三屯营景忠山峙秀雄镇，巩护神京，夙称名胜之区**，碧霞元君行宫在焉。夫方内之神莫尊于泰山，而元君实赞之。盖居东方，生物之始，以为五岳之长，故谓之岱宗；开万化之源，协六符之应，视他祀典为尤重。我皇考世祖章皇帝统一中外，义育仁渐，浃于神人，万幾之暇，巡行畿甸，属车所至，三灵效顺，景贶宏昭，不一而足。惟兹庙貌，历有年所，**先皇帝过而瞻礼，丹题刻楹剥于风雨，遂轸宸虑。爰出尚方金钱，诏下所司，庀材鸠工，涂塈丹垩，斯轮斯奂，以及玉皇庙各司群祀，俱整葺庄严，焕然一新。厥役竣而先皇帝已上宾矣**。桥山弓剑，莫可攀援。**朕以冲龄绍膺统绪，亦惟是敬承先志，协和神人，以底亿万年无疆之休**。考古天齐之号始于秦代，淑明之后配自祥符。独元君灵异，或表迹于禅坛，或溯源于玉女，要其有大佑庇于吾民。故阅千百年，遐陬僻壤，像设者在在告虔。则先皇帝勤于神之意，即勤于民之意也。**今蓟为神京门户，翼卫藩维，神力是依**。《礼》曰：“有功于民者则祭之。”故为之严其殿陛，壮其金碧，亦犹古祈报之意，率而行之云尔，是用勒兹贞珉，昭垂奕祀。铭曰：

於穆先皇，求莫四方；翠华至止，陟彼高冈。**惟神有灵，先皇降鉴**；聿新其居，赫奕崇焕。作我巨镇，捍我东藩；佑民庇国，禋祀惟尊。俎豆既陈，营构既固；亿万斯年，为国之辅。

顺治十八年三月二十七日立

耐人寻味的是，康熙皇帝立碑，为何落款时间为顺治十八年二月二十七日呢？经查考《清实录》等文献档案发现：顺治十八年正月初二日，顺治皇帝患痘病危，召原任大学士麻勒吉、学士王熙起草遗诏。初七日，逝于养心殿。遗诏立第三子玄烨为太子，特命内大臣索尼、苏克萨哈、遏必隆、鳌拜辅佐年仅八岁的幼帝。初八日，遣官颁行遗诏于全国。初九日，玄烨即皇帝位，颁诏大赦，并改明年为康熙元年。二月，移顺治帝梓宫于景山寿皇殿。三月，为顺治帝上尊谥“章皇帝”，庙号“世祖”。接着，玄烨就于三月二十七日在景忠山立下了此碑。如此之快，又意味着什么呢？阅读《记录景忠山修建始末垂诫后祀碑》，我们可以看到这样的记载：“（顺治）十六年己亥，先帝奉□□泉，以建储之议，远卜元君。”而《景忠山庙碑文》铭文中亦有“於穆先皇，求莫四方；翠华至止，陟彼高冈。惟神有灵，先皇降鉴……”之语。由此可见，正是这次“远卜”，确定了玄烨的太子之位。这无疑意味着，景忠山对于玄烨登基发挥了至关重要的作用。因此，康熙皇帝即位之初，尚未改元，即敕立此碑，当属“敬承先志，协和神人”、敬谢景忠山碧霞元君之举。此后，康熙皇帝数次登临景忠山，不仅题下了“天下名山”“灵山秀色”“苦行古来”等匾，而且于康熙三十二年（1693 年）敕令修整登山盘路 1800 余级，赐金佛 1 尊、大藏经 1 堂。景忠山由此誉隆海内，香火日盛。

从用字的角度来看，清代帝王既重视本族文化传承，又重视汉文化影响，因此敕建、御制碑文多为满汉双文，景忠山康熙敕建碑便是一个极好的例证。经进一步调查发现，受清朝统治者文化政策的影响，加之大量满族旗人入住迁西，有清一代，迁西一带官民用字逐步出现了满汉文字并行的局面。

②景忠山碧霞元君殿石柱楹联

此联刻于景忠山峰顶碧霞元君殿门前两根石柱上，由清代迁安名士姚光弼题写，大字行书，并施印款，其文如下：

咸丰乙卯仲夏下澣

圣功无量圣寿无疆惟圣降神聿尊圣母

元妙莫名元机莫测因元入道厥仰元君

令支姚光弼敬题

咸丰乙卯，即咸丰五年（1855 年）；澣，同“浣”，“下浣”，为每月下旬的别称；令支，如前所述，系迁安的古称。由题款来看，此联用字颇有古风；而从联语来看，此联用字则更有特点：“元妙”“元机”“因元”之“元”，本当为“玄”，但为避康熙皇帝玄烨之讳，均改写为“元”；而作者巧妙利用避讳，将前述三“元”与碧霞元君之“元”呼应，并与上联几个“圣”字准确对仗，可谓匠心独运、浑然天成。“降”字少一笔，“厥”字内部“屰”写为“羊”，不合规范标准，但属书法问题，古帖早已有之，不应苛责姚氏。

③明蓟镇总兵孙祖寿训令碑

此碑现存景忠山头道茶棚，已残。今天能见到的只是碑首和碑身中段。碑首刻有“千秋永志”四字；碑身残高 123cm，宽 76cm，厚 16.5cm，上刻关于景忠山香火之资处置的训令，大意是：自今以后，景忠山收入悉抵修葺本山游亭殿宇之用，镇府不再索取一文。立碑时间为天启五年（1625 年），立碑者为时任蓟镇总兵孙祖寿。本碑除文字保存至为真切之外，还带有原始标点，当为迁西境内碑文用字的一个特例。兹录碑文如下：

（景忠）山层峦叠翠，招提境森列庄严。争讶显灵，□□□□，岁馀剩香钱奚啻三五百金？陋习相循，尽归□□。不思众人捐资而舍，独我坐视而取！舍者原求□，□□必不福；舍者是善人，取者必不善。报应昭彰，自□□□。若以香钱为正俸，无怪乎视大帅为阘黎。堂堂□□，能济众而为众济，亦可耻也。自今以后，除祭祀□□，馀剩钱物，悉抵修葺本山游亭殿宇之用，本镇□□□取一文。字句矫伪，山灵可鉴。刻此石碑，永存瞻□。

□启五年中秋之吉总镇都督府孙祖寿谨识（印款）

就常理而言，在一个梵声缭绕、古刹森列的仙山佛境，应到处是宣扬神灵显应以及立庙功德的碑碣，而这通碑的存在，却显得不太协调。其实略加查考，即可发现：明代后期，许多蓟镇官员经常侵夺景忠山僧人利益；而孙祖寿为官清廉，对此颇为不齿，于是在担任蓟镇总兵官期间立下此碑，以肃蓟镇贪腐之风，并为保护山僧利益提供了一把保护伞。不幸的是，孙祖寿很快离任，继任者不仅没有照章办理，而且还砸毁此碑，使其身首异处。从 20 世纪 90 年代此碑出土情况来看，碑文虽有残缺，但主体内容基本保全，碑文清晰如新，当系山上僧人为保存文字证据将碑身长期掩埋所致。

从这一历史公案来看，景忠山僧人利用文字证据保护自身权益的意识十分强烈，而在碑文中专门刻上句读符号，应该也是为了避免文字歧义引发日后争议的“用心之作”。由此亦可发现，标点符号对于文字解读具有十分重要的作用。对此，明代的景忠山僧人即有了较为充分的认识。

（2）五峰山石刻

五峰山，位于迁西县城西南 8 公里处、下寺村北。山间五峰汇聚，风水极佳，昔日曾建有五峰山上禅林寺，香火甚盛。相传，此寺初创于唐贞观年间，寺中曾藏有 48 柜真经；兴旺数百年之久，后日渐萧索，僧人离寺，殿宇倾圮。明正统八年（1443 年），银山寺僧人际林云游至此，挂锡草居，修行募化，历 22 年，开始重修庙宇。成化五年（1469 年），新寺落成，刻碑为记。此后，明嘉靖二年（1523 年）、清雍正十三年（1735 年）又曾两次大规模重修。清末，南观村刘兆惨兄弟扰乱寺院，众僧纷纷散去，最后仅剩一僧守寺。1948 年，寺庙建筑悉数被毁，千年古刹沦为废墟。如今，废址之上仅余遗碑两通：一为明成化五年碑（图 102），保存完好，依然耸立；一为明嘉靖二年碑，一角残缺，字迹模糊，已仆于地。

图 102 迁西五峰山上禅林寺成化五年碑碑首及碑身拓片

明成化五年碑，高 310cm，宽 100cm，厚 18cm，额篆“重修五峰山上禅林寺之碑记”12 字。碑身文字分为上下两部分：上刻《碑记》正文，下刻 349 位“功德施主”和“本寺僧众”姓名。《碑记》描绘了五峰山的优美环境，记述了云游僧际林来此构茅住持、重修殿宇，并获蓟镇总兵官焦寿捐资而镌石立碑的过程，文笔优美，语言流畅。原文如下：

重修五峰山上禅林寺碑记

盖闻自汉以来而佛法始入，由魏以往而佛像日臻。洪惟我朝，大明一统，奄有万方，弘通三宝，佛日增辉，其招提之建盖有万亿者矣。今五峰山有古刹，名曰上禅林寺，在迁安之西，相去地有九十余里。山之巅处，地最高而群峰耸接，境幽僻而市音弗闻。东接迁安，西连遵化，南向丰润，北近三屯。其茂树交阴，巨石相倚，五峰突兀，四围环绕，寺在其中矣。下有莲池，叠石临水，藓封蔓络，可跂而息；佳卉异草，土偃旁缀，可玩于目。自外来而至此，则已神萧爽觉，与他境诚隔异矣。非雅意林泉、不惮修身苦行者，弗能处也。中有上人际林，乃贯昌平县丰善里人。幼年离俗，于银山寺投师本兴；及长，授师道孚，说戒于心。自祖师临济以来，相传有八代矣。正统八年，云游至迁安县林河社五峰山，得唐时古刹上禅林寺，殿宇倾颓，基址尚在。见其地势清秀，山水有奇，构茅住持。既而日久，得仗十方善果。其乡社善信或捐资而布施者，或舍粮而鸠工者，几有五百人矣。成化元年，重建此寺。佛殿禅房轮然奂然，斋堂丈室苟完苟美；培埴桃李成蹊，枣栗有千。其收整之功故已完矣，今则镌石之立，垂示久远。奈工力浩大，请白于钦差镇守总兵官东宁伯焦□为功德主者，幸喜捐资，共成胜事，嘱文以刻之。予承重命，公暇一览，其东南边境巍乎高哉！兹山之所以为异也，路蹊蟠攀而冈峦崒嵂，山空月寒而烟云出没。冷冷兮秋水，阴阴兮夏木，其清可以养性，其僻可以戒心。僧众五六，其人不染于浮尘，不闻于利俗。虽云佛氏之教诚与吾道不侔，然其视世之贪利冒色、湛溺而不厌者，则亦尚矣。因附记之，以为云乎。

大明成化己丑春三月吉旦　三屯营教读平谷陈钧撰

从用字的角度来看，此碑有几个特点值得关注：

一是碑额篆文布局讲究，飘逸洒脱。为求对称，特加一个“之”字；为求严整，“峰”字取上下结构，并将一竖变写为捺；为求变化，笔画兼有汉隶、魏碑风格。

二是碑身文字布局独特，雅俗并包。上面碑记文辞典雅、用字讲究，骈散结合、描写生动，堪称难得的佳作；而下面部分则一反常规，大面积刻录功德施主和本寺僧众姓名。同景忠山碑刻比较，此碑无疑具有明显的乡野风格。

三是经过仔细辨识即可发现，此碑也有磨去旧文、重新翻刻的痕迹。此举虽然给我们留下了明代成化年间宝贵的文字记载，却使更早的文字信息消失殆尽，自然令人深感遗憾。

五峰山上禅林寺旧址还存有一通嘉靖二年（1523 年）重修碑。碑首高 85cm，宽 95. 5cm，厚 20. 2cm，刻有二龙戏珠浮雕和篆书“皇图巩固，帝道遐昌，佛日增辉，法轮常转”16 字；碑身高 213cm，宽 89cm，厚 20. 2cm，刻有《兴教上寺修建碑记》，因风化严重，文字已大部缺失。此寺本名“上禅林寺”，但此碑竟题“兴教上寺”，说明嘉靖年间此寺曾经更名；而今其地俗称上寺，亦应来源于此。

（3）平台山石刻

平台山，位于迁西县城东南 20 公里处，今为大（俗读 dá）峪国营林场。此地山川秀美、林木茂密，旧有平台寺，香火甚盛。据《永平府志》、民国版《迁安县志》及残存碑刻记载，平台寺初建于明永乐年间，明末清初达到鼎盛局面，清咸丰年间亦曾重修。民国年间，寺庙开始衰败，今旧址内尚存遗碑 4 通，其中 3 通文字比较清晰，立碑时间分别为明嘉靖五年（1526 年）、清康熙十四年（1675 年）和咸丰六年（1856 年）。

明嘉靖五年重修平台寺碑（图 103），为旧址内现存立碑时间最早的碑刻。碑首高 86cm，宽 78cm，厚 22cm；碑身高 152.5cm，宽 74.5cm，厚 18.5cm；碑基高 48cm，宽 77cm，宽 152cm。碑首篆书“重创平台寺碑”6 字，旁刻二龙戏珠纹饰；碑基为赑屃座；碑阳刻有《重修平台寺记》，碑阴刻有施主姓名。碑阳文字如下：

重修平台寺记

钦差工部管理铁冶厂郎中高公子乡进士高拱辰撰（文）

铁冶厂原遵化县儒学生张相篆（额）

夫平台，乃迁安之古境，在县之西，距七十里许。四围山绕，中有土丘，上坦平，故名曰平台，而寺之名不异焉。台□有泉，名圣水井。然山峦环拱，林木郁郁，其风月之清，山水之秀，诚一方之胜地也。故昔藏修乐道者亦曾居之，□今不知几代矣，其遗址尚存而不泯□。□于我朝永乐年间，有僧名曰宝公，亦尝修葺而居之，仅创构草庐而已，其规模未广也。既后，颓败凌夷，无异昔日。呜呼，将坠而复续，几败而又成，此理势之常也。今道公史常贵同衲子孙常富，幻脱俗尘，德风流著，继居于是数年，一旦奋然，有鼎新之举。噫，启之者固本于二公之心，使乏财用，又将何以遂其愿耶？适往铁冶告议，善士甄滦（号玉遂）欣然应之，偕本县龙堂庄史仓等聚木石、陶瓴甓，经营数月而告成。正殿三间，率皆琉璃。复有兴右善人杨滦，再殖祖师伽蓝二宇，及塑佛像，四壁绘图，整肃鲜明，涣然为之一新。若此者，善矣！其如悠久之计何？幸遇前史公子散官史英继善，命匠刻石，以铭其颠末之志。是成人之所未成，修其昔日之□未备，岂小补哉？余闻之，且喜且叹曰：凡物之兴就，亦理数之使然，而非偶焉耳。虽然，使启之，而无史、孙之德成之，而无诸公之财，又未知其何如也。经云：“有始有卒。”其二史之谓乎？然至于福德之报，吾固未之知也。继守成者，若以道公之心为心，是寺之崇新，千载如一日也。余素拙于文，文（汛涛按：此字当为衍文）因乡友请，辞固不获，窃附己意，识其年月而已，敢曰文乎哉？是为记。

善人：杨全　户侯：杨勇　杨纪　杨廷　杨相　牛太　孙富

嘉靖五年岁次丙申季秋菊月初二日立

本山比丘：常贵　常富　惠明　惠朗，道人杨仓

木匠：张大仓　柏仓　瓦匠：董秀

石匠：李锐　马永　熊良　刘仓　李平　杨资　镌画匠：李锐　刘禄

从碑文内容来看，此碑不仅描述了平台山自然环境，记录了平台寺兴废历史、重修过程，而且透露出明代遵化铁冶厂有关信息，因此具有较为重要的考据价值。

据资料记载，遵化铁冶厂系明代官营铁冶规模最大、投产时间最长的铁厂，初设于北直隶蓟州遵化县（今属河北）西北沙坡峪，后迁遵化县东松棚峪，正统三年（1438年）迁至遵化东南四十里白冶庄（今遵化铁厂镇）。隶属工部，先后设工部主事和郎中主管厂务。宣德年间（1426—1435）工部造军器，即“命取遵化铁二十万斤”。正统年间（1436—1449）“略足供工部之用”。从成化十九年（1483年）起，“岁运北京三十万斤”。嘉靖八年（1529年）以后，每年“炼生熟铁四十余万斤”。万历九年（1581年），封闭遵化山场，并裁革官员，转交民营，官营铁冶业至此基本结束。

《重修平台寺记》由“工部管理铁冶厂郎中高公子乡进士高拱辰撰（文），铁冶厂原遵化县儒学生张相篆（额）”，文中还有“启之者固本于二公之心，使乏财用，又将何以遂其愿耶？适往铁冶告议，善士甄滦（号玉遂）欣然应之”的记载。这一方面说明，平台寺在重修过程中得到了遵化铁冶厂的鼎力相助；另一方面也说明，明嘉靖年间，遵化铁冶厂正值兴旺时期，工部官员常驻，资金实力雄厚。

《重修平台寺记》语言流畅、文采斐然，落款附记木匠、瓦匠、石匠、镌画匠姓名，说明当年民间百姓用字意识普遍增强。从碑刻文字来看，布局讲究、刻工精良，书写工整、字体端庄，具有典型的明代碑刻风格。但仔细查看，也可发现，其中存有大量的异体字和错字、别字，如：“台（臺）”“藏”“经”“继”“备”“皆”“琉”“往”“兴”等均写为异体字，“颠”字、“楊”字、“德”字均少一横，“幻”字右旁写为“刀”，“初”字、“补（補）”字“衣”旁均写为“衤”，“莊”字俗写为“庄”，“勇”字写为“勇”，等等。这说明，当时中下层文士用字的规范性明显不足。

清康熙十四年重修平基寺碑（图104），高169cm，宽73.5cm，厚17.5cm，碑体保存基本完好，碑阴和碑阳均刻有文字。碑阴为捐资者名录，字体较小，今已模糊不清。碑阳刻有《重修平基寺碑记》，原文如下：

重修平基寺碑记

迁邑之西，长山如带，上下百余里，翠巘奇峰，茂林瀑布，秀丽甲诸冀北，但纯乎天质之古朴，总无人事之修饰。不似江南，一丘一壑辄为之点缀，歌馆亭榭巾屐云会者无虚日。非南北之性情各异，亦穷边荒塞实乏好事者为之尔。是以有美弗传，山灵之寂寞无色所从来矣。而龙盘气聚之阳，多仙佛之居。有旧刹名平台者，幽深可藏，旷达可眺，清泉可濯而可汲，亦西山胜迹之一。平台云者，以

图 103 嘉靖五年重修平台寺碑拓片

图 104 康熙十四年重修平基寺碑拓片

四面皆崇山峻岭，而中独坦然一台，故名平台。而寺名因之，不知创自何年。考诸碑记，明永乐年，有僧宝公者，曾结庐数椽居之。暨嘉靖年间，有道公偕衲子及同心有力之家，劃彝经度，大弘厥规，琉璃其殿，金碧其像，悬钟有亭，方丈有室，堂库厨湢各有幽处，俨然西方之灵鹫华台也。无何，胜地不常，劫灰再熖，祇树香沉于幻鸟，率陀影散于空花，昔之轮奂翚飞者，今则荒蹊蔓艸矣，止馀一平台石泉还之天地尔。盖成败之数自古然乎？虽神无定在，不囿形迹，而人事兴废，过者亦为之叹惋。我朝辛丑年，有僧本志者，久住京国，厌京国之尘氛，拥锡东来，欲觅净地以安身了性。遨游至此，欣然曰：“此真吾处所也。”遂挂锡焉。意不过构茅屋三二间，日对山光鸟性，怡悦天真，悟我本来耳，而畔援歆羡，寂然不生一念。不意众信善勇于怂恿，始而锱铢，继而捐材助工者纷集，布置经营一如嘉靖年间之旧制，而大殿、而两配、而禅室围垣，不数年皆次第告成。又为之请大佛像者三，诸佛菩萨像者九，煌煌乎金碧辉映，是又从荒蹊蔓草中辟成一灵鹫华台矣。僧大欢喜，遂更为平基寺，因就余丐文，作碑记以志不朽。予素不佞佛，每遇高僧则礼之。遂进而与之语，气度冲穆，慧心灵彻，应答之际词理响捷，殆志公、惠远之流亚欤！噫，此举岂偶然哉！凡天下事之兴废，系乎得人。有僧如此，德行高妙，不感而孚，不速而成，亦事理之自然，无足异者。从此，仰斗电之重华，拾天花于玉雨，挹紫云之异彩，竞界线于金铺，而若僧与众信善之极乐也，曷有穷哉！且也，后之高人達士游览其间，俯仰上下，山云蒸郁，冽泉澄泓，顿觉胸次宽平，襟期洒落，不知身之在何境界也，西山奇观不已见一斑哉！庶迁安名胜之区，不至湮没无传者，亦在此举。爰为具识巅末，以昭示来兹云。铭曰：

佛性惟微，菩提何树；本觉玅明，几人顿悟。□□虽迷，见像斯慕；布施从心，应无所住。法王是依，福德周顾；宝地庄严，万灵呵护。人杰地灵，千载之数；勒此贞珉，永开觉路。耆在

大清康熙十四年岁次乙卯孟冬十月吉旦

赐进士出身、资政大夫、都察院掌院事、左都御史，前户部左右侍郎、癸丑会试读卷、经筵侍班、兵部左右侍郎、庚戌武会试知武举、通政使、丁未会试读卷、太常侍卿、通政使司左通政、顺天府府丞、兵户两科左右都给事中、福建主考邑人刘鸿儒谨撰

文林郎、知迁安县事唐九纬　迁安县典史欧阳超

迁安县儒学教谕冯尧年　遵化县儒学廪膳生员萧维州

迁安立碑众信：刘应才　张士□　徐士魁　范景谦

段文□　侯元善　罗清锦　魏高拱

韩文秀　张宏才　温知命　罗益深

修大殿缁素：秦有福　柴景粹　海澄　募修配殿禅堂：刘□忠、□来祚

秦有寿　褚继明　海寿

段应朝　田遇秋　明玉　本山：道荣　吴国才　郭自明

来澄　来源

赐紫沙门慧善普应禅师性在　石匠：白云仙

此碑碑文，由清初名臣、迁安同乡刘鸿儒撰写。此公生前不仅官职显赫，而且素以文才著称。从上面碑文来看，的确名不虚传。此文不仅描述了平台山的优美环境，

介绍了平台寺起源、兴废、重修乃至更名“平基寺”的过程，而且借用大量佛家语抒发了作者的感慨，情景交融，夹叙夹议，令人读罢深受感染。同嘉靖五年碑相比，《重修平基寺碑记》文笔更为典雅，语言更为流畅，用字更为讲究。通观全篇，虽间有个别错字，如“具”字内部少一横、“佞”字右旁多一点、“胸”字“凶”旁少一竖等，但应属书丹者手误，不应归咎于刘鸿儒。不过，文中多用生僻字、异体字，则当系刘鸿儒所为，且不无炫耀才学之嫌。如：巘（读 yǎn，义为“大山上的小山”）、㨵（读 jiǎn，义为“剪”）彝（读 yí，通“夷”，义为“铲平”）、湢（读 bì，义为“浴室）、翬（读 huī，指五彩雉鸡）等，均较为生僻；而“达（達）”写作“逹”，“焰”写作“熖”，“草”写作“艸”，“京”写作“亰”，“妙”写作“玅”，“时”写作“旹”等，均用异体字。这种情况，在一定程度上反映出清初上层官员的用字风格，值得予以关注。

从碑文落款来看，此碑有几点值得注意：

一是撰者刘鸿儒对自己官职、荣衔的介绍多达 89 字，不仅列举了现任职务，而且追记了赐进士出身后历任职务（包括临时职务），简直如同一份详细的履历表。作者如此不惜笔墨，其实亦不乏自我炫耀、扬名乡里之意。

二是迁安知县、典史、教谕等均具名其间，一方面说明地方官员高度重视平台寺的重修，另一方面也折射出清代政教关系比较密切的社会特点。

三是落款中出现了景忠山住持僧海寿和慧善普应禅师性在的名字。这一方面说明，清代景忠山与平台山等各家寺庙的关系比较密切；另一方面也证明，到康熙十四年，海寿与性在两位高僧依然健在。这对探索迁西境内佛教历史发展情况，具有比较重要的考据价值。

四是石匠白云仙之名与前述官员、高僧等赫然同列，碑阴还刻满捐资者的姓名，再一次表明：清朝后期，迁西一带普通百姓的用字意识进一步增强，而各级官员对此亦持包容态度。

清咸丰六年重修平基寺碑，碑体保存完好，额题“万古流芳”四字。碑首高 58.5cm，宽 58.5cm，厚 15cm；碑身高 92cm，宽 53cm，厚 15cm。碑阳正文只有 4 行 129 字，落款则刻有大量立碑者姓名，比康熙十四年碑更甚；碑阴刻满近至今迁西大峪、米城庄及兴城、新集、花院各村，远至丰润、滦县、迁安、遵化、宽城各县的 200 余户捐资助缘者姓名及捐资数额。碑阳原文如下：

平基胜境，由来已久。耸立而环列者，云山也；蔚然而深秀者，松柏也。惟中间出一平台，□□□间，诸祠□在，岂非千古一大观哉！无如时移则形异，人力创垂于前，风雨摧残于后。此时之住持目击心悲，不忍坐视其颓败。幸赖四方之资财，修数间之栋宇。虽率由乎旧章，实重辟其新机，于以灿然并列，堪壮其观瞻矣！因勒于碑，永垂不朽。

（立碑者姓名，从略）

咸丰六年九月二十五日立

碑阳正文用字虽极俭省，但内容丰富、主旨鲜明，层次清晰、结构严谨，语言朴实、文笔流畅，可谓言简而意赅、词约而义丰，实属难得之佳作。碑中不仅未刻碑记题目，而且不录撰者姓名，明显不合常例。不过，从此碑规制之粗疏，亦可领略乡间野庙碑的质朴风格。由此观之，足以令人释怀。

从碑阴所刻村名用字来看，多与当今毫无二致，部分村名则与今音同、音近而字异，如“岩（俗读 nié）口”写为“崖而口”，“城西峪”写为“成西峪”，“东荒峪”写为“东黄峪”，“半壁店”写为“半步店”，“贯头山”写为“贯东山”，等等。其间可能多有讹字，也可能当时村名用字即为如此。这对考察迁西及周边地区地名变迁情况，具有一定的参考价值。

除上述名山胜境残存石刻外，迁西凤凰山、龙凤山、高峪、水峪、桃树峪等山川胜境还存有数十通寺庙观宇碑刻，具有一定的研究价值，限于篇幅，不再详述。

3. 明清丘墓石刻用字情况

丘墓，在旧时方志中，一般都会作为专篇而列。之所以如此，是因为即便在古代，人们也都有着一种朴素的“人本主义”思想。这些长眠于地下的逝者，生前或唯唯诺诺、卑躬屈膝，或大义凛然、顶天立地，或穷困潦倒、受尽磨难，或锦衣玉食、享尽荣华；但无论生前如何，死后都会归于一抔黄土。所不同者，有的人茔地设有碑、表、墓志甚至牌坊，有的人坟头无片石标志可供后人追怀。

碑志之有无，大概取决于两个方面：一是当地时尚风俗，一是墓主家世门第。一般来说，家世门第所起作用可能最大。从本次调研情况来看，这一点也得到了明确印证。旧日墓主留有碑、表、墓志者，或英雄一世、名盛一时，或富甲一方、家族兴旺，几乎没有一通碑志出自卑微贫寒之家。不过，随着岁月流逝，历经风雨沧桑，当年备极哀荣者的丰碑、墓志也往往损毁殆尽，或没入荒烟蔓草，或弃置沟谷遐陬，存留至今者，十不余一。

在本次调研中，我们有幸发现了一批明清丘墓碑志。经研究发现，由于死者生前大都具有一定影响，其碑志文字颇有考据价值。为此，我们选择最具代表性者，专题进行介绍分析。

（1）大黑汀赵氏墓地残存石刻及相关发现

迁西大黑汀是一方充满神奇的土地。这里不仅发现过战国古墓，而且还走出过赵胜、马永等几位颇有历史影响的人物。

民国版《迁安县志·舆地志》记载：“赵昌宁侯胜墓，城西北七十里，地名黑汀。敕葬。”而当地民间一直盛传，明代著名将领马永本为大黑汀赵家遗腹子，父亲早亡后随母改姓马，死后亦葬于大黑汀，故有“马将军赵永”之说。虽然大黑汀村东南确曾有过石牌坊和石人、石马等古墓遗迹，但上述记载和传说长期未得到证实。

为破解历史之谜，2006年前后，迁西县文物工作者多次赴大黑汀村进行考察。通过深入访查和考古发掘，他们先后发现了一系列明代残存石刻，并做了初步研究整理。（图105、图106）这为我们进行相关考察提供了重要线索。

图105　大黑汀村明昌宁侯赵胜敕葬墓残存石像生

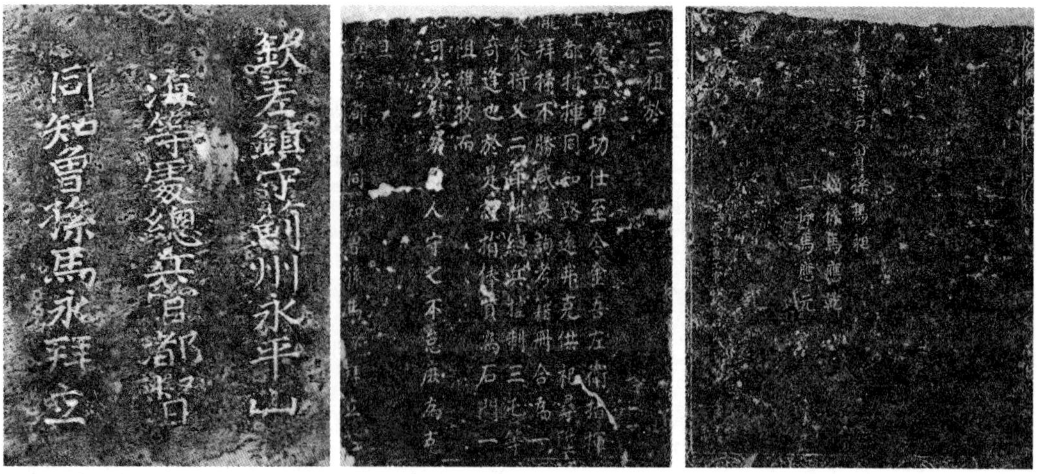

图106　大黑汀赵氏墓地马永拜立石门石刻标牌和记事残碑拓片

在本次调研中，我们对相关石刻拓片进行了辨识分析，兹录原文如下：

大黑汀赵氏墓地马永拜立石门石刻标牌文字

钦差镇守蓟州、永平、山海等处总兵官，都督同知曾孙马永拜立

大黑汀赵氏墓地马永拜立石门记事碑碑阳残存文字

……继，屡立军功，仕至今金吾左卫指挥……都指挥同知，路远弗克供祀；寻升……拜扫，不胜感慕，询考籍册，合为一……参将；又二年升总兵，控制三屯等……奇逢也。于是谨捐俸资，为石门一……阻樵牧而……可少慰□□人，守之不怠，庶为克……

……吉旦……兵官都督同知曾孙马永拜立石

大黑汀赵氏墓地马永拜立石门记事碑碑阴残存文字

……中所百户、曾孙马昶

嫡孙马应乾

二孙马应元

三屯营董工官孙绶；石匠：陈仓　左荣　张川　于俊　何潮　左龙；泥匠：郑能　于江　朱瑶

从上述残存石刻文字中，我们可以看出，马永在三屯营任蓟镇总兵官期间，曾“询考籍册”，并确认与大黑汀赵氏“合为一（族）”，遂与其弟马昶和儿子马应乾、马应元专门到大黑汀赵氏墓地拜扫，并捐立“石门一”。此举实属认祖归宗。由此可以断言，马永祖籍的确为迁西大黑汀村。而结合《明史·马永传》中“马永，字天锡，迁安人……卒，辽人为罢市。丧过蓟州，州人亦洒泣，两镇并立祠”的记载来看，马永归葬大黑汀亦不无可能。

至于赵胜墓，《迁安县志》虽明确记载在“黑汀”，实地亦有石像生等敕葬遗迹，但因其墓早已被毁，今人一直未能在其大黑汀墓址查找到相关文字证据。可是，2007年4月初，在北京市朝阳区北五环外关庄村绿化隔离带改造过程中，一座墓葬的发现给世人提供了全新的线索。此次施工中，居然挖掘出土了刻有“大明故荣禄大夫太保兼太子太傅赠昌宁侯谥壮敏赵公之□”的赵胜墓志。经考察发现，不仅志盖篆文十分清晰，而且墓志铭文字完好无缺。兹录墓志铭原文如下：

大明故荣禄大夫太保兼太子太傅赠昌宁侯谥壮敏赵公墓志铭

资善大夫、太子少保、兵部尚书兼翰林院学士、知制诰、兼修国史、经筵官泰和尹直　撰文

奉天翊卫推诚宣力佐理武臣、特进光禄大夫、右柱国、侍经筵、掌右军都督府事总兵官、太傅兼太子少师、保国公睢阳朱永　书丹

奉天翊卫推诚宣力武臣、特进光禄大夫、柱国、掌后军都督府事总兵官、太保兼太子太傅、襄城侯历阳李瑾　篆盖

国朝膺天御宇百二十载，内安外攘，丰亨熙豫，固由圣明继作于上，而亦文武夹辅于下之所致。肆惟英桓果毅之才，瑰伟颀硕之资，入则缨冠珮玉，位保傅仪百辟，出则绾章持节，总师旅，敌王忾，使朝廷有所恃而安、夷狄有所惮而不敢发者，盖世有其人焉。若太保兼太子太傅、昌宁伯赵公，其一也。乃兹已矣，呜呼惜哉！

公讳胜，字克功，姓赵氏，系出汉充国之裔。世居河朔，至伯父赤、考再兴，国初始徙家永平之迁安，遂占籍焉。太宗文皇帝靖难师兴，赤以谋略从征，有功，授永平卫百户，殁于战阵。无嗣，再兴袭，升千户。永乐庚寅北征，大破虏酋本牙失里，杀败阿鲁台余众，升指挥佥事。洪熙改元，复以征虏功升指挥使，寻卒。公袭，甫髫龄，赖母王夫人矢节育教，底于成立，恒念父遗言："我生为壮士而志弗就，尔长须努力报国亢宗，毋负奇男子也。"由是刻志励行，事母极孝敬，始终无违礼。

正统己巳，虏寇犯京畿，公率兵出西直门，扼其冲突，躬履战阵，斩馘无算，虏遂奔遁。景泰庚午，擢佥都阃，名以发闻。英庙复辟，录公旧劳，加佥前军都督府事，佩刀侍卫。天顺戊寅，选管三千营操。辛巳秋，曹孽叛逆，公擒获居多，迁都督同知。时虏寇深入陕西固原，公充左参将，率师往剿，败之。今上嗣统，命兼果勇营典操，推恩给诰，进阶荣禄大夫，褒荣三代。成化乙酉，重建承天门，公董军应役。既讫工，适山西边徼有警，命公佩平胡将军印，统军往援，次鴈门关，报兵已遁，乃还。明年秋，往征延绥河套，虏酋闻风渡河，趋大同，纳款入贡。师旋，即命典操耀武营。戊子夏，建州毛怜、海西诸夷弗靖，廷议请以公总镇之，乃佩征虏前将军印，仗节以往。至则申严号令，简阅军士，调度有方，屡奏克获，赐勑奖谕。辛卯春，召回总典五军营。壬辰春，调千三营。是夏至甲午秋，两奉制勑，佩印总师北征，虏辄远却。丙申，总督军士浚筑京城垣堑，兼葺东直门城楼，升后军都督府左都督。戊戌冬，加太子太保。癸卯秋，勑封昌宁伯，岁食禄千钟。丙午冬，加太保兼太子太傅。丁未春，皇贵妃薨，奉勑董工造坟于天寿山之西南，朝夕督视，触冒寒暑，遘疾舆归，遂不治。是岁七月朔也。讣闻，上恻然嗟悼，特赙钞二万贯，给麻苎、白粲有差，辍视朝一日，勑所司为造茔域，遣官谕祭者屡，追封昌宁侯，谥"壮敏"，恤典渥矣。

公生永乐庚子后正月之朏，享年六十有八。曾祖宝山、祖保洎父俱赠荣禄大夫、同知都督府事。曾祖妣陈、祖妣阎、妣王及原配李、继冉俱赠夫人。二夫人先卒，葬昌平县太平乡之原。

子男一：瑄，娶金吾前卫千户殷文次女，以舍人选侍春官，诏赐冠带，先公一年卒。女二：长适都指挥白玺，次适定西侯蒋公仲子骙。

孙男三：长鉴，娶怀宁侯孙公泰长女，恩授冠带；次钺；次锡。女三，曾女孙二，俱在室。

鉴卜以卒之秋九月初六日奉公柩，启夫人之封窆焉。前事具公世出行实，请予铭。维公蚤袭勋阶，茕茕孤子，乃克笃志奋兴，闲习武略，涉猎儒书，累膺简命，佩符建节，东征北伐，英威勇誉，耸闻夷狄。所至虏辄闻风奔遁，靡敢抗迎，乃不穷追远袭，侥功启衅，所谓不战而屈人之兵，厥勋懋焉。矧平居总操督工，简教有方，抚卹周至，士卒感悦。立朝行己，慎重无违，缙绅推敬，是宜朝廷倚重。凡奉勑遣，出辞还见，辄有白金、文绮、宝镪、饩醴之赐，至锡蟒衣、玉带，岁节恩意尤夥。而卒也，赙禭塟祭，封爵加谥，有隆无杀，始终荣哀，何其盛哉！余与公同朝久，知公深。去秋参典邦政，两偕公考阅武学，官舍诸生相欢竟日，益见公之忠亮端凝。信为国之干城，而于古名将奚忝然？则铭于予，宜铭曰：

皇明奠安，泰山磐石。曰惟文武，笃棐励翼。桓桓赵公，系出充国。
世有闻人，储休委泽。粤若公考，蚤世兄职。从我文皇，勋阶累积。
公自幼孤，式克修饬。武略究通，体貌轩特。虏寇薄郊，慨然奉檄。
乃率虎旅，乃肆鹰击。乃佥都阃，英誉炫赫。先帝录劳，崇登显陟。
出则总操，入则侍直。今上倚毗，宠恩弥益。屡佩印符，屡奉制勑。
东征北伐，所向无敌。或闻风遁，或受俘馘。恬不邀功，边不启隙。
惠周师徒，威詟夷狄。帝曰汝胜，久树勋绩。予维汝嘉，其进封伯。
公拜稽首，曰敢忘德。报德维何，委身戮力。营星俄陨，尚劳敦役。
讣闻九重，良深痛惜。卹典渥优，哀荣何极。太平之原，郁郁松柏。
寂迹勒铭，永贲窀穸。昌宁之号，於昭千亿。

东吴杨润镌

审读墓志铭全文，可以发现，此墓墓主当与迁西大黑汀（原属迁安）赵胜实为一人；而其墓葬在北京发现，证明迁西大黑汀敕葬之墓实为赵胜衣冠冢。（图 107、图 108）

经查考文献可知，明代徐纮所编《皇明名臣琬琰录》卷十五亦收有赵胜墓志铭，题曰“昌宁伯壮敏赵公墓志铭”，撰者署名尹直。两相核校，发现《皇明名臣琬琰录》所收，除对书丹、篆盖、镌刻者姓名、官职、籍贯未予著录外，撰者署名及铭文与实际出土的赵胜墓志铭所录文字基本一致。由此可见，北京 2007 年出土的赵胜墓志确为明昌宁侯赵胜原始墓志无疑。而同《明史 · 赵胜传》记载相比，赵胜墓志铭字数超出数倍，对赵胜以“茕茕孤子”“蚤袭勋阶”，“笃志奋兴，闲习武略，涉猎儒书，累膺简命，

图 107　明昌宁侯赵胜墓志志盖

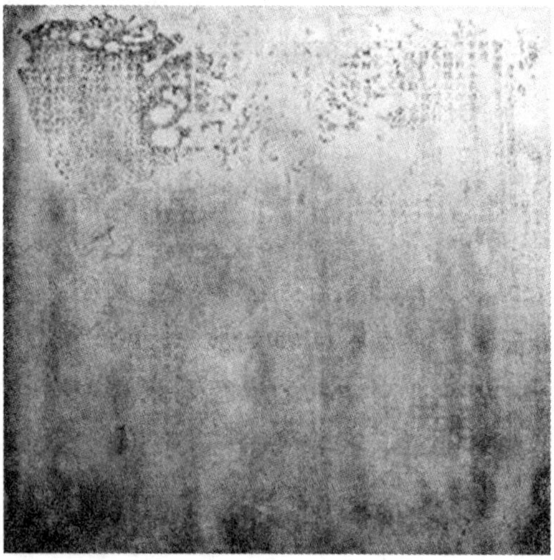

图 108　明昌宁侯赵胜墓志铭

佩符建节，东征北伐，英威勇誉，耸闻夷狄”，以及负责“重建承天门（今天安门）”“总督军士浚筑京城垣堑，兼葺东直门城楼”等生平事迹记载更为详细，对其家世脉络、家族成员情况记述得十分清楚。因此，这篇《墓志铭》对考察赵胜一生勋业、研究明史相关情况、厘清大黑汀赵氏家族传承关系，无疑具有重要的研究价值。对于赵胜的死因，《明史・赵胜传》表述为“营万贵妃茔，堕崖石间死”，而《墓志铭》则表述为“皇贵妃薨，奉勑董工造圹于天寿山之西南，朝夕督视，触冒寒暑，遘疾舆归，遂不治”。两者出入甚大，孰真孰伪，有待进一步考证。

从文字学角度来看，尹直撰文、朱永书丹的赵胜墓志铭规制精整、用字讲究，但有几个特点值得注意。一是常用异体字。如：“奇”写为“竒”，“敕”写为“勑”且左旁简化为“来”，“雁”写为“鴈”，“衅”写为“釁”，“葬”写为“塟”，“德”写为“徳”，“恤”写为“卹”，“最”写为“冣”，等等。二是偶用生僻字。如：“厎”（读 zhǐ，义为“至、终”）、棐（读 fěi，义为“辅助”）、襚（读 suì，义为“向死者赠送衣被”），等等。三是仍用通假字。如：“蚤”通“早”，“闲”通“娴”，“锡”通“赐”，等等。尽管存在上述情况，但按明代标准衡量，铭文用字依然比较规范。

通过对迁西赵氏墓地相关碑志的考察，我们深切地认识到：由于更贴近实况，碑志文字往往比其他记载更为可靠；以其为依据，加强历史文化用字关联性研究，对于传承历史文化、揭示历史真相具有不可替代的作用。

（2）东莲花院曹氏墓地石刻

东莲花院曹氏墓地，俗称曹家坟，位于迁西县东莲花院村西一个山坡上，发掘于

20 世纪 60 年代后期。当时，其陪葬品陆续被掘出墓外，墓碑、墓志等先是被遗弃，继而又被村民抬入家中，或做台面或垒入院墙，只有为数不多的几件得到了集体或个人的有效保护。

近年来，迁西县东莲花院曹家坟石刻引起学界的广泛瞩目，原因在于它们与《红楼梦》作者曹雪芹家世有关。据红学界考证，曹雪芹与丰润曹氏当为同一家族。但石刻资料证明，丰润曹氏名宦曹首望一支，墓地不在丰润，而在迁西境内。今择要介绍迁西曹氏墓地几件石刻，并对其用字情况进行简要分析，以供学界参考。

①曹首望墓莂（bié）

东莲花院曹氏墓地现存石刻中，有两块方形石刻比较特殊。经研究判定，二者均为曹首望墓莂。

墓莂，俗称墓别，又称地券，为冥界购买墓地的契约。《广韵》释曰："莂，分契也。"意指放置在墓中的购地契约，表示墓圹及其周边土地已由死者或死者家人买下，其他鬼魂不得侵犯。墓莂源于西汉，盛于东汉，宋代规制渐趋统一，明清时期依然沿用。一般两枚一组，一枚埋于柩前，一枚埋于其右。其外形不固定，有长条形、长方形、正方形等多种样式；从材质来看，有铁制、铅制、砖制、木制者，更多的则为石质。莂文刻写，多分行颠倒，以示阴阳有别，行数为单，不可成双。

北宋王洙等修《重校正地理新书》载有墓莂契文范例及埋置方式："地契文曰：'某年月日，具官封姓名，以某年月日殁故，龟筮叶从，相袭地吉，宜于某州某县某乡原安厝宅兆，谨用钱九万九千九百九十九贯文，兼五彩信币，买地一段：东西若干步，南北若干步；东至青龙，西至白虎，南至朱雀，北至玄武。内方勾陈，分擘四域；丘丞墓伯，封步界畔；道路将军，齐整阡陌；千秋万岁，永无殃咎。若辄干犯呵禁者，将军亭长，收付河伯。今以牲牢酒饭，百味香新，共为信契，财地交相分付。工匠修营安厝以后，永保休吉。知见人、岁月主、保人，今日值符。故气邪精不得忓恡；先有居者，永避万里。若违此约，地府主吏自当其祸，主人内外存亡，悉皆安吉。急急如五帝使者女青律令。'铁券一枚埋地心……其一券葬时埋于墓中柩前。"后世墓莂，多遵从此制。

曹首望墓出土的两枚墓莂，均为方形石质，现分别介绍如下：

其　一

此莂高 50cm，宽 50cm，厚 6cm，莂体已经碎裂，但尚可拼接。铭文 19 行，已有 16 字缺损。莂文如下：

大清国北京顺□□遵化州丰润县咸宁八甲民籍孝子曹锟等敬为故父：

皇清诰授中宪大夫曹，讳首望，号统六，生于前朝甲子年三月二十二日寅时，享年五十八岁，大限不禄，终于大清康熙二十年（岁次辛酉）五月二十四日，午时正寝。向以未卜安厝，今请到泰山门下白鹤仙师登山踏看，卜得龙子岗头阴地一穴，亥龙□□□□向庚戌庚辰分金，坐落迁安县西北杨家庄。筮□□□□占允□谨凭白鹤仙师置金银□□九九□□，兼五□彩礼，虔诚致敬于开元皇后位下，买到本山左止青龙、右止白虎、前止朱雀、后止玄武中宫吉穴，安葬故父曹公讳首望。在此禀山川之秀气，拔地脉之精华，庇荫子孙兰桂馨荣，簪缨奕世，永叶祯吉。内方勾陈，分掌四域；丘丞墓伯，谨守封界；道路将军，齐肃阡陌。若干犯诃禁，将军即行，敕附河伯。今以三牲酒礼，共盟信誓，即契价两相交。

其　二

此莂高50cm，宽50cm，厚6cm，上部左右角残缺，铭文缺损较为严重。残存文字如下：

□□□□壬戌年七月十二日巳时，天□□□，□□时良，斩苇破土，立穴安茔，用工修□。□□毕后，另择壬戌年七月二十八日午时，天地□□□□，玉犬金鸡，鸣吠歌吼，吉日良时，捧柩安葬，山川钟灵，神祇保佑，永锡洪庥。若违斯约，地府主证，呈到女青台下，依律施行。右给附地券，永远执照。

立券　开皇帝主

　　　后土夫人

中证　东王公

　　　西王母

点穴　白鹤公

　　　素松母

康熙二十一年岁次壬戌七月二十八□

两枚墓莂铭文均分行颠倒，但整理后发现，不仅语句十分流畅，而且内容衔接紧密。第一块墓莂，介绍了曹首望的故里、官职、生卒年月，详细说明了其子曹锟等到迁安县杨家庄（今为迁西县东莲花院一自然村）购置墓地的缘由、经过以及墓地四至等，并有“丘丞墓伯，谨守封界；道路将军，齐肃阡陌。若干犯诃禁，将军即行，敕附河伯”等套用的警示之语。第二块墓莂，则准确记录了康熙二十一年（1682年）七月十二日“斩苇破土，立穴安茔”的过程，以及墓主下葬时间，文中亦有“若违斯约，地府主证，呈到女青台下，依律施行。右给附地券，永远执照”等地契文惯用之语。落款立券、中证、点穴者皆为道教崇奉的神灵。值得注意的是，古代葬礼有“天子斩竹、诸侯斩苇、庶人斩草”之制，此处用“斩苇”二字，表明墓主位比公侯、别于庶人，身份十分显赫。（图109、图110）

图 109　曹首望墓莂之一拓片

图 110　曹首望墓莂之二拓片

从上述分析可以看出，曹首望墓莂形制讲究、行文规范，许多语句直接套用《重校正地理新书》范文，颇有宋代遗风。两块墓莂的发现，不仅为研究丰润、辽东曹氏家族关系提供了重要线索，而且为我们研究古代丧葬习俗以及相关用字情况提供了难得的例证。

②曹首望墓碑

此碑现存东莲花院村部，已断为两截。碑身高 113cm，宽 58cm，厚 25cm；碑首高 54cm，宽 62cm，厚 25cm。（图 111、图 112）

碑阳正文 6 行 50 字，3 字缺损；碑阴 6 行 34 字，6 字缺损。

碑阳文字如下：

皇清诰授中宪大夫、江南苏州府知府、加三级统六曹公讳首望配恭人董氏墓

男钤，孙源濬、源溶、源洙、源涑，曾孙□、□、□、杲奉祀

碑阴文字如下：

康熙六十年辛□□□榖旦　子山午向

男钤，孙源濬、源溶、源洙、源涑，曾孙□、□、□、杲奉祀

将前述曹首望墓莂和此碑铭文联系起来分析，可以获知：曹首望，号统六，清北京顺天府遵化州丰润县咸宁八甲人，生于明末甲子年（1624 年）二月二十二日，卒于清康熙二十年（1681 年）五月二十四日，享年五十八岁，曾任苏州府知府，诰授中宪大夫。康熙二十一年，其子曹锟等到迁安县杨家庄（今为迁西县东莲花院一自然村）为其购置墓地，七月十二日巳时“斩苇破土，立穴安茔”，七月二十八日午时曹首望葬于此茔。

图 111　曹首望墓碑碑阳拓片

图 112　曹首望墓碑碑阴拓片

著名历史学家、红学家杨向奎认为：丰润曹氏名宦曹鼎望（与辽阳曹氏家族曹玺同辈，曾三任知府）生曹铨，曹铨生曹雪芹；因丰润曹与辽阳曹属同宗，近几代又同朝为官，相互照应，联系紧密，遂把曹铨过继给曹玺为嗣，曹玺后来生曹寅，曹寅才称曹铨为“四兄”。另据王畅等考证，曹鼎望之弟曹首望曾于1667年任广西主考，其子曹锟曾任国子监学正，其侄曹铨（曹鼎望子，与曹寅关系甚好）任国子监主簿多年，也曾多次下派州府担任学差，因此三人当为《红楼梦》中曾放学差的贾政的原型。上述说法虽存争议，但云丰润曹氏与辽东曹氏同为一族、关系密切，各家则基本认同。从上述石刻文字来看，曹首望由其子曹锟、曹钤（与曹铨为同辈兄弟）葬于迁西东莲花院无疑，因此说曹雪芹家族与迁西有着密切的关系，亦非妄言。

值得注意的是，曹首望卒于康熙二十年（1681年）五月二十四日，康熙二十一年七月二十八日由其子曹锟等葬于迁西东莲花院西山杨家庄，但其墓碑却由其子曹钤等立于康熙六十年（1721年），其间竟差了近四十年。这是怎么造成的呢？经考证分析，可以初步判定：此碑当为曹首望恭人（按清诰封制度：正从四品官员，母、妻，各封赠恭人）董氏去世后与其合葬时由其子曹钤等所立。由此亦可推知：曹首望去世后，董氏以诰命恭人身份又活了四十年。这一点，倒与《红楼梦》中的贾母颇有几分相似。

③曹墙庵墓志（图113）

图113 曹墙庵墓志志盖拓片

曹墙庵墓志，1967 年 4 月发现于迁西县东莲花院村西山曹氏墓地，现仅存志盖，上刻篆书“皇清考授登仕郎墙菴曹公元配孺人赵氏合葬墓志铭”22 字，字体优美，刻工精良。底面无文字。由于志底遗失、铭文无存，墓主生平事迹今已无从查考；但仅从志盖所刻文字即可看出，清代中后期，迁西、丰润一带中下层人士的用字水平也已达到相当高的境地。

除上述两组丘墓碑刻外，迁西县牌楼沟村贾氏家族墓地、潘家坟村潘氏家族墓地、南团汀吴氏家族墓地等所存碑刻亦颇具研究价值，限于篇幅，不再详细介绍，兹列相关图片如下，以供参阅考证。（图 114、图 115、图 116）

图 114　迁西县牌楼沟村出土的明资政大夫、兵部左侍郎贾春宇墓志志盖拓片

图 115 迁西县潘家坟潘虞庭墓碑拓片

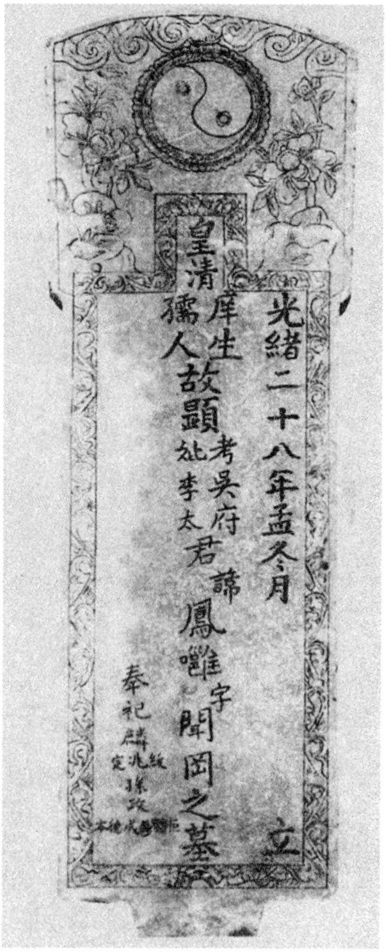

图 116 迁西南团汀吴凤嘴噰墓碑

4. 乡野石刻用字情况

明清时期，随着汉字文化的繁荣推广，迁西乡野百姓的用字意识普遍增强。受此影响，石刻文字开始大量出现于山野乡村、市井里巷。这些底层民众，虽然文化水平不高，但对汉字充满敬意，在日常生活中，或请人捉刀、刻石记事，或亲自动手、牛刀小试，从而为我们留下了许多颇有意趣的石刻文字。这些石刻文字，虽然错讹迭出、难称规范，但是十分真实地反映了古代社会乡间生活情况，甚至记录了重大历史事件对普通百姓生活的影响，不仅可补官方史志记载之不足，而且为我们研究汉语用字发展与普及的过程提供了极好的原始资料。今选择最富代表性者，介绍评析如下。

（1）东莲花院村“茶井”石刻

此石现存迁西县东莲花院村一古井旁，村民谓之“茶井”。状似马槽，一侧有偏孔。外口长132cm，宽65cm；内口长117cm，宽50cm；通高50cm。南北向放置。面东一侧，刻二龙戏水图；面西一侧，中刻一亭，旁刻一阙，空白之处阴刻栗大之字数十。石质比较粗糙、字迹磨损严重。当地有“逢旱祷之必应，洪水不没其巅”之说。（图117、图118）

图117 迁西县东莲花院村“茶井”石刻正面

图118 迁西县东莲花院村“茶井”石刻背面

在本次调研中，我们对此石进行了仔细研究，辨识出正面部分文字，今录之如下：

大明国成化庚子年五月初五日　地名宣徽上□□，苷人马文发心造凿一亩，□入九茶。盘古至今今□□，古古今今□盘古，全人十万。古人长在世，今人□古人□□□□□□□□。

由于缺字较多，文义难以确判。据“大明国成化庚子年五月初五日……苷人马文发心造凿一亩，□入九茶……”等文字推断，此器当为明成化十六年（1480年）五月初五日当地佛门信士出资凿刻的井边水槽，可供乡民淘米、洗茶之用；而“盘古至今今□□，古古今今□盘古，全人十万……”等字，当为歌颂古井历史久远、神奇灵异之语。

从文字学角度来看，此石所刻文字书法朴拙，用字具有明显的简化倾向；但由于用笔过于追求简化，反而更显古僻生涩。如：“苷”字为上下结构，《字汇补·艸部》注曰：“芔，菩提二音，见释书。亦作苷。”因此，“苷人”，当指具有菩提心之人。“亩”，通“廪（lǐn）”，《说文·亩部》释云：“亩，谷所摄入。”据此推断，文中此字当指井边淘米之器。此外，文中“初”字“衣”旁错写为“衤”，“萬”字俗写为“万”，明显有失规范，显系出自乡间人士之手。

在实地考察中发现，随着农村自来水的普及，古井已经弃用，但深达数丈的井体保存完好，凛冽的碧水光可鉴人；井台之上，除“茶井”之外，尚有辘轳、石臼等物可供追怀。因此，“茶井”文字虽已残缺，但对研究明代乡间民俗和用字情况仍颇有考据价值。

（2）西庄村白岩山摩崖石刻

白岩（当地俗读 nié）山，位于迁西县兴城镇西庄（当地俗读 zhuàng）村南侧。山顶北侧有一洞，口呈等腰三角形。洞高 3m，宽 6m，深 5m。洞壁西侧刻有阴文楷书 32 字，记述了明嘉靖三十八年（1559 年）三月西庄村民修凿山洞防备鞑靼兵入犯的一段史实。（图 119）经考证发现，此段摩崖文字与明郭造卿《卢龙塞略·嘉靖经略》及民国版《迁安县志·舆地志·记事篇》相关记载基本相合。

图 119 西庄村白岩山摩崖石刻拓片

《卢龙塞略·嘉靖经略》载："三十八年二月，把都儿辛爱十万骑挟朵颜酋影克哈孩为向导，我谍多被杀。三月己卯，虏入潘家口，众十万。甲戌，乘滦水浅突入掠，由三屯西北屯西犯遵化、大安等处。乙亥，入遵化城，南掠崔家庄。凡东掠至破城（汛涛按：今迁西县兴城旧称），西至蓟州，南至丰润。丙子，陷大安口营。丁丑引去，自冷嘴头关西分水岭墩空出。"

《迁安县志·记事篇》载："（嘉靖）三十八年春二月庚午，把都儿数万骑入潘家口，渡滦河，进三屯营，责督抚官立功自效。敌先驻会州，属卫影克哈孩导之，反诳我欲东犯义院、冷口。王忬不察，兵遽东，疲于奔命。三月己卯，把都儿自遵化东掠迁安、蓟州、玉田，五日乃出。戊子，提督京师巡捕、署都督佥事李广为总兵，镇守蓟州、永平、山海。夏六月戊午，杨博定蓟镇兵备，划地分守。秋九月庚午，蓟州总兵李广劾免。壬申，大同总兵张承勋移蓟州。庚寅，建昌副总兵都督佥事马芳改宣府。"

根据上述记载，理解石刻文字的大致含义并不难，但其间错字、别字、异体字、俗字（简化字）太多，须仔细研究辨察。经推敲，用现行规范字将其"翻译"如下：

嘉靖三十八年三月初二，鞑贼过境，西庄魏恩、刘廷贵修理白岩山备兵。

石匠徐汗

按照古汉语规范，上述32字之中，错字、别字、异体字、俗字（简化字）多达11个：两个"初"字均少一点，"鞑"字讹写为"達"（别字），"贼"字右旁少两笔，"過"字简写为"过"（《汉语大字典》：过，同"過"。《改并四声篇海·辵部》引《俗字背篇》："过，与過同，今列俗。"《篇海类编·人事类·辵部》："过，俗過字。"《宋元以来俗字谱·辵部》："過"，《通俗小说》作"过"），"境"字讹写为"景"（别字），"莊"字简写为"庄"（《康熙字典》：庄，薄庚切，音彭，平也），"廷"字"廴"旁写成"辶"，"壬"旁一竖写出头，"备（備）"字讹写为"貝"（别字），"恩"字写为异体字，"劉"字简写为"刘"（《汉语大字典》：刘，同"劉"。《篇海类编·器用类·刀部》："刘，同劉。"《宋元以来俗字谱》："劉"，《通俗小说》《古今杂剧》《三国志平话》《太平乐府》作"刘"），"漢"字讹写为"汗"（按迁西取名习惯，不可能以出汗之"汗"为名，故"汗"当为"漢"之别字）。

尽管如此，我们不仅难生讥笑之心，反而对几位先辈油然而生敬意——因为，正是这几位斗大的字不识半升的山村百姓，用错讹纷出的笔触，给我们留下了嘉靖三十八年（1559年）鞑靼骑兵入犯冀东一带时迁西百姓凿修山洞防备兵燹的宝贵记载，使我们在阅读史志文献的同时，可以领略更为丰富的历史细节！

从文字学的角度来看，上述铭文多用笔画简单的"俗字"，不仅印证了宋元以后简化俗字日渐流行的趋向，而且反映了明代普通百姓对汉字简化的迫切需求，这对考察汉字演变历史无疑具有一定的研究价值。更有意思的是，几位"白字先生"使用的"过""庄""刘"三个当时不合规范的简化俗字，今天居然全部成了规范简化字。从这个角度来看，称其为明代汉字简化的先行者，亦非笑谈。

（3）八里铺筑桥碑

八里铺，东南距迁西县城9公里，今为白庙子乡一个行政村。名曰“八里铺”，缘于此地西距三屯营镇府八里。明隆庆至万历年间，戚继光对蓟镇范围内各种军情急递设施进行了大力整饬，各路每二十里或十里设一急递铺，每铺有马三四匹、驿卒五六名，专伺军情急递。八里铺，即东出三屯营城西滦阳驿的第一铺。“八里铺”之名，先为将士惯用，后来逐步演化为村名，一直相沿至今。

修桥补路直接关系百姓生活，自古属于乡间大事。这通小碑，即为明代当地乡民修桥时所立纪念碑，2003年发现于八里铺村。碑石高58cm，宽19.5cm，厚14cm。碑文计8行130余字，28字缺损。（图120）原文如下：

> 伏以此桥者，兹因行人遭陷，今有南村善人赵自强、赵□、赵自心，合心建修，自备捐资、米食等物；□有本地信官王清民，观工浩大，为□□□□□□□，以就其黎众；有行僧真行□□□□□□。有老力亲手造修，又有施财□□□□，□□之□，以留万古遗馨。
>
> □□□　□□□魏光傅　赵暹
>
> 孟大用　赵大得　陈珮　王大吉
>
> 万历四十二年四月吉日立

图120　八里铺筑桥碑拓片

碑文简要记述了明万历四十二年（1614年），南村乡民赵自强、赵□、赵自心等自备资金、米粮，并得到信佛官吏王清民、行脚僧人真行施财捐助，在八里铺同心筑桥的事迹；语言通俗，文笔流畅，不立题目，用字简约，不记桥梁名称，不署撰者姓名，堪称朴实无华，颇具乡野特色。立碑者为魏光傅、赵暹、孟大用、赵大得、陈珮、王大吉等几位乡贤，但碑中对自己的乡里、身份、职位不着一字，益显敦厚淳朴，别有一番野趣。

除上述石刻外，迁西乡间还存有许多形制不一的明清石刻，如界碑、门额、香炉、经幢等，用字亦各具特色。限于篇幅，不再一一介绍。

通观明清时期迁西一带石刻用字情况，可谓琳琅满目、异彩纷呈。经过归纳分析，我们可以发现以下几个特点：

一是用字人员范围极广，遍及社会各个阶层。从迁西现存石刻来看，刊石用字者各色人等无所不有，上至福临、玄烨等封建帝王，谭纶、戚继光、萧如薰等著名将帅，海寿、性在等高僧大德，陈经翰、刘鸿儒、尤侗等文臣学士，下至谢三三、靳歪头、张八、李保子等底层戍卒，魏恩、刘廷贵、徐汗（汉）等乡野村民，无论高低贵贱，应有尽有。这无疑说明，明清时期迁西一带社会各界的用字意识普遍增强，汉字普及已初现端倪。

二是文字内容包罗万象，边塞特色极为突出。从前文介绍的部分石刻即可看出，迁西现存石刻内容广涉政治、经济、军事、文化、宗教等各个方面，但多与营寨修建、边塞戍守、政权更迭有关，即便墓碑、墓志，也多涉武职官员、边关战事。总体而言，边塞特色十分浓郁，并且具有较高的史料价值。

三是各类字体应有尽有，书法水平普遍较高。从前面所列石刻图片来看，真、草、隶、篆、行等各类字体无所不备，而且绝大多数书法精湛，具有较高的艺术水平。这种情况足以说明，明清时期迁西一带的整体用字水平已经大大提升。

四是石刻形式丰富多彩，绝大多数刻工精良。从前述石刻遗存来看，既有形制不一的各类传统碑刻，也有其他各种刻石，举凡摩崖、帖石、匾额、楹联、墓志、墓莂乃至经幢、香炉，等等，无所不有，可谓多姿多彩。从刻制情况来看，阴刻、阳刻、双钩手法均有应用，绝大多数石刻刀法纯熟、镌刻精细，令人看罢击节称善。由此亦可发现，明清时期，刊石用字备受重视，工匠技艺普遍较高。

五是语言规范不尽统一，用字水平参差不齐。由于明清时期缺乏权威统一的用字标准，迁西现存明清石刻文字的规范性高下不一，用字水平差异悬殊。总体而言，各类石刻文字的规范性与用字者的身份、地位呈正比关系——地位越高，规范性越强；地位越低，规范性越差。这无疑与明清时期不同社会阶层接受教育程度参差不齐有关。同时，各类石刻文字的规范性也与社会发展情况密切关联——社会稳定时用字水平普遍较高，社会动荡时用字水平相对偏低；国运上升时用字水平随之上升，国运衰败时用字水平明显下降。

（三）相关图书、诗文用字情况

明清时期，由于迁西一带战略地位陡然上升，各路精英纷至沓来。这里壮丽的山川、雄伟的边城，威武的雄师、淳朴的百姓，巍峨的庙宇、独特的风情，使来者无不触景生情，去者大都魂牵梦萦。正因如此，许多名家用多情的笔触，在此写下了一篇篇优美的诗文，甚至编纂了独具特色的专著。这些名篇巨著，或被收入各类文集，或以专著形式刊行，对后世产生了广泛而又深远的影响。这种独特现象，标志着迁西的用字水平达到了空前的高度。

由于这一时期在迁西诞生的图书、诗文十分丰富，我们只能选择最具代表性者予以粗略介绍，并就其用字情况进行简要分析。

1. 戚继光著《练兵实纪》与《止止堂集》

戚继光（1528—1587），字元敬，号南塘，晚号孟诸，卒谥“武毅”。山东蓬莱人（祖籍安徽定远，生于山东济宁微山县鲁桥镇）。明朝抗倭名将、镇北大帅，杰出的军事家、诗人、民族英雄。

戚继光在东南沿海抗击倭寇10余年，扫平了肆虐东南多年的倭患，确保了沿海人民的生命财产安全；隆庆二年（1568年），调任北方，以“钦差总理练兵事务兼镇守蓟州、永平、山海等处地方总兵官，中军都督府右都督”之职驻守三屯营。上任之后，整修边墙、操练兵马，创设空心敌台、组织汤泉大阅，重修三屯营城和蓟镇总兵府，多次抗击蒙古部族内犯，有效地保卫了北部边疆安全，促进了蒙古族和汉族的和平发展。《明史·戚继光传》称：“继光在镇十六年，边备修饬，蓟门宴然。继之者踵其成法，数十年得无事”。在此期间，戚继光编写了军事名著《练兵实纪》，刊行了诗文合集《止止堂集》，为我们留下了宝贵的文化遗产。

《练兵实纪》是戚继光赴蓟镇任职后为有效操练兵马而撰写的军事教材。此书与《纪效新书》齐名，被称为戚氏兵书的姊妹篇，在军事史上具有广泛而深远的影响。通行本《练兵实纪》含正集九卷，附杂集六卷。正集九卷，共二百六十四条，具体篇目为：练伍法第一、练胆气第二、练耳目第三、练手足第四、练营阵第五（场操）、练营阵第六（行营）、练营阵第七（野营）、练营阵第八（战约）、练将第九。杂集六卷，具体篇目为：储练通论（上、下篇）、将官到任宝鉴、登坛口授（李超、胡守仁辑）、军器解、车步骑营阵解。书前冠有“凡例”，即“分给教习次第”，共十五条，明确了将、卒各自应该学习的内容、操练标准以及教材发放办法、督促学习的措施等。（图121、图122）

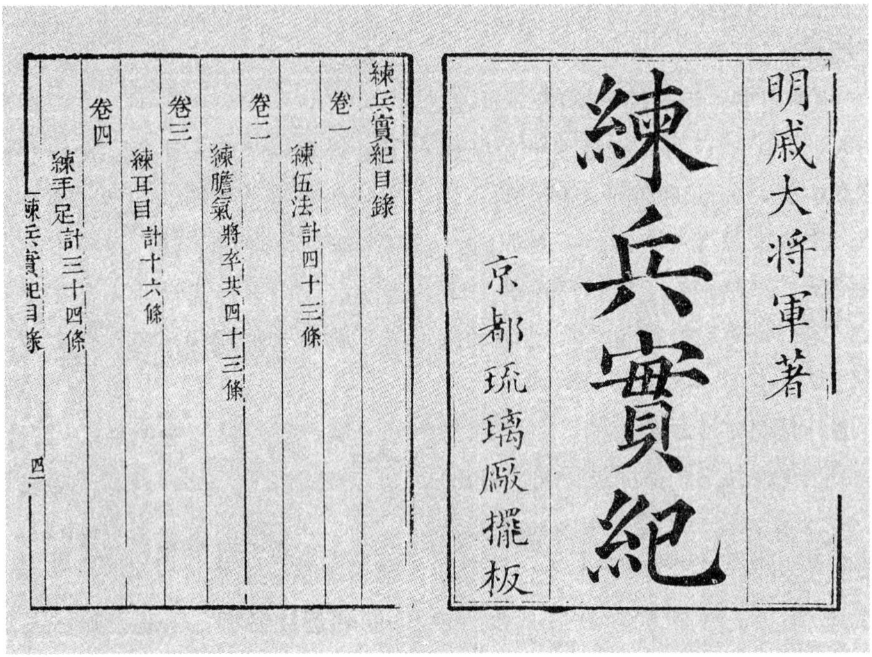
明戚大將軍著

練兵實紀

京都琉璃厰擺板

練兵實紀目錄

卷一
練伍法計四十三條

卷二
練膽氣將卒共四十三條

卷三
練耳目計十六條

卷四
練手足計三十四條

練兵實紀目錄　四

图 121　京都琉璃厂活字版《练兵实纪》书影之一

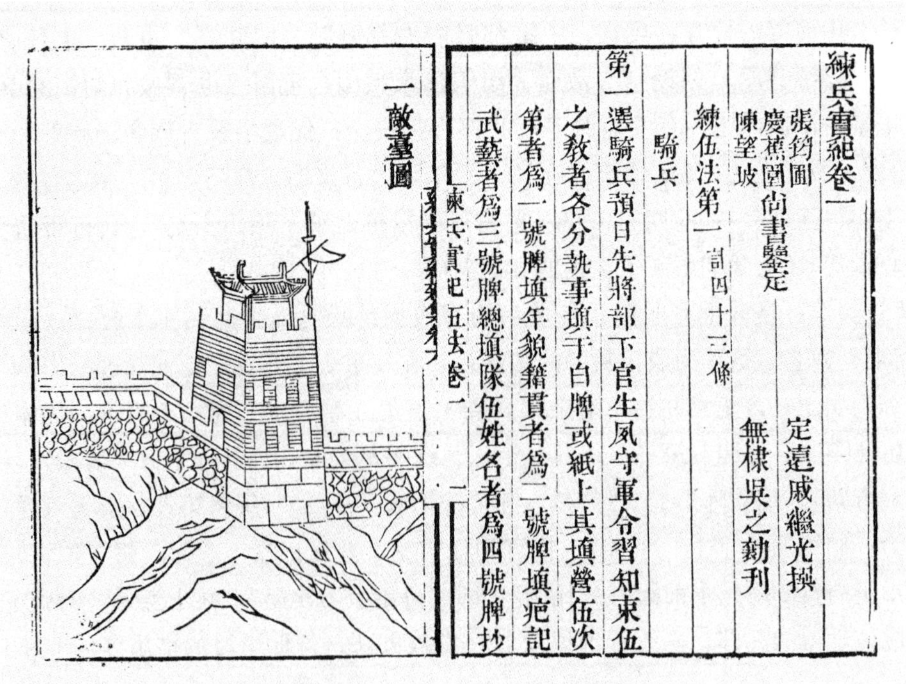
練兵實紀卷一

張鈞圃
慶蕉園尚書鑒定　定遠戚繼光撰
陳望坡　無棣吳之勷刊

練伍法第一　計四十三條

騎兵

第一選騎兵預日先將部下官生夙守軍令習知束伍之教者各分執事塡于白牌或紙上其塡營伍次第者爲一號牌塡年貌籍貫者爲二號牌塡疤記武藝者爲三號牌總塡隊伍姓名者爲四號牌抄

練兵實紀伍法卷一

一 敵臺圖

图 122　京都琉璃厂活字版《练兵实纪》书影之二

《练兵实纪》写于《纪效新书》之后，起笔于隆庆二年（1568 年），成书于隆庆五年（1571 年）。现存版本主要有明万历二十五年（1597 年）邢玠刻本、明天启二年（1622 年）刻本、清道光二十三年（1843 年）许乃钊刻本、清咸丰甲寅（1854 年）光霁堂刻本、清光绪乙未（1895 年）上海醉经楼石印本、四库全书本、学津讨原本、墨海金壶本、守山阁本、瓶花书屋本、京都琉璃厂刻活字本、抄本以及多种铅印本等，流传极为广泛，影响可谓巨大。

作为一种注重实用的练兵教材，《练兵实纪》既注意吸收南方练兵经验，又注意结合北方练兵实际，其练兵思想在《纪效新书》的基础上又有了新的发展。鉴于各级将领、士卒文化水平不一，本书语言简明通俗，用字力求平易，并附大量插图，因此很受将士欢迎，在蓟镇练兵和边防作战中发挥了重要作用。

万历二年（1574 年），戚继光在三屯营把自己历年所写诗文合编为《止止堂集》（内含《横槊稿》三卷、《愚愚稿》一卷），并请工部尚书郭朝宾作序，而后刊行于世；此后又经补充修订，将其增编为五卷（《横槊稿》三卷、《愚愚稿》二卷），于万历十年九月重刊。止止堂乃蓟镇三屯营镇府中戚继光的书房，也兼办理公务之用。书因编于此堂，故而得名。（图 123）

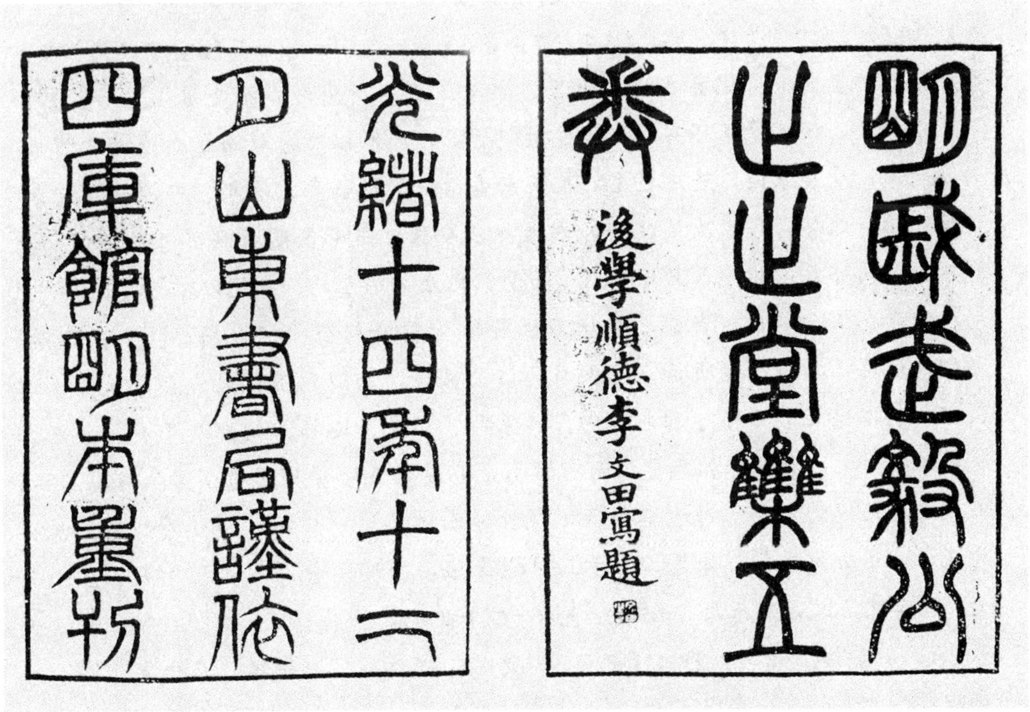

图 123　光绪十四年重刊本《止止堂集》书影之一

戚继光在戎马倥偬之际，不仅撰写了《纪效新书》《练兵实纪》等军事巨著，而且留下了《止止堂集》等诗文篇章，因此深受世人推重。郭朝宾《止止堂集序》称："其在师中，凡誓戒、祭告、奏凯、悼亡、纪行、赠答，则因事抒思，搦管成章。故其文闳壮，可追乎古；其声慷慨，自合乎律也……负文武才如公者，一时鲜见其俪。"《四库全书总目提要》称："继光有平倭功，当时推为良将，诗亦亢健，近燕赵之音。"

由于在迁西驻守多年，戚继光对这一带感情极深，因此《止止堂集》中涉及迁西的诗文几乎占据四分之一。其中《重建辟三屯营城记》一篇，本有碑刻，但如今已无从查找，幸有《止止堂集》《戚少保年谱耆编》《迁安县志》等收录，今人方可一见。兹录之如下，并就其用字情况略加分析。

重建辟三屯营城记

国初捐大宁藩封，畀兀良哈为属夷。赖障辅郡，莫重蓟镇。未几匪茹厪，我宣庙出喜峰贡路征之，而尚引外虏为梗。故初镇桃林口，移于狮子谷，天顺又移三屯营，去喜峰二舍矣。营曰三屯者，忠义中卫三百户屯地也，属迁安县（南百二十里）。左山海，右居庸，而绾毂其中。以要贡路示重，非拥武卫壮城，何以张形制而抗威稜哉？旧城痺薄而隘，南有垝垣，为截杀营，即移镇府所茇也。二营间有阛阓，每以无城戒暴客。而屯戍（汛涛按：光绪十四年重刊本《止止堂集》"戍"字讹为"戌"，当为手民之误，今据《戚少保年谱耆编》改正）非土著，两防空营以行。虽名重镇，虚亦甚矣。遵化县去此五十里，忠义三卫一所附之，而此惟三百户，势轻不足以犄角。镇府麾下移兵饷，顾抱檄印于卫，非所以尊统驭而急御侮之完筴也。自嘉靖来，虏震京国，隆庆之元，入蓟东垂，而是镇益重。次年，乃以余总理之。边垣孔亟，经营六年，次第就绪，内地赖以安堵。二营阛阓益壮，恐益诲盗为虏资，虽增司守备，非若军卫可永赖。而全镇之众常练于此，弗足以容，戍（汛涛按：原本误作"戌"，今改正）者病之矣。乃谋辟城于制府刘公、抚台杨公。当上即位，诏增饬边城，二公因得所请。适少司马汪公阅师，而以移卫谋之。公于元年条其便宜，制以忠义中卫移之三屯城内。其掌印、佐贰、巡捕、指挥及千户、经历各一，佩印赴之。旗军春秋践更，而有警悉至，遂置卫增营及缮建公署。百废具举，旧城益不足以居之矣。乃于二年秋，规外地而善其址。三年，杨公为制府，王公为抚台，辛公为兵备，胥襄工。于三月撤南垣，而环南营以围之。凡五百五十七丈，高二丈五尺，加五尺（汛涛按：光绪十四年重刊本《止止堂集》"尺"讹为"丈"，明显有误，今据《戚少保年谱耆编》和民国版《迁安县志》改正）为雉堞，而广半于高，址广四丈有余。门三，南曰"景忠"，东曰"宾日"，西曰"巩京"。其谯甚丽，而阚次之。徂暑外完，秋甃其里。上下有陴，以为之防。次年春二月，乃缮旧城，凡六百一十六丈，表里高厚悉如新制，冬而毕役。正北为重阁，祀玄武，尤雄于丽谯。角楼凡五，丽视于阁。塞旧东西重门，于上为楼台、神祠，下旁各开便门。周城水洞有二，敌台有九，环以牛马墙，列孔以备睥睨。东辟场以积茭菁，从衡五十丈。其北有聚星堂，为东路诸将所寓。西则阅武之场，旁隍辟十丈、长二百丈以益之。其堂台昔庳陋，余新建而高敞焉。诸将之厅事有五，兼之西路来者，盖亦可寓矣。前为车营四百二十间，凡制甚具。所费公帑仅六千余金，它皆操奇以佐之。而城内外所创营房八百余间，若保河、河南、南兵辎重诸署及守备司、滦阳驿、督抚行台，城心抚松、西南诸馆，旗纛、马祖、汉寿、忠烈诸祠，不出三年，壹切告成。贡夷过者，罔不惊异。三军呼曰："壮哉，城也，足以卫众矣。"或有疑其制多异，而因军正以请。业已乐成，则谂之曰：凡堞战格，利用御远，若钩援薄其下，而頫睎出击为艰。乃于堞址亦创睥睨，如悬半霤，可藏身而頫击，水且从之下。以外杀孔多，势分而注，竖瀑落内，则迤逦鳞次如级；视彼内势直而水专注、其土善崩、外因以倾者，殊矣。凡池有隍，高而涸也，其庳者为濠堑，故隍多复而险以夷。乃因其势，浅七尺而深三丈，其广六七丈不等。又以北川东走，势不环抱完固，而于东门外下高就卑，引以十丈湖，其长三百五十余丈，深仅七尺。以所出土为隄。名曰"孟隄"者，孟诸，余别号也。莳以桃柳，上下二梁以跨之。隄之亭曰"同春"，留土中为亭，名曰"宛在"，取诸《蒹葭》。环流植荷，而为将士休沐地，或击楫以游焉。湖曰"震湖"，以在东方，且取"镇胡"其音同也。凡边障无北户，旧为门三而已。直北经涂有岑楼，居钟鼓。金木相克，多水火灾。乃于北台旁级左右，共制四室，如城门状，及所塞旧门，各虚其内如北制，皆为武库，以藏戎器、简书、伍符，避水火也。又留旧南谯悬贲鼓，岑楼独悬景钟，跨通衢为重关。金革和鸣，达于四境。登而眺之，楼台署庙，联以阛阓，绣错而翚飞，谓之锦城可也。嗟夫！城制本鲧以防水，后用蓄众乃藏。窃闻之古人矣：城者，盛也，所以盛众也。众则益之，不展曷以盛诸？城者，成也，一成而不可毁也。制未曲尽，而孰保其毁乎？故余九年于兹，东控辽左，西护陵寝，为台一千二百有余座（汎涛按：光绪十四年重刊本《止止堂集》"座"刊为"里"，明显有误，今据《戚少保年谱耆编》改正），凡五标十五营，皆为保障计，于以重封疆而卫社稷也。兹奉制抚诸道之画，幸有馀日及此，敢不毕心力，藉将校百执之劳，而遹观厥成于重镇乎！凡我同事，既保我圉，而无罹于锋镝，则此亦可以忘劳矣。军正敬诺。镌之而示三军，且次执事于碑左，俾来许之毋忘是劳者。

《止止堂集》将此篇排在作于"万历岁次丁丑春三月"的《重建三屯营镇府记》之后，文中明确记载万历四年（1576 年）修缮旧城情况，且有"余九年于兹"等语。由此可见，本文当作于万历五年（岁次丁丑）三月，同《重建三屯营镇府记》写作时间基本一致。《戚少保年谱耆编》等将此文撰写时间列为万历三年，明显有误。该文追述了三屯营的历史沿革，记录了万历二年至万历四年重建城池的详细过程，同时描述了新城的基本规制、重点建筑及相关设施命名用字考据情况，语言流畅、措辞讲究，情景交融、夹叙夹议，作者的欣喜之情溢于言表。这篇碑记，为后人考察三屯营历史及当时用字情况提供了极为宝贵的原始资料，具有不可多得的研究价值。（图 124）

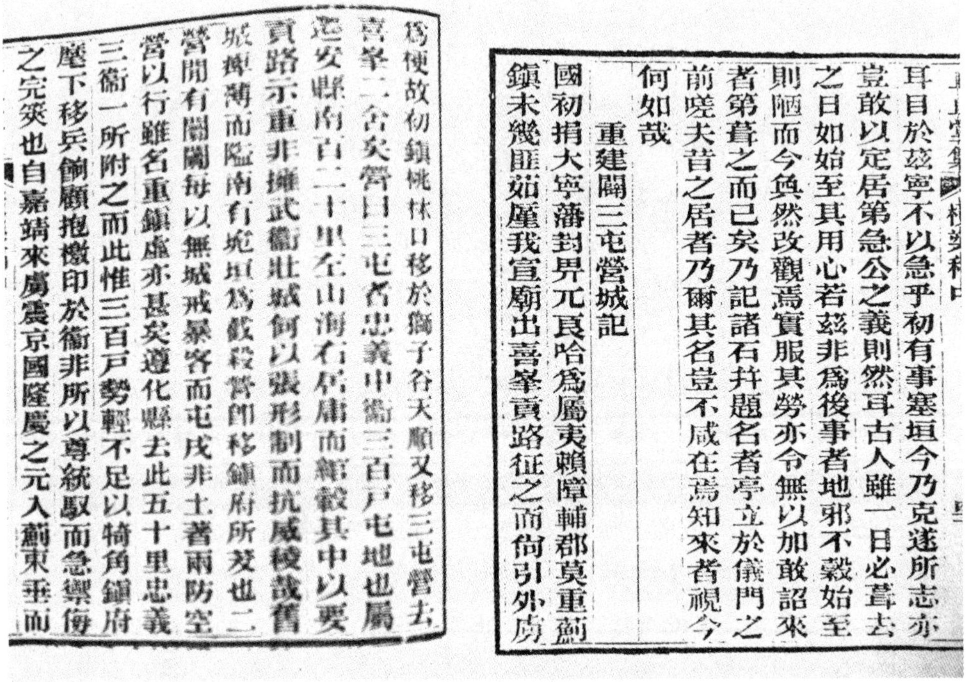

耳目於茲寧不以急乎初有事塞垣今乃克遂所志亦
豈敢以定居第急公之義則然耳古人雖一日必葺去
之日如始至其用心若茲非爲後事者地邪不敎始至
則陋而今奐然改觀焉實服其勞亦令無以加敢詔來
者第葺之而已矣乃記諸石并題名者亭立於儀門之
前嗟夫昔之居者乃爾其名豈不咸在焉知來者視今
何如哉

重建關三屯營城記

國初捐大寧藩封畀兀良哈爲屬夷賴障輔郡莫重薊
鎮未幾匪茹廑我宣廟出喜峯貢路征之而倘引外虜
爲便故初鎮桃林口移於獅子谷天順又移三屯營去
喜峯二舍矣營曰三屯者忠義中衞三百戶屯地也屬
遷安縣南百二十里在山海石匣庸而綰轂其中以要
貢路示重非擁武衞壯城何以張形制而抗威稜哉舊
城卑薄而隘南有處垣爲截殺營即移鎮府所芟也二
營開有闔闢每以無城戒暴客而屯戍非土著兩防空
營以行雖名重鎮虛亦甚矣遵化縣去此五十里忠義
三衞一所附之而此惟三百戶勢輕不足以犄角鎮府
麾下移兵餉顧抱檄印於衞非所以尊統馭而急禦侮
之完筴也自嘉靖來虜震京國隆慶之元入薊東垂而

图 124　光绪十四年重刊本《止止堂集》书影之二

从用字的角度来看，此文与《重建三屯营镇府记》相似，亦常用异体字（如“棱”写为“稜”，“策”写为“筴”，“俯视”写为“頫眎”，“堤”写为“隄”等），偶用古今字和通假字（如“厘”通“廛”，“谷”同“峪”，“痺”通“庳”，“垂”同“陲”，“葺”通“藁”，“从衡”同“纵横”，“涂”同“途”等）。这进一步证明，明清时期异体字、古今字、通假字与正体字并行的现象比较普遍，无论作者还是刊刻者在用字过程中均能“兼容并包”。至于文中存在的几处明显讹误，如“戍”讹为“戌”，“尺”讹为“丈”，“座”讹为“里”等，当属刻书者失校所致，不能归咎于作者，《戚少保年谱耆编》《迁安县志》等可以为证。

除此篇之外，书中还收有记事、抒情、告祭、杂说等不同类别的大量精彩诗文，如《留别亭记》《近喜亭记》《过游乡有感》《秋日邀友人同登三屯之阴山》《宛在亭怀王中丞》《雨夜饮客震湖舟中有感赋此》，等等。兹转录《三屯新城工成志喜（二首）》如下，并略加评析。（图 125）

三屯新城工成志喜（二首）

其　一

三忠气色壮三屯，灯火遥连十万村。版闸层峦秦作塞，风云大陆蓟为门。

东来直接山河固，西望还依宫阙尊。百二城边过质子，千秋同戴汉家恩。

其　二

冰霜谁识抱关情，三辅河流一洗兵。楼阁晴悬新日月，桑麻色起旧屯营。

龙回地轴开戎幕，水合风门远戍城。应是太平还有象，金汤万世奉神京。

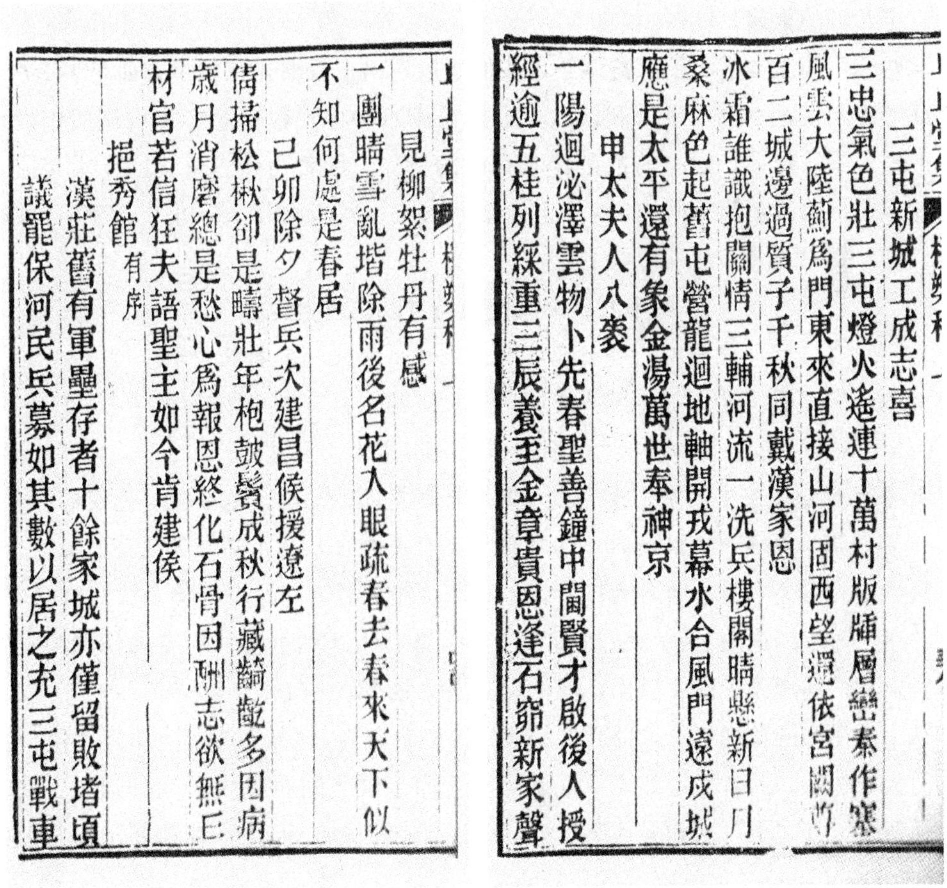
三屯新城工成志喜
三忠氣色壯三屯燈火遙連十萬村版牐層巒秦作塞
風雲大陸薊爲門東來直接山河固西望還依宮闕尊
百二城邊過質子千秋同戴漢家恩
冰霜誰識抱關情三輔河流一洗兵樓閣晴懸新日月
桑麻色起舊屯營龍迴地軸開戎幕水合風門遠戍城
應是太平還有象金湯萬世奉神京
申太夫人八袠
一陽迴泌澤雲物卜先春聖善鐘中閫賢才啟後人授
經逾五桂列綵重三辰養至金章貴恩逢石窌新家聲

見柳絮牡丹有感
一團晴雪亂堦除雨後名花入眼疏春去春來天下似
不知何處是春居
已卯除夕督兵次建昌候援遼左
倚插松楸卻是疇壯年枹鼓鬢成秋行藏齮齕多因病
歲月消磨總是愁心爲報恩終化石骨因酬志欲無已
材官若信狂夫語聖主如今肯建侯
挹秀館有序
漢莊舊有軍壘存者十餘家城亦僅留敗堵頃
議罷保河民兵募如其數以居之充三屯戰車

图 125　光绪十四年刊本《止止堂集》书影之三

《戚少保年谱耆编》将这两首诗附于《重建辟三屯营城记》文后，并有“而复系之以诗，以志其经理之迹云”的引语，说明这两首诗亦当作于万历五年（1577 年）三月。诗作气势豪壮，格律严谨，令人读来直觉荡气回肠。

不过，这两首诗均存不同版本。其中第二首，民国版《迁安县志·建置篇》题为《景忠山景忠庙》，附于“三忠祠”条目之下，其诗云：

冰霜谁识抱关情，三辅河流一洗兵。楼阁晴悬新**气象**，桑麻色起旧屯营。

龙回地轴开戎幕，水合天门**驻汉旌**。**天下奇才今不见，愿留方略佐金城**。

从字体加黑处可以看出，两个版本差异之大，让人倍感惊讶。是先后进行过反复修改呢，还是另有别情？从诗句内容来看，“天下奇才今不见，愿留方略佐金城”两句，若放到《三屯新城工成志喜》中，显然与当时气氛不合，但题给三忠祠（祀诸葛亮、岳飞、文天祥）却十分合拍。据此我们推断，极可能是戚继光登景忠山谒三忠祠时，改写了原诗，而后才奉献给三位先贤；《止止堂集》仍收取原作，则表明戚继光更重视三屯营城的重建。

从两个不同版本措辞用字的调整，我们可以看出，戚继光在用字方面是多么严谨！

戚继光不仅是一位军事家和诗人，书法艺术水平也比较高超。本次调研中发现的两幅戚继光书法作品，题写的都是作者自己的诗作。前者为作者嘉靖二十七年（1548 年）轮戍蓟镇路过幽州时所作，《止止堂集》未收；后者则收入《止止堂集》，并略有改动。（图 126、图 127）其诗如下：

戊申九秋奉天使巡狩过幽州道上句

叱马过幽州，横行北海头。朔风喧露鼓，飞电激蛇矛。

奋臂千山振，英声百战留。天威扬万里，不必侈封侯。

送小山李先生归蓬莱

蚤年结社蓬莱下，塞上重逢**各**二毛。天与龙蛇开笔阵，地分貔虎愧戎韬。

郊原酒尽雨声细，岛屿人归海气高。丛桂芳时应入越，扁舟随处任君豪。

从诗作内容上来看，前者为作者青年时期所作，情绪高昂，气势奔放，“叱”“横”“飞”“奋”等字的运用，使一位热血青年的豪情壮志跃然纸上；后者为作者中年时期所作，言辞之间增添了许多感伤，但依然充满慷慨苍凉之气。

从书法用字的角度来看，前者气势沉雄、刚劲有力，“鼓”“蛇”“留”“侯”“道”等均写为异体字；后者运笔如飞、气韵灵动，但点画之间明显多了几分圆融。其间亦多有通假字（如“蚤”）和异体字（如“归”“蛇”等），但按古汉语要求，并无失范之处。

检视《止止堂集》，发现集中所收《送小山李先生归蓬莱》一诗，题目改为《送李文学归蓬莱》，第一句中的“蚤”字改为“早”，第二句中的“各”则改为“已”。结合《三屯新城工成志喜（二首）》的不同版本，可以推知，戚继光经常对自己的作品进行推敲修改。这种严谨的创作态度和扎实的“炼字”功夫，令人十分敬佩。

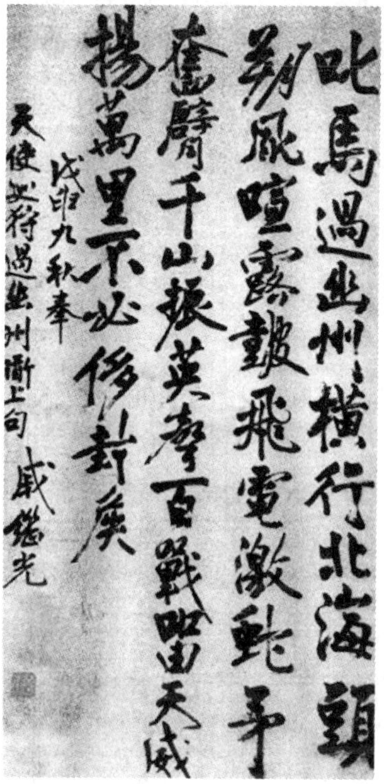

图 126　戚继光手书诗作之一

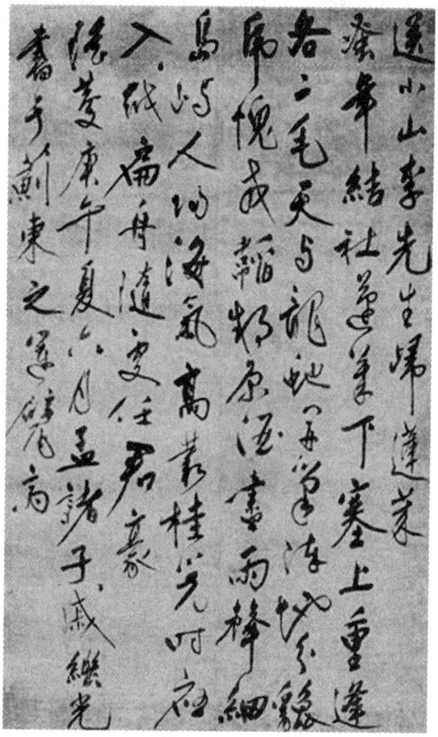

图 127　戚继光手书诗作之二

总体而言，戚继光的诗文著作，不仅使迁西的用字水平达到了很高的境界，而且给明代中后期文坛带来了一股沉雄豪放之气，即便同期大家，也很少有人能出其右。

2. 郭造卿著《卢龙塞略》

郭造卿（1532—1593），字建初，号海岳，福建福清县（今福清市）化南里人。少负盛名，曾游学吴越，颇受胡宗宪、李襄敏、叶梦熊、戚继光等人器重。万历八年（1580 年），戚继光邀其入蓟镇，并于汉儿庄为其筑莲心馆，“享以千金”，请其专心纂修《燕志》。万历十一年，戚继光调往广东，郭造卿留下继续编写《燕史》《蓟略》，后又应叶梦熊之邀赴永平（今卢龙）纂修《永平府志》，直至书稿基本完成。由于戚继光离去，书稿难以刊行，郭造卿只好于万历十九年携稿南归。后其子郭应宠应蓟辽总督、都察院右都御史兼兵部左侍郎王象乾之请，将父亲上述著作整理缩编为《卢龙塞略》，于万历三十八年（1610 年）刊行于世。（图 128—图 131）

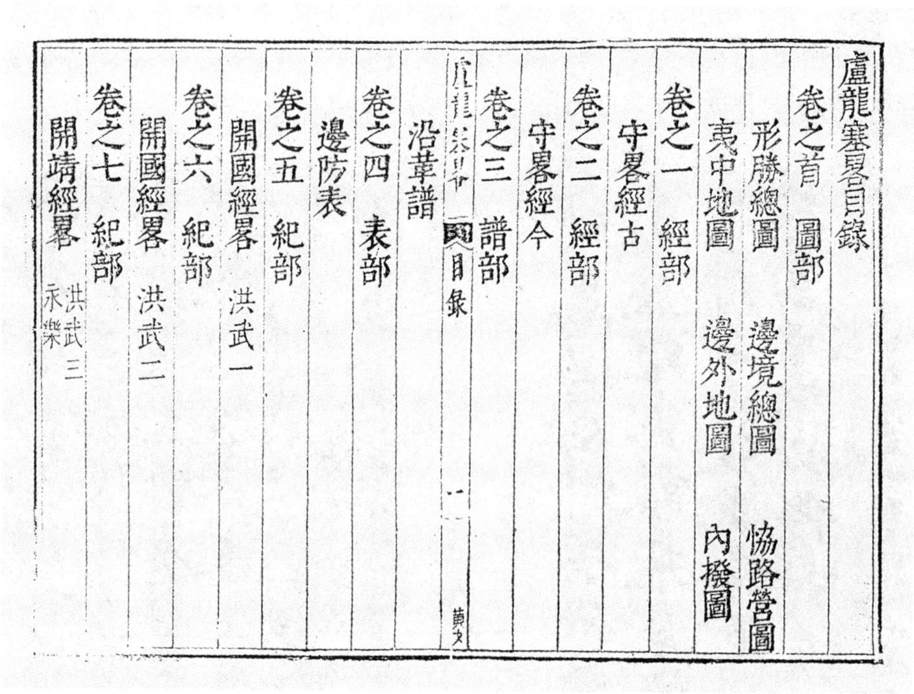

盧龍塞畧目錄

卷之首　圖部

形勝總圖　邊境總圖　協路營圖

夷中地圖　邊外地圖　內撥圖

卷之一　經部

守畧經古

卷之二　經部

守畧經今

卷之三　譜部

沿革譜

卷之四　表部

邊防表

卷之五　紀部

開國經畧　洪武一

卷之六　紀部

開國經畧　洪武二

卷之七　紀部

開靖經畧　洪武三 永樂

图 128　明万历三十八年版《卢龙塞略》书影之一

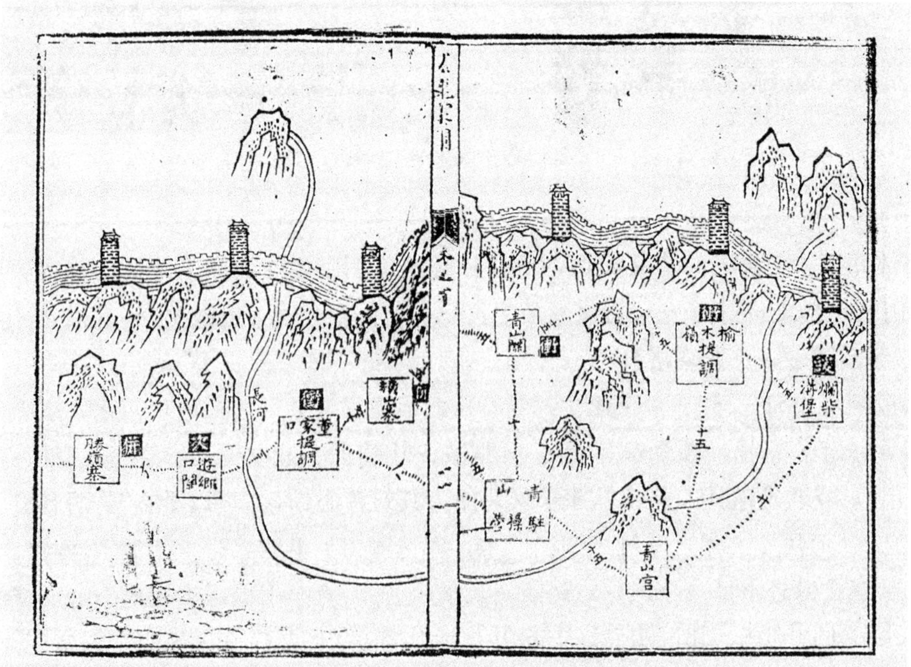

图 129　明万历三十八年版《卢龙塞略》书影之二

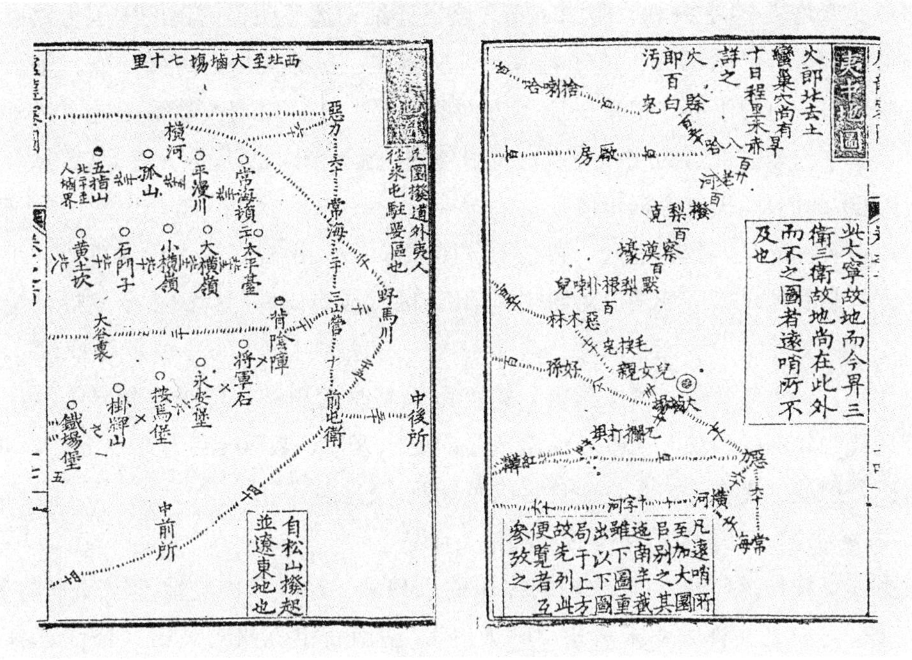

图 130　明万历三十八年版《卢龙塞略》书影之三

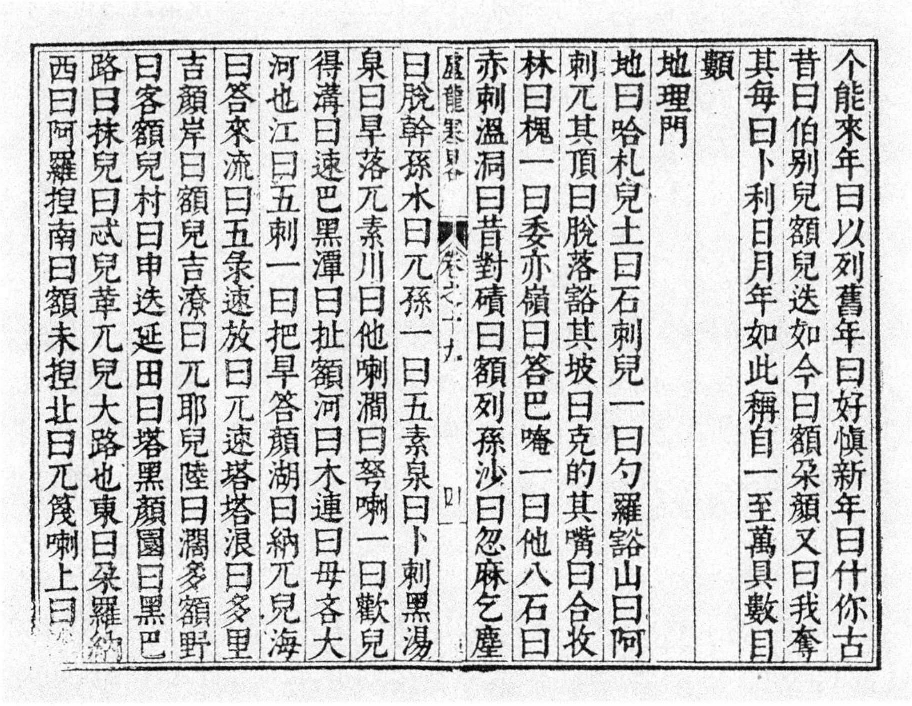

个能來年曰以列舊年曰好慎新年曰什你古
昔曰伯別兒額兒迭如今曰額朵顔又曰我奪
其每曰卜利日月年如此稱自一至萬具數目
類
地理門
地曰哈札兒土曰石剌兒一曰勺羅谿山曰阿
剌兀其頂曰脫落谿其坡曰克的其觜曰合妆
林曰槐一曰委亦嶺曰答巴唵一曰他八石曰
赤剌溫洞曰昔對磧曰額列孫沙曰忽麻乞塵

盧龍塞略　卷之十九　四

曰脫幹孫水曰兀孫一曰五素泉曰卜剌黑湯
泉曰旱落兀素川曰他喇潤曰弩喇一曰歎兒
得溝曰速巴黑潭曰扯額河曰木連曰母各大
河也江曰五剌一曰把旱答顔湖曰納兀兒海
曰答來流曰五彔速放曰兀速塔塔浪曰多里
吉顔岸曰額兒吉潦曰兀耶兒陸曰潤多額野
曰客額兒村曰申迭延田曰塔黑顔園曰黑巴
路曰抹兒曰忒兒華兀兒大路也東曰朵羅納
西曰阿羅揑南曰額未揑北曰兀筬喇上曰

图 131　明万历三十八年版《卢龙塞略》书影之四

《卢龙塞略》全书20卷，附图1卷。该书详细记述了明代蓟镇的守卫方略、历史沿革、边防部署、经略得失、镇守名将、长城修建、兵器装备、防御要点、重大战事以及建制人口、屯田事务、粮草供应等方面的情况，并且用较大篇幅记述了边外地理形势，分析了与蒙古部落的战和关系；所附各类边塞地图，尤其是《边境总图》《边外地图》《夷中地图》，极具考据价值。

最值得关注的是，其卷十九、卷二十《译部》，以汉字音译了大量蒙古语词汇，其数量之多远超其他汉籍所载蒙汉对照“译语”，因此成为研究明代蒙古语发展情况的宝贵资料。

近年来，《卢龙塞略》和《燕史》均得以重新整理出版，备受史学界关注。应该说，郭造卿当年在迁西汉儿庄呕心沥血编纂的史志著作，数百年后重新受到广泛重视，不仅可以告慰戚继光在天之灵，而且足以令迁西人感到自豪。

3. 顾炎武著《天下郡国利病书》及相关作品

顾炎武（1613—1682），明末清初杰出的思想家、经学家、史地学家和音韵学家，与黄宗羲、王夫之并称为明末清初“三大儒”。明南直隶苏州府昆山（今江苏省昆山市）人，初名绛，字忠清，明亡后拒绝与清合作，改名炎武，易字宁人；因故居旁有亭林湖，学者尊其为亭林先生。早年参加复社，明亡后长期致力反清复明和学术研究。以“博学于文，行己有耻”为处世之道，以“明学术，正人心，拨乱世，以兴太平之事”为治学宗旨，学识渊博，治学严谨，具有宏大的学术气象，在经学、史学、音韵、小学、金石考古、方志舆地诸学以及诗文创作等方面，均取得很高成就。晚年治经，注重辨别源流、审核名实，开清代朴学之风。有《日知录》《肇域志》《天下郡国利病书》《音学五书》《韵补正》《古音表》《诗本音》《唐韵正》《音论》《金石文字记》《顾亭林诗文集》等著作传世。

《天下郡国利病书》是一部记载明末清初全国各地政治、经济、军事状况的历史地理著作，共120卷。康熙初年编订成书，后又不断增改，终未定稿。该书以分析郡国利病为宗旨，先叙南北直隶，次叙十三布政使司，除考据舆地沿革、分析山川利害外，重点辑录兵防、赋税、水利等方面的资料，对研究明末清初政治、经济、军事情况具有重要参考价值。

为编纂《天下郡国利病书》和《肇域志》，顾炎武自崇祯十二年（1639年）起，即“历览二十一史以及天下郡县志书，一代名公文集及章奏文册之类”，同时往来南北实地踏勘，以正旧籍得失，行程“逾二万里”。在此期间，他曾巡行蓟州—迁西—永平—山海关一带边塞，对蓟镇长城沿线山川利害、边防兵备、屯田赋税等方面情况进行深入考察，并对相关文献记载加以分析厘正。由于迁西战略地位十分重要，《天下郡国利病书》对迁西一带山川、关隘、营寨、烽堠、屯田、兵备以及边外险塞、要冲等方面情况记录甚详。今摘录两段，并就其用字情况略加评析。

(1)《天下郡国利病书·北直隶上》“三屯营”篇云：“隆庆二年五月，蓟辽总督谭纶书陈边务，言：游兵破虏，诚为制御长策，而行之有四难……若先事不能御，后事不能战，掩取微功，苟图塞责，是为无策。又言：中国长技，无如火器。欲练兵三万人，必得鸟铳手三千人为冲锋……今防秋期近，请选取浙兵三千人，以济一时之急。从之。既而复条上分立三营事宜，言：春秋两防之时，各屯要地。如永平有警，则遵化一营御之，三屯出二哨应之，密云出一哨应之；蓟州有警，则三屯一营应之……又言：蓟镇专用主兵，将以罢调客兵，今行之而未效者，任未专也，宜责臣纶与继光专董其事……疏入，报可。三年，总理练兵都督戚继光上疏言：蓟镇兵多亦少……愿予臣浙兵三千战守，又以三千鸟铳手付臣教练，分发十区，听臣总领，车骑合练，庶臣得展布而无掣肘之虞。部议宜取回总兵郭琥而独任继光。上是之。”（图 132）

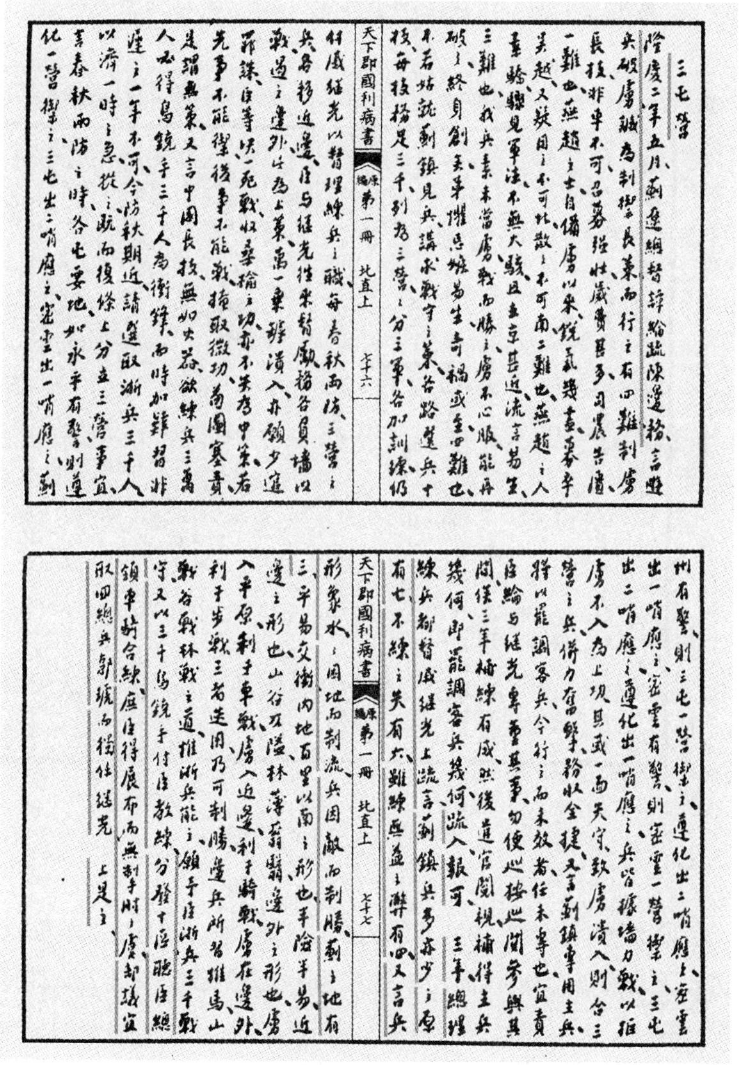
天下郡國利病書 原編第一冊 北直上 七十六
三屯營
天下郡國利病書 原編第一冊 北直上 七十七

图 132 《天下郡国利病书》（稿本）书影之一

从上面摘录文字可以看出，顾炎武对戚继光初守蓟镇时三屯营情况的介绍分析，大段引录谭纶、戚继光的奏疏，纯属自己的记述文字不过“言”“从之”“又言”“疏入，报可”“上是之”等寥寥数语。但是，经查阅谭纶、戚继光奏疏原文及相关史料即可发现，顾炎武并未全文照录，而是根据考证厘清思路，择要摘取，依次编订，因此只用很短篇幅，即将隆庆初年以三屯营为核心的蓟镇兵备形势、治军利害关节以及郭琥与戚继光的军权交接过程介绍得十分清楚。这种辨析文献、求实切理的用字功夫，着实令人惊叹。

（2）《天下郡国利病书·北直中》“永平府志”篇载：“榆木岭关　东北至马道岭沟百步……其龙须夹山若门，中宽二十步。达贼若犯本关，须过此门；径由大川，犯在喜峰……其聂门，东至安答石，川一里，或半；又至安答打坝，沟四十步，俱有水，通马。迤北二十里，沟狭，容单马。外大川，通汤兔……”（图 133）

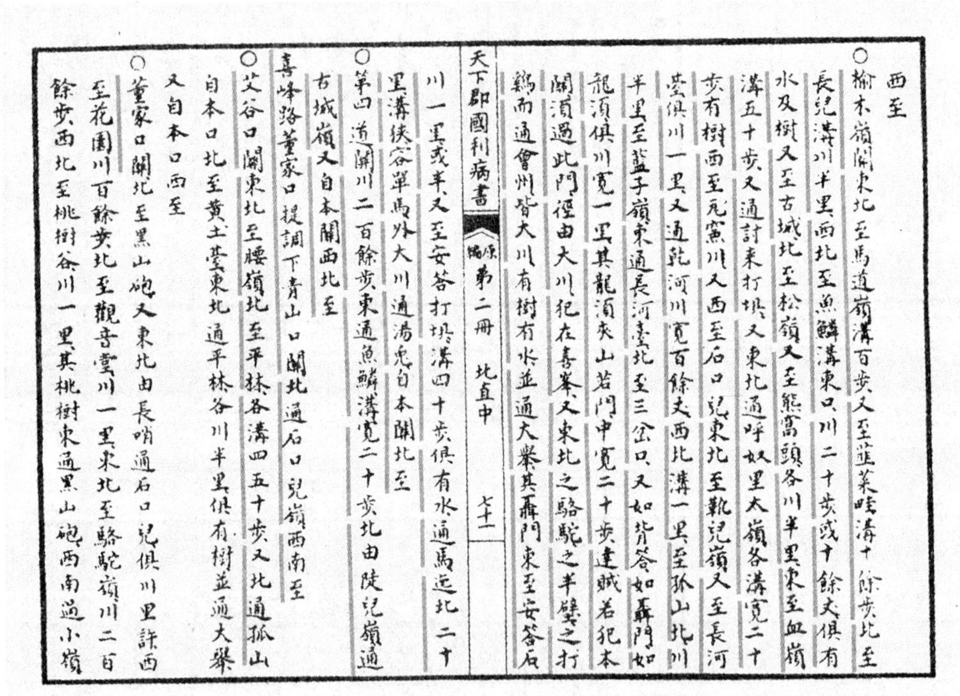
西至
○榆木嶺關東北至馬道嶺溝百步又至韮菜畦溝十餘步北至
長兒溝川半里西北至魚鱗溝東口川二十步或十餘丈俱有
水及樹又至古城北至松嶺又至熊窩頭各川半里東至血嶺
溝五十步又通討來打垻又東北通呼奴里太嶺各溝寬二十
步有樹西至元窩川又西至石口兒東北至靴兒嶺又至長河
臺俱川一里又通乾河川寬百餘丈西北溝一里至孤山北川
半里至藍子嶺東通長河臺北至三岔口又如背荅如聶門如
龍須俱川寬一里其龍須夾山若門中寬二十步達賊若犯本
關須過此門徑由大川犯在喜峯又東北之駱駝之半嶺之打
鷄而通會州皆大川有樹有水並通大舉其聶門東至安荅石
天下郡國利病書 原編第二冊 北直中 七十一
川一里或半又至安荅打垻溝四十步俱有水通馬迤北二十
里溝狹容單馬外大川通湯兎自本關北至
○第四道關川二百餘步東通魚鱗溝寬二十步北由陡兒嶺通
古城嶺又自本關西北至
喜峰路董家口提調下青山口關北通石口兒嶺西南至
○艾谷口關東北至腰嶺北至平林各溝四五十步又北通孤山
自本口北至黃土臺東北通平林各川半里俱有樹並通大舉
又自本口西至
○董家口關北至黑山砲又東北由長哨通石口兒俱川里許西
至花園川百餘步北至觀音堂川一里東北至駱駝嶺川二百
餘步西北至桃樹谷川一里其桃樹東通黑山砲西南通小嶺

图 133　《天下郡国利病书》（稿本）书影之二

据考证，这段关于迁西境内“榆木岭关”的介绍，当摘自《永平府志》（康熙二年初刊、十八年续补），而《永平府志》这段记载，则全文照录于万历三十八年（1610 年）版《卢龙塞略》。所不同的是，《永平府志》摘录时连错字（“垻”字右旁误作“具”，“馬”字误作“爲”）也一并照抄，未加校正，而顾炎武转录时则经认真勘校，全部予以改正。（图 134）

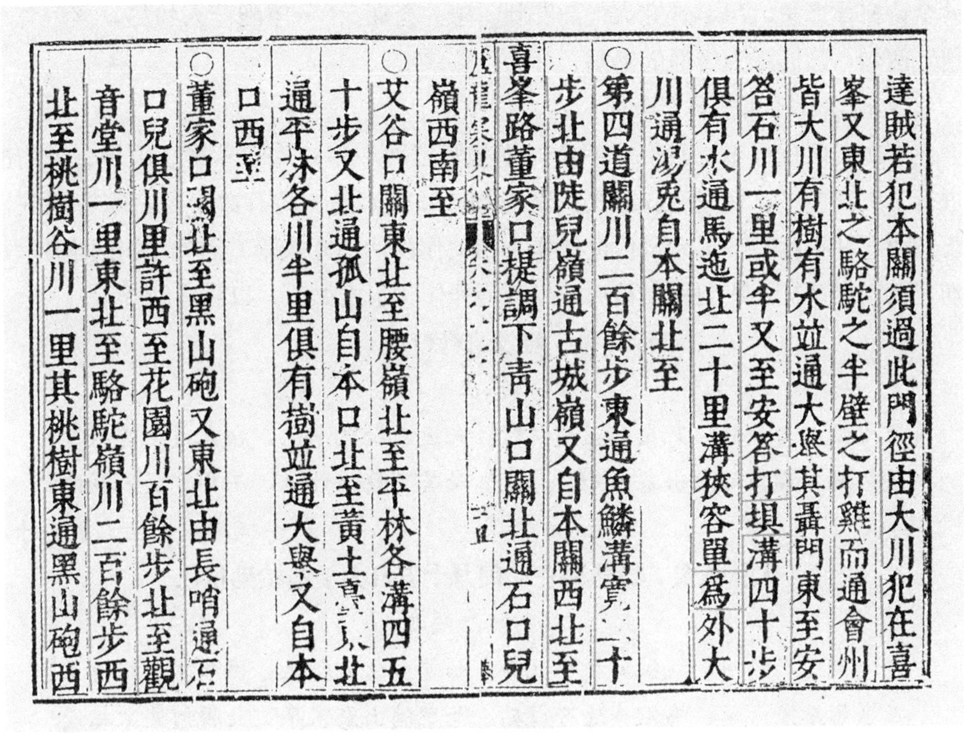
達賊若犯本關須過此門徑由大川犯在喜
峯又東北之駱駝之半壁之打雞而通會州
皆大川有樹有水並通大轝其聶門東至安
答石川一里或半又至安答打垻溝四十步
俱有水通馬迤北二十里溝狭容單爲外大
川通涉兔自本關北至
○第四道關川二百餘步東通魚鱗溝寛二十
步北由陡兒嶺通古城嶺又自本關西北至
喜峯路董家口提調下青山口關北通石口兒
嶺西南至
○艾谷口關東北至腰嶺北至平林各溝四五
十步又北通孤山自本口北至黄土嶺又北
通平沐各川半里俱有樹並通大轝又自本
口西至
○董家口關北至黑山砲又東北由長哨通石
口兒俱川里許西至花園川百餘步北至觀
音堂川一里東北至駱駝嶺川二百餘步西
北至桃樹谷川一里其桃樹東通黑山砲西

图 134 明万历三十八年版《卢龙塞略》（“榆木岭”部分）书影

比较上面三幅书影，可以发现，《天下郡国利病书》虽为稿本，但考订文献十分审慎、手书文字一丝不苟，相关内容比《卢龙塞略》《永平府志》刊本更为准确周密。王弘撰所著《山志》称，“顾亭林……四方之游，必以图书自随，手所钞录，皆作蝇头行楷，万字如一。”从《天下郡国利病书》现存稿本来看，此语绝非虚言。顾炎武这种严谨的治学风格，不仅令其同辈学者赞叹不已，而且为后世树立了一种良好的典范。

在迁西一带考察期间，顾炎武还写下了著名诗作《三屯营》，今附录如下，以供参考：

三屯营

三屯山势郁峥嵘，少保当年此建旌。名似北平临宿将，制如河上筑降城。

忠祠日落来山鬼，武库苔封蚀禁兵。一望幽燕人物尽，颓垣荒草不胜情。

据清嘉业堂本《顾亭林先生年谱》（张穆撰）等记载，该诗为顺治十六年（1659年）顾炎武赴京东一带考察驻留三屯营（今属迁西）期间所作。作者在诗中对戚继光重建三屯营、加强蓟镇防卫的壮举给予高度评价，对眼前三屯营的衰败、荒凉深表痛惜。全诗格律严整、用字讲究，气韵悲壮、感人至深。“一望幽燕人物尽，颓垣荒草不胜情”两句，已成广为传诵的绝唱。

4. 其他述及迁西的名家诗词

在本次调研过程中，我们对明清时期描写迁西一带边塞、营寨、山川、风物的诗文进行了广泛搜寻，发现除戚继光、郭造卿、顾炎武外，尚有数十位名家曾经驻留或游历迁西，并在此写下了大量传世佳作，相关作品达200余篇（首）。为全面揭示这一时期迁西用字情况，我们从中精选一组诗词佳作，录之如下，以供参阅查考。

晓发喜峰口

（明）唐顺之

客心流水与争驰，寒垒疏星度峡时。未返王孙犹草色，初来戍卒是瓜期。
去乡只觉蝉声似，出塞方知马脊危。辛苦下情何计达，早年曾诵采薇诗。

——《荆川先生文集》卷之四

入秋久矣，馀热尚在，闰月十五日太平寨始见秋色

（明）唐顺之

漫漫岚气半晴阴，撼撼庭柯叶乱吟。始觉孟秋云物至，因知宴岁旅情深。
孤鸢影跕寒岩草，鸣蜩声连野戍砧。戈甲满山乘塞卒，天骄何处欲相侵。

——《荆川先生文集》卷之四

潘家口墩楼望月

（明）王寅

月从辽海渡滦河，渐见清光入塞多。南国戍夫愁不寐，吴歈夜半杂燕歌。

——《十岳山人诗集》卷四

宿汉儿庄

（明）王寅

饮马长城下，飞沙落日黄。本为胡虏牧，亦有汉儿庄。
屯堡邻禅院，将军送酒觞。自惭投笔晚，今喜宿疆场。

——《十岳山人诗集》卷三

出关游榨子庵

（明）王寅

关外青岩一洞开，沙场见此亦奇哉。九还宜筑丹砂灶，百尺相邻皂纛台。
词客访游随部曲，将军移帐候尊罍。愁逢追猎胡儿骑，不待孤城日暮回。

——《十岳山人诗集》卷四

游喜峰关

（明）陈第

边日凄凄野色愁，山前流水雪花浮。儿童解唱胡人曲，短笛清笳别样秋。

——《列朝诗集》丁集卷十一

喜峰口道上呈戚少保二首（其一）

（明）陶允宜

蓟门往事震京华，十六年来静不哗。路出万山通鸟道，城悬千嶂压龙沙。

空中云影连楼阁，夜半风声度鼓笳。老将莫怜心力破，金汤终古在皇家。

——《永平府志》（康熙五十年版）卷二十三

出　塞

（明）梅国桢

晓风匹马渡滦河，极目胡天感慨多。近塞虏营还历乱，弥山雉堞自嵯峨。

林间残雪经春冻，峡口孤云带雨过。不少谋臣忧社稷，只应暂许郅支和。

——《永平府志》（康熙五十年版）卷二十三

过龙井

（明）杨忠裕

撒河鲸卧两山深，百尺高台俯水阴。大雨已收流淅沥，危崖不断气萧森。

蓟门昨见输胡马，辽左今传祀蹛林。荡桨莲娃渔父曲，久忘乡梦小臣心。

——蒋一葵著《长安客话·关镇杂记》

宛在亭

（明）萧如薰

其　一

雅有登临兴，言寻别墅游。溪流通广陌，村树带前洲。

渡曲行杯缓，看山入座幽。野鸥如夙约，相傍共悠悠。

其　二

改席移舟晚，中流杂鼓声。高林催月上，短棹入波平。

飘霭茶烟细，微茫野火明。今朝出城郭，暂觉此身轻。

——《永平府志》（光绪版）卷二十七

朔塞歌二首（其一）

（明）汤显祖

白道徐流过五重，青春绣甲隐蒙茸。归骢莫缓游乡口，噪鹊长看小喜峰。

——《汤显祖诗文集》第九卷

送陆生从军蓟门二首（其二）

（明）汤显祖

盘山秋影挂卢龙，别道烽烟入喜峰。但得辕门能拜将，边墙何用两三重。

——《汤显祖诗文集》第二十一卷

登景忠山

（清）康熙皇帝

景忠远上日方阑，岩壑层层生早寒。岭腹冻云凝玉仗，山中瑞气接仙鸾。

鸣钟涧里经声近，击鼓楼前树影残。缭绕旌旗萦石道，六龙行处万民观。

——《清圣祖御制文集》卷三十三

巡幸出喜峰口过黄土岩

（清）康熙皇帝

紫塞双崖出，丹梯百尺悬。草香遮细路，树老卧晴烟。

地为时巡到，山当隘口偏。何年留石室，驻马望层巅。

——《清圣祖御制文集》卷三十五

拟冬日景忠山应制

（清）纳兰性德

岧峣铁凤锁琳宫，亲侍銮舆度碧空。圣主岂因崇象教，宸游直自接鸿蒙。

远山雪有一峰白，别浦枫余几树红。天意不教常肃杀，伫看宇宙遍春风。

——《通志堂集》卷四

清平乐·发汉儿邨题壁

（清）纳兰性德

参横月落，客绪从谁托。望里家山云漠漠，似有红楼一角。

不如意事年年，消磨绝塞风烟。输与五陵公子，此时梦绕花前。

——《纳兰词·补遗》

登喜峰城

（清）曹　寅

三十年来战伐馀，一城山色晚烟初。白盐赤米饱亦足，碧草黄花春晏如。

石戍火寒投野鸽，陇头沙浅渡樵车。貂裘自顾增羞涩，明月天涯有敝庐。

——《楝亭诗别集》卷一

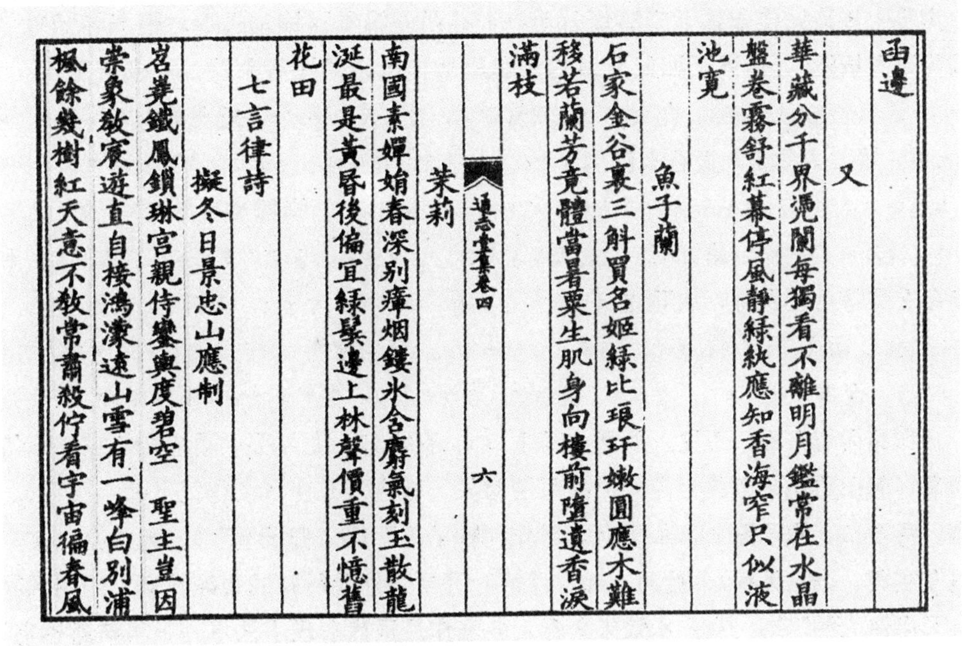
函邊
又
華藏分千界漚閣每獨看不離明月鑑常在水晶
盤卷霧舒紅幕停風靜綠紋應知香海窄只似液
池寬
魚子蘭
石家金谷裏三斛買名姬綠比琅玕嫩圓應木難
移若蘭芳竟體當暑粟生肌身向樓前墮遺香淚
滿枝
通志堂集卷四 六
茉莉
南國素嬋娟春深别瘴烟鏤冰含麝氣刻玉散龍
涎最是黃昏後偏宜綠鬢邊上林聲價重不憶舊
花田
七言律詩
擬冬日景忠山應制
岧嶤鐵鳳鎖琳宮親侍鑾輿度碧空 聖主豈因
崇象教宸遊直自接鴻濛遠山雪有一峰白别浦
楓餘幾樹紅天意不教常肅殺佇看宇宙徧春風

图 135 纳兰性德《通志堂集》卷四书影

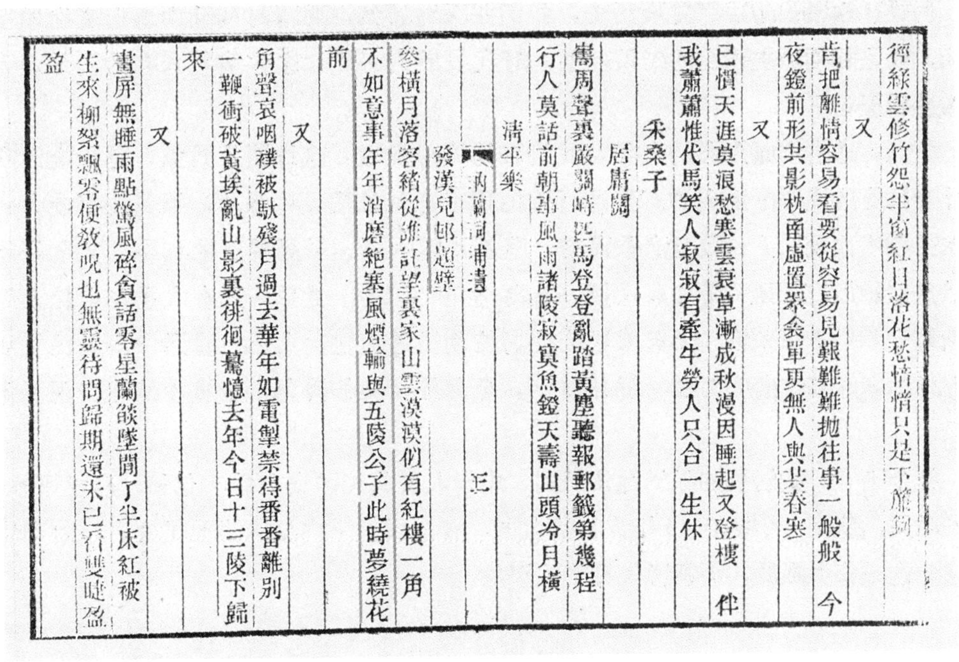
徑綠雲修竹怨半窗紅日落花愁惝惝只是下簾鉤
又
肯把離情容易看要從容易見艱難抛往事一般般 今
夜鐙前形共影枕函虛置翠衾單更無人與共春寒
又
已慣天涯莫浪愁寒雲衰草漸成秋漫因睡起又登樓 伴
我蕭蕭惟代馬笑人寂寂有牽牛勞人只合一生休
采桑子
居庸關
巂周聲裏嚴關峙匹馬登登亂踏黃塵聽報郵籤第幾程
行人莫話前朝事風雨諸陵寂寞魚鐙天壽山頭冷月橫
清平樂
納蘭詞補遺 三
發漢兒郎題壁
參橫月落客緒從誰託望裏家山雲漠漠似有紅樓一角
不如意事年年消磨絕塞風煙輸與五陵公子此時夢繞花
前
又
角聲哀咽襆被馱殘月過去華年如電掣禁得番番離別
一鞭衝破黃埃亂山影裏徘徊驀憶去年今日十三陵下歸
來
又
晝屏無睡雨點驚風碎貪話零星蘭焰墜閒了半床紅被
生來柳絮飄零便教咒也無靈待問歸期還未已看雙睫盈
盈

图 136 纳兰性德《纳兰词》书影

浏览上述诗词佳作，不禁感慨万千——迁西一带本属偏远边塞，但当年居然“引无数英雄竞折腰”，留下了如此众多的精彩篇章！从诗词作者来看，不仅有王寅（明代著名诗人，曾为戚继光幕僚）、陶允宜（明代文学家，曾任兵部侍郎）、杨忠裕（明代诗人，曾任蓟州知事）等文人学士，而且有陈第（明代音韵学家、藏书家、文学家，曾受戚继光举荐，任三屯车兵前营游击将军，以署参将驻汉儿庄，用副总兵体统行事）、梅国桢（明代军事家、文学家，曾为李贽《藏书》作序）、萧如薰（明代军事家、诗人、书法家，曾任宁夏总兵、蓟镇总兵）和康熙皇帝玄烨等帝王将帅，唐顺之（明代儒学大师、军事家、文学家、数学家，抗倭名将，唐宋派代表人物）、汤显祖（明代著名戏剧家、文学大师）、纳兰性德（清代著名诗人，号称“国初第一词手”）、曹寅（康熙名臣，文学家、藏书家，曹雪芹祖父，曾主持刊刻《全唐诗》）等文坛领袖。从作品内容来看，不仅卢龙塞（潘家口）、喜峰口、龙井关、景忠山、三屯营等雄关险塞、名山重镇频频成为诗人们描写的对象，就连汉儿庄（又作汉儿郫、汉庄）、太平寨、游乡口、榨子庵（《永平府志》作“柞子菴”或“栅子庵”）、宛在亭（在三屯营城东震湖，今已无存）、撒河（通称澈河）等罕为外界所知的边城村寨、山川风物也经常形诸诗人的笔端。从艺术效果来看，各家作品虽然表现手法不一、风格迥然有异，但均能做到格律规整、字句精工，足以引领一代风骚，其用字水准无疑达到了明清时期的最高境界。

回顾迁西漫长的用字发展历史，我们深深地感到，明清时期迁西历史文化用字的繁荣，既是长期历史积淀的结果，也是时代发展的必然。这种前所未有的繁荣，无疑令人感到振奋。

然而，透过绚丽多彩的表象，我们轻易即可发现：这种繁荣景象，是在统治阶层和社会精英的支撑下形成的；普通百姓的用字意识虽然日趋强烈，但其用字能力、用字水平依然比较低下。及至清末民初，随着外族入侵、军阀混战的加剧，文字普及的前景愈加渺茫，迁西一带文盲比例一直高达90%以上。此后，虽有大批志士仁人致力民众教育，但日军入侵、天灾人祸使他们的期望迅速化为泡影。直到中华人民共和国成立以后，党和政府大力推行简化汉字，全力普及义务教育，全县才最终实现了识字普及。

抚今追昔，我们更加深刻地认识到，中华人民共和国成立后，党和政府仅用60余年的时间，就使一个拥有13亿人口的大国，在全国范围内基本消灭了文盲，的确功德无量！这一伟大成就，历朝历代都不敢想象。

结　语

历时将近一年的广泛调研，我们对迁西县历史文化用字情况有了较为全面深刻的了解。根据调查发现的各种资料，经过综合分析、深入研究，我们得出以下几点初步结论：

第一，迁西历史文化用字情况具有比较突出的典型意义。麻雀虽小，五脏俱全。迁西虽属百里小县，但由于地理位置比较特殊、历史积淀非常深厚，其历史文化用字情况始终折射着中华文化的灿烂光辉，因而在长城文化带中具有显著的代表性。进一步加强对此地历史文化用字情况的调研，对于揭示长城文化带历史文化用字的特点和规律，具有十分重要的意义。

第二，迁西历史文化用字与华夏文明基本实现了同步演进。从上述报告内容可以看出，长城文化带（迁西）历史文化用字源远流长，不同历史时期的各类文字记载异彩纷呈，文字应用的传承脉络十分清晰，并且从未出现过明显断档，其发展历程与华夏文明的演进基本实现了同步。

第三，迁西历史文化用字始终具有非常鲜明的边塞特色。由于地处农耕文化与游牧文化的交错地带，迁西北部的卢龙塞（松亭关）、喜峰口、龙井关等名关险隘自古为兵家必争之地，加之明代蓟镇总兵府设于该县，其历史文化用字始终凸显着鲜明的边塞特色——从地名用字到史志记载，从各类石刻到诗词文赋，无不洋溢着沉郁苍凉的慷慨悲歌之气。

第四，在迁西历史文化用字发展中汉字一直占据主流地位。尽管迁西地处各民族征战不休的边塞地带，甚至多次沦为少数民族政权统治地区，但由于汉文化的影响十分强大，汉字应用在这一带的社会生活和文化交流中始终占据绝对的主流地位；其间虽偶有蒙文、满文与汉字并行的情况，但在汉文化的强势发展中，这些少数民族文字最后均悄然退出了历史舞台。

第五，汉字演变呈现着造字由少到多、用字由多转少的规律。在本次调研中，我们发现，从先秦到现代，由于古今字、异体字、繁简字等陆续增多，汉字总数一直呈逐步增长之势。秦代的《仓颉》《博学》《爰历》三篇共有 3300 字，东汉许慎《说文解字》收字 9353 个，宋代《集韵》收字达到 53 525 个，而近年推出的字海网收字则达到 13 万个。但从用字的角度来看，唐宋以后，常用字数量一直呈下降趋势，至明清不过 5000 个左右，而目前我们的常用字不过 3500 个。这一规律，在迁西历史文化用字调研中得到了明确印证。

第六，自先秦以降汉字演变一直呈现着逐步简化的趋势。从上述报告内容可以看出，从金文到小篆，从小篆到隶书、楷书，从楷书到行书、草书，从古字到宋元俗字，汉字演变一直呈现着由繁趋简、由僻趋俗的总体趋向。这一方面反映了社会发展对文字传播的必然要求，另一方面也符合汉字自身发展的内在规律。中华人民共和国成立后，党和政府顺应这一历史趋势，大力推行简化汉字，最终使一个拥有 13 亿人口的泱泱大国基本消灭了文盲，可谓功在千秋、利在万世。

第七，在历史发展中汉字使用规范具有明显的相对性。在本次调研中，我们发现，不同历史时期，有着不同的用字规范。从秦朝统一汉字、以小篆为规范，到西汉推广隶书、东汉楷书定型，从隋唐真草隶篆并行，到宋体字出现并广泛用于出版印刷，从许多朝代分别设置避讳用字，到避讳用字彻底废除，其间用字规则一直发生着明显的调整和变化。因此，在语言文字调研中，必须坚持历史唯物主义的思想方法，用发展的眼光看问题。以古衡今，无异于刻舟求剑；以今律古，则必然导致方枘圆凿，偏离正确的研究方向。

本次历史文化用字调研，时间紧、任务重，其间虽备历艰辛，但我们从中获得了许多十分有益的启示。

一是历史文化用字调研必须与实地考察相结合。只重视文献资料的搜集整理、比较分析，而不进行实地考察，往往会导致穿凿附会、以讹传讹，甚至“差之毫厘，谬以千里”。不注意这一点，即使王先谦、顾祖禹、杨守敬、严耕望等国学大师，也难免得出错误的研究结论。当然，只重实地考察，不注意广泛研究文献资料，则很容易导致视野狭窄、故步自封，最终难免沦为井底之蛙。

二是历史文化用字调研必须坚持实事求是的原则。面对历史谜案，当如胡适先生所言，在敢于“大胆地假设”的同时，务必“小心地求证”，绝不可避实就虚、以偏概全，甚至凭空臆断、妄下结论。只有按照实事求是的原则，深入分析研判，方可逐步接近历史真相，形成基本正确的观点。

三是历史文化用字调研不应限于“形音义”的辨析。“形音义”的辨析，固然是用字调研的核心工作内容，但如果仅限于此，忽略对相关文字记载丰富内涵的研究，将使调研工作的综合效果大打折扣。唯有在对用字情况进行文字学分析的同时，全面加强关联性研究，方可实现调研工作效益的最大化。

四是历史文化用字调研必须切实深入乡野民间。在本次调研考察过程中，我们深深感到，由于长期的历史积淀，乡野民间蕴藏着不可估量的文化宝藏。你可以小视一座城市，但绝不可小视任何一个小小的村庄。因为，说不定哪个村庄里就积藏着可能颠覆历史定论的文字载体，说不定哪个村庄里走出或经行过的某个历史人物，即曾改变历史的进程，甚至颠覆许多城市的命运。江苏丰县中阳里如此，安徽凤阳孤庄村如此，湖南湘潭韶山冲如此，迁西潘家口（卢龙塞、松亭关）、喜峰口、龙井关、汉儿庄大河山等亦莫不如此！

五是历史文化用字调研必须敢于否定已有的结论。在调研过程中，我们经常深深地感受到，许多新发现的文字资料与传统的研究结论存在明显冲突。因此，在全面分析、充分论证的基础上，必须有“吾爱吾师，但更爱真理”的学术精神，敢于否定前人的权威结论；同时，在敢于否定前人的同时，更要勇于否定自己，切不可囿于成见、先入为主，更不可妄自尊大、固执己见。只有这样，方能在否定之否定的基础上，最终形成正确的结论。

根据调研情况和上述体会，我们提出如下工作建议：

第一，长城文化带历史文化用字调研亟待全面展开。长城文化带是一座漫长而又宽广、蕴藏极为丰富的文化宝库，就其用字情况全面开展调研，对于加强京津冀文化协作、弘扬中华传统文化、提高长城文化带旅游事业发展整体水平，具有十分重要的意义。布点式调研固然可以取得以点带面的初步成果，但很难形成全面、宏观的研究结论。因此，建议各级领导加强综合协调，大力推进长城沿线各县、市、区的密切协作，全面扩大对长城文化带历史文化用字情况的调研范围。这样，方能切实拓宽我们的研究视野、提高调研工作的综合效果。

第二，前人和目前流行的许多错误观点急需加以纠正。在本次调研中，我们对前人和目前流行的一些错误观点做了深入分析论证，提出了全新的研究结论，如：汉唐之卢龙塞，辽宋设松亭关，其地在今之潘家口而非喜峰口，更不在平泉；黄洛水即今澈河，而非铁门关水，更非长河；洛水即今横河，而非澈河，亦非长河；去润水即今长河，而非横河，更非清河西支；敖水即今清河，而非蛤螺河；卢龙故城在今迁西汉儿庄一带，而非潘家口之北，更不可能在今卢龙县境内。建议有关媒体和当地政府对此予以密切关注，在进一步论证核实的基础上，对出版物和网站中的错误信息及时加以纠正，以免继续以讹传讹。

第三，对相关历史资料应该加以有效保护和充分利用。在本次调研中，我们发现了大量历史文献资料和摩崖、碑刻等珍贵文物，颇具研究价值，但目前保护力度和利用水平不高。因此，建议当地政府和有关部门采取实地管控、集中馆藏等有效措施，进一步加强保护，严防流失和损毁；同时，应充分发掘这些文献资料和珍贵文物的历史内涵，加强宣传、充分利用，为提升当地乃至河北的文化地位、旅游品位做出积极的努力。

由于时间比较紧张，加之工作水平有限，我们的调研工作难免存在许多疏漏，研究结论更可能存在偏颇之见。今不揣谫陋，将调研报告呈献给大家，敬祈各级领导、学界同仁和广大读者不吝赐教、批评指正。

（文中图片主要由撰稿人刘讯涛同志自行拍摄，部分文物图片由顾铁山、陈环、张致嘉、杨天华、张珊珊等同志提供，在此一并致谢！）

参考文献

1.《逸周书》，清乾隆丙午抱经堂雕本
2. ［晋］杜预撰：《春秋经传集解》，四部丛刊景印宋刊巾箱本
3.《国语》，明金李泽远堂刊韦昭解本
4. ［汉］刘向编订：《战国策》，明万历四十七年三色套印本（闵齐伋裁注集评本）
5. ［秦］吕不韦主编：《吕氏春秋》（毕沅辑校本），清乾隆五十三年灵岩山馆藏版
6. ［汉］刘安编撰，许慎注：《淮南鸿烈解》，清刘泖生景写北宋本
7. ［明］毛晋辑：《汲古阁十七史》，汲古阁辑刻本
8. 张元济辑：《百衲本二十四史》，商务印书馆景印本
9.《殿本二十四史》，清武英殿汇刻版，上海同文书局光绪二十九年影印本
10. 赵尔巽等撰：《清史稿》，中华书局1977年版
11.《管子》，四部丛刊景印常熟瞿氏铁琴铜剑楼藏宋刊唐房玄龄注本
12. ［北魏］郦道元著：《水经注》，四部丛刊景印武英殿聚珍版
13. ［北魏］郦道元著、陈桥驿校证：《水经注校证》，中华书局2007年版
14. ［清］杨守敬、熊会贞撰：《水经注疏》，日本京都大学藏抄本
15. ［清］赵一清著：《水经注刊误》，清光绪六年会稽章氏重刊本
16. ［唐］李吉甫撰：《元和郡县图志》，清光绪《畿辅丛书》本
17. ［唐］杜佑撰：《杜氏通典》，明嘉靖十八年西樵病叟方献夫刊本
18. ［唐］陈子昂著：《陈拾遗集》，《四库全书》本
19. ［唐］高适著：《高常侍集》，四部丛刊景印明活字本
20. ［北宋］曾公亮、丁度等撰：《武经总要》，明金陵书林唐富春刻本
21. ［北宋］刘敞撰：《公是集》，宋集珍本丛刊收录本，线装书局2004年版
22. ［北宋］沈括撰：《熙宁使虏图抄》，《永乐大典》存本
23. ［南宋］叶隆礼撰：《契丹国志》，元刻本及清乾隆癸丑孟夏刻本（承恩堂藏版）
24. ［元］陶宗仪撰：《南村辍耕录》，四部丛刊景印元刻本

25. [元] 许有壬撰:《至正集》,元人文集珍本丛刊本,台湾新文丰出版公司 1985 年版
26. [明] 李贤、彭时等纂修:《大明一统志》,弘治十八年慎独斋刊本
27. [清] 穆彰阿等编修:《嘉庆重修一统志》,四部丛刊景印清史馆藏进呈写本
28.《抄本明实录》(红格影印本),线装书局 2005 年版
29.《清实录》(影印本),中华书局 1985 年版
30. [明] 戚继光著:《止止堂集》,光绪十四年十二月山东书局依四库馆明本重刻本
31. [明] 戚继光著:《纪效新书》,万历十六年李承勋刊本
32. [明] 戚继光著:《练兵实纪》,明万历二十五年刻本
33. [明] 刘效祖等撰:《四镇三关志》,明万历四年刻本
34. [明] 郭造卿撰、郭应宠编:《卢龙塞略》,万历三十八年王象乾刊本
35. [清] 顾炎武撰:《天下郡国利病书》,四部丛刊景印昆山图书馆藏稿本
36. [明] 吴杰等修:《永平府志》,弘治十四年刊本
37. [清] 黄彭年等纂修:《畿辅通志》,河北人民出版社 1985 年版
38. [清] 宋琬撰次、常文魁续补:《永平府志》,康熙二年初刊、十八年续修重刊本
39. [清] 李奉翰、顾学潮修,王金英纂:《永平府志》,乾隆三十九年刊本
40. [清] 游智开修、史梦兰纂:《永平府志》,光绪五年刊本
41. 滕绍周监修:《迁安县志》,民国二十年(1931 年)版
42. [清] 叶向升纂:《遵化州志》,乾隆二十一年刻本
43. 潘秀华、孙万忠主编:《迁西县志》,中国科学技术出版社 1991 年版
44. 孙万忠主编:《迁西县志》(1987—2005),方志出版社 2012 年版
45. [清] 顾祖禹著:《读史方舆纪要》,中华书局 2006 年版
46. [清] 彭定求等编:《全唐诗》(缩印本),上海古籍出版社 1986 年版
47. [明] 陈子龙、徐孚远等辑:《皇明经世文编》,明崇祯云间平露堂刻本
48. 严耕望:《唐代交通图考》,上海古籍出版社 2007 年版
49. 周祖谟:《尔雅校笺》,云南人民出版社 2004 年版
50. [汉] 许慎:《说文解字》,四部丛刊景印宋刊本
51. [宋] 陈彭年、丘雍等编订:《广韵》,四部丛刊景印宋刊巾箱本
52. [北宋] 丁度等撰:《集韵》,《摛藻堂四库全书荟要》本,世界书局 1985 年景印版
53. [清] 张玉书、陈廷敬等编纂:《康熙字典》(影印本),中华书局 1958 年版
54. 徐中舒主编:《汉语大字典》(缩印本),四川辞书出版社、湖北辞书出版社 1993 年版

55. 王力主编：《古代汉语》，中华书局 1962 年版
56. ［日］阿辻哲次著：《图说汉字的历史》，山东画报出版社 2005 年版
57. 王祥之：《图解汉字起源》，北京大学出版社 2009 年版
58. 李行健、费锦昌执笔：《语言文字规范使用指南》，上海辞书出版社 2001 年版
59. 罗哲文：《长城》，北京出版社 1982 年版
60. 张立方、谢飞主编：《河北省明代长城碑刻辑录》，科学出版社 2009 年版
61. 谭其骧主编：《中国历史地图集》，中国地图出版社 1982 年版
62. 纪宝成主编：《清代诗文集汇编》（影印文献丛刊），上海古籍出版社 2010 年版
63. 王书珍主编：《迁西石刻》，百花文艺出版社 2007 年版
64. 宋志强、王立新：《中国古代钱币库》，天津古籍出版社 1997 年版
65. 王镛主编：《中国书法简史》，高等教育出版社 2004 年版
66. 孙毓修撰：《中国雕版源流考》，陈彬龢、查猛济撰：《中国书史》（合刊插图本），上海古籍出版社 2008 年版
67. 北京图书馆编：《北京图书馆藏珍本年谱丛刊》，北京图书馆出版社 1999 年影印版
68. 四川大学古籍研究整理所编：《宋集珍本丛刊》，线装书局 2004 年版

崇礼区迎冬奥会规范化用语用字研究

崇礼区调研组　冯　玫 执笔

张家口市崇礼区位于河北省西北部，地处内蒙古高原与华北平原过渡地带，全区总面积2334平方公里，海拔从814米延伸到2174米，自然村406个，总人口12.6万人（2015年）。

崇礼历史文化底蕴深厚，自古就是多民族多元文化交汇之地，其名即取自儒家核心思想——“崇尚礼义”。境内秦、燕、明等不同时期长城环绕，与丝绸之路、茶马古道齐名的张库古大道途径崇礼，遗存了太子城、响铃寺、东土城、龙山文化等丰富的古迹。1934年成立崇礼设治局；1936年改设治局为县；2016年1月撤销崇礼县，设立张家口市崇礼区。

崇礼方言属于北方方言区，部分蒙古族、满族、回族已转用汉语。

2015年7月31日，北京携手张家口成功获得2022年冬奥会主办权，崇礼成为雪上项目的主赛场，规划承担冬奥会雪上2大项6分项50小项的比赛项目。

一、调研开展情况

（一）调研的意义与背景

规范的用语用字不仅是成功举办冬奥会的重要保证，而且是崇礼区建设国际化城镇的必然要求。同时，规范的用语用字能够增强崇礼区的亲和力，在举办冬奥会期间，还有助于人们的沟通和交流，为人们提供种种便捷。基于此，张家口市语委、张家口学院承担了崇礼区迎冬奥社会用语用字规范化的调研任务。调研团队对崇礼区的社会用语用字，特别是奥运场馆、窗口行业、网络用语进行了调研。

1. 理论价值

一是为河北省有关语言文字政策理论研究提供建议。《中华人民共和国国家通用语言文字法》已经实施了16年，随着社会生活的发展，语言环境、社会用语用字状况发生了很大的变化。本调研将以崇礼区迎冬奥期间的社会用语用字中存在的问题为导向，为区域和领域语言文字工作推进、京津冀语言文字事业协同发展政策调整等提供切实可行的建议。

二是从微观的角度促进语言的应用研究。通过以崇礼区迎冬奥社会用语用字为研究对象，结合数据可以定性定量地分析崇礼区语言用字的情况，为相关的语言的应用研究提供科学的数据支撑。

2. 实践应用价值

一是办好冬奥会的需要。为了实现“为世界奉献一届精彩、非凡、卓越的冬奥会”的目标，按照国家有关要求，进一步健全语言文字工作网络，全面治理崇礼区不规范用语用字及外文译写错误的现象，消除语言障碍，净化区域语言文字环境，并为政府相关部门制定冬奥会期间的语言规划提供理论和数据的依据。

二是进一步促进区域语言文字规范化水平的整体提升。崇礼区是河北省重方言区，通过对崇礼区社会用语用字情况的调研，可以有针对性地制定重点区域和领域的语言文字规范化推进方案，进一步提高国民的语言能力，为促进张家口乃至河北省的语言生活和谐发展奠定基础。

三是创建和谐语言环境的需要。近年来，和谐语言环境建设越来越受到重视，国内一些大中城市都以重要事件为契机，不断加强语言环境建设。张家口也应借鉴其他城市的做法，全面建设符合“可再生能源示范区、国际休闲运动旅游区和奥运新城”发展定位的国际语言环境，为进一步增强国际交往功能，提供良好的语言服务，为提升城市现代文明程度、国际化水平提供可靠保障。

（二）目前国内外研究的现状和趋势

一是实地收集语料、记录社会用语用字现状。

费锦昌、齐闻（1985）对北京、上海、广东、湖北、江苏、吉林等六个省市 13 条街道的商店用字情况进行了调查，他们就繁体字、不规范简化字、异体字及错别字等不规范用字做了分类统计，并对此不规范现象做了简要的分析。陈原（1988）就北京王府井大街部分店名做了统计，发现王府井大街的牌匾用字的规范化程度不高，规范字与不规范字的比例大致是 1∶1，主要是繁体字滥用、拼音书写不规范等问题。进入 20 世纪 90 年代之后，更多的学者开始关注社会用字的问题。王维成（1991）在收集杭州 8 条主要街道的户外用语时，讨论了户外用语与文字规范化问题，指出了楷书的使用和繁简字问题。吴欣欣（1993）对合肥的不同街区、高校进行了社会调查，方法是拍照和抄录，对象是门牌、广告、标语等，对其中的不规范字做了统计，提出了解决这类问题的对策。陈松岑、谢俊英（1996）就北京市城区公共场合繁体字出现情况和原因进行了调查分析。在他们的调查研究中，除现场记录之外，还采取了现场访谈和发放问卷的方式。侯瑞隆、李文郑（1997）对商标用字进行了抽样调查，用定量、定性相结合的方法描述了商标用字的不规范现象。沈祥和（1997）则对南宁市区不规范用字进行了一次较大规模的调查，对包括街道、学校、工厂、报社、医院、商场等场合在内的用字情况进行了统计，并以问卷的形式调查了市民使用繁体字的心理，重点对别字的种类做了较为详细的分类和归纳。齐沪扬、王敏敏（1999）针对上海浦东新区商业广告中的繁体字使用情况做了分类问卷调查，涉及不同年龄、不同地区、不同文化程度的使用者对待繁体字使用的态度。陈汝东（1999）通过对北京、南京、武汉、重庆四市数十条主干道的社会用字的调查，总结了当前不规范用字的特点、趋势、成因及危害，并分析了汉字规范化的必然性，在此基础上提出了加强社会用字管理的策略。吕冀平（2000）选取了北方哈尔滨、齐齐哈尔及部分南方城市，对这些城市的社会用字现状进行了周密的调查，发现存在的主要是繁体字、异体字、错别字等不规范用字的使用问题。

进入新世纪，《中华人民共和国国家通用语言文字法》的颁布实施，让更多人开始关注社会用字的问题。蒋重母、邓海霞（2001）对武汉街道招牌用字不规范现象做了一定的收集整理，提出了繁体字使用频率高、“二简”字仍在使用、拼音字母使用混乱、多种字体混用等问题。王磊（2002）通过对牡丹江市 20 条街道用字的调查统计，总结了不规范字的几方面问题，即繁体字、异体字、“二简”字、错别字、夹用外文字母等。萧世民等（2003）对报纸杂志题名用字、商品外包装用字、公共场所用字、广播电视用字、网络用字等做了较为广泛的抽样调查，并就人们对规范汉字的认知态度、认知能力进行了问卷调查。池昌海（2003）对杭州主要商业街道街面上的店名、广告牌、单位名、标语等做了实地观察记录，就汉字的楷书、行书、隶书、草书等不同字体使用频率及外文、繁简字、异体字、错别字出现情况做了一定量的统计。邢欣（2003）在组织学生对北京、天津部分主要街道的社会用字调查中也注意到了店名用字的书法字体与商店类别的联系，以及繁简、错别字、外文使用等不规范现象。罗进军（2004）在对长沙、株洲的城市店名调查中也较为详细地归纳了繁体字、异体字的现象分类。唐晋先（2006）对绵阳地区主要街道的用字状况进行了抽样调查，总结了繁体、异体、旧字形、“二简”字、错别字等五种不规范用字情况。《中国语言生活状况报告（2005）（上）》（2006）在综述服务行业和公共设施等领域的语言状况时，也列举概述了社会用字中的繁体字、异体字使用以及一些外文使用不规范的问题。牟晓明（2011）通过对连云港市政府所在地新浦区的主要街道路名、商店招牌、风景游览区等对社会影响较大的几个方面的社会用字情况进行了调查和分析，指出为了实现连云港市跨越发展的战略目标，必须按照国家有关要求，健全语言文字工作网络，全面治理不规范的社会用字，营造良好的语言文字环境。

综上所述，关于社会用字，从20世纪80年代至今，相关学者对社会用字的研究，内容逐渐深入，范围逐渐扩大，从一开始的繁体、异体、拼音、错别字问题到书法字体、外文使用等问题，可以看出近些年来我国社会语言生活特别是社会用字发生的变化。与此同时，我们也发现有些问题没有得到较好的解决，如繁体字使用问题。

二是针对某一特定的社会事件开展的社会用语用字调查。

周庆生的《北京奥林匹克运动会语言环境报告》（2008）。该文从2008年奥运会赛事小环境和北京社会大环境这两个方面，研究北京奥运会的语言规划问题。该研究以语言和谐思想及以人为本理念为指导，以最大限度地消除语言障碍为目标，以中英双语或多语的使用为原则，以《中华人民共和国国家通用语言文字法》为准绳，调查北京语言环境状况，分析并纠正北京双语或英语环境中的语用错误和不规范问题，借鉴以往奥运会的经验，为营造优化、净化和国际化的北京语言环境，向北京奥组委、北京语言文字工作委员会和北京市民讲外语活动组委会，提出建设性和可操作性的建议、对策及整改方案。

于锦恩的《对2010年广州亚运会语言规划的建议》（2008）。该文认为实施亚运会语言规划、社会用语用字规范是实现“人文亚运”的重要内涵之一。在实施2010年广州亚运会语言规划、规范社会用语用字中应重点关注三个方面：一是努力营造亚运会语言环境，开展群众性的外语学习活动；二是建立规范的英汉对照公示语系统；三是借亚运举办之机促进汉语的国际推广。

范文娟的《基于2010年上海世博会谈城市语言环境建设》（2011）。该文认为从上海申请世博会的过程中，能够看出打造一个良好的城市语言环境不仅仅是政府的责任，更应该落实到每一个公民头上。通过研究我们能够得出结论，社会语言环境建设不仅可以增强每个公民正确使用祖国语言文字的意识，也可以提高一个城市的文化品位，同时还能塑造信息时代城市新形象。

汤燕瑜的《北部湾经济区语言环境现状调查及其建议》（2011）。该文认为语言环境是经济发展中重要的文化软环境，对区域经济发展起着关键的推动作用。为了更好地为北部湾经济区的开放开发服务，研究者就北部湾经济区的语言环境规划、语言环境规范、语言服务环境体系和语言服务专门人才的培养等进行了调研，分析了调研的结果并给出了相应的建议。

以上代表性文章都是以重大的语言社会实践为契机，以社会用语用字调研为抓手，以语言规划理论、语言环境建设为指导，从构建纯洁的社会用语用字环境及和谐的语言生活为目的而开展的社会用语用字调查。

现有的学术成果大都集中在城市社会用语用字的调查领域，这虽然在一定程度上对我国部分城市规范使用语言文字有着一定的指导作用，但在冬奥会的背景下对一个重方言区的社会用语用字情况进行的专项调查尚未见到，因此对其进行调研具有一定的创新意义。

（三）本调研的研究目标、内容及拟突破的重点和难点

1. 研究目标

以语言和谐思想及“可持续发展”的奥运理念为指导，以《中华人民共和国国家通用语言文字法》为准绳，以最大限度地消除语言障碍为目标，调查崇礼区社会用语用字状况，借鉴以往奥运会的经验，分析并纠正崇礼区的用语用字错误和不规范问题，为迎接冬奥会，营造国际化、长期化的语言环境提出建设性和可操作性的建议、对策及整改方案。

2. 研究内容

采用发放访谈问卷和实地调研的方法，首先调查崇礼区党政机关工作用语用字的情况；其次调查文化教育领域用语用字的情况，具体包括教师和学生的语言能力，群众对语言文化教育及语言使用的要求；再次调查服务行业人员的用语用字情况、语言能力和公共服务设施的文字使用情况；最后调查公众交际语言生活中的用语用字情况。在对每一部分数据进行分析的基础之上，根据国家语言文字使用规范化要求及社会语言学理论，提出解决崇礼区迎冬奥的社会用语用字问题的策略。

3. 拟突破的重点和难点

本调研的重点，一是根据相关的学术动态，收集背景材料，制定出详细的调查方案，设计针对不同领域的调查问卷和访谈提纲；二是整理问卷所得数据，在此基础上使用统计软件进行分析，多角度地对所得数据进行综合分析和利用。

本调研的难点是在对党政机关、新闻媒体、学校及公共服务行业四个领域进行用语用字的调查后，有针对性地提出崇礼区迎冬奥的社会用语用字策略，并为政府制定相应的语言规划提供参考。

4. 研究方法

研究方法主要有文献分析法、问卷调查法、访谈法、田野调查法、定量统计和定性分析等方法。

文献分析法。主要查阅和收集近年来与语言态度及语言能力有关的文献资料，如国内和国外的著作、论文以及数据资料。主要包括社会语言学、应用语言学、语言态度、语言能力、语言地位和规划等相关的资料。

问卷调查法。主要是针对崇礼区居民进行语言状况、语言能力的调查。主要采用书面填写的方式进行。

访谈法。主要是在发放问卷的时候选择部分被调查对象进行访谈，听取他们对本地方言、普通话和英语的看法，通过自然的语言交际判断他们的日常语言使用情况。

田野调查法。根据研究的目的和内容，实地调查崇礼区政府机关、新闻媒体、学校、公共服务行业等不同职业的工作人员的语言态度、语言使用情况。

定量统计和定性分析法。我们对崇礼区居民的语言态度、语言使用的情况从喜欢程度、有用程度和好听程度三个层面进行数据搜集，并对其数据的精确度和可信度进行统计学分析；在此基础上对数据的复杂的数量关系和结构进行定性分析，从语言意识、语言使用和语言态度三个方面考察崇礼区居民对本地方言和普通话的认同度。这样，通过定性和定量相结合，使我们的研究更有准确性和说服力。

二、调研的基本情况

（一）调研情况

1. 查阅分析了有关文献资料，明确了工作方向

课题组在启动调研工作初期，查阅分析了大量的文献资料，确定了工作重点。通过文献整理分析，发现已有的学术成果大都集中在城市社会用语用字的调查，在冬奥会这一特定社会事件背景下对一个重方言区的用语用字情况进行的专项调查尚未见到。鉴于崇礼区已于2013年通过河北省三类城市语言文字评估，所以我们对申报书的内容进行了局部调整，将研究重点定为在规范崇礼区社会用语用字的基础上，如何提升语言文字应用能力，构建和谐语言环境方面。

2. 崇礼区实地调研情况

6月14日，课题组先后调研了云顶密苑滑雪场、崇礼区第一中学、西湾子小学及部分街道的社会用语用字规范情况。

在云顶密苑滑雪场，主要是通过实地考察的方式进行调研。我们从规范汉字书写、中外文标识等方面进行了调研，主要发现了使用繁体字、已废止的“二简”字、乱改乱造词语、外文使用不规范等问题。

在教育领域的调研中，在崇礼区第一中学、西湾子小学随机抽取了11—13名教师进行座谈，并在校园中随机访谈了部分学生；着重了解了教师日常用语中普通话使用情况，校园规范汉字使用情况，语文教师在教学中推广普通话、推行规范汉字的情况，“推普周”开展的相关工作，校园里学生普通话的使用等情况。

在街道的实地调研中，发现某些商家的广告牌匾的用字中还存在一些错别字，利用谐音乱改乱造成语或词语，外语使用不规范等问题。普通话的使用以本地方言居多，

时有不文明用语出现的情况。

3. 问卷调查情况

根据崇礼区迎冬奥社会用语用字规范化调研的目标和内容，在崇礼区政府机关、新闻媒体、学校、公共服务行业四大领域随机选择500人进行了问卷调查。主要调查普通话作为母语的运用和学习能力、普通话程度及对普通话的态度、规范汉字使用等情况。

（二）存在的问题

通过实地调研发现在以下几个领域存在语言文字不规范问题：

1. 场馆

一是使用繁体字、中外文标识不规范现象。如云顶密苑滑雪场大厅的“全季卡寄存中心”标识牌和“禁止吸烟”标识牌中，汉语和英语的位置不统一：“全季卡寄存中心”标识牌，汉语在英文的上方；“禁止吸烟”标识牌，汉语在英文的上方。二是公文语体不规范。一些书面语的表达存在表意不清、病句等情形。例如云顶密苑滑雪场接待大厅的“关于滑雪教练的告知函”，标题与内容不符，标题缺少具有指向意义的动词，“关于滑雪教练”，让人不明白是什么意思，可以修改为“关于规范聘请滑雪教练的……”。而且标题表述也存在问题。“函”是“不相隶属机关之间相互商洽工作、询问和答复问题、请求批准和答复审批事项的公文”（《党政机关公文处理规定》，中办发〔2012〕14号），根据正文含义，应为“通知”。正文的抬头“尊敬的云顶滑雪场使用者，您好！”表述有误，“您好”应另起一段顶格书写。正文将“我公司”简称为“我司”，也不规范。三是外语翻译不规范，造成理解困难。如将“第四”错译为“4rd”，应为“4th”。

2. 窗口行业

卫生、商业、旅游、交通等窗口行业的工作人员普通话水平有待提升，英语口语会话能力层次不高。

3. 官方网站

官方网站的用语用字不规范现象，主要涉及标点、行文格式等问题。崇礼区官方网站“崇礼滑雪季开启上千人尝鲜”页面中，内容字体大小不一；“多乐美地滑雪场”介绍页面，第二段首行空了四个字符；“密苑·云顶乐园”介绍页面中《夏季项目》栏目里，存在“密苑云顶乐园特新增了……攀岩、射箭、等全新的娱乐项目”标点等错误。

4. 教育领域

一是对普通话、普通话与交际、普通话与生活等问题认识得不深；除语文、英语学科外，其他学科的用语用字规范化意识不强。社会用语用字不规范纠错活动比较重视错别字现象，忽略了文字在具体语境中运用得是否得体、恰当。二是网络不规范用语、不文明语言对语文教学、学生口语交际表达的影响较大，例如“吓死宝宝了”“神马都是浮云”等词语，教师虽然一直在积极纠正，但效果不明显，仍时不时出现在书面语和口语表达中。三是应试教育对社会用字用语规范有着一定的负面影响。在调查时发现，越是高年级的学生，使用普通话的比例越低。随着升学压力的增大，学生不得不把更多的时间用在考试科目的学习上，普通话的学习使用没有引起学生的重视。

5. 党政机关

党政机关普通话水平不均衡。教育、卫生等党政机关普通话推广工作较好，而扶贫办、农牧局等涉农部门普通话推广工作有待加强。这与部门的工作性质有着极大的关系。

（三）社会用语用字不规范原因分析

1. 客观历史原因

崇礼是坝上坝下的过渡地带，是草原游牧文明与山区农耕文明交融汇合的地区。20 世纪 90 年代以前，张家口由于特殊的地理位置，对外开放较晚，其教育发展程度受到一定影响，这自然也就降低了普通话的影响和推广程度，以至一些人产生误解，认为语言文字与经济发展没有太大的关系。这在某种程度上助长了崇礼方言的势力和方言优越感。

2. 语言观念相对落后

崇礼区位于河北省西北部，地处内蒙古高原与华北平原过渡地带。崇礼历史文化底蕴深厚，自古就是汉、蒙、回、满等多元文化交汇之地，取儒家核心思想“崇尚礼仪”而得名。境内秦、燕、明等不同时期长城环绕，与丝绸之路、茶马古道齐名的张库大道途径崇礼，遗存了太子城、响铃寺、东土城、龙山文化等丰富的古迹。举办冬奥会之前，崇礼区虽然以滑雪小城著称，但影响力远远不如现在，经济发展与市区有一定的差距。在人口迁徙流动方面，无论历时比较还是共时比较，都比较少，形成了相对封闭的乡村现状。与此相适应，也形成了因袭守旧的语言观念。

3. 领导干部重视有待进一步提高

从调查中我们可以看到，各级领导干部对经济建设、举办冬奥会等“硬任务”关注较多，对社会用语用字、语言环境建设等在领导干部看来是“软任务”的语言文字工作关注欠深入，更不用说当作一件大事来抓。在崇礼一中调研时，校长在主持调研座谈会时，用的也是方言，而非普通话。以上这些情况在一定程度上影响了普通话推广的速度、效率和规范程度。

4. 规范使用语言文字的意识不强

除了从事语言文字工作的专业人员外，其他人不太了解也不太关心语言文字规范化、标准化，没有意识到这是民族文明程度的体现，也没有意识到这是现代化建设的一个重要条件，因此他们缺乏维护语言文字规范化和反对语言文字污染的自觉性、主动性和积极性。

（四）崇礼区社会不规范用语用字的负面影响

语言文字作为社会发展的“软环境”，从某种意义说，其规范程度也是筹办冬奥会的重要指标，体现了河北省的文化管理水平。目前不规范用语用字的影响主要有：

第一，对大众交际造成一定的障碍，造成了理解上的困难和歧义。

第二，有损于国家声誉。冬奥会作为国际赛事，国内外关注度高，任何小的差错都可能带来极其严重的后果。特别是由于不同国家、民族之间的语言文化差异，用语用字的不规范可能会影响到国家之间的交往、合作以及友好关系，有损国家形象。

第三，造成人力、物力一定程度的浪费。按照规划，2017 年崇礼区竞赛场馆即将全面开工建设，2019 年 9 月将陆续建成，如果不提前介入，及时加强干预，对其用语用字及时规范，到后期发现问题再进行更换，会造成很大的人力、物力的浪费。

三、关于规范崇礼区社会用语用字的对策与建议

社会用语用字规范工作要融入“创新、协调、绿色、开放、共享”的冬奥发展理念，也要为“建设经济强省、美丽河北”贡献力量。在工作中，要以《张家口市筹办冬奥会和冬残奥会 2016 年工作计划》为依据，通过提高规范化意识、提升语言服务水平、增强语言服务功能等工作，营造规范、文明、高雅的语言文化环境，提升市民的语言文字应用能力和语言文化素质，为举办一届精彩、非凡、卓越的奥运盛会贡献力量。

（一）加强机制建设和制度建设，大力提高用语用字规范化意识

1. 积极做好社会用语用字规划工作

在崇礼区社会用语用字规范工作中，应明确未来一段时间内社会用语用字规范的指导思想、总体目标和每一阶段的具体任务，并纳入《张家口市承办 2022 年冬奥会总体规划》和《崇礼赛事核心区整体发展规划》，为营造良好的语言环境、提高市民交流水平和文明程度奠定基础。

2. 增强社会用语用字规范意识

一是加强用语用字规范化宣传，通过理论宣传、新闻宣传、文艺宣传、社会宣传、公益广告宣传等途径，实现用语用字规范化宣传的全覆盖。二是结合中心城区面貌提

升工作，定期督导检查街头用字情况，有计划地针对不同领域开展社会用语用字规范化宣传。三是加强对网络语言的监管。对智慧旅游平台、论坛等虚拟空间的网络语言加强监管，要从文化、法制、道德、管理等多方面着手，对不文明的语言现象进行防范和治理。四是在利用报纸、官网、微博、微信手机客户端等媒体平台策划报道和专题活动的基础上，积极开展语言文字法律法规知识、中华经典诵读、规范汉字书写等宣传活动。五是在“冰雪进校园”、中小学生“迎冬奥”征文、绘画、摄影等活动中积极宣传国家语言文字法，以及如何规范使用用语用字。六是在挖掘张家口人文历史文化、重点景区服务提升、历史文化名村建设、文化品牌建设、文明城市建设等文化宣传和打造“大好河山·激情张家口”冰雪季品牌中加强语言文字规范。

3. 强化学校教育

在各学科教学加强语言文字规范化的基础上，进一步丰富汉语和外语教学内容。在教学中增加中华传统文化、国际交往常识等方面内容，加强对学生进行国情、民俗教育，培养学生开放的文化意识和国际观念，提高学生的综合素质。

（二）以体育赛事为依托，以部门、行业为重点，全面提高语言服务水平

以体育赛事为依托，以卫生、商业、旅游、交通、公安等窗口部门和服务行业为重点，带动全市语言服务水平的全面提升。具体做法主要有：一是在崇礼国际滑雪节、康保冰雪大世界、张北冰雪文化旅游节、冬季旅游大惠民、业余滑雪大赛、海淀及张家口冰雪挑战季和中小学生冬令营等赛事、活动中规范社会用语用字和专有名词、术语的规范，发挥积极的典型示范效应。二是根据窗口行业、服务机构各自的特点，制订语言文字培训计划，明确要求，特别是对雪场配套服务及酒店等行业，制订相应计划，分阶段、分批次对相关人员进行规范用语用字、外语的培训。三是根据实际需求，突出重点。在人口集中的重点街区、场馆区、旅游区（点）等区域，选派具有语言文字水平较高的、擅长不同语种的工作人员，进行语言无障碍化服务。四是建立语言人才库。积极开展行业内用语用字比赛和学习交流活动，发现并培养一批语言文字工作骨干，建立语言人才储备机制。

（三）推进制度化、标准化建设，增强城市公共设施的语言服务功能

1. 建立规范的英汉对照公示语系统

一是有步骤地对体育场馆等设施的图标、英文标识和英文说明进行规范。2017 年冬奥场馆将陆续开工建设，改造场馆也将于 2018 年开工，为了避免不必要的浪费，建议对主城区奥体中心、崇礼区全民健身中心等场馆内用语用字、周边公示语、具有地方特色的用语用字英文译法加强审核，提前介入，形成统一、规范、同步建设的工作体系，并将语言文字的规范纳入场馆验收工作中。二是建立健全公共场所公示语标识社会监督机制。依托网络、杂志、电视、热线电话等媒体，建立公共场所规范使用标识的监督平台，开展公共场所标识纠错活动。三是对英文名称标注做出规范。进一步加强崇礼区餐饮、文化娱乐和体育等场所的英文菜单的普及和规范，及全区组织机构、职务职称英文名称等英文标注的标准化。

2. 为冬奥来宾提供“应急性”的语言服务平台

通过开设英、法、俄、日、韩等语种的电话翻译服务以满足各方面人员在旅游、交通、购物、医疗等日常生活方面的需要。主要包括举办汉语学习强化班，开设公共服务热线，结合外国人来华期间各方面的实际需要设计、制作汉语和外语对照的各类卡片等产品。

四、展望未来

（一）工作现状

1. 取得的成绩

近年来，随着全市语言文字工作的不断深入，特别是通过三类城市语言文字工作评估，崇礼区的语言文字工作有了显著提高。全区语言文字工作初步形成良好的氛围，各级领导和各行各业工作人员对语言文字工作重要性的认识普遍提高，贯彻实施“一法一办法”的自觉性不断增强。四大领域将语言文字工作融入日常管理之中，注重过程和实效。全区语言文字工作取得的长足进步，有力推动了崇礼区经济、文化特别是旅游业的发展。这种良性互动的态势为进一步提高语言文字工作水平和市民整体素质打下了良好的基础，也为冬奥会的举办提供了较为规范的语言文字环境。

2. 存在的问题

一是“一法一办法”的社会知晓度还有待进一步提高。有些部门、单位还没有把语言文字规范化工作提高到依法管理的高度来认识，对相关的法律法规还不够了解，发展不平衡是客观存在的。

二是整体上对语言文字工作重要性的认识还需强化，四大领域用语用字的规范化工作还需加强，全社会语言文字规范化的应用水平还需继续提高。

三是语言文字规范化管理的长效机制还应进一步建立和完善，各职能部门和有关行业结合各自实际制定的规章制度还需继续健全和落实。

（二）指导思想和工作目标

1. 指导思想

以党的十八大和十八届三中、四中、五中全会精神为指导，深入贯彻习近平总书记系列重要讲话精神，全面实施《语言文字规划纲要》和《河北省贯彻〈语言文字规划纲要〉实施意见》。以服务冬奥会工作为主线，大力推广和规范使用国家通用语言文字，着力学校、基层、重点领域的语言文字工作，加强语言文字规范化、信息化、法制化建设，弘扬传承中华优秀语言文化，构建和谐语言生活，推进崇礼区语言文字事业健康发展。

2. 工作目标

到2020年，按照国家有关要求，普通话在全区范围内基本普及，汉字社会应用的规范化程度进一步提高，语言文字社会管理能力全面提升，语言文字弘扬和传承中华优秀文化的作用进一步发挥，市民语言文字应用能力明显提高。

（三）重点工作及措施

1. 强化法治意识，营造浓厚的宣传氛围

进一步提高《中华人民共和国国家通用语言文字法》和《河北省实施〈中华人民共和国国家通用语言文字法〉办法》的社会知晓度和关注度，将“一法一办法”纳入崇礼区普法教育和法制宣传内容中来。将用语用字规范化内容纳入创建文明城市工作体系和冬奥宣传工作。通过各种形式实现用语用字规范化宣传的全覆盖。利用电视、广播、报刊、网络等媒体构建全方位、多层次的市民学习公益平台。利用崇礼区自身优势和历史文化资源，编写与冬奥会、滑雪文化有关的语言文字规范、文明使用语言和奥运语言文化等教材，利用文化宣传的载体，做好社会用语用字的规范工作。

2. 加强培训力度，全面规范社会用语用字

继续采取各种措施，通过各种形式，进一步加大国家通用语言文字培训。一是率先对政府公务员进行强化培训，进一步提高他们的普通话水平和汉字应用能力。二是根据窗口行业、服务机构各自的特点，按照相应计划分阶段、分批次实施培训。三是在人口集中的重点街区、场馆区、旅游区（点）等区域，选派语言文字水平较高的工作人员，基本实现语言服务无障碍化。四是进一步提升中小学教师普通话水平，将语言文字纳入教师培养和培训的重要内容中。要利用高校的辐射和带动作用，将语言文字工作纳入张家口学院承担的“张家口市2016—2021年奥运英语主题培训”中，大力开展语言文字规范化培训。

3. 完善工作机制，形成语言文字工作社会统筹

充分发挥各职能部门和重点行业的积极作用，巩固“党委领导、人大监督、政府负责、政协支持、语委统筹、部门协同、全员参与”的语言文字工作格局。统筹协调工商、税务等相关部门，严格把关，加强审核力度，强化对社会用字的监察管理力度，从源头上遏制不规范用字的产生。加强英文标识和英文说明的规范，加强对新增标识公示语、具有地方特色的用语用字英文译法的审核。发现并培养一批语言文字工作骨

干，建立语言人才储备机制，以便更好地开展公共场所标识纠错活动。逐步建设“应急性”的汉语服务和多语言电话翻译服务系统，以满足各方面人员在旅游、交通、购物等日常生活方面的需要。

做好迎冬奥的语言文字工作，是市政府和崇礼区共同的目标和任务，各有关部门一定要从大局出发，围绕办好冬奥这一中心工作，积极配合，密切协作，共同做好崇礼区迎冬奥语言文字规范化工作的落实。

滦平县普通话体验区建设调研报告

滦平县调研组　吴丽君 执笔

滦平县位于河北省东北部，承德市西南部，西部、西南部与北京市密云、怀柔两县接壤，处于京、津、辽、内蒙古的“金三角”交汇处，素有“北京北大门”之称，是沟通京、津、辽、内蒙古的交通要塞。西南距北京165公里，至首都机场120公里，距天津港310公里，东距历史文化名城承德市60公里。县内京承旅游公路、京沈101国道横穿东西，京通铁路纵贯南北，途经全县16个乡镇，大广高速京承段、张唐高速也从滦平穿过，形成了公路、铁路纵横交错、四通八达的交通网络。全县总面积2993平方公里，辖20个乡镇、1个街道办事处，200个行政村、9个社区居委会，总人口32.8万人（2016年）。

滦平县是河北省政府确定的民族县、环首都绿色经济圈14个重点县之一、环首都扶贫攻坚示范区9个重点县之一，先后被国家、河北省命名为“河北省园林县城”“河北省卫生县城”，荣获“河北省人居环境进步奖”“河北省人居环境范例奖”“河北省民营经济发展先进县”“河北省蔬菜产业示范县”“首都菜篮子供应体系示范县”等称号。滦平县历史悠久，旅游资源丰富，生态景观独特，是京津重要水源地和生态涵养地，境内有举世闻名的世界文化遗产金山岭长城和白草洼国家级森林公园。

从方言分类谱系上看，滦平方言属北京官话—怀（柔）承（德）片。滦平方言与标准的普通话非常接近，这个资源在全国独树一帜。滦平县委县政府抓住这一特殊的资源优势，立足发展的高度，将“深入挖掘‘普通话文化’内涵、打造县域普通话文化品牌，丰富和完善县域文化产业布局，推动产业结构调整，全面促进经济社会转型发展、跨越发展”作为重点工作，深入贯彻党的十八大精神，更好地落实《中华人民共和国国家通用语言文字法》《河北省实施〈中华人民共和国国家通用语言文字法〉办法》和《国家中长期语言文字事业改革和发展规划纲要（2012—2020年）》，利用自身资源、人文、历史优势，积极打造普通话体验区，逐步推进语言博物馆建设，力争将滦平建设成全国和世界知名的“标准普通话体验区”，推动滦平县文化事业和经济社会转型发展。

滦平县普通话体验区建设自2012年至今已经取得了一定的成绩，在全省乃至全国范围内都有一定的影响，对于普通话的推广和普及做出了一定的贡献。为了促进普通话体验区建设进一步发展，使之能更好地与县域文化经济融合，加快经济社会转型发展的步伐，我们对滦平普通话体验区建设进行了深入调研，从理论和实践的角度进行了论证和总结，进而提出合理化建议和改进措施。

一、调研基本情况

按照河北省教育厅《关于申报第一期京津冀语言文字工作调研项目的通知》要求和河北省语言文字工作委员会的安排部署，我们组建了滦平县普通话体验区建设工作调研团队。团队由高校教师和承德市、滦平县语委办工作人员组成（详见表1）。团队成员有比较充沛的精力外出调研，搜集、整理、阅读相关资料；团队成员所在单位在调研经费、时间、条件等方面都给团队成员提供了极大便利和支持；滦平县委、县政府及相关部门和相关人员也积极配合调研工作，这些都为调研提供了强有力的保障，因而此次调研进展得非常顺利。

表1 《滦平县普通话体验区建设调研》团队成员一览表

姓名	职称	研究专长	工作单位	工作分工
吴丽君	教授	应用语言学	河北民族师范学院	全面负责并修改调研报告、发展规划
王筱欢	副教授	应用语言学	河北民族师范学院	参加调研整理材料
马彦芳	讲师	普通话教学与研究	河北旅游职业学院	参加调研整理材料
郭志娟	讲师	教育理论与实践	河北民族师范学院	整理材料
于德富	中高	普通话与中学教学	滦平县教体局推普办	协调联络
梁艳	中一	普通话与中学教学	滦平县教体局推普办	搜集材料
田金虎	小一	普通话与小学教学	滦平县教体局推普办	撰写发展规划
马婧	中高	普通话与中学教学	滦平县教体局推普办	搜集材料
何青霞	讲师	应用语言学	河北民族师范学院	汇总材料撰写论文
尉春艳	讲师	汉语语法	河北民族师范学院	汇总材料撰写论文

团队成员查阅了《滦平县志》《承德府志》《承德市志》《热河志》等文献资料和有关承德语言、滦平语言的研究论文；通过调查问卷，了解普通话体验区建设在各领域

产生的影响及体验者的感受；对金沟屯至今健在的7位20世纪50年代普通话语音采集人进行实地访谈；召开各层级人员座谈会；实地考察滦平县开展普通话体验区建设的各方面工作。其间省、市语委领导也到滦平县对调研工作进行检查指导。（图1、图2、图3）。

图1 调研团队在滦平县调研

图2 省、市语委领导到滦平县检查指导调研工作

图 3　调研团队负责人吴丽君向省、市语委领导汇报调研情况

调研对象为滦平县委、县政府，滦平县教体局，滦平县职教中心，滦平县普通话体验馆，普通话实习、实践基地以及金沟屯、金山岭等与普通话体验区建设相关的地区、部门和人员。

此次调研主要采取发放调查表和调查问卷、听取汇报、集体座谈、单独访谈、实地考察等形式，对滦平县普通话体验区建设情况做多角度、多维度的调研；同时采取文献研究和行动研究相结合、数据统计与理论分析相结合的研究方法，对获取的数据进行分析，对国家有关语言文字的法律、法规进行研判，力求客观、全面、真实地反映滦平普通话体验区建设情况。现将具体调研情况报告如下。

（一）滦平县创建普通话体验区的优势和条件

滦平县是环首都绿色经济圈重点县，文化底蕴厚重，尤其是满族文化和皇家文化积淀深厚；作为北京官话—怀（柔）承（德）片的滦平方言与普通话非常接近，20 世纪 50 年代滦平县金沟屯镇就是普通话语音重要采集地之一。因此，滦平在发挥语言优势，打造普通话文化品牌，积极创建全国模范普通话体验区，推广普通话，使滦平成为人们了解、学习、感受、体验纯正普通话的窗口和舞台等方面，有着得天独厚的优势和条件。

1. 国家政策、法律法规的保障

国家、省、市各级政府对于普通话的推广非常重视，将其提到了国家战略的高度。党的十八大报告提出："推广和规范使用国家通用语言文字"是新时期语言文字事业发展的核心任务，“建设优秀传统文化传承体系，弘扬中华优秀传统文化”是新时期语言文字工作的重要内容。《中华人民共和国宪法》第十九条规定：“国家推广全国通用的普通话。”《中华人民共和国国家通用语言文字法》第二条规定：“国家通用语言文字是普通话和规范汉字。”第三条规定：“国家推广普通话，推行规范汉字。”《国家中长期语言文字事业改革和发展规划纲要（2012—2020 年）》主要任务的第一条：“大力推广和普及国家通用语言文字。”《河北省实施〈中华人民共和国国家通用语言文字法〉办法》第一章第四条：“县级以上人民政府应当将推广普通话、推行规范汉字作为社会主义精神文明建设的重要内容，对国家通用语言文字工作所需人员和经费予以保证，为公民学习和使用国家通用语言文字提供条件。”

2015 年 6 月，北京市语言文字工作委员会、天津市语言文字工作委员会、河北省语言文字工作委员会三方协商，在张家口签订了京津冀语言文字事业协同发展战略协议书。协议书提到，要“加强语言文化建设、语言产业开发研究”，“助力一批具有京津冀特色的语言产业项目扩大市场”，“依托各自语言文字资源优势，充分利用‘普通话体验区’、书法作品展览、文字创意展览等专项展览，共同打造语言文字展示平台”。

各级各类政策、法规的支持成为滦平县普通话体验区建设的坚强后盾。

2. 党政领导的高度重视

滦平县委、县政府十分重视文化产业的发展，目标明，思路清，决心大。2014 年 3 月，县政府提出“举全县之力，集全民之智，全力打造全国普通话模范体验区”。县委、县政府领导经常深入基层，搞调研、解难题，定期组织召开县委常委会、县政府常务会等不同层面的工作会议，就文化建设问题进行专题研究，制定出台了《滦平县文化事业第十二个五年规划》等一系列推进文化事业健康发展的政策措施，立足发展的高度，将深入挖掘“普通话文化”内涵，打造县域新的文化品牌作为工作重点，把充分展示普通话体验区特色，大力推进产业化发展，着力建设国家级普通话学习、体验、培训基地，力争让滦平的普通话文化走向世界，促进县域文化产业发展作为总体目标，让打造普通话文化工作有组织、有目标、有计划、有步骤地顺利开展。同时遵循研究谋划与建设相结合，突出建设的原则，科学规划，精心谋划，重点建设好“一区一馆”，即“普通话体验区”和“语言博物馆”，使普通话文化产业成为县域经济新的增长极。

3. 明显的语言优势和良好的群众基础

滦平方言与标准的普通话极为接近，不论男女老幼都能说一口比较标准的普通话。我国对现阶段各类工作人员的普通话水平应达到的等级标准有明确要求：播音员、节目主持人、影视剧演员和配音演员为一级以上水平；教师和大学生为二级以上水平；公务员和社会公共服务行业从业人员为三级以上水平。而《普通话水平测试等级标准

（试行）》对普通话水平各个等级有具体要求，其中对一级乙等普通话标准程度的描述为：一级乙等，测试得分为 92 分—96.99 分之间，为标准的普通话，朗读和自由交谈时，语音标准，词语、语法正确无误，语调自然，表达流畅，偶然有字音、字调失误；对二级甲等的描述为：二级甲等，测试得分为 87 分—91.99 分之间，为比较标准的普通话，朗读和自由交谈时，声韵调发音基本标准，语调自然，表达流畅，少数难点音有时出现失误，词语、语法极少有误。

按照上述标准和要求，滦平县 98%的人的普通话水平都可达到标准程度和比较标准的程度，即二级甲等以上（详见表 2、表 3）。多年来，滦平人能说较为标准的普通话已经成为其外出就业的独特优势。

表 2　滦平县公务员、各行业人员普通话水平测试统计表

年份	行业分类	参测人数	二级以上比例(%)	测试等级和所占比例								
				一级			二级			三级		
				一甲	一乙	一乙比例(%)	二甲	二乙	二级比例(%)	三甲	三乙	三级比例(%)
2007	公务员	534	100	0	22	4.1	504	8	95.9	0	0	0
	社会	90	100	0	3	3.3	84	3	96.7	0	0	0
2008	公务员	756	100	0	36	4.8	719	1	95.2	0	0	0
	卫生	497	100	0	15	3	480	2	97	0	0	0
	窗口	27	100	0	0	0	27	0	100	0	0	0
	社会	564	100	0	6	1.1	558	0	98.9	0	0	0
合计		2468	100	0	82	3.3	2372	14	96.7	0	0	0

表 3　滦平县教师、学生普通话水平测试统计表

年份	参测人数	二级以上比例(%)	测试等级和所占比例								
			一级			二级			三级		
			一甲	一乙	一乙比例(%)	二甲	二乙	二级比例(%)	三甲	三乙	三级比例(%)
1998	2213	100	0	509	23	1690	14	77	0	0	0
1999	298	100	0	148	49.7	150	0	50.3	0	0	0
2001	109	100	0	20	18.3	89	0	81.7	0	0	0
2002	20	100	0	4	20	16	0	80	0	0	0

续表

年份	参测人数	二级以上比例(%)	测试等级和所占比例								
			一级			二级			三级		
			一甲	一乙	一乙比例(%)	二甲	二乙	二级比例(%)	三甲	三乙	三级比例(%)
2003	24	100	0	2	8.3	22	0	91.7	0	0	0
总计	2664	100	0	683	25.6	1967	14	74.4	0	0	0
	教师 2493	100	0	614	24.6	1869	10	75.4	0	0	0
	学生 171	100	0	69	40.4	98	4	59.6	10	0	0

表2是滦平县为迎接国家三类城市语言文字达标工作，于2007年和2008年对全县公务员和各窗口行业工作人员进行普通话水平测试的情况统计，参加测试的2468人，基本上都是当地人，他们的普通话水平等级均在二级乙等以上。其中一级乙等82人，二级甲等2372人，一乙和二甲合计所占比例为99.4%。

表3是滦平县1998—2003年教师和职中学生普通话水平测试情况统计，参测教师2493人，一级乙等和二级甲等合计所占比例为99.6%，二级乙等只占0.4%；职中参测学生一级乙等和二级甲等合计所占比例为97.7%。

普通话水平测试所有参测人员成绩均在二级乙等以上，且绝大多数人普通话水平为一级乙等或二级甲等，这两个等级人数比例平均在98.9%以上。如此高的比例，在全国各地普通话水平测试中是十分罕见的。

由此可见，滦平县各阶层人员普通话标准程度已完全达到并高出国家对各行业人员要求达到的水平。从滦平人实际发音看，音准分明，字正腔圆，既没有北京方言的过度卷舌音和吞音吃字现象，语调又比东北方言语调柔和，尤其是没有尾音。滦平人语音清晰、明确、干净、利落。得天独厚的语言优势，使滦平人在讲话时有着充分的文化自觉和文化自信，他们为自己能说一口流利、标准的普通话而感到骄傲、自豪。他们响应政府号召，在日常生活、工作中坚持说普通话。因此，滦平县普通话体验区建设和打造普通话品牌具有广泛的、良好的群众基础。

4. 重要的皇家文化和长城文化资源

滦平县处于北京和承德之间，可以说是处于北京和承德两个重要旅游目的地的走廊之中，是承德避暑山庄、外八庙皇家文化体系中不可分割的一部分，是清帝由北京到避暑山庄的必经之地。清朝的四位皇帝往返这个区域230余次，留下了众多的文物古迹和美丽的传说，形成了一批行宫群和御路群。同时万里长城最精华、最壮美的一部分——金山岭长城，位于滦平县域。金山岭长城建筑最精美，军事防御体系最健全，视野最开阔，一直被长城业界人士称颂，被誉为“万里长城，金山独秀”。这样的长城文化，潜力不可低估。

5. 优美的生态环境

滦平森林覆盖率59.7%，水资源丰富，区域生态环境好，空气质量高，天蓝地绿，山清水秀，空气清新，四季分明，气候宜人，不仅是北京、天津的生态水源涵养地，而且是北京和天津防范北方风沙的天然屏障，生态潜力巨大。以滦平处于环首都绿色经济圈的优势为基础，综合所拥有的皇家文化、长城文化和生态文化，其有条件成为承德市国际旅游城市最重要的组成部分，也能成为承接首都休闲、养老消费转移的最重要的聚集地。在休闲、养老产业发展中，融入“普通话文化”，无疑会增强滦平休闲、度假、旅游的文化内涵与品位。

（二）普通话体验区建设的初步成效

自2012年7月普通话体验区建设工作启动以来，滦平县委、县政府做了大量工作。成立了以县长为组长，组织部、宣传部、教体局、文广电局、人社局、文联、财政局等部门主要负责同志为成员的普通话文化建设工作领导小组，明确工作职责，切实加强对打造普通话文化工作的组织领导；制定出台了《滦平县关于打造普通话文化工作方案》，明确了总体构想、工作目标、实施步骤和保障措施；多次召开协调会议，听取工作情况汇报，对建设过程中存在的问题进行及时研究解决，形成了推进工作的强大合力。在短短的4年时间里，滦平县普通话文化和普通话体验区建设工作已取得初步成效，得到了教育部、省教育厅、承德市政府的充分认可。

1. 搭建完成了普通话体验区建设框架

滦平县委、县政府依托优势语言资源、深厚的群众基础、强劲的地域优势和社会各界的大力支持，始终将打造普通话文化品牌作为推动县域经济发展的重要引擎，明确提出要把普通话体验区建设工作作为“调整产业结构、转变发展方式、提升发展质量”的重要举措来抓，作为提升全县文化品位、打造文化产业、促进经济社会和谐发展的一号工程来抓。通过近五年的不懈努力和探索，普通话体验区建设框架已经搭建完成，确定了“两点一中心”的普通话体验区建设模式。“两点”，即把金山岭长城和金沟屯镇作为两个普通话体验示范点，建设以旅游观光、生态休闲为主导的全国模范普通话体验区；“一中心”，即在滦平县职教中心已经建设完成的普通话体验馆的基础上，进一步建设普通话培训中心，现已全面铺开建设。

2. 追本溯源，逐步构建滦平语言理论体系

（1）挖掘滦平语言历史成因

滦平方言是如何形成的？与普通话为何如此接近？背后肯定有着深刻的历史成因。

滦平县组织专家团队就滦平语言特点及形成原因进行研究。团队成员查阅《热河志》《承德府志》《承德市志》《滦平县志》等文献资料，搜寻对滦平语言形成的历史有价值的记载；访谈对本地历史有深入研究的文史专家，广泛搜集对滦平语言接近普通话原因的描述和对滦平语言研究有价值的信息资料。

查阅《热河志》《承德府志》等文献收获甚微。这两部书中有关语言方面的记述本来就很少，而专门记述滦平语言的更是难以找寻。只有《承德市志》《滦平县志》（2006）中有关于语言的专门论述。

《滦平县志》介绍，滦平县域内部方言基本一致，没有明显的差异，其中东部、东南部口音接近承德市话，西部、西南部接近怀柔、密云口音，全县语言在语音、词汇、语法系统上与标准的普通话非常接近。

语言的形成与人口构成有很大关系。滦平自商周至明末，一直是各少数民族和汉族融合聚居区，又是重要的战略要地。历史上民族融合时期，人口增长；战时，人口大减。明末，明朝与蒙古以长城为军事界线，屡有战争。永乐元年，将古北口外地划予蒙古兀良哈诺音等守卫，原居民内迁，滦平县域变为人烟稀少的畜牧地，成为“无人区”。清朝，在滦平圈地立庄修建行宫，派驻军队，设置衙署。康熙年间，宗室王公、内务府来此圈地立庄，满族八旗壮丁及眷属大量集中迁入，形成本地主要人口。

赵杰《官话迁徙与京腔移植》（1990）指出：京腔在北京城及其怀柔、密云、河北的承德、围场到内蒙古的东部，再到辽宁省的开原以北、吉林省的绝大部分和黑龙江全省的广大地区，像喇叭筒型一样逐渐扩展开，形成了北京官话区。这片北京官话区的形成，有语言迁徙的历史原因，也有清中叶前后京腔移植的社会原因。清乾隆时有的重镇如黑龙江的宁安、阿城、双城、拉林、瑷珲、嫩江、齐齐哈尔，吉林的珲春、永吉、九台、伊通，内蒙古的通辽、开鲁、林西、赤峰，河北的围场、承德、滦平等地，几乎都是京城满族人或和北京素有密切来往的旗人“先入为主”，京腔的定音使说幽燕方言占多数的广大后来移民不得不“入乡随俗”（特别是第二代以后），所以，如此广大的区域带有京腔味儿，也就有了初步答案。赵杰的这一论证从侧面说明了滦平方言与以北京官话为基础的普通话接近的社会原因。

河北民族师范学院戴克良、成福伟老师撰写的《试论承德方言与普通话接近的历史成因》（2014）一文指出：清代承德地区大量满族移民的到来，彻底改变了这里的民族分布，主体民族由蒙古族变为满族，加之这里曾长期作为“无人区”而形成的较为

单纯的语言基础，大量操着浓厚旗人“京腔”的满族移民的到来，成为承德方言在语言谱系上属北京官话的最直接原因。

文史专家、滦平县政协副主席王国平认为滦平人普通话说得好，更多应该是历史的原因，主要应该是深受清朝“官话”的影响，而且不存在传统方言土语的干扰。滦平有个小兴州，是古北口外百姓在明初集中内迁的出发地。近几年，经常有山东、河南等地的人来这里寻根问祖。明朝初年，因为当时北京、河北、河南等地多年战乱人口锐减，另一方面在口外明朝军队与蒙古人还在持续对峙，所以朱元璋开展了大规模人口内迁运动。这样既可以充实内地人口，又可以减少蒙古人劫掠带来的损失。明成祖朱棣当皇帝后更是把古北口外的居民和军队全部撤回长城以内，固守长城，在长城外很大范围形成军事隔离区（也叫无人区）。这样的情况一直到清初再次从北京周边向滦平移民开荒才改变。这期间 200 多年的断层，让滦平的传统方言已经消失在历史当中。

清朝建立之后，滦平就从长城边塞，变成了多民族融合发展的走廊地带。清朝顺治皇帝在位的时候曾两次北巡，都途经滦平，并在这里建行宫、驿站，派兵驻守。之后康熙在承德兴建避暑山庄，滦平更成为往来承德与北京之间的重要通道。现在，滦平境内有清代御路遗址 5 条、行宫遗址 8 处，省级以上重点文物保护单位 10 处，各类遗址、遗迹及古建筑 360 余处，康熙、乾隆、嘉庆、咸丰等 4 位皇帝秋狝避暑往返途经此区域 230 余次，其中，康熙、乾隆皇帝最多，均在 90 次以上。在清朝前期，很长时间里滦平这里都是由皇家内务府直管的，直到乾隆四十三年（1778 年）才改喀喇河屯厅为滦平县，县名取“滦河无患，人民得平安”之意。

据记载，明末清初陆续有周边百姓迁到滦平开荒种地，而新移民大量迁入是从清朝康熙时期开始的。当时在北京周边因为旗人圈田占地和当地汉人产生的矛盾越来越激烈，清政府就鼓励旗人到古北口外开发无主荒地，建立“口外庄田”（包括皇家内务府直管的皇庄、王府直管的王庄和八旗各级官兵所有的旗庄）。根据《民国档案》的记载，直到清末，滦平境内共建有皇庄 24 个，王庄、旗庄 130 多个。庄田的管理者与北京朝廷之间交往密切，所以受当时“官话”影响较大。可以说在清朝时滦平就是“官话”推广的先行区。当时的移民以满族为主体，但也有大量的汉族百姓随之而来。清代滦平话的形成过程，就是个移民聚集的过程。由于人口来源构成多样，且没有足够强势的方言，所以更容易受到当时“官话”的影响，形成了发音比较统一的滦平“官话”区。

简言之，滦平话与普通话极为接近的原因有二。一是滦平的历史只是从清代开始，时间较短，没有当地地方语音的影响干扰。二是滦平人的主体是从京畿等地迁来的王公大臣和八旗军队，60%都是满族人，受官话影响非常大，发音自然统一；随后而来的外地人也因语言环境影响学同样的发音。而现代普通话和当时的“官话”是一脉相承的，因而滦平话与普通话极为接近。

（2）探究滦平语言特点以及滦平语言与普通话的异同

2013年6月，河北省语言文字工作委员会把滦平县列为河北省有声语言资源数据库建设试点县。滦平县按照有关要求，组建了由高校语言文字方面的专家、学者组成的团队（详见表4）。团队共有7名成员，其中历史语言学博士1人，语言学硕士3人，数学硕士1人；从职称看，教授2名，副教授2名，讲师3名。所有人员对普通话和汉语方言都有比较多的研究，出版和发表了一些与之相关的论著、论文，主持并参与过多项与语言文字相关的课题，积累了很多相关资料。

表4 “滦平县方言有声数据采集与研究”团队成员一览表

姓名	职称	研究专长	工作单位	分工
吴丽君	教授	语言文字	河北民族师范学院	全面负责
汤云航	教授	语言文字	河北旅游职业学院	理论指导
马彦芳	讲师	语言文字	河北旅游职业学院	方言调查记音
王筱欢	副教授	语言文字	河北民族师范学院	材料归纳整理
成福伟	副教授	数学统计	河北民族师范学院	材料整理统计
戴克良	讲师	历史语言学	河北民族师范学院	方言调查记音
吕志敏	讲师	语言理论及应用	河北民族师范学院	方言调查记音

专家团队搜集有关承德方言、滦平方言的文献资料；查阅承德行政区划演变、民族成分和人口迁徙的历史文献；搜集有关方言的书籍和论文；并进行了实地调研。通过宣传、面试等形式，遴选出七位滦平方言发音人。（图4、图5）调研团队按照调查要求和《中国语言资源有声数据库调查手册》内容，对发音人的方言数据进行了采集、比较、分析，找出了滦平方言与普通话在语音、声调方面存在的异同。从数据统计分析看，滦平方言的语音、词汇、语法系统与普通话的语音、词汇、语法系统基本一致。

首先，语音方面，滦平方言有声母21个，其发音部位、发音方法与普通话完全一致；有韵母39个；有声调4个，即阴平、阳平、上声、去声，调值依次是55、35、214、51。但有些字在自由变读或白读时，声母或韵母或声调与普通话略有差异。

图 4　滦平方言数据采集团队与滦平方言发音人沟通交流

图 5　滦平方言数据采集团队与滦半方言发音人合影

其次，词汇方面，由于地缘上与北京相接，且满族人口居多，因而滦平方言中有一些北京方言和东北方言词汇，同时还掺杂一些满语、蒙古族语词汇。

再次，语法方面，有些词的构成、词语组合以及句式上有一些自己的特点。

调研团队成员戴克良、成福伟撰写了《试论承德方言与普通话接近的历史成因》，吴丽君、王筱欢撰写了《滦平方言语音系统调查报告——声母系统》。

以上成果是滦平语言研究的重要理论材料，对进一步研究滦平语言具有非常重要的参考价值，也为滦平打造普通话文化起到了强有力的理论支撑和助推作用。

3. 搜集整理完成了普通话语音采集见证人的实证材料

滦平县金沟屯人普通话说得最标准。金沟屯是滦平县最大的一个镇子，1953 年国家有关部门派语言专家进行语音采集，这里是采集地之一。如今为了纪念这一事情，在金沟屯小学的门前建起了“普通话语音采集地”的石碑。滦平县积极与国家、省、市语委及相关部门联系，寻找当年专家到滦平县进行“普通话语音采集”的相关档案材料；搜集整理当时参与和见证这一事情的老人的相关信息以及相关经历的口述材料。(图 6)

图 6　金沟屯周立信老人正在讲述 1953 年语音采集经历

现在了解到的基本情况是：20 世纪 50 年代，国务院为了制定国家通用语言——普通话的语音标准，曾派语言专家到各地采集语音，语言专家曾到滦平的金沟屯镇、巴克什营镇、火斗山乡三地采集当地人语音，专家曾表示将采集到的各地语音相比较，滦平金沟屯的语音最为标准。如今，通过走访调查得知，金沟屯镇的郝润德、李泽廷、周立信、姚凤元、石俊勇、周景明、白凤然等几位老人还依稀记得当年的旧事，在滦平职教中心普通话体验馆中保存有几位老人的口述资料（详见表 5）。

表 5　普通话语音采集见证人口述资料

口述人	口述内容
 郝润德	1953 年我当时在金沟屯小学上二年级，在上课的时候就有两三个人从后门走进教室听课，等下课的时候，老师就让我们几名同学到办公室，他们问我们问题，我们就回答，都是一些简单的，还让我们读了读课文，就让我们回去了！
 李泽廷	1953 年采集普通话时，我在上小学五年级，放学后在街上就有两个人和我说话，问了我几个问题，我就回家了，最后才听说是普通话采集语音呢。
 周立信	记得当时是 1953 年，我 22 岁，还是民兵，吃完饭出门溜达时有两个人到我跟前和我说话，还要到我的家里坐坐，我把他们带到家里，他们问了问我的家庭情况后就走了，我也是听村里人说是北京采集普通话的。说起普通话确实我自己也很有感触，担任厂长期间到外地谈项目时，外地人都称我说话好听，发音标准。
 姚凤元	1953 年暑期放假回家，在街上听老乡们在议论国家派人到金沟屯同老乡们讲话的故事。有的老乡说："北京来的人听咱们讲的话好听。"有的人说："好听管什么，也不当饭吃。"有的人说："好听就是好，你说话别人听明白了，要不然你们听听周云廷（八路军二连队指导员，山东人）说话，你听清楚了吗?"

续表

口述人	口述内容
 石俊勇	当时我在上小学一年级，下课后老师把我叫过去，让我读第一课课文“上学了，下学了”，朗读几句后就让我回去了。
 白凤然	1953 年当时我还在上小学，在下课的时候，老师把我叫到办公室问这问那，还让我读报纸和课文，老师让我干啥我就干啥，问完后就让我回了。后来大家纷纷议论那是在进行普通话采集。 等我上师范的时候，同学们有唐山的、卢龙的、张家口的……什么地方的都有，当时老师就称我说话发音跟别人不一样，说话好听，发音很标准。

4. 强化宣传，普通话体验区的知名度和影响力不断扩大

（1）营造普通话文化氛围

一是利用广播、电视、标语、宣传栏等形式广泛宣传普通话文化品牌建设工作，提高全县人民对普通话文化的认识，调动全县人民共同参与的积极性，使说一口标准、流利的普通话成为每个人的自觉，让打造文化品牌的过程成为提升全县人民文化素养的过程。

二是通过在县内适当地点和关键位置设置普通话宣传牌匾和标志性景观，在京承高速公路沿线设立大型广告牌等形式，进行宣传。（图 7、图 8）

三是制作普通话宣传片，在广播、电视台定时播出，在县内公交车和滦平县至北京的公交车上租赁视频播放权限，每天循环播放宣传片；积极与有关单位协调，争取在更大范围的视频播放系统播放。

四是召开全国多家新闻媒体记者会，加大对滦平普通话文化品牌、普通话体验区建设工作的宣传推广力度，使普通话成为滦平向国内外宣传展示的城市“名片”。

图 7 金沟屯宣传标识

图 8 金山岭宣传标识

五是申请域名，开设滦平普通话宣传网站，并与政府门户网站、宣传部网站、教体系统网站相互链接，聘请专业人员科学布局网站板块，丰富网站内容，形成全国独有的普通话宣传专项网站。

六是开展丰富多彩的主题活动。首先，发挥各级各类学校主阵地作用。学校联系着千家万户，老师和学生是文化建设的中坚力量和未来的文化传播者，他们影响面大，关联人多，他们的积极参与，能够引起全县各层级人民对普通话建设的关注，有利于营造全民参与的良好环境和氛围。①在中小学校组织书法、朗诵、读书、小主持人比赛、青少年儿童演讲比赛、普通话研讨会等一系列活动（详见表 6）。②开展“纠正方言，说标准普通话”的主题宣传和“传帮带”活动，即将滦平方言读音不正确、不准确、容易出现错误的字、词印制成宣传册，向全县发放，每个学生都要在家里对自己的亲戚、朋友进行普通话文化宣传，在学校及社会上帮助用语不规范的人纠正错误，让普通话教育深入每一个家庭和社会的每一个角落。倡导人们无论是在会议研讨、工作交流中，还是在校园里、生活中都说标准的普通话，让标准的普通话成为全县人民的工作语言和生活语言，提高全县人民的语言规范意识和应用水平。③开发以“普通话”为主题的校本课程，编写校本教材，挖掘普通话文化内涵，确保普通话教育深入每一所学校和每一位师生。其次，在全县开展发现滦平语言特色，寻找滦平地域美景，体验感受滦平普通话文化的魅力主题活动和全民读书活动，激发人们对语言文字乃至家乡文化的热爱，提高人们普通话的应用程度。再次，将普通话文化品牌建设与园林县城创建、农村环境整治结合起来，在全县开展“规范广告牌匾，规范使用汉字”的语言文字规范化建设活动，区域性推进，从城区向乡镇、农村延伸，巩固提高三类城市语言文字工作评估成果，形成全县上下说普通话、书写规范汉字的联动机制。又次，借力“推普周”。每年 9 月以全国“推普周”为契机，在全县范围内组织开展不同主题的“推普”活动。2013 年 9 月，举办了第 16 届全国推广普通话宣传周滦平开幕式暨滦平语音资源有声数据库建设启动仪式和“推广普通话，共筑中国梦”万人签名仪式。教育部、河北省教育厅有关领导、专家参加了此次活动。2014年9月，第17届全国推广普通话宣传周重点活动在滦平启动。新华网、河北电视台、《河北日报》对此都进行了报道。

表6　滦平县语言文字活动统计表

年份	活动名称	活动目的	参加人员
2014	全县师生硬笔书法大赛	提升全县师生汉字书写水平，练就扎实基本功	全县各级各类学校教师、学生
2014	“诵读经典诗文，争做博识少年”朗诵大赛	展现学生个性才华，培养学生文学素养，大力推进普通话文化建设	全县中小学生
2015	“美丽新滦平，魅力普通话”征文、朗诵比赛	体验感受滦平魅力，增强热爱家乡意识	全县各级各类学校
2015	第三届汉字听写大会滦平初赛	提高规范汉字书写水平	全县中小学生
2015	“脑力冲击波，汉字大比拼”活动	提高规范汉字书写水平	全县5所学校
2015	滦平县首届师生规范汉字书写大会	提升师生规范汉字书写水平，引导师生热爱祖国文字和书法艺术	全县各级各类学校
2016	“走进普通话体验区，大力发展普通话”主题活动	为普通话体验活动创设良好的体验环境	碧桂园控股集团、河北御泉湾农业科技有限公司

（2）邀请专家学者来滦平指导普通话文化品牌建设工作

2013年8月，教育部语言文字应用管理司和省电台组成的领导、专家团队专门针对“打造滦平普通话文化品牌和建设普通话体验区”工作来滦平指导。通过随机走访部分行政部门、窗口单位、服务行业以及普通百姓家庭，专家团队深切感受到滦平人民对打造普通话文化品牌的莫大支持和对文化事业发展的由衷渴望；教育部领导和专家对该项工作给予了高度赞赏并提出了宝贵意见。

2013年12月，时任教育部副部长、国家语委主任李卫红，时任教育部语用司司长姚喜双和“中国汉字听写大会”总导演关正文，中央电视台著名播音员李瑞英等参加了在滦平县召开的“中国汉字听写大会”座谈会，并赴金沟屯镇实地调研普通话体验区建设进展情况。（图9、图10）各位领导、专家对滦平县打造普通话文化工作给予指导，同时提出了中肯意见。

图 9　相关领导、专家参加在滦平县召开的“中国汉字听写大会”座谈会

图 10　相关领导、专家参观滦平县普通话体验馆

2016年6月，教育部语用所在滦平县举办了国家语言文化大讲堂活动。（图11）语用所专家、领导对滦平使用规范语言文字工作非常满意，并对滦平人一口流利的普通话赞不绝口。教育部语用所张世平所长说："真没想到滦平的路标制作得这么标准，可见滦平在语言文字规范化方面没少下功夫。"著名话剧、影视表演艺术家薛中锐老师说："在散步期间遇见的人，不管什么年龄段都能说一口流利的普通话，不愧是普通话之乡。"相关专家应邀做了有关语言文字传承与应用的专题讲座。

图11　国家语言文化大讲堂专家讲座现场

2016年9月20日，由河北省教育厅、河北省语言文字工作委员会主办，承德市教育局、承德市语言文字工作委员会协办，滦平县委、县政府承办，并得到北京市语委、天津市语委大力支持的"京津冀书法名家进校园——走进普通话之乡中国·滦平、走进普通话体验区"启动仪式，在滦平县会议中心隆重举行。（图12）此次活动是为了纪念《国家通用语言文字法》实施15周年暨国务院发布《关于推广普通话的指示》60周年，落实十八大以来习近平总书记等国家领导对推广普及国家通用语言文字、增强国家语言文字能力建设、传承中华优秀语言文字的重要指示精神，促进《国家语言文字事业"十三五"发展规划》的实施而举办的。教育部语用司司长姚喜双，河北省教育厅总督学韩爱丽，河北省教育厅语工处处长王晖，北京市教委语工处处长安晶晶，天津市教委语民处副调研员王长海，承德市副市长于庆贺，承德市教育局工委书记、党组书记、局长丁然，以及滦平县委、县政府有关领导出席了启动仪式，并实地调研了滦平普通话推广工作。此次活动对滦平县书法教育的提升和学生书写能力的提高将发挥重要的促进作用。

经过多种形式的宣传，助推了滦平县普通话体验区建设工作，提升了滦平县普通话文化品牌在全省乃至全国的知名度和影响力。

图 12 “京津冀书法名家进校园——走进普通话之乡中国 · 滦平、走进普通话体验区”启动仪式

5. 到滦平学习体验普通话的人逐年增加

（1）国内相关部门和机构来滦平交流、培训

现已基本建设完成的普通话体验馆、普通话体验点，为国内外普通话学习者、研究者搭建起了学习交流的平台，到滦平学习、体验普通话成为人们的不二选择。随着“滦平——标准普通话之乡”“普通话体验区”影响力的不断增强和扩大，各相关部门和培训机构纷纷来滦平开展普通话培训、体验、交流活动。

2014 年以来，来滦平体验交流的部门涉及国家、省、市各个层级，体验人员遍及学校、文化传媒、政府等各领域的领导、专家、语言研究者和学习者（详见表 7）。仅 2016 年 4 月—6 月间，滦平县就连续三次组织由国家、省、市各级领导和全国各地语言工作者参加的语言宣传、培训、参观交流活动。另外，2015 年 11 月，中宣部组织的大型纪录片《魅力中国话》摄制组走进滦平，举行了滦平专辑开机仪式。（图 13、图 14）

表 7　国内各地、各部门来滦平体验、交流统计表

年份	活动地点	活动名称	参加人员
2014 年 8 月	普通话体验馆	河北省普通话测试员骨干培训班	省普通话测试员骨干
2015 年 7 月	金沟屯体验点	赤峰市刘妍语言学校来滦学习交流	刘妍语言学校学生、家长各 20 名
2015 年 11 月	滦平体验区	《魅力中国话》滦平专辑开机仪式	教育部、省、市领导
2016 年 4 月	滦平体验区	“汉字走进普通话之乡——中国・滦平”展	中国博物馆、承德市领导及 200 名学生
2016 年 5 月	金山岭长城	走进普通话体验区，大力推广普通话	省、市、县各级领导
2016 年 6 月	滦平体验区	语用所语言工作者参观、培训	全国各地 165 名语言工作者

图 13　赤峰学生、家长来滦平体验普通话现场

图 14　《魅力中国话》大型纪录片滦平专辑开机仪式

（2）留学生来滦平“游学”，体验普通话

近两年，滦平县加大对北京地区的宣传力度，尤其是加强与北京高校的联系，让北京的高校了解滦平的资源优势、区位优势和普通话优势，使高校语言学专业的学生，尤其是留学生熟知滦平，走进滦平普通话体验区、体验点，体验纯正标准的普通话。（图 15、图 16）现在，北京师范大学已有多批留学生来滦平游学（详见表 8）。

两名有半年汉语言基础的巴基斯坦留学生说：“来滦平一天的学习体验比在学校学习一周的收获还大。”在金山岭长城，两名有 3 个月汉语言基础的津巴布韦留学生说：“这一次活动比在学校学一个月效果都好。”他们对当地人能说一口标准流利的普通话羡慕不已。在体验普通话的同时，留学生还观摩学生的书法课，参观师生书法作品展，他们对中国语言、文字等传统文化产生了浓厚的兴趣。这些活动不仅促进了中外教育交流，增强了文化融合，也让滦平的普通话文化走向国际，扩大和提升了滦平县“普通话之乡”的国际影响力。

图 15　北京师范大学墨西哥留学生在滦平职中体验普通话

图 16　北京师范大学美国加州留学生在金沟屯与当地百姓交流

表 8　北京师范大学留学生来滦平游学统计表

年份	活动地点	活动主题	参加人员
2015 年 5 月	县职中、金山岭长城	剪纸、泥塑、绘画、手工、茶艺等兴趣项目，与学生互动交流	北京师范大学墨西哥留学生
2016 年 4 月	县职中、金山岭长城	参观普通话展馆；特色国学诵读；与职中学生互动交流，体验普通话	北京师范大学留学生 230 人
2016 年 5 月	县职中、金山岭长城	参观普通话展馆；剪纸课、泥塑课、茶艺、手工、绘画课等，与学生互动交流，体验普通话	北京师范大学 85 名墨西哥留学生
2016 年 7 月	县职中、金山岭长城、金沟屯	参观普通话展馆；剪纸课、泥塑课、茶艺、手工、绘画课等，与学生互动交流，体验普通话	北京师范大学 23 名美国加州留学生

上述统计数据表明，自 2012 年普通话体验区建设以来，每年吸引各地、各部门人员及留学生来滦平体验的批次、人数越来越多。通过学习、培训、体验、交流，人们切实感受到普通话不再是理论层面上的说教，而是存在于我们现实生活中的活体语言，它看得见，摸得着，感受得到，它鲜活地展现在人们面前，进一步加深了人们对标准普通话的认识，激发了人们学习标准普通话的热情和兴趣，极大地推动和促进了普通话作为国家通用语言在全国各地的传播推广。留学生对深入百姓中学习、体验、感受

中国标准普通话的活动形式非常喜欢，学习兴趣浓厚，对滦平的普通话评价很高，希望能有更多机会来滦平实地学习，提高自己的普通话水平和日常口语交流的水平。

目前，滦平职业技术教育中心、金山岭游客中心、金沟屯普通话文化展室，都设有普通话模拟测试点，配有普通话模拟测试设备，测试者戴上耳机，即可进行人机对话，20 分钟过后，普通话成绩就能出来。时任滦平县职教中心校长孙立侠介绍，来这里测试普通话水平的人常常要排长队等待。

6. 与政府、高校和办学机构联合创建普通话实习、实践、培训基地

在滦平县职教中心建设的普通话培训中心，已具备接待实习、实践学生的能力。滦平县政府将借助教育部和有关播音主持、影视传媒院校以及社会力量，采取合作办学、开设分校等方式培养各类播音主持、影视传媒人才，现已与 11 所高校达成播音主持专业合作意向。还将在金沟屯、金山岭、百草洼建设国家、市、县级播音员、主持人普通话培训基地，影视传媒学校普通话体验基地和其他行业人员普通话学习实践基地，吸引全国各地播音主持行业的从业人员、在校学生以及各窗口行业、服务行业人员来滦平进行普通话培训和体验，使滦平逐步成为全国性标准普通话人才培养基地和输送基地。

滦平县政府还主动与北京语言大学、新东方学校、韩国东国大学等国内外知名院校进行对接，加大合作力度；与北京师范大学、北京语言大学、中国传媒大学、北京外国语学院、河北民族师范学院签订了框架协议，紧抓合作契机，谋划共同发展。在推动语言文化交流与合作上，签约双方按照“优势互补、重点推进、互利共赢”的原则，建立长期稳定的合作关系，发挥各自优势，统一共同打造普通话实习基地项目，共同推动各大学教科研项目和滦平县经济、文化更好更快地发展。各大学将会提供理论与技术支持，协助滦平县共同打造全国普通话体验区。（图 17）

图 17　滦平县政府与河北民族师范学院、北京第二外国语学院签订框架协议现场

国内外知名大学的加入，将提升滦平普通话文化建设的理论层次，加快体验区建设的步伐，助推滦平经济文化事业的发展，提升滦平文化内涵，形成普通话文化产业结构，增加居民收入，造福一方百姓。

7. 对打造普通话文化产业链达成共识

在政府的重视与引领下，全县对打造普通话文化产业链、带动城市经济发展已经达成共识。全县上下积极行动起来，按照滦平区域经济特点，依托县域丰富的旅游资源，积极构建以“普通话文化”为主导的经济产业链，希望以此拉动滦平教育、文化、旅游、休闲、康养、绿色农业等各方面产业的发展，形成多元化、多层级、多角度、有序、健康的经济建设发展态势。

（1）把普通话文化建设与县域经济发展结合起来

首先，组织人员，开动脑筋，挖掘滦平县历史资料，搜集整理能体现地域特色的传说和故事，将其整理后充实到金山岭、白草洼旅游景区导游解说词中；开展以历史文化、风土人情、民间艺术、文物古迹、名人轶事、成语典故、地域特色等为题材的征文活动或读书活动，并将其精选后制成展板，在县域重点地段和各个旅游景区展出，展示滦平地域文化特色。

其次，在金沟屯中心小学建设普通话文化展室，从普通话常识、滦平普通话采集的历史事实和学校“推普”活动等方面，宣传推介普通话。

再次，在普通话体验馆和体验点开发游学项目。县职教中心环境优美，硬件设施齐全，有书法、美术、手工剪纸、泥塑、茶艺等多个专业学习室和展室，既可以延续传统手工技艺，推介普通话游学产品，又可以提供学习交流、实习、实践的场所，同时还能为来滦平体验、学习普通话的人们提供更加生动活泼的互动交流项目。

又次，积极筹建长城河谷语言博物馆。建设语言资源博物馆既要考虑到方言自身的非物质性、濒危性、专业性，也要考虑到一般博物馆的公众性、观赏性等。初期确定博物馆分为方言和方言文化展示、语料保存和收集以及方言研究三个板块。建设语言博物馆在全国尚属首家，建成后必将吸引业界专家、学者以及国内外游客来滦平参观学习。

（2）建设“普通话＋生态旅游休闲”体验区

滦平县充分发挥地域优势，积极谋划城市发展，利用校园、社区、农家院、经济园区以及旅游资源、生态环境，全方位打造普通话体验区。

首先，以金沟屯、巴克什营、火斗山三个乡镇为示范点，建设以普通话文化为看点的农家乐、采摘园、普通话体验一条街、普通话体验茶馆等，打造普通话产业链，带动三个乡镇的经济发展。金沟屯普通话文化体验一条街已着手建设。随着场地、设施、设备的逐步完善，必将吸引更多的游学学生和各界人士来滦平乡村旅游、休闲度假，了解普通话知识和普通话发展历史，并与当地居民沟通交流，充分体会感受滦平标准普通话的魅力，提升普通话水平。

其次，确定10户农家院作为首批普通话体验点进行建设，对农家院工作人员进行普通话知识和语言表达技巧培训，提升工作人员人文素养和普通话水平。

再次，与企业签订合作协议，开发集旅游、休闲、度假、体验等融为一体的文化产业，以此拉动滦平房地产业的发展，促进滦平经济效益的快速提升。滦平县委、县政府与碧桂园控股集团环北京区域承德米拉房地产开发有限公司、河北御泉湾农业科技有限公司签订合作协议，在滦平县开发集旅游休闲为一体的漂流项目；与北京世纪唐人旅游发展有限公司达成初步合作意向，逐步打造以普通话文化为看点，将旅游、休闲、度假、体验等融为一体的文化产业链，让滦平成为真正的休闲旅游佳地，游客在此能够住得舒适，学得轻松，玩儿得开心，真正体会学中玩儿、玩儿中学的乐趣，做到学习、娱乐两不误，休闲、商务兼顾。

又次，开发绿色有机蔬菜、水果、粮食等农副产品，带动生态农业和林业的发展。在滦平普通话文化品牌和美丽的自然风光、绿色的生态环境吸引下，会有越来越多的人来滦平旅游、休闲、采摘。采摘的客源主要以北京、天津、承德市区、滦平县城的人居多。采摘时间大都集中在果蔬成熟的5—10月份。采摘的果蔬有草莓、大樱桃、圣女果、葡萄、苹果梨，黄瓜、豆角，等等（详见表9）。

天津游客魏先生说："这里有长城，有自家地里的绿色蔬菜、绿色大米，还能和老人小孩儿聊几句，听听他们的普通话，挺有意思的。"

表9　采摘果蔬情况统计表

时间	人数	采摘地	采摘品类	客源地	年收入（亿元）
2012年5—6月	3万	西沟、虎什哈、兴州、付家店等	草莓、圣女果、葡萄、苹果梨、苹果，豆角、黄瓜，等等	北京、天津、承德市区、滦平县城	1.0
2013年5—7月	3.5万	西沟、虎什哈、兴州、付家店等	草莓、圣女果、葡萄、苹果梨、苹果，豆角、黄瓜，等等	北京、天津、承德市区、滦平县城	1.1
2014年5—7月	3.8万	西沟、虎什哈、兴州、付家店等	草莓、圣女果、大樱桃、葡萄、苹果梨、苹果，豆角、黄瓜，等等	北京、天津、承德市区、滦平县城	1.2
2015年5—10月	4万	西沟、虎什哈、兴州、付家店等	草莓、大樱桃、葡萄、苹果梨、苹果，豆角、黄瓜，等等	北京、天津、承德市区、滦平县城	1.4

滦平独特的普通话文化和秀丽宜人的自然风景成为吸引游客的魅力招牌，逐年增多的采摘游人带动了滦平农林业的发展，增加了县域经济收益。滦平正在积极开发引进更多的果蔬品种，加大培植力度，扩大生产规模，促进滦平生态、绿色、环保的农林产业发展。

（三）普通话体验区建设存在的问题

由于“以普通话为中心打造文化产业链”在全国是独一无二的、开创性的，没有现成的模式可供参考借鉴，只能是“摸着石头过河”，不可避免地会存在一些问题和需要破解的难题。及时发现问题并努力寻求解决这些问题的有效办法，然后不断修正、完善，才能更好地、更加科学地、更加合理地开发利用自身优势语言资源，创造更多经济价值；才会使体验区建设更好地前行，逐步实现普通话文化产业链带动全县经济发展的目标。

1. 宣传范围不够宽，力度不够大

（1）县域内宣传的深度、广度有待加强

首先，语言资源观念不够深入人心，全县域在认识上还存在差异。宣传的重点主要集中在“两点一中心”：金山岭、金沟屯、职教中心。在这一区域宣传的力度比较大，区域内相关人员对普通话这一非物质文化资源开发利用的价值的认识更深入，普通话资源开发意识更强，对普通话文化品牌的打造更有体会。但是由于对其他区域的宣传力度相对比较弱，这些地方的人们对于普通话资源开发的意义、价值认识不够全面，开发意识和愿望不够强烈，对全县域打造以普通话为中心的经济产业链工作模糊不清。

其次，宣传内容过于单一化、形式化、表面化。宣传内容集中在滦平得天独厚的语言优势，如金沟屯曾是全国普通话语音采集地，滦平人普通话标准，堪称“普通话之乡”等方面，而对滦平语言特点、语言形成原因、语言文化等方面宣传得较少，致使滦平人自身对自己平常说的话为什么与国家推广的普通话极为接近很难说明白。在金沟屯走访村民时，问起为什么他们的语言与普通话那么接近，他们也很迷惑，说可能是“一方水土养一方人”，这里的水土好，所以语言也纯正。这种解释显然有些唯心。

（2）县域外宣传范围还需拓宽

目前，滦平——中国标准普通话之乡，在京津冀高校留学生中已经产生了很大影响，不断有留学生来滦平“游学”，学习体验普通话。但由于宣传推广普通话的区域主要是滦平周边的京津冀地区相关职能部门、语言培训机构、高校，宣传对象大多是语言学界专家、学者和高校学生，而对更广大地区、领域、行业和更多人群的宣传覆盖相对比较薄弱。也就是说，对外宣传的范围还不够广，影响面还不够大，眼界不够宽，推广力度还不够强，尤其缺乏面向国际市场的宣传，全国其他省份高校的留学生乃至国外学汉语的人都还未被吸引过来。随着“汉语热”在全球的不断持续升温，目前海外学习汉语的人数已超过 1 亿，他们中很多人都有到中国亲身体验普通话的愿望和要求。而滦平标准普通话体验区在国内是独一无二的，应该进一步加大并拓宽对外宣传的力度和范围，让国内外有学习、体验普通话意愿的人都知道滦平是中国标准普通话之乡，是标准普通话作为活体语言的存在地，是中国普通话的高地，是人们学习、体验普通话的不二选择之地。

2. 滦平语言理论研究还很薄弱

滦平方言由满、蒙、藏、回、汉等多民族语言交汇、融合而成，这在其他地区极为罕见。它不仅体现了中华民族“语言多元一体”的文化格局，而且贮存着滦平的历史进程和“文化基因”，滋养着弥足珍贵的非物质文化遗产。滦平方言在汉语诸方言中具有独特地位，历史和现实多种因素交织影响，成就了滦平方言与国家通用语言——普通话极其接近，在人们的语感中几乎就是普通话的特质。滦平方言是汉语诸方言中屈指可数的普通话的活标本，是中国普通话的高地和湿地；滦平方言是汉语诸方言中“风景这边独好”的普通话的活语境。滦平独特的语言资源，与滦平的形成历史和人口变迁有密切关系，深入挖掘滦平方言形成的原因，科学描写滦平方言语音、词汇、语法特点，探究滦平方言与满语的关系、与普通话的关系、与滦平地域文化的关系，对“滦平——中国标准普通话之乡”建设、普通话研究培训基地建设、普通话文化品牌的打造以及滦平语言资源的文化价值、经济价值的挖掘和合理利用都将起到巨大的推动作用，同时也将使滦平普通话体验区建设更具合理性和科学性。

但是到目前为止，对滦平语言的理论研究还很欠缺，成果甚少，只有本课题组成员戴克良（2014）的《试论承德方言与普通话接近的历史成因》和吴丽君（2014）的《滦平方言语音系统调查报告（一）——声母系统》。对滦平方言词汇、语法研究，滦平方言与普通话的比较研究，滦平方言与地域文化研究等尚属空白。也就是说，对滦平语言的研究还非常薄弱，研究空间还很大。

3. 普通话体验区体验项目、体验设施和普通话培训基地建设还不够完备

（1）“两点一中心”体验项目、体验形式不够丰富。尽管在“两点一中心”组织开展了很多活动，吸引了很多游客、学者、学生，但由于目前都还在建设中，因而体验项目、体验形式都还比较单一，更多侧重在观感体验、讲解性体验。如：金沟屯普通话文化展室，展出的有滦平历史文化、语言优势、普通话常识和 1953 年语言文字专家到金沟屯采集普通话语音时几位参与人的口述材料等；滦平县职教中心的普通话体验馆，也大都是以图片、文字叙述、资料书籍陈列等方式的参观体验，缺少直观的、灵

活多样的、趣味性和针对性强的活动性体验以及冲击力强的视听觉体验，也就是说系统化、规范化的亲身体验项目还没有完全形成。

（2）普通话体验馆中，内容介绍以及筛选、整理、陈列、摆放的各种资料、书籍等，在系统性、科学性、规范性、准确性等方面，还需进一步统筹规划，研究论证。

（3）普通话体验馆内录播室设备、语言测试仪器设备以及普通话培训基地基础设施还没有完全落实到位，建设尚不完善。

4.“普通话+”的思路不够清晰

在依托丰富的旅游资源，谋划各类普通话培训基地，推动普通话文化品牌建设，拉动全县旅游、休闲、商务等产业发展和县域经济建设发展的大力宣传下，全县上下“普通话+”的意识已经具备，尤其是“普通话+旅游”的意识已经形成，工作思路渐趋明晰，但如何打造“普通话+”产业链，目标不够明确，思路不够清晰，亦缺乏整体的统筹规划。因此普通话文化还很难真正融入城市发展建设中，融入各行业、各领域中，即全县一盘棋的“普通话+”统一联动机制尚未形成。

二、普通话体验区建设对策及建议

在前期计划及计划实施的基础上，对普通话资源的进一步开发仍需要有科学的策略和合理的方法，而这一切的前提是必须依靠政府的大力引导、学术界的理论及实践的正确指导、社会的积极参与，也就是王世凯（2010）提出的“官界、学界、民界”共同参与。加强政府、社会和学界之间的联系，共同构建以“普通话文化”为契合点的经济文化产业链，使滦平普通话资源的开发能够顺利长久地发展下去，为打造“绿色、环保、休闲、宜居”的城市创造条件，提升城市品位，助推城市经济发展。因此，完善普通话体验区建设，促进地方经济和文化事业更快、更好地发展，是下一步着力考虑和解决的问题。

（一）提高对语言资源开发利用价值和意义的认识

1. 学界对语言资源的认识

学界已经认为语言和其他矿产等资源一样，是一种特殊的社会资源，是人类最为重要的资源之一。有关语言资源的问题，国外关注的多一些，而近十年来，我国学者才开始从资源这个角度去关注语言，如邱质朴（1981）最早提出语言资源这个概念；陈章太（2008）指出“广义的语言资源是指语言本体及其社会、文化等价值”，并指出“语言是一种有价值、可利用、出效益、多变化、能发展的特殊社会资源。对语言资源应当积极保护，科学建设，合理开发，有效利用”；陈丽君、胡范铸（2010），李宇明（2008），李现乐（2010），王世凯（2010）等探讨了语言资源的开发与应用；亢世勇

（2015）初步探讨了具体的地方语言资源的开发利用；周洪波、李开拓（2016）认为语言研究应在“本体”研究和“应用”研究的基础上再加一个“开发”研究。

关于语言资源开发的意义，李宇明（2008）认为：“保护建设和开发利用语言资源已成为语言学研究新的理论焦点。”李现乐（2010）认为：保护语言资源的目的之一是开发和利用语言资源，而开发和利用语言资源的过程即会产生语言经济。所谓语言经济即是与语言相关的经济活动以及由此产生的经济利益。陆俭明教授认为：应该全方位、深层次地科学开发和利用语言资源，语言经济的发展或许会使开发利用语言资源由“软实力”变为“硬实力”。王世凯（2010）认为：“语言资源的开发利用就是通过某种特定方式使语言资源产生经济效益和社会效益的过程。”

总之，学界已充分认识到语言资源不仅具有传统所认为的信息价值、教育价值和文化价值，而且具有更深层次的生态价值和政治价值，并且能创造出可观的经济价值。

2. 语言资源开发的目的

开发利用语言资源的目的因开发实体的不同而不同。官界语言资源开发的主要目的是保存语言实态，提升母语的地位，促使母语国际化，宣传国家的语言文化，进行语言文化的国际传播和推广，进而提高国家的影响力；学界的语言资源开发侧重理论建设，为相关学科如语言学、经济学、计算机科学等学科注入新的理论和研究思路；民界的语言资源开发关注的是语言的经济效益。虽然语言资源各开发实体关注的重点不同，但是都有一个共同的目的，即充分发挥语言的服务功能。

3. 加强学习，深化对语言资源价值的认识

滦平县委、县政府及全县人们应加强对语言资源合理开发利用的价值及意义的学习，提高对语言资源的开发意义的认识。一是树立和强化普通话资源观念。要合理开发利用滦平的普通话资源，就必须充分认识理解语言资源概念、语言资源开发利用的价值和意义。有了坚定的语言资源观念之后，才能积极投入到普通话资源的开发建设中去。二是保存滦平语言实态，深化对滦平语言的认识。三是进一步促进滦平普通话的推广和滦平政治地位的提升，带动滦平文化事业和旅游事业的发展。四是利用滦平语言资源创造更大经济效益，带动滦平地区经济的发展。五是让滦平语言优势在京津冀协同发展中发挥更大、更好、更重要的作用。

（二）拓宽宣传渠道，加大宣传力度

1. 在国内更广大区域内做强做大普通话文化

语言资源的开发和利用不仅仅是滦平的工作，更是河北省语委、国家语委非常重视的一项工作，它已经被国家提升到战略的高度，在全省乃至全国范围都要强化语言资源观念。经过前期针对京津冀地区组织开展的各种大型宣传活动，滦平县普通话文

化品牌和普通话体验区已经被京津冀相关部门、机构以及高校所了解和熟知，并已经取得一定成效。今后除在县域内加强宣传，让每个部门、每条街道、每个村落，都参与到语言资源建设和打造普通话文化产业链建设中来，扩大在京津冀地区的影响外，更为重要的是拓展新区域，寻求新的突破点，赢得更广泛的支持。通过各种方式和途径在更广阔的空间宣传“语言和其他矿产等资源一样，是一种特殊的社会资源，是人类最为重要的资源之一”。让人们充分认识到汉语普通话作为“我国的超强势语言资源”开发利用的重大意义，使语言资源观念深入人心，使滦平普通话资源开发利用的经济价值在更广泛区域得以实现。

2. 拓展视野，开辟国际市场，使普通话文化走向世界

滦平普通话文化和普通话体验区有着广大的国际市场。滦平在推广普通话文化品牌时，步子要迈得更大一些，目光不仅仅在国内，更应该投向国际，打开国际市场，向海外孔子学院、喜爱汉语的外国人士以及众多的来华游学者，宣传滦平旅游文化、普通话文化，吸引更多的外国人来滦平旅游观光，同时学习、体验、感受中国通用语言——普通话活体语言的魅力，促进中外教育交流，使普通话文化走向世界。

3. 重视城市文化环境的宣传作用

一个城市只有具有丰富的文化传统和地方特色、美好的公共空间和自然环境，才能吸引更多的人来此休闲度假旅游。因而，滦平要充分重视城市文化环境的宣传作用，挖掘设计普通话文化元素，将其融入城市建设、城市文化和吃住行游购娱各环节中，尤其要充分利用宾馆、酒店的用品、用具和旅游景区、校园、社区、县城活动广场等地的标牌、指示牌、宣传品等的重要宣传作用，加强整体设计，突显滦平普通话文化元素，增强国内外人士对滦平普通话文化、普通话品牌的认同感，让游客在休闲、度假、旅游中体验领悟标准普通话的独特魅力，提高滦平普通话体验区、普通话培训基地在全国以及国际上的知名度和影响力。

（三）加强语言理论和地域文化研究

1. 成立普通话资源研究和开发中心

滦平的语言文化虽很受社会各界关注，但具体研究不多。滦平方言与国家通用语言——普通话极其接近，极具语言规划、建设和推广价值。滦平县委、县政府在发挥其天然语言优势以及毗邻北京的天然地理优势，推介普通话，打造滦平——中国标准普通话之乡，使滦平成为中国普通话的高地和湿地的同时，还应该进一步加强与地方高校的联系，充分发挥高校优势资源，双方密切合作，成立普通话资源研究和开发中心。研究和开发中心根据滦平县委、县政府打造普通话文化的整体设计和建设需求，设置相关研究方向和研究专题，采用委托高校研究团队或面向社会、科研机构、科研

院所公开招标的方式，加强对滦平语言理论、语言文化的研究，为合理开发滦平普通话资源和普通话体验区建设提供理论指导和帮助。

2. 深入细致研究滦平方言历史成因和滦平语言特点

承德属于北京官话区，是以北京为轴心 180 公里半径以外唯一说标准普通话的地区，语音系统与北京相同，却又没有北京方言中过多的儿化韵和吞音现象，形成了比北京话更为标准的普通话。在历时层面上，从历时语言学与语言接触的视角，分析梳理滦平方言的发展历程、历代行政区划演变、民族成分和人口迁徙的历史、清代“官话”发展史、“官话”中的少数民族语言成分等，探索滦平语言的生存与发展，考察滦平社会结构、民族变迁、文化交流等情况，并以此分析语言的交融、渗透和流变；在共时层面上，对滦平方言语音、词汇、语法特点进行静态描述，并把滦平方言与北京方言、东北方言、普通话等进行对比研究，通过对比，使滦平方言最接近普通话这种观点在理论上得到论证。

3. 研究滦平语言与滦平地域文化

挖掘滦平方言资源，突显滦平有别于其他地区的语言文化特色和个性化特征，特别是滦平方言中保留的满族、蒙古族语言成分和满族、蒙古族多元民族文化，揭示滦平方言所蕴含的地域特色文化，促进地域性文化的回归、传承、持续发展，使语言资源的文化价值和经济价值得到更加充分、合理的利用。

4. 研究滦平普通话文化推广方略

语言文化建设是城市文化“软实力”建设和提升城市品位不可或缺的重要组成部分，把语言文化与城市发展、旅游文化名城建设、城市文化建设、精神文明建设一起纳入城市发展战略高度建设，将对城市发展起到巨大的推动作用。滦平打造中国普通话高地、中国标准普通话之乡，突显滦平普通话特色和普通话元素，逐步构建起与滦平社会、经济、文化、产业、建筑等发展相适应的大文化环境，形成具有核心理念和灵魂价值的普通话文化战略发展体系，可以进一步聚合语言文化资源，彰显滦平普通话文化个性和特质，引领滦平实现普通话文化的可持续发展和全县域经济、旅游、文化等产业的大发展。

（四）加强普通话体验区和普通话培训基地建设

1. 普通话体验区建设

首先，把普通话文化建设列入滦平县“十三五”规划中，与城市建设、美丽乡村建设、农家乐、乡村游一起统筹考虑，科学谋划，拓展体验空间，把普通话元素和普通话文化融入社会的各个方面，让普通话体验者、学习者深切感受到滦平普通话文化随处都在，随时都能感受、体验普通话文化的存在和普通话文化的浸染，而不仅仅局限在一区一馆、一街一巷。

其次，进一步增大人力、物力投入力度，加强完善职教中心基础设施建设，使学习体验环境更加优良舒适。职教中心现正在建设集语言学习、语言训练、语言实验和语音录制于一体的语言实验室，待建设完成后，需设计开发更多游学项目。

再次，在打造“普通话”文化品牌的同时，还要关注“方言”。滦平话虽然与标准的普通话非常接近，但也有自身的特点，尤其是词汇方面，滦平方言词汇系统中保留着很多满语、蒙古语词汇。可以考虑在普通话体验馆和普通话体验区设计一处特殊区域，将这些满语、蒙古语词汇及文化，作为滦平普通话文化之外的特色文化展现出来，加深参观者、学习者、体验者对滦平语言、滦平历史文化多方位、多角度的了解和认知。

2. 普通话培训基地和实习、实践基地建设

完善普通话培训基地和实习、实践基地基础设施建设，建立健全“普通话培训基地”运行机制，加大普通话培训和普通话实习、实践的范围和力度，组织好各地、各级、各类普通话培训，让来的人学得快乐，住得开心。

首先，面向国内市场，培训普通话教师和各行业从业人员。我国很多地方标准普通话教师较为缺乏，很多行业对普通话等级也都有严格的要求，如主持人、记者、国家公务员、服务行业、窗口行业等，所以普通话培训的市场很大。滦平应该在充分考察了解国家普通话教师市场需求的基础上，依托其普通话优势，与教育部和国家语委加强联系，密切合作，在金山岭长城和白草洼国家森林公园设立全国、市、县级播音员、主持人普通话培训体验基地，全国普通话测试员培训基地以及影视传媒学校普通话体验区；研究普通话教学方法，研制普通话多媒体教学课件，编写普通话培训教材，利用网络进行远程普通话教学培训，建设普通话精品课程，吸引全国各行业人员来滦平参加培训和体验，拉动经济发展；培养本地人才，使滦平成为为全国服务行业输出能够讲标准普通话的人才基地，让滦平的语言优势在全省乃至全国范围得到充分发挥。同时加强对本地外出务工人员普通话知识、汉字知识的培训和指导，使讲标准普通话、写规范中国字成为滦平外出务工人员就业的最大优势。

其次，面向国际市场，培训对外汉语教师、外国留学生及学习汉语的外国人。滦平县委、县政府应该充分利用这种超强势语言资源的优势，加强与国家外办和对外汉语教师培训机构以及留学生培养院校的沟通联系，了解掌握汉语国际传播方面的语言经济研究状况和海外孔子学院、国内对外汉语教师、外国在华留学生对语言的需求状况，统筹谋划，争取得到高校、职能部门、培训机构的认可和支持，共同打造普通话培训基地、留学生普通话学习实践基地，使滦平在京津冀协同发展中发挥更大作用。

同时，依托滦平语言优势，用标准的普通话更好地为国外游客服务，让游客在欣赏滦平美丽的自然景观的同时，充分体验普通话的魅力，从而很好地向外界宣传滦平。

（五）加强普通话文化与城乡整体建设规划的协调融合度

城市建设是为了创造良好的人居环境（既包括物质环境，也包括文化环境）。城市是人类文化的结晶，城市的文化特色是城市积淀、发展、积累、更新的表现，是建设和谐城市的重要基础，是城市竞争力的核心内容，是城市创新发展的强大动力，影响并决定着城市发展的前景和方向。从传统的功能城市到今天的文化城市，文化已经成为城市生活中举足轻重的关键元素。而城市记忆是在历史中慢慢积累起来的，从文物古迹到地方民居，从传统技能到社会习俗等，众多物质与非物质文化遗产，都是形成一座城市记忆的有力物证，也是一座城市文化价值的重要体现。

对于滦平来说，除了金山岭长城、白草洼森林公园等物质文化遗产，还有绿色、环保的非物质文化招牌——普通话。滦平既然具备了这样得天独厚的优势语言资源，就要在城市建设中突显“普通话文化”“普通话元素”，实现城市建设与“普通话文化”“普通话元素”的协调融合。为此，在城市建设规划中，应邀请语言资源开发的专家、研究者与城市规划专家共同参与城市规划的研究、讨论、制定，将“普通话文化”“普通话元素”与城市建筑、城市景观、城市广场、城市公园、乡村文化墙、旅游产品等统筹规划设计，逐步实施，使城市建设与普通话文化建设可持续发展。

（六）进一步明确打造“普通话+”产业链思路

周有光（2008）在《从语言资源化说开来》一文中指出，资源有自然资源和知识资源。开发自然资源，人定胜天；开发知识资源，文明升华。商务印书馆成立“中国语言资源开发应用中心”，目标是“把语言学成果产业化”，即语言资源化（所谓资源化是资源在市场经济中的商品化），所以要全方位开发语言资源，确保语言学成果产业化。

语言既然是一种非常重要的资源，那么滦平就要充分开发利用好这种资源，以普通话文化品牌建设为引领，按照县域经济特点，做强做大普通话文化为主导的经济产业链。

1. 普通话+旅游

当今旅游业的发展趋势是游客越来越关注蕴涵着丰富地域特色的传统文化旅游资源。滦平县生态环境优良，历史底蕴厚重，旅游资源丰富，旅游业是其重要的支柱性产业之一。将普通话文化建设融入区域旅游文化建设之中，定会给区域经济社会发展注入强劲动力，增强其文化内涵与品位，促进地方经济建设健康有序发展。

第一，普通话文化体验。开发以普通话体验为主的活动项目，如在金山岭长城、白草洼森林公园开展以普通话演讲、朗诵、讲地方故事等为主题的亲子游，以“说普通话，写规范字”为主题的夏令营，以参观体验滦平民间艺术、民间文化为主的活动游等；在体验区建立滦平地域文化展馆，将“滦平历史”“滦平地名来历”“滦平谚语”“滦平民俗民歌”“民间传说”“民间故事”“名人轶事”等纳入展馆，采用文、声、像多种形式呈现出来。

第二，特色文化体验。滦平曾是少数民族聚居的地区，历史上为蒙古族牧场，后为清军驻守重地，满族、蒙古族人口众多，所以滦平方言受满族、蒙古族等少数民族语言影响较大，如滦平县的地名“八什汗”（来自满语，为“首领、领袖”之意）、“虎什哈”“巴克什营”等。据此可以将具有滦平地域特色的满族、蒙古族文化纳入其中，让满族、蒙古族文化体验成为文化旅游的重要组成部分。研究设计一条具有满族、蒙古族风情的独特旅游线路，让游客、学习者、体验人员全方位、立体化体验感受滦平普通话文化的同时，也能够体验到不一样的民族风情。

第三，生态休闲体验。滦平县建设的普通话体验区和以普通话文化为看点的农家乐、生态采摘园，已经带动了滦平的经济发展。在示范点应进一步加快普通话体验一条街、普通话体验茶馆等的建设，让学习者、游客在休闲度假中学习体验普通话。

第四，语言特色产品和艺术品体验。语言不仅是人们交际交往的工具，作为资源还能成为可消费的“旅游产品”。在旅游艺术品的开发中，传统的研究主要看重其带来的经济效益，很少关注其所具有的文化复兴功能。目前，只有很少一部分学者在探讨旅游艺术品开发中的文化因素问题，即旅游艺术品不仅应具有物质功能，也应具有精神文化功能，所以要通过旅游艺术品的开发，努力恢复和保护优秀的传统文化。滦平旅游产品、艺术品的开发，应着力体现普通话元素，在带有普通话元素的旅游产品和艺术品的创新中，深化语言的文化复兴功能，凭借它来传递滦平县普通话历史文化信息，使滦平普通话文化获得进一步的繁荣和发展。与此同时，可以实现不同民族和不同地区间的文化认同，增强当地人的自豪感。

2. 普通话 + 现代农业

随着休闲度假游环境的提升、城镇化建设步伐的持续加快、消费结构的不断升级、带薪休假制度的日益完善，旅游休闲人数日益增多，农村生态休闲游受到热捧。

而滦平县在语言、区位、自然资源等方面具有得天独厚的优势，抓住这一战略机遇期，充分利用好国家、河北省授予滦平县的“河北省园林县城”“河北省卫生县城”“河北省民营经济发展先进县”“河北省蔬菜产业示范县”“首都菜篮子供应体系示范县”等称号以及荣获的“河北省人居环境进步奖”“河北省人居环境范例奖”等荣誉，在建设以普通话文化为看点的农家乐、采摘园的基础上，进一步发展现代农业，优化农业资源配置，调整农副产品结构，完善农副产品质量安全体系，构建农产品生产经营过程精细化、信息化管理体系和质量安全公共服务平台，扩大信息覆盖面，实现信息互通共享，保证农副产品健康安全，必将吸引更多的人来滦平旅游观光度假，品尝从“农田直接到餐桌”的安全绿色生态的美味大餐，购买安全绿色生态的农副产品，感知体验音准分明、语调柔和、字正腔圆、干净利落、充满魅力的标准普通话，拉动滦平现代农业的发展，促进地方经济更快发展。

3. 普通话＋休养产业

“普通话＋休养产业”也可以看作是“普通话＋”的一个产物。据统计，京津等地来滦平购房置业休闲养老的人数逐年增多，仅2016年就有1460人来滦平长城河谷、金色阳光、清水湾等新开发小区购房，用以休闲、度假、养老。

外地人纷纷来滦平购房，一是源于滦平优美的生态环境、淳朴的民风；二是源于滦平距离北京较近的地缘优势；三是源于滦平的普通话优势，因为顺畅的交流是人的最基本的心理需求。

以“普通话文化”为主导的经济产业链已经在一定程度上提高了滦平的经济效益，在以后的发展中，滦平也一定会在“普通话文化品牌”的引领下继续前行，把滦平建设成“高雅文明、绿色环保、休闲宜居”的城市。

三、未来五年发展规划

（一）指导思想

坚持以邓小平理论、“三个代表”重要思想和科学发展观为指导，深入贯彻党的十八大精神，以“促进文化繁荣，推动科学发展”为主题，以“传播优秀语言文化、培育人文精神、提升语言文化内涵”为宗旨，以“打造普通话语言文化，建设普通话体验区，促进县域经济发展”为目标，立足长城文化、御路文化、山戎文化，以基础调研、专家论证、宣传推广、开展活动等方式，形成具有滦平特色、内涵丰富、独一无二的普通话文化，推动语言文化事业大发展大繁荣，加快县域经济发展步伐。

（二）基本思路

1. 提前完成国家2020年语言文字工作主要目标

力争在2018年实现国家2020年语言文字工作主要目标，即“公民语言文字规范意识进一步增强；社会语言文字信息化水平有较大提高，适龄人群的大多数人能够享用日常的语言文字信息化技术；率先实现县内人民均能讲普通话，且普通话水平较高，全县普及普通话；文字应用的法律法规和规范标准得到全面贯彻；形成并巩固语言文字主体化和多样性和谐发展的良好局面，基本构建和谐的社会语言文化生活”。

2. 推动全县经济更好更快发展

以"一区一馆"建设为引领，以校园、社区、服务行业、窗口行业、县城文体中心、体验馆等为阵地，通过争创示范、文艺会演、交流互动、文化论坛、专题培训、会议研讨等形式，宣传推介滦平特色文化，打造"普通话文化品牌"名片。按照县域"五大功能区"经济特点，构建以"普通话文化"为主导的文化经济产业链，促进县域经济建设多层级、多角度、多元化健康有序发展。

3. 构建"普通话+"文化产业链

确定以金沟屯、巴克什营、火斗山三个乡镇为示范点，扩大以普通话文化为看点的农家游、采摘园、普通话体验一条街、普通话体验茶馆建设，逐步打造"普通话+"文化产业链，带动三个乡镇的经济发展，待时机成熟后在全县推广。

4. 建设普通话培训、体验基地

在职教中心普通话培训基地和金沟屯、金山岭长城普通话体验基地的基础上，打造白草洼体验基地。在白草洼国家森林公园建设全国市县级播音员、主持人普通话培训基地、全国普通话测试员培训基地和影视传媒学校普通话体验区。

（三）工作目标

1. 总体目标

全力打造普通话体验区文化，充分展示体验区特色，大力推进产业化发展，把滦平打造成"普通话培训基地、体验基地和推广基地"，让滦平的普通话文化走向全国、走向世界。

2. 阶段目标

（1）在全县各级各类学校广泛开展创建活动。按照《中小学校素质教育督导评估指标体系框架》《河北省中小学、幼儿园语言文字规范化达标校示范校评估标准》和《河北省语言文字工作督导评估》要求，积极培育"中小学语言文字示范校"和"素质教育规范化示范校"。到2018年，力争实现80%的学校成为市级"语言文字规范化示范校"，部分学校成为国家级、省级"语言文字规范化示范校"。

（2）开展多种形式的语言文字规范化创建活动。巩固提高三类城市语言文字工作评估成果，从城区逐步向乡镇、农村延伸；深入挖掘普通话文化内涵，全面提升全县人民的普通话水平；在学前、小学、初中、高中阶段大力开展国学教育，开设国学教育课程。

（3）全县公务员、教师、服务行业人员认真学习普通话。公务员普通话水平达到二级乙等以上，其中95%达到二级甲等；教师普通话水平达到二级甲等以上，其中80%的语文教师达到一级乙等；服务行业人员能说标准、流利的普通话。

（4）全程打造生态旅游、长城文化、绿色农业、经济园区、房地产开发、生态采摘园、农家乐等建设项目，做强做大普通话文化产业链。

（5）2017—2018 年，以“中国语言保护工程·汉语方言·滦平”调查点的调查工作为契机，做好中国语言博物馆建设项目的必要性、可行性调研、论证、审批立项工作。

（6）2019—2010 年，滦平普通话体验区有更大发展，中国语言博物馆筹备建设。

（四）实施步骤

1. 宣传启动阶段（2016 年 1 月—12 月）

（1）与国家、河北省、承德市语委部门联系，共同谋划适合“滦平普通话体验区”建设发展的方案。

（2）通过广播、电视、网络等途经，广泛宣传普通话体验区建设的目的和意义，号召全县人民认真学习语言文字基础知识、基本理论，为打造普通话品牌助力。

（3）拓展视野，开辟国际市场，使普通话文化走向世界。通过国家旅游局、对外国际交流中心、孔子学院、各种培训机构以及高校留学生等宣传滦平旅游文化、普通话文化，吸引更多的外国人来滦平旅游观光，学习、体验、感受中国通用语言——普通话的魅力，使滦平普通话文化走向世界。

2. 计划实施阶段（2017 年 1 月—12 月）

（1）加快职教中心普通话体验馆、金山岭体验基地农家院、金沟屯体验基地一条街建设，将金沟屯村头条街打造成集文化展示、餐饮服务、休闲度假为一体的普通话体验小镇。

（2）加快《云盘山清代建筑群修复工程规划方案》的制定实施。

（3）推动白草洼国家森林公园旅游项目建设和白草洼普通话体验基地建设。

（4）推进与高校合作项目的实施。

3. 稳步推进阶段（2018 年 1 月—2019 年 12 月）

（1）建设西沟百亩梨园采摘基地和西沟漂流项目。

（2）进一步打造金沟屯普通话文化广场和金山岭长城体验基地。

（3）推进长城河谷语言博物馆建设。

（4）扩大体验点建设范围。

4. 完成提升阶段（2020 年 1 月—12 月）

（1）完成普通话体验区建设。

（2）继续推进长城河谷语言博物馆建设。

（3）将体验点扩大至全县每一个角落。

（五）保障措施

1. 加强组织领导

为保证工作顺利有序进行，成立滦平县普通话文化工作领导小组。

滦平县县长担任组长；县委副书记、副县长、宣传部部长、县政协副主席担任副组长；成员由县委办公室常务副主任、县委组织部常务副部长、县委宣传部常务副部长、县财政局局长、县教体局局长、县文广电局局长、县人社局局长、县文联主席、广播电视台台长、县委办公室科员等组成。领导小组下设办公室，办公室设在县教体局，教体局局长担任办公室主任。

2. 统一思想，提高认识，加强协作沟通

开展普通话文化创建活动是县委、县政府的一项重要决策部署，县直各单位、各乡镇（街道）必须高度重视，统一思想，提高认识，把此项工作列入年终考核业绩中，确保工作实效。

各级各部门要按照统一要求，细化选题，制定翔实的活动计划和阶段性安排，周密部署，按阶段稳步开展各项工作，并及时总结，及时完善，及时推广。各成员单位要形成既有分工又有合作的工作态势，加强相互联系，及时沟通有关情况，反馈信息，并通过各种媒体报道此项工作的进展情况。

3. 建立经费保障机制

政府切实加大对普通话体验区建设经费的支持力度，建立普通话体验区建设经费保障机制，确保普通话体验区各项基础设施建设的实践需要。政府设立一定数量的专项经费，对在普通话文化品牌建设和普通话体验区建设中做出突出贡献的单位、个人予以奖励。

以上总结概括了自 2012 年以来，滦平县委、县政府为普通话体验区建设和打造普通话文化品牌所做的努力、取得的成效，普通话体验区建设存在的问题，对普通话体验区建设提出了意见、对策，并对普通话体验区未来五年的发展做了规划和展望。

总之，滦平县自 2012 年开始着手建设普通话体验区、打造普通话文化品牌，至今已有 5 年的时间。在这 5 年时间里，滦平县委、县政府在打造普通话文化品牌工作上，下了很多功夫，花费了很多精力。在国内尚无先例、毫无借鉴的情况下，滦平县独自探索、开拓创新，充分发挥普通话资源优势，积极挖掘利用语言资源的文化价值和经济价值，通过多种形式，全方位、多角度开展建设“滦平——标准普通话之乡”和“普通话文化品牌”的宣传活动：制定科学、合理的开发策略；探索语言文化发展的新方法、新模式，解决在建设过程中不断出现的各种问题；各部门按照方案要求，遵循活动规律，贴近实际、贴近生活、贴近群众，创新内容、创新形式、创新手段，积极开展工作。通过政府规划、各部门积极配合，普通话体验区建设打开了局面，各项工作按阶段稳步向前推进，引起了京津冀乃至外省专家学者和各级语言部门乃至留学生的关注，更多游客来滦平旅游、休闲度假，促进了县域经济的发展，以普通话文化产业链带动全县经济发展的目标将逐步得以实现。

“普通话体验区”是国家语委授予滦平的名号，滦平人一定要用好这个名号，充分挖掘普通话资源的文化价值和经济价值，把普通话体验区建设得更好。

参考文献

[1] 戴克良，成福伟. 试论承德方言与普通话接近的历史成因 [J]. 河北民族师范学院学报，2014 (4).

[2] 吴丽君，王筱欢. 滦平方言语音系统调查报告（一）——声母系统 [J]. 河北民族师范学院学报，2014 (4).

[3] 邱质朴. 试论语言资源的开发——兼论汉语面向世界问题 [J]. 语言教学与研究，1981 (3).

[4] 陈章太. 论语言资源 [J]. 语言文字应用，2008 (1).

[5] 陈丽君，胡范铸. 语言资源：一种可以开发利用的旅游资源 [J]. 旅游科学，2010 (6).

[6] 李宇明. 语言资源观及中国语言普查 [J]. 郑州大学学报（哲学社会科学版），2008 (9).

[7] 李现乐. 语言资源与语言经济研究 [J]. 经济问题，2010 (9).

[8] 王世凯. 略论我国语言资源的开发与利用 [J]. 云南师范大学学报，2010 (9).

[9] 亢世勇. 关于语言资源开发与应用的若干思考——山东省语言资源开发与应用重点实验室建设 [J]. 人文天下，2015 (10).

[10] 周洪波，李开拓. 打造语言资源服务平台，更好地为国家和社会服务——周洪波先生访谈录 [J]. 北华大学学报（社会科学版），2016 (1).

山海关旅游区语言文字专项调研报告

山海关区调研组　张　进　执笔

山海关，地处中国北方长城文化带，隶属于河北省秦皇岛市。总面积 192 平方公里，辖 3 个镇，4 个街道办事处，1 个省级经济开发区，总人口 12.8 万（2017 年）。由汉族、满族、回族、蒙古族等 17 个民族构成，其中以汉族为主。山海关景区（老龙头、天下第一关、孟姜女庙）于 1979 年 5 月 1 日正式对外开放，是国家第一批对外开放的旅游景区，是“长城文化带”具有代表性的旅游区域之一。山海关是连接华北与东北的咽喉要道，自古为兵家必争之地。明洪武十四年（1381 年），明开国元勋徐达在此建关设卫，留下了这座长城军事重镇、历史文化名城，因其依山临海，故得名山海关。明万里长城东部起点老龙头长城与大海交汇，蔚为壮观；驰名中外的天下第一关，气势雄伟；角山长城，峰台险峻；孟姜女庙，演绎着中国民间四大传说之一姜女寻夫的动人故事；中国北方最大的天然花岗岩石洞——悬阳古洞，坐落在奇峰异石的长寿山中；塞北明珠——燕塞湖，美不胜收。再如欢乐海洋公园、森林公园、长城博物馆、民俗博物馆等一批新的旅游项目的相继建成和开放，更让古城山海关成为中国北方炙手可热的旅游热点城市。

一、调研情况

山海关近距北京，因为长城和滨海的名气，国内外游客慕名而来。近三年来，山海关景区接待游客 766.8 万人，而且每年来关游客人数呈递增的趋势。随着景区知名度的日益提升和游客量的不断增加，山海关旅游景区的语言文字应用水平备受关注。自 2015 年以来，山海关区旅游系统以“提升旅游品质”为核心，扎实开展旅游整改提升和 5A 级旅游景区创建工作。在语言文字质量提升方面，不断完善景区导览标识系统。如增设景区内部导游标识牌 184 块，更换全景图 10 组、外部标示牌 92 块；按照 5A 标准新建 1200 平方米的“山海关景区游客服务中心”；按 ISO9001 管理体系标准，建立健全包括环卫保洁、营销点统计、销售摊点管理、服务流程等 55 项规章，形成了一套相对完善的现代企业管理运营制度；开展“关城旅游大讲堂”导游员普通话培训，邀请省旅发委专家进行景区语言文字应用业务培训，从细微和细节入手，提升旅游从业人员规范用语用字服务意识和技能。2016 年 6 月，山海关景区景观质量顺利通过了省级机构初评。

（一）景区服务用语状况

1. 用语整体情况

《中华人民共和国国家通用语言文字法》第十三条规定，提倡公共服务行业以普通话为服务用语。

经历了 2007 年秦皇岛市二类城市语言文字整治建设工作，山海关旅游景区用语用字规范化整体水平得到很大提高。尤其是随着近一年来山海关旅游整改提升暨 5A 创建工作的开展，景区内包括语言文字应用在内的各项管理工作都得到很大改善。导游队伍素质在稳步提升。目前共有导游员 243 名，其中政务导游 9 名，普通话水平全部达到国家规定标准。山海关区还招聘日、俄、韩、英等 6 个语种的政务导游，配备到景区一线开展导游和翻译服务。为了解决旅游旺季人工导游资源不足的现状，2013 年以后在各景区景点设置了“语音导览”系统，只要游客用手机扫描二维码，即可听到标准规范的语音导游，为游客提供了更加方便优质的服务。通过山海关旅发委部门，我们了解到，景区和旅游行政管理部门借助“关城旅游大讲堂”业务培训和举办“长城节”“龙舟赛”“山地自行车大赛”等活动，做了大量宣传和贯彻实施《中华人民共和国国家通用语言文字法》的工作，即在活动中贯彻宣传法律法规，不断提高旅游从业人员的语言文字规范化意识，养成“说普通话、用规范汉字”的良好习惯。

2. 发音不规范情况

在对景区周边和古城内从事餐饮及商业服务的人员进行调查时发现，从业人员用语存在着不规范现象。此类人员多来自周边县区（冀鲁官话方言区）和东北地区（东北方言区），经我们总结归纳主要问题表现在如下四个方面：

（1）声母发音中带有缺陷。一是舌尖前音 z、c、s 与舌尖后音 zh、ch、sh 发音混淆。例如“四个”读成“shì gè”，把“写字”读成“xiě zhì”，“出差”读成“chū cāi”。二是将“r”音读作“l”音。这种方言只出现在个别词中，如“扔东西”读作“lēng dōng xi”，“腐乳”读作“fǔ lǔ”。三是 j、q、x 发音位置靠前，即舌面音 j、q、x 发音部位明显靠前，靠近 z、c、s，但还没有读成 z、c、s。四是多出一个声母 ng。如“袄”个别发音为“ngǎo”，“挨”发音时有“ngái”情况等。

（2）韵母发音中带有缺陷。一是缺少圆唇音“o”。凡是“o”做韵母的音节都错读成了“e”。如“播”读成“bē”，“泼”读成“pē”，“博”读成“bé”。二是部分音节 üe

与 iao 相混。如“学习”读成“xiáo xí”。三是卷舌韵母 er 及儿化韵发音卷舌不够。如在说“二、耳、而、儿”等字的时候，韵母接近“e”，卷舌不够。

（3）声调中的缺陷。其表现有二。一是阴平调值偏低。如普通话的阴平调值为 55，是一个高起高收的高平调，受东北方言的影响，在读音中有降调现象，变成了 44 或 33。二是阳平调值的差异。普通话阳平调值为 35，是中升调。山海关区东部地带存在着变调现象，将 35 发为 313，即变成了先降后升调。

（二）景区文字状况及研究

景区内外公共场所的用字、印制的各类旅游宣传品、书刊、指示标牌、服务指南、旅游广告等基本能做到规范使用汉字，即按照以规范汉字为主、英语或汉语拼音为辅的形式。山海关文物古迹众多，且具有厚重的历史文化底蕴，在利用文字传播宣传过程中，较有影响的出版物有《山海关导游词汇编》《中华民间故事·山海关卷》《漫话山海关》《话说山海关》《魅力山海关》《山海关传说》等。

《中华人民共和国国家通用语言文字法》规定，文物古迹、书法篆刻等艺术作品、题词和招牌的手书字等，可以保留或使用繁体字、异体字。《河北省实施〈中华人民共和国国家通用语言文字法〉办法》第十二条进一步提出要求：“招牌中含有手书繁体字、异体字的，应当在明显位置配放规范汉字的招牌。”

1. 景区内外用字现状

（1）景区文物古迹中的繁体字

景区文物古迹及景区内外留存名人书法作品中的繁体字、异体字案例很多，此类属于法规允许的范畴。

如老龙头景区“寧海城”的“寧”，澄海楼上的牌匾“雄襟萬里”的“萬”，文物石碑“天開海岳”的“開”；天下第一关景区城楼牌匾“天下第一關”的“第”“關”。此类实例很多，在此不一一列举。

（2）古今名人手书中带有繁体字

山海关区名胜古迹中留有众多名人手书真迹，以下仅以老龙头景区澄海楼附近诗文碑刻为例。

1987 年复建澄海楼时，在楼两侧墙壁上镶嵌了 8 块卧碑，我们称之为“楼壁诗碑”。其中有 4 首清帝诗，分别是康熙皇帝于康熙八年（1669 年）九月写的《澄海楼》，雍正在康熙三十八年（1699 年）写的《澄海楼》诗，乾隆皇帝于乾隆八年（1743 年）写的《再题澄海楼壁》（图 1）以及道光皇帝的七言绝句《澄海楼》（图 2）。还有 4 首诗均写于明朝，作者分别是万历年间山海关兵部分司主事张时显、崇祯年间兵部分司主事朱国梓、文人蔡可贤和民族英雄戚继光。此处向东几十步可看到“御碑亭”（图 3），亭内镶卧碑，镌刻了清代诸帝的部分《澄海楼》诗。在此还可看到“一勺之多”碑。御碑亭的东、南、北方向还有十三块石碑，均出自书法名家手书，内容为古代帝王将相或古今文人墨客题写的与山海关古城有关的诗篇，如当代著名书画家范曾所题碑文“国脉所系、神州威仪”（图 4）。

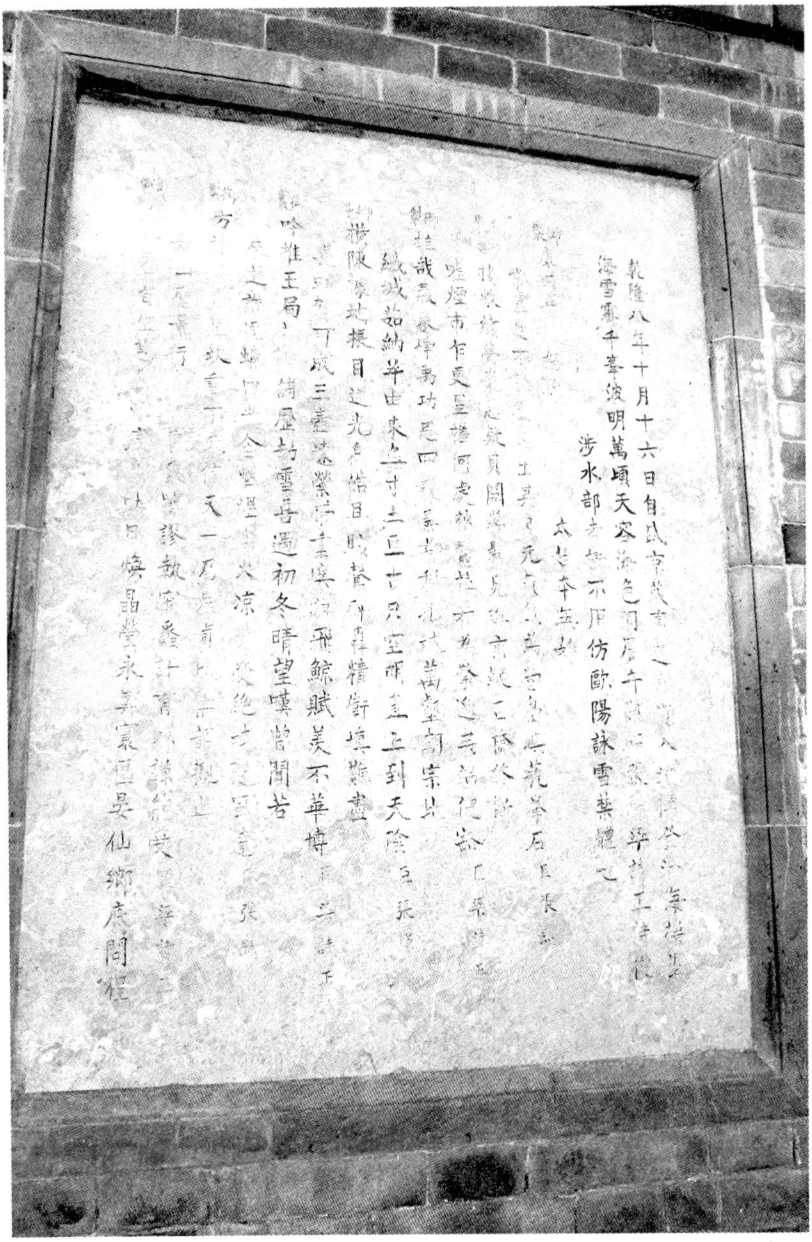

图 1　乾隆皇帝的《再题澄海楼壁》碑

图 2　道光皇帝的《澄海楼》碑

图 3　御碑亭

图 4　范曾所题碑文

山海关景区名胜古迹中和商家店铺中留有古今名人、书法家手书的地方很多，不一一列举，其使用的繁体属法规允许范畴。

（3）介绍性文字中带有繁体字

山海关区文物古迹在 1987 年前后进行了大规模修缮，增添了一些对景点进行介绍的文字，手书于展板或刻于石碑之上，这些文字中有一部分是繁体字。在此仅举两个例子，如“靖卤台”的介绍文字（图 5），再如“入海石城”石碑背面碑文（图 6）。

游客主要通过规范的文字来获取文化信息和服务信息，但是由于种种原因，景区和古城范围内还一定程度地存在着用字方面的不规范现象，调研组经归纳总结如下三点。一是除《中华人民共和国国家通用语言文字法》中规定可以保留或使用繁体字的六种情况（文物古迹；姓氏中的异体字；书法、篆刻等艺术作品；题词和招牌的手书字；出版、教学、研究中需要使用的；经国务院有关部门批准的特殊情况）以外还存在个别使用繁体字的现象。如 1987 年前后在修复文物建筑时增设的介绍性文字中有繁体字（《中华人民共和国国家通用语言文字法》是 2001 年施行的。）再如招牌中含有手书繁体字、异体字的，没有在明显位置配放规范汉字的副牌的情况。还有就是将电脑印

图 5 靖卤台介绍文字

图 6 入海石城石碑背面碑文

刷版繁体字直接作为店铺名招牌或介绍性文字出现。二是标点符号、序号和纪年写法不规范情况。文字材料中结构层次序数一般为：第一层为“一、”，第二层为“（一）”，第三层为“1.”，第四层为“（1）”，第五层为“①”。在调查中发现，阿拉伯数字序号后面的下脚点，很容易被误用作了顿号。三是景区语言文字规范化、精细化方面还有很大的提升空间。多年来，虽然山海关景区在语言文字规范化建设方面做了不少工作，景区用语用字越来越规范，导游队伍素质不断提升，但对于山海关历史文化名城的地位来说，景区语言文字规范化工作还需在制度化等细节上进一步提升。

2. 名胜古迹中的字文化

山海关自古为兵家必争之地，作为历史文化名城，这里边塞文化、军事文化、长城文化、关城文化交相辉映，造就了山海关的与众不同。这里名胜古迹荟萃，历史文化遗存众多，值得后人钻研考究。其中，山海关古老的碑刻、牌匾、楹联、铭文砖等文化作为一道道人文景观，凝聚了中华民族的思想艺术之精华，吸引人们去认知、探索和研究。以下是我们调研组在景区众多的文化艺术中归纳的几种类型。

（1）碑刻文字

碑刻是历史发展进程中留下的丰富灿烂的文化遗迹之一。碑刻资料或反映国家和地方性的制度、文化，或反映区域社会和民间生活的实践经验，或记载人们普遍承认的行为规范，或反映特定时代人们的宗教信仰和心态，具有重要的史料和文化艺术价值，是后人研究历史的宝贵财富。碑刻一般包括碑、建筑刻石、摩崖刻石、墓志等。山海关现存的多处古今碑刻，多为帝王将相、文人墨客所留。在此列举老龙头景区两处碑刻和孟姜女庙前殿内诗词卧碑。

①碑刻：一勺之多（图7）

在历史悠久的老龙头景区内，伫立着一块“一勺之多”碑。明朝天启五年（1625年），时任山海关的山石道刘永基题写“一勺之多”四字；天启六年（1626年），海运同知王应豫立碑。“一勺之多”出自《中庸》之《博学》，其含义为：现在看到的水，在开始时只有一勺那么多，等到它聚集为深广难测的大水，各种物产都繁殖在里面。

图7　一勺之多碑刻

图 8　天开海岳碑刻

②碑刻：天开海岳（图 8）

这块古老的碑现在竖立于老龙头澄海楼之下，虽无落款，但当地群众称它“薛礼碑”。薛礼即指薛仁贵。据史书记载，唐太宗多次筹措东征高丽，均未获胜，直到薛仁贵东征，才取得了胜利，其途径山海关时在此立下此碑。

碑文“天开海岳”四字意为赞颂美景，“开”可作“开创”解，意思为这里的海山美景天造地设，是大自然赐予的；“开”也可作“开拓”解，意为这里的美景在天地间豁然展开。1984 年经专家鉴定确定为唐碑，足以证明老龙头作为游览名胜从唐时起，至今已 1000 多年。这块碑曾在 1900 年英军占领老龙头时被推倒在沙滩，直到 1927 年张学良将军来到这里发现石碑，才派人把它树立起来。

③孟姜女庙前殿内诗词卧碑

孟姜女忠贞节烈，受到了古代帝王的推崇和广大劳动人民的爱戴，孟姜女庙自然成了人们凭吊古迹、发思古之幽情的地方。明、清以来，到这里进香的人络绎不绝，许多人都留有墨迹，就连清代几位皇帝也多有登临并留下御题。这里留有清朝康熙、乾隆、嘉庆、道光四位皇帝及近代的一些题诗，在此列举如下两篇。

康熙十年（1671 年）皇帝东巡，九月初十日瞻仰姜女祠，赋此诗：

朝朝海上望夫还，留得荒祠半仞山。
多少征人埋白骨，独将大节说红颜。

乾隆四十三年（1778 年）九月，皇帝谒祭祖陵归来，庚子（十九日）驻跸山海关文殊庵行宫，路上顺便一游姜女祠，赋此诗：

丛祠旧筑海山边，善哭偏因姜女传。
金铸应嫌范蠡谲，墨胎可比伯夷贤。
萧风枯树哀弦写，明月清波古镜悬。
路便一临缘节义，订讹意已具前篇。

（2）牌匾文字

牌匾融汉语言、汉字书法、雕刻、绘画于一体，不仅是指示标志，更是中国独有的一种文化符号。按材质分主要有木质牌匾、石制牌匾、金属牌匾。山海关历史悠久的城楼、商铺、亭廊、寺庙、民宅等建筑的显著位置上，均题有牌匾，以向人们传达文化、信仰等信息。在此以天下第一关牌匾、澄海楼牌匾和贞女祠匾额为例略加展开。

①天下第一关牌匾（图 9）

图 9　天下第一关牌匾

山海关地处要隘，形势险峻，历来为兵家的必争之地，故有“两京锁钥无双地，万里长城第一关”的美誉。在天下第一关的城楼之上，最引人注目的就是“天下第一關”巨匾，此匾长 5.9 米，宽 1.55 米，“天下第一關”五个大字结构合理，气势雄伟，与这座建筑浑然一体。

此匾没有落款，关于作者，众说纷纭，有人说是严嵩，有人说是佘一元。据《临榆县志》记载，此匾为明成化八年（1472 年）进士肖显所写。肖显是明朝 32 位书法家之一，是山海关当地人，肖显写匾的故事在当地广为流传。

②澄海楼牌匾（图 10）

老龙头地势险峻，澄海楼更是居高临下，在其一楼上，悬挂有“澄海楼”一块牌匾。明清时期，澄海楼是帝王将相登临览胜的佳所，仅清代就有康熙、雍正、乾隆、嘉庆、道光 5 位皇帝 12 次登临澄海楼。这块“澄海楼”的牌匾，就为清乾隆皇帝御笔所题。乾隆皇帝 5 次登临澄海楼，可见对这里的喜爱之情。

牌匾之中，“澄海”取自“大海澄清，海不扬波”之意。“海不扬波”是 3000 多年前的一个典故，象征着圣人治国，天下太平的含义。据不完全统计，清朝皇帝以《澄海楼》为题的诗有 51 首，形式多样，其中 7 篇为禁体诗联句。由于皇帝们频频登临，澄海楼名声大噪。

图 10 澄海楼牌匾

③贞女祠匾额（图 11）

图 11 贞女祠匾额

在孟姜女庙景区山门上悬挂着“贞女祠”三字匾额。孟姜女庙，原名贞女祠，坐落的这座小山岗叫凤凰山，距山海关城 6.5 公里，周围的村子叫望夫石村。据《临榆县志》记载，庙初建于宋以前，明万历二十二年（1594 年），当时的山海关兵部分司主事张栋曾主持重修。民国十七年（1928 年）张学良将军又颁款重修。在山门东侧墙壁上镶嵌的是 1956 年河北省人民政府授予孟姜女庙的“河北省首批省级文物保护单位”牌匾。

孟姜女的故事源于《礼记》中的《檀弓下》篇。篇中曾子讲的齐庄公袭莒，大将杞梁战死，其妻“迎其柩于路而哭之哀”这段简单的史实即是孟姜女故事的源头。2000多年来，孟姜女与万喜良（也有称范杞梁、范喜良）凄美的爱情被世人传颂，其坚贞不屈的性格、忠贞不渝的精神更被历代帝王和百姓赞颂、景仰。

（3）楹联文化

楹联又称对联、门对等，本质特征为对仗文学，是中国古典文学形式的一种，具有实用性和文学性、艺术性，它以诗、词、曲等前所未有的灵活和完美体现了中国文字的语言艺术风采。作为历史文化名城，楹联不仅在众多城楼中可以寻到，在山海关普通百姓的家门口亦是常见。

①皇帝题联

在老龙头澄海楼匾额的两侧，有一副清乾隆皇帝题写的楹联。此联为集句联，上联“日曜月华从太始”，是说太阳、月亮的光辉来自于原始的大自然，暗喻清王朝的强大；下联“天容海色本澄清”，是说长天大海的形体、颜色本来就是清澈的，暗喻清王朝的政治清明，同时，下联这一句是出自宋代文学家苏轼《六月二十夜渡海》诗中“云散月明谁点缀，天容海色本澄清”的一句。横额写有“元气混茫”四字，“元气”是指传说中天地未分时的混一之气，“元气混茫”是说汪洋大海就像天地未分时那样迷迷蒙蒙，同时也记录下乾隆皇帝第一次登临澄海楼时看到的景色。

②“天下第一奇联”（图12）

海水朝朝朝朝朝朝朝落

浮云长长长长长长长消

这副被称为“天下第一奇联”的楹联悬挂在孟姜女庙的前殿，此联上下联共20个字，却仅用了“海水朝落、浮云长消”8个不同的字。这样一副楹联，猛一看还真觉得无从下手，不知如何去念。其实，此联十分巧妙地利用了“朝”通“潮”、“长”通“涨”的用法，只要掌握了我国古文通假字一字多音、一字多义和谐音的特点，采用不同的读音和断句，进行重叠组合，就能有许许多多不同的读法。多年来，经过专家、学者的研究和许多游客朋友的努力，这副对联已有了近20种读法。例如三三四断句：海水潮，朝朝潮，朝潮朝落；浮云涨，长长涨，长涨长消。此外，还有三四三断句、四三三断句、四六断句、五五断句、六四断句，等等。

这副楹联不仅读法奇妙，而且采用以景喻情的手法，包含着深刻的人生哲理。“景”是指联面上所描写的孟姜女庙周围的自然风光：庙南就是大海，海水潮起潮落；庙上即为蓝天，浮云聚散无常。“情”则是通过对海水和浮云变化的描写，揭示了世上万事万物并无常态，都是可变的。由此反衬出世间唯一不变的就是情，是孟姜女对丈

图 12　“天下第一奇联”

夫的感情不变，是孟姜女对爱情的忠贞不变。

（4）牌坊文化

牌坊也称牌楼，是封建社会为表彰忠义孝节、科第、功勋的建筑物，后来多见于园林、宫苑、寺庙、街道或路口。牌楼样式是一种由两根柱子架起一根横梁构成的门形，通常较高大，有木牌楼、石牌楼、琉璃牌楼等多种材质。山海关古城原有许多牌坊，据《临榆县志》记载有 52 座之多。在山海关古城保护开发的过程中，精心挑选出 5 座牌坊进行修复，分别是维藩首善坊、进士坊、独乘骢马坊、尚书坊、节制四镇坊。它们是山海关古城的亮丽景观之一，从侧面反映了山海关的历史文化。在此以维藩首善坊和进士坊为例进行说明。

①维藩首善坊（图 13）

在山海关古城东西大街的最东端，有一座维藩首善坊。此座牌坊是明代名将戚继光向朝廷请建的，“维藩首善”的含义是保卫边防的最佳地点。

明朝嘉靖年间，长城以外的朵颜三卫及土蛮等部屡次犯边，蹂躏永平府东部诸县。隆庆元年，戚继光总理蓟镇、昌平、保定三镇练兵事务。戚继光率领将士修建长城，整顿兵务，使蓟镇一带长城防务加强，击退了蒙古骑兵的一次次入侵，让敌人闻风丧

图 13　维蕃首善坊

胆。从此山海关出现了少有的和平景象，边防稳定，百姓安居乐业，山海关成为蓟镇诸路的典范。戚继光上奏朝廷，得到明穆宗的恩准，在山海路署前建立了“维藩首善”坊，以资表彰，鼓舞士气。

②进士坊

进士坊建于明成化八年（1472 年），是山海关兵部分司主事尚絅为考中进士的肖显而建的。

肖显，字文明，别号海钓，山海关人。肖显考中进士后，在朝廷任职兵科给事中。由于他为人公正耿直，为权贵所忌，被贬为镇宁同知，任职八年后调任浙江省西部的衢州，三年后升为福建按察司佥事。肖显所到之处尽职尽责，政绩斐然。后来刑部尚书保荐他在京任职，他却见朝政污浊，辞去官职，回到故乡山海关。据《临榆县志》记载，山海关镇东楼上的“天下第一關”五个大字，就是肖显所题的。

（5）长城砖文化

长城建材多种多样，使用最多的是砖、石、土三类。砖在筑城上的应用主要是在明代，土、石筑城的历史则更为久远。勤劳智慧的古代军民在修筑长城中总结了丰富的筑城经验和因地制宜的建造技术。

长城用砖分“砌墙用砖”和“特殊用砖”两类。“砌墙用砖”中有普通的“条砖”“海墁砖”和较为少见的“铭文砖”“字模印文砖”；“特殊用砖”中有“垛口尖砖”“劈水砖”“望孔砖”“射孔砖”“垛口基砖”等。修筑时为了记录时间，明确责任，有一些地段采取了用字模压坯后烧制成砖的办法，即形成了有文字的长城砖。以上砖类型在山海关长城博物馆中均有保留，这里以我们在长城博物馆所见文物“明长城铭文砖”和“明长城字模印文砖”为例进行说明。

文物“明长城铭文砖”（图 14）。铭文砖在明长城用砖中数量较少，这种砖上的铭文有印制也有刻划而成的，砖上文字一般是筑城单位的简称，如河北卢龙刘家口长城采集的“左”字、“中”字款砖，“左”是烧造单位“左营”的简称，“中”是“中营”的简称。

图 14　明长城铭文砖

文物“明长城字模印文砖”（图 15、图 16）。明长城字模印文砖一般仅见于北京至山海关的明蓟镇长城，是具有重要文献价值的长城建筑文物。这种砖烧造前在砖坯上以印模印筑城单位及年份，用以记录修造单位的功绩和责任。

山海关是长城字模印文砖最集中、数量最多的地段，山海关东罗城即发现了 12 种。长城字模印文砖是山海关厚重历史文化的见证者，具有很高的文物价值和科学研究价值。

图 15　明长城字模印文砖（一）

图 16　明长城字模印文砖（二）

二、对策与建议

景区及周边环境用语用字直接面向社会公众，因此，景区内外用语用字失范会给公众规范使用语言文字带来直接或间接的负面影响。它不但给游人参观游览带来诸多不便，也会在一定程度上使游客混淆对汉字的认知，甚至会对中小学生造成误导。从另一角度看，景区属人群密集的地方，公共设施用字不规范现象，势必会严重影响市容市貌，降低城市的文化品位，损害城市形象，甚至有损国家和民族的声誉。对此，有关部门必须高度重视。

（一）景区范围内的各级管理人员要树立科学的语言规范观

景区及周边单位或商家管理者要提高认识，认真学习党的十七届六中全会精神，深刻领会刘延东同志在纪念《中华人民共和国国家通用语言文字法》10 周年座谈会上的讲话精神，切实贯彻《国家中长期语言文字事业改革和发展规划纲要（2012—2020年）》，深入落实李卫红同志在 2012 年语言文字年度工作会议上的讲话精神。应充分认识到大力推广和规范使用国家通用语言文字的紧迫性和重要性，不断统一思想、提高认识、凝聚共识。

（二）政府相关部门应加强普法宣传，完善法律法规体系

《中华人民共和国国家通用语言文字法》的颁布，具有重要里程碑意义，标志着我国语言文字事业走上了法制化的轨道。随着这部法律的深入实施，语言文字工作发展良好，成效显著。但是，《中华人民共和国国家通用语言文字法》在群众中的知晓度还有待于进一步提高，语言文字法律意识还需进一步加强。当前需要采取多种手段加大宣传力度，使全社会广泛知晓并自觉遵守贯彻。

对于语言文字规范工作，我国政府历来十分重视，已经颁布了一系列的规范和标准，如《简化字总表》《第一批异体字整理表》《现代汉语常用字表》《现代汉语通用字表》《部分计量单位名称统一用字表》《出版物上数字用法的规定》，等等。对这些标准应大力宣传，认真组织学习。全面宣传和普及国家通用语言文字方针政策、法律法规和规范标准，提高广大干部群众的思想认识，增强法律意识和责任意识。将语言文字工作完成情况纳入有关人员和相关部门的年终考核体系，抓好语言文字各项工作的落实，努力完成法律赋予的各项任务和职责。

要针对社会关注的语言文字热点和难点问题做好释疑解惑工作，注重引导好社会舆论。拓宽宣传渠道，通过传媒宣传、学校教育或者纳入各类培训等方式积极宣传语言文字工作法律法规，营造有利于国家通用语言文字推广和应用的良好社会氛围。

（三）齐心协力，科学管理

当前景区用语用字不规范的问题需要各部门通力合作，齐抓共管，充分发挥重点领域和人群的作用。

1. 充分发挥政府职能部门的龙头作用

旅游行业主管部门在大力推广和规范使用国家通用语言文字过程中应起带头作用，管理者要主动加强学习，积极参加国家通用语言文字相关测试和培训。

今后一段时期，要加大对普通话水平未达标管理人员的培训，完成《国家中长期语言文字事业改革和发展规划纲要（2012—2020 年）》所提目标。对尚未达到国家规定的普通话等级标准的，区别情况进行培训。

2. 充分发挥媒体的榜样示范作用

《中华人民共和国国家通用语言文字法》规定："广播电台、电视台以普通话为基本的播音用语；广播、电影、电视用语用字应当以国家通用语言文字为基本的用语用字。"看电视、听广播是被调查者学习普通话的主要途径，媒体对社会语言文字应用能力起到示范、促进和引领作用，媒体语言使用的规范化对社会影响巨大。要进一步加强对媒体语言的科学研究，加快这一领域相关条例规章建设，根据新情况科学规划媒体语言。

3. 充分发挥公共服务行业的窗口作用

要对旅游服务行业相关从业人员，尤其是景区餐饮及商业服务人员，进行语言文字方针政策、规范标准及语言文字应用能力培训，科学地制订出完整的评测要求，更有效地提高其语言文字的应用水平。

景区餐饮及商业服务人员，多来自城市周边或县级以下地方，常以方言作为服务用语。这类群体对掌握规范语言文字有很强的需求。因此，要加强进城务工人员的普通话培训，推动用人单位、劳动就业服务部门和进城务工人员输出地相关部门对务工人员进行普通话培训，提高其就业能力。

目前，绝大多数街头社会用字都是用计算机制作印刷的，所以错字不多，出现比较多的不规范情况是繁体字。要想解决计算机制作印刷用字的规范化问题，建议重点加强对街头打印社用字规范化的管理。

（四）做好语言文字培训测试工作

《中华人民共和国国家通用语言文字法》和《河北省实施〈中华人民共和国国家通用语言文字法〉办法》中明确规定了各类人员的普通话水平应达到的等级标准，如国家机关、社会团体、事业单位工作人员为三级甲等以上，其中省、设区的市、市辖区的国家机关、社会团体、事业单位工作人员为二级乙等以上；再如公共服务行业的广播员、解说员、话务员、导游员等特殊岗位人员为二级甲等以上，其他直接面向公众服务的工作人员为三级甲等以上。对尚未达到相应等级标准的，分情况对其进行培训。新录用、聘用的工作人员，应当达到相应的普通话等级水平。

区域语言文字工作部门对普通话培训测试进行业务指导和质量监管，必要时对相关管理人员及旅游服务从业人员定期进行政策培训、业务培训以及信息化手段的培训，避免证书到手而普通话水平退化的情况发生。建立健全相关人员培养、考核、聘用、监督、奖励制度，提高队伍整体素质。

拓展培训对象，开展针对有关特殊人群、特殊行业从业人员的语言文字规范化培训及汉语能力测试和汉字应用水平测试工作，使其增强规范意识，提高用语用字规范化水平。积极争取相关部门的支持，在促进测试工作健康发展的政策环节上力争有所突破。

针对山海关区位语言特点，培训中应重点解决方音不规范问题。

1. 声母问题的解决办法

解决 z、c、s 与 zh、ch、sh 相混的问题，主要需要了解两组声母发音位置，然后强化训练。要纠正 j、q、x 发音位置靠前这一方音问题，需注意的是发 j、q、x 音时舌面前部应抵住或靠近硬腭前部。要纠正 ng 做声母的方音，就必须记住 ng 只能做韵尾不能做声母。纠正 r、l 不分时，必须记清 r 声母的字，因为 r 是声母系统中唯一的浊擦音。

2. 韵母问题的解决办法

纠正缺少圆唇音 o 时，须把展唇变成圆唇。纠正卷舌韵母 er 及儿化韵发音卷舌不够问题时，要掌握卷舌韵母 er 及儿化韵的发音方法。

3. 声调问题的解决办法

要纠正阴平调值偏低的问题，就必须把调值提到 55 的高度；也可以用阳平矫正，即先发一个阳平，紧接着发阴平，这样阴平就容易达到 55 调值。纠正阳平发音失误时，要注意普通话阳平调的发音要领，发音时，声带由不松不紧逐渐拉紧到最高程度；也可以用阴平矫正。

（五）加大监管执法力度

依据《中华人民共和国国家通用语言文字法》第三章第二十二条规定：“地方语言文字工作部门和其他有关部门，管理和监督本行政区域内的国家通用语言文字的使用。”据此，上级部门监督建立健全区域内的语言文字工作部门，专人专职负责，形成国家、省、市、区语言文字专项督导工作机制。依据《中华人民共和国国家通用语言文字法》第二十三条规定：“县级以上各级人民政府工商行政管理部门依法对企业名称、商品名称以及广告的用语用字进行管理和监督。”工商等相关部门应严格履行法律赋予自己的神圣职责，进一步加大对社会用字的监管执法力度。在企业名称登记、商标注册、户外广告审批上严格把关，决不让一个不规范字蒙混过关。同时，对已有的社会不规范用字，一经发现，立即责令改正。设立不规范社会用字举报电话，使不规范社会用字再无藏身之所。

（六）开展景区语言文字规范化达标工作

加强指导、检查、督促，适时召开推进景区语言文字应用水平评估工作现场会。邀请语言文字专家现场诊断，提出整改意见。坚持以景区为中心、辐射带动周边餐饮及商业服务业，促进区域语言文字规范化水平整体提升。

三、未来规划

（一）指导思想

深入贯彻《中华人民共和国国家通用语言文字法》和《国家中长期语言文字事业改革和发展规划纲要（2012—2020年）》等法律法规，落实京津冀语言文字事业协同发展战略目标，以提升旅游品质为核心，以服务游客需求为根本，切实加强景区语言文字规范化和人性化建设，挖掘文化内涵，打造精品旅游，在推进山海关旅游上档升级、构建全域旅游示范区建设中发挥积极作用。

（二）工作目标

1. 近期目标

结合第一轮旅游整改提升暨5A景区创建，扎实开展语言文字规范化自查和整改，旅游景区服务质量和形象品位实现显著提升。

2. 中期目标

2017—2018年，结合第二轮旅游整改提升暨5A景区创建，以山海关古城为重点，围绕“业态风貌全覆盖，精致休闲度假区”建设，进一步加强旅游景区语言文字规范化和人性化建设。

3. 长期目标

至2020年，经过5年左右的不懈努力，让山海关景区作为山海关旅游品牌的核心和龙头，真正实现从旅游过境地到国内热点旅游目的地的转型升级，成为国内语言文字规范化建设一流的精品旅游风景区。

（三）主要举措

1. 提高认识，不断强化景区语言文字规范化氛围建设

（1）重视过程管理，完善语言文字工作长效机制。语言和文字是维系国家、民族

的文化纽带和精神支柱，是促进社会与经济发展的重要基础。要充分认识语言文字规范工作对于提升景区形象、提高服务质量、推动景区发展的重要意义。进一步加强对旅游景区语言文字工作的领导，制订计划，明确责任，落实措施，建立语言文字工作长效机制。要将用语用字的规范工作的要求纳入旅游景区的管理目标和员工的工作规范中去，把用语用字规范要求渗透到旅游服务的各个环节、各项活动中去，努力提高用语用字规范化水平，形成持续、全面推进景区语言文字工作的长效机制。

（2）抓住有利契机，巩固语言文字工作已有成效。近年来，通过旅游主管部门和第一关公司、景区的不懈努力，山海关景区规范使用国家通用语言文字水平显著提升，实现了语言文字“初步普及”“基本规范”的目标。下一步要抓住5A级旅游景区创建的契机，做到“两个结合”。一是与山海关古城提升相结合。以景区内的规范带动和影响古城及周边新兴景区景点的发展。二是与山海关古城一体化管理与运营改革相结合。山海关景区要注重研究语言文字工作的新情况，继续发挥典型示范作用，完善机制，创新举措，巩固并扩大迎评促建成果。

（3）建设宣传阵地，营造语言文字规范化良好氛围。在语言文字规范化宣传工作中，坚持做到宣教工作经常化，注重宣教形式多样化。协同社会各种力量，合力营造语言文字规范化良好氛围。区旅发委、第一关公司要分别在山海关区旅游发展委员会官方网站和山海关景区官方网站及微信公众号、微博平台开设《山海关景区语言文字》专栏，为景区语言文字工作的宣传和推广提供方便快捷的信息载体，开展多样化的语言文字宣教活动，扩大语言文字法规的社会知晓度，提高景区及社会各界语言文字规范意识和应用能力。要从弘扬中华优秀传统文化、保护中华语言资源的高度来推广语言文字规范化工作。

2. 提升水平，扎实推进景区语言文字规范化持续全面发展

（1）做好景区语言文字的规范工作。山海关景区语言文字规范的重点是山海关古城。古城内业态丰富，商户众多，国有景点与民营景点共存，民居与商户交错。语言文字的规范工作覆盖范围广、牵扯人数众多，推广和普及难度很大。针对古城特点，语言文字规范和推广工作应遵循“以点带面、循序渐进”的原则，以讲好普通话和标识标牌规范用字为重点，对古城内各类标牌、广告、标语、提示牌等进行统一设计、安装和规范管理，加强古城生态环境和人文景观的打造。

（2）提高旅游从业人员普通话水平。面对景区周边餐饮及商业服务人员具有流动性强、国家通用语言文字水平相对薄弱的特点，我们应积极协调并推动用人单位、劳动就业服务部门和进城务工人员输出地相关部门对务工人员进行培训，使其增强规范意识，强化用语用字规范化能力训练，从而提高从业人员服务水平。山海关区语委一

定大力支持和配合景区语言文字工作，特别是在景区语言文字工作氛围营造、景区工作人员普通话培训和测试等方面发挥积极作用。相关单位、部门要形成合力，共同树立山海关良好的旅游形象，提升山海关的城市品位。

（3）提高旅游景区、景点名称英文译写规范。山海关景区中，老龙头、第一关、孟姜女庙景区已经实现了导览标识中英文对照，但古城内尚未完全实现。旅游景区、景点外文译写一般通用英文翻译，应采用英语国家和地区较为通行的表达方式。本着尊重历史、尊重现状、尊重约定俗成译法的原则，推进英文译写规范。例如，各种“园”根据其功能进行翻译：一般公园译为 Park；动物园译为 Zoo；乐园、游乐园译为 Amusement Park；陵园译为 Cemetery。各种“馆”根据其功能翻译：博物馆译为 Museum；陈列馆和展览馆译为 Exhibition Hall；纪念馆如果规模较大、纪念性质突出的，译为 Memorial Hall，如果是兼有陈列史料物品性质的，译为 Memorial Museum。旅游景区名称中的“景区”“风景区”“风景名胜区”一般译为 Scenic Area，国家级风景名胜区译为 National Scenic Area，省级风景名胜区译为 Provincial Scenic Area；旅游景区译为 Tourist Area；度假区译为 Holiday Resort。旅游景区、景点名称作为实体名称使用时，采用英文译写方式；但作为地名使用时，则应符合国家标准《地名标志》(GB17733-2008)，采用汉语拼音拼写方式。

（4）提高旅游从业人员的跨文化交往能力。旅游的过程也是互动的过程和交往的过程，在游客旅游过程中，旅游者对旅游目的地文化和历史的探寻，需要与旅游服务者进行深入的交流，对旅游目的地进行深入的体验。旅游从业人员需要提供大量的语言文字信息服务，规范的语言和文字是旅游目的地提供优质服务的基础和保障。作为具有一定国际化水平的旅游城市，山海关的旅游从业者不仅需要具有规范的汉语普通话水平、较强的本国文化理解能力，更需要熟练掌握外语，具备较好的跨文化交往能力和理解能力。当前，山海关景区已经初步建立起一支外语导游队伍，但人员数量还不够，外语水平还有待提升。数量不足可以通过公开招聘解决，水平提升就需要景区持续利用“关城旅游大讲堂”以及“请进来”“走出去”等多种形式的业务培训，不断提升导游人员的外语服务水平。

3. 创新思路，不断激发景区语言文字规范化建设动力

当前我国旅游业快速发展，大众旅游、智慧旅游方兴未艾，“智慧景区”借助智能网络实现对景区硬实力和软实力的全面提升，成为景区建设的创新载体。按照景区改造提升规划，“智慧景区”涉及游客中心、智能停车场、旅游厕所、导览标识系统等 8 个大类 120 多项工程项目建设。目前全新的“山海关景区游客服务中心”、智能生态停车场、3A 级旅游厕所已相继投入使用，古城西门游客综合服务区、东罗城入口服务

区、古城内古装演艺一条街、小吃街以及老龙头商业步行街等项目即将启动实施，这为景区用语用字规范化建设提供了难得的机遇。加强语言文字工作要充分利用好“智慧景区”建设这个载体，充分发挥互联网和信息技术优势，进一步加大普通话和规范汉字的使用、宣传和推广力度，以景区促进乃至带动区域语言文字和谐、规范、健康发展。

涞源县中小学校用语用字规范化程度的现状及发展策略

涞源县调研组　魏志娟 执笔

涞源县位于河北省西部，太行山、燕山、恒山三山交汇处，是拒马源、涞水源、易水源三源发祥地。县域面积 2448 平方公里，辖 7 镇 10 乡 1 个办事处，总人口 27.5 万，全县中小学共计 209 所（含教学点），在校生 43 219 人，教职工 3075 人（2016 年）。

商周时期此地即有人类繁衍，西汉初期置广昌县，民国三年（1914 年）取“涞水源头”之意更名“涞源”，是具有 2000 多年历史的“千年古县”。北临蔚县，西接山西，南贴唐县、阜平县，东依涞水和易县。涞源文化底蕴深厚，历史古迹众多，修建于万历元年至万历十一年（1573—1583 年）的明长城横亘涞源全境。明长城有两道，一道为外边长城，另一道为内边长城。涞源县境内的长城为内边长城，从县域东北的苦壮石入境，自西南狼牙口出境，在涞源境内的峰峦峡谷间上下腾越，蜿蜒穿行，总长度达 116 公里，是我国长城穿越最长的县份之一。经查全线共有敌楼 299 座、战台 42 墩、烽火台 33 个。清代文学家屈大均《咏广昌》的诗，对涞源长城的描述非常贴切：“长城带天来，古戍接云中。马踏三月雪，鹰呼万里风。”长城，见证了王朝的兴亡与更替，留给我们的是交织在一起的巨大的完美和巨大的残破，是天地之间的“大美”。

涞源县处在冀鲁官话区保定唐山片，属于北方方言河北次方言区，受地域影响，方言比较复杂，乡镇之间各不相同，大致可分为城关语片、银坊语片、王安镇语片、东团堡语片四个语音片区，是河北省方言较重地区。自 2000 年起我县陆续派出 28 名教师参加了省级普通话测试员与辅导员培训。各普通话测试员回到岗位后，通过分级辅导、模拟测试等不同形式的活动，使“说普通话、写规范字”逐步在校园被重视。2003 年我县全体适龄教师均通过了普通话水平等级测试，做到了持证上岗，“三纳入、一渗透”也实质性地被广泛运用到学校教育教学和管理各环节，校园用语用字水平也从此有了质的飞跃。我县语委要求各校不仅校园用语用字使用要规范，并且建档、立制也要规范。2007年第十届推广普通话宣传周活动在我县启动。涞源县代表河北省接受中央八部委观察团的验收和观察指导，同时也高标准通过了河北省语委对我县创建中小学普及普通话达标县工作的验收。这次八部委及河北省语委的检查、验收，充分提高了涞源县从县领导、教育部门到各校的全体师生对校园用语用字的认识，极大地促进了校园用语用字水平的进一步提高。自2007年起我县一直按省、市语委计划，安排中小学分期分批进行省、市以及县级语言文字规范化示范校创建、达标验收。通过省、市语委对校园用语用字不定时、不间断的动态管理，我县校园用语用字规范化程度进一步提升。但受地域、环境等因素的影响，我县校园内师生的用语用字与规范的普通话和规范字仍存在一定的差距。

一、调研开展情况

（一）调研背景与意义

为深入贯彻《国家中长期语言文字事业改革和发展规划纲要（2012—2020年）》，落实京津冀语言文字事业协同发展战略协议，经教育部语用司同意，河北省语言文字委员会办公室决定开展第一期京津冀语言文字工作调研。第一期京津冀语言文字工作调研以“长城文化带调研”为主。根据河北省语言文字办公室安排部署，涞源县作为“长城文化带调研”调研点，承担“以中小学校用语用字规范化为主的调研”任务。

（二）调研方法

1. 问卷调查

问卷调查是通过书面提出问题的方式搜集资料的一种研究方法，我们将调查对象分别确定为教师、中学生、小学生，因材设定调查内容。问卷的发放地域为涞源县长城文化带四个方言片区的10所学校。每组分别发放了300余份调查问卷，回收率百分之百。我们还编制了涞源县校园用语用字规范化随机调查记录表100份，组织人员进校园，随机对不同阶段、不同地域的师生进行调查，意在了解涞源县中小学用语用字规范化的现状，分析存在的问题，寻找解决对策。通过调查和对问卷进行充分的整理、分析、论证，梳理出了共性与个性问题，并进行了总结。问卷调查有效避免了由于调查员本人提问的方式、交谈的情况等人为因素的影响，更真实地反映出不同回答者的不同情况，调查结果便于定量处理和分析。

2. 行动研究

主要研究教育实践中教师与学生、教师与教师、学生与学生之间的用语用字行为。在具体研究工作中认真进行行动过程的研究，行动者参与研究，研究者参与实践，并根据研究中遇到的具体情况，边实践、边探索、边修改、边完善，使理论与实践、成果与应用有机地统一起来。

3. 观察法

主要研究教育实践中教师与学生的用语用字行为。我们通过对全县共计 25 所中小学校用语用字具体情况进行实地调查，对校园内环境用字、会议用字、教师教学用字进行了调查，掌握了校园用字的情况。通过随机听课，掌握了师生在教学过程中用语用字规范化的现状及成因。

4. 文献研究

通过认真阅读参考文献，搜集国内外校园用语用字相关的研究成果，查阅了解涞源的历史沿革、风土人情、地理地貌、民谣民谚、方言词汇等，从多学科、多角度开展研究，把握国内外的研究动态，借鉴已有的研究成果和经验教训，以获取评价和研究的第一手资料，为课题研究提供感性资料和理论依据。

5. 访谈法

课题组成员进校园，选取有代表性的师生，与他们一起探讨涞源县校园用语用字的具体情况，征求意见，通过听取他们谈论校园用语用字所感兴趣的话题来捕捉、抽取信息，调查了解涞源县中小学用语用字存在的偏差类型，共同分析偏差成因，研究矫正的方法。这一方法的价值在于自由的小组讨论经常可以得到意想不到的发现，是最重要的定性研究方法。

6. 经验总结

经验总结是社会上经常应用的一种方法。总结经验是为了从以往的学习工作中找出经验，吸取教训，引出规律性的东西，推而广之，使以后的学习工作减少盲目性，提高自觉性和科学性，继往开来，不断提高工作效率。相对课题研究来说，经验总结就是对本课题的研究成果进行整理、归纳、总结。我们通过总结 2000 年以来河北省创建中小学普及普通话达标县工作、承办第十届“推普周”启动仪式、开展三类城市语言文字达标工作、创建语言文字规范化示范校等工作经验，找到行之有效的方法，提高研究的科学性。

（三）研究对象

本课题的研究对象是中小学校园用语用字情况。

以中小学校为载体，以学校的语言文字规范化进程为突破口，以《国家中长期语言文字事业改革和发展规划纲要（2012—2020 年）》精神为指导，落实京津冀语言文字事业协同发展战略协议，对我县中小学校用语用字规范化程度的现状进行深入调查研究，剖析存在的问题，探究策略，研究行之有效的改进措施。通过总结近年来在城市语言文字工作评估中学校语言文字规范化工作的开展，有效提高中小学师生用语用字规范化程度，强化校园用语用字的规范化意识，从而推进语言文字工作规范化管理进程，促进语言文字规范化工作在全社会的广泛开展。

二、涞源县中小学校园用语用字规范化程度的现状

（一）涞源县校园用语用字偏差类型

1. 语音不规范

（1）声母系统方面的偏差

①zh、ch、sh 和 z、c、s 不分，r 读作舌尖前浊擦音［z］。

②在一部分普通话开口呼零声母前添一个 n，如安、挨、爱、袄、偶、弄、饿等。

③个别“q”归入“c”，如“全”“泉”读作“cuán”；个别“g”归入“k”，如“跪”读作“kuì”。

（2）韵母系统方面的偏差

①“而、耳、二、儿”发音特别，er 本为卷舌，央，中，不圆唇。而涞源方言发该音时，舌根较低，开口度较小，舌面为后，低。

②前鼻音归入后鼻音，an、en、in、un、ün 读作 ang、eng、ing、ong、ung。

（3）声调调值方面的偏差

①阴平调发音不到位，本来调值为 55，读作 44 或 33。

②上声发音不到位，本来调值为 214，读作 211。

③将普通话中不读阴平的字归入阴平，如北、百、福、铁、德等。

④有些字阳平调读作上声，如惩、职、扛等。

⑤有些字阴平调读作去声，如医、姑等。

⑥有些字本为上声却读成阴平调，如奶、谷、骨等。

（4）合音现象

在涞源方言中，有时将两个音节的词语读成一个合音节，除普通话中常见的以外，还有以下几个。它们的一般规律是：后字声母与前字声母相同，韵母或韵母的主要元音与后字相同，就出现了合音现象。合音后的声调，一般同前字。不过也有的没有规律可循。

2. 用字、用词、用句不规范

（1）搭配不当

有些意义相近的字，与其他字搭配组词时，必须按照字意的不同做到搭配适当。如“竿”与“杆”，“竿”可组成竹竿、钓竿、马竿、滑竿、爬竿、揭竿而起、一竿子

插到底、八竿子打不着等；“杆”可组成木杆、标杆、旗杆、跳杆、拉杆、桅杆、电线杆等。如果将前面词中的“竿”改为“杆”，将后面词中的“杆”改为“竿”，就都用错了。又如“翘”与“跷”，“翘”可组成翘望、翘首仰望、翘尾巴、木板翘了等；“跷”可组成跷起脚、跷着腿、跷大拇指、跷跷板、踩高跷等。由于不了解这两个字的用法，常常错作跷尾巴、跷首仰望或翘大拇指。

（2）随意使用网络用语

目前很多中小学老师日常的教学过程中经常会发现学生的作业中“神马”“给力”“雷人”等词语频繁出现。下面是两个很典型的例子：

例 1：我给学生布置造句作业：以“不是……而是……”的形式造句。班上有学生就以“神马不是马，而是浮云”来造这个句子。

例 2：在作文中一名学生写道：爸爸说奶奶今天做的饭真是太给力了。“给力”这个词语现在被普遍应用，现在的学生家长都比较年轻，接受新东西比较快，也在不知不觉中影响着孩子。

网络用语已经影响了我们的现实生活，但学生的作文还是应该使用规范性的文字。

（3）任意缩略词语

使用缩略语可以节省语言符号，有利于信息的快速传递，但是一定要做到语句缩略得当，不可任意缩略，而造成词义不能正确表达。如“国有土地”，不可缩略为“国土”。“国有土地”是经济学概念，指所有权属于国家的土地；“国土”属于政治概念、地理概念，指的是国家的领土，是国家管辖下的整个区域，不仅包括陆地，还包括领水、领海、领空等。两词表示着两种不同的概念，不可混为一谈。

（4）成语用字错误

成语用字是不可随意改变的，每个字都有特定的含义，常见的差错就是以别字代替成语中的字。在我们的一次调查中，发现“再接再厉”（“厉”错为“励”）、“矫揉造作”（“揉”错为“柔”）、“金碧辉煌”（“碧”错为“壁”）、“戛然而止”（“戛”错为“嘎”）四则成语的失误频率最高。

出现以上一些不规范的现象，虽然与我们所处的语言环境有很大的关系，但不可否认的是，这与教师在教学中存在的欠缺有直接关系。如：观念未转变，应试教育思想还很严重；主抓课本知识传授，写字要求不严等，致使学生书写不规范。

（5）方言滥用

“你住啥下？”这是我们涞源人见面后的一句问候，为什么会说得这么“土”呢？因为涞源孩子从小在方言环境里长大，不规范的方言深入“童心”，方言习惯难以“丢弃”，所谓“乡音无改鬓毛衰”说的就是这个道理。校园内教师或学生在日常交流中，偶尔还会出现本地方言。

当方言已成为习惯时，就会致使书面语与口语不分。如涞源县常用方言语：

“寡死了。”（没啥意思。）

“白啦。”（没有达到目的。）

“咋鬼的?”（怎么回事儿?）

这些口语的误用给学生的写作带来了一定的困难，给普通话推广也带来了阻碍。

3. 书写不规范

（1）笔画不规范

校园内，师生在书写时还会出现各种类型的汉字笔画不规范现象。①笔画变异。如“大”字末笔写成长点，“水”的两边写成四点。②笔画增减。如“迁徙”的“徙”右边写成了“走”。③交接有误。汉字笔画有相接、相离、相交三种形式，交接不正确，就会产生错别字，如“哥”字就有孩子经常写得上部不接下部。

（2）结构不规范

经常出现的不规范现象是：偏旁易位或改变结构比例。汉字绝大部分是合体字，结构组合方式复杂，如偏旁易位或改变原来的结构比例，必然会写成错别字。如“落”是上下结构，孩子们很容易写成左右结构等。

（3）笔顺不规范

学生书写时不按笔画写，有很大的随意性。汉字必须严格按照笔顺书写，不依照笔顺写字，当然很难写得正确、美观，同时书写时也感到不方便、不自然。

（4）部件书写错误

受字的偏旁同化影响而产生的差错也有一些。如“编辑”一词。“编”是形声字，我国最早的书籍叫简策，一片竹简上一般只写一行字，一部书要用很多竹简，把这些竹简用绳子编起来才成为策，所以“编”字保留了绞丝做形旁表意；“辑”是辑录的意思。“编辑”一词就是搜集资料经过加工成为书刊。由于受“编”字偏旁的同化影响，将“编辑”写成“编缉”就错了。观察不仔细，字形印象模糊，就可能书写错误。

4. 标点符号不规范

标点符号不规范的例子很多，误用的现象也很普遍，在此不再一一列举。

（二）分析用语用字偏差成因

校园用语用字的规范化程度不高不是一种孤立的现象，与当地的社会环境、经济、文化及人们的观念等都有一定的联系。

1. 有些学校领导对校园用语用字的认识较肤浅

虽然《中华人民共和国国家通用语言文字法》奠定了普通话的法律地位，并明确规定“普通话成为各级各类学校及幼儿园的校园语言”，但由于校园用语的规范程度是一项“软”指标，不与校长的业绩直接产生联系，所以不少学校领导重视程度不够，宣传力度不到位，缺乏过硬的措施，因而效果不明显。

2. 受地方经济及传统习俗的影响

地方经济发展的速度不同带来了教育文化发展的不平衡。经济发达乡镇有一种方言优势心理，认为他们说的就是标准语言，认识不到自己语言的不足。经济欠发达乡镇教育、文化相对落后，受传统习俗和狭隘的地方观念的影响较深，总认为用方言交际才顺畅，对说普通话产生排斥心理。另外，许多教师在课堂上使用普通话教学，而课堂之外却用方言与学生交流，这在无形中影响了学生对普通话的态度。试问：在一个不说普通话的语言环境中，要让学生学习普通话，学生又怎能学好普通话呢？

3. 部分教师语音素质偏低

自从开展普通话培训与测试工作近十多年来，我县教师的普通话水平整体上已有了较大提高，但还很不平衡，特别是山区农村的中小学教师语音素质还较低。虽然他们在测试中能达到二级乙等或二级甲等的水平，但在教学过程中却不一定能经常保持这个水平。另外，目前小学教师老龄化的趋向明显，而年龄在50岁左右的教师在自己学习语言的最佳年龄阶段一般很少接受过规范化的语音训练，方言的影响根深蒂固，同时对国家现阶段语言文字工作方针政策学习得不够，使用普通话的意识不强，语音素质偏低，他们对学生良好的语音面貌的形成在一定程度上会产生较大的负面影响。

4. 规范汉字的书写训练时间不足

再科学的练字方法也不能减少汉字书写技能形成必须达到的训练频率，不能减少汉字书写技能形成必须付出的训练时间。处在当今的科学技术时代，人们需要学习的知识太多，加上如前所述的各种原因，导致人们对写好汉字不那么热衷，用于练字的时间自然很少。这也是写不好规范汉字的重要原因。

5. 现代科学技术手段的广泛利用，加剧了人们对写字的轻视程度

计算机和打印机的普及，使得人们写字的机会越来越少。计算机能够替代汉字手写工作，也给文档编辑和修改创造了方便条件。这些优点导致人们认为可以不用在写好规范汉字上下功夫，从而导致了汉字书写水平大幅度下降。实际上，很多时候文字材料还是需要用手写来完成的。另外，写好规范汉字的重要意义不限于把汉字写好这一层面，而在于汉字的书写训练过程，能够培养一个人的认识能力、探究能力、操作技术以及良好心理品质和意志品质。

6. 字形观察不仔细或形体相近的字干扰

师生书写中由于形体相近而错的现象屡有发生。我国的汉字笔画、部首相近的字

很多，如果观察不仔细，就容易写错。如我们在汉字听写大赛中要求书写的词语“尴尬”，许多师生受“旭”的影响，认为“尴尬”两字是“九”字旁，仔细观察，我们才发现“尴尬”均是“尢”字旁。

汉字是由点、横、竖、撇、捺、折、钩、提八种基本笔画构成的。在汉字中字与字形体相近的不少，师生书写中出现因形体相近而错的字屡见不鲜。这类字有时只是一笔之差，字义却完全不同。如“折”作“折断、曲折”解；“拆”作“拆开、拆卸”解。有时字体相似，读音也相同，但含义不相同。如“陪”作“陪伴、陪衬”解；“赔”作“赔偿、亏损”解。如果折、拆不分，陪、赔混用，就必然造成书写错误。

7. 含义相近的字干扰

因记忆不准确，在使用部分含义相同或相近的字时经常混淆。如“暴”与“爆”，两字都含有“突然发作”的意思，但组成词语时使用“暴”还是“爆”，是有区别的。如“暴发”和“爆发”，可以写作“暴发户、山洪暴发”；不可以写作“爆发户、山洪爆发”；可以写作“爆发革命、爆发掌声、火山爆发”，不可以写作“暴发革命、暴发掌声、火山暴发”。又如“振”与“震”。“振”是表示“振动、挥动”的意思，可组成“振翅高飞、振臂高呼”等，还表示“奋起”的意思，可组成“振奋、振作、振兴”等；“震”是表示“震动”的意思，可组成“震颤、震动、震耳欲聋、威震四方”等。“振动”与“震动”混用的次数更多，“振动”是指物体通过一个中心位置不断做往复运动，“震动”是指颤动、震颤。由含义相近的字组成的词是经常遇到的，如“标记”与“标志”，“遏止”与“遏制”，“扶养”与“抚养”，“贯穿”与“贯串”，“界限”与“界线”，“聚集”与“聚积”，“权利”与“权力”，“熔化”与“融化”，“熟悉”与“熟习”，“推脱”与“推托”，“违反”与“违犯”，“一起”与“一齐”，“淹没”与“湮没”，等等，使用时应记住各词词义的不同之处。

8. 不了解规范用字的规定

2013 年 6 月 5 日，国务院发布《通用规范汉字表》。《通用规范汉字表》公布后，原有相关字表停止使用。可是，至今有的教师不了解这些字的调整变化，未能按照新的要求使用这些字。

9. 对成语理解不到位

校园中，师生经常出现因对成语理解不到位而出现错别字的现象。如：“再接再励、矫柔造作、金壁辉煌、嘎然而止”等成语用字差错的原因，主要是对成语的意义缺乏正确了解，对其中每个字的含义不十分清楚。如“明火执仗”是说点着火把，拿着武器，比喻公开干坏事。可是常见到将“仗”错作“杖”，“仗”是武器的总称，是不能用“杖”代替的。如“各行其是”的“是”，常错作“事”，“是”是对的意思，这则成语指的是个人按照自己以为正确的一套去做，如果写作事情的“事”，与成语原意就不符合了。又如“金碧辉煌”是形容建筑物装饰华丽，光彩夺目。“碧”为翠绿色，如果错写为墙壁的“壁”，就失去了成语表达的意思。所以在使用成语时，一定要细心辨别那些容易出现错误的字。

10. 受日常用语用字干扰

日常生活中，人们一般不太注重语法，能达意即可。如：“通过这次政治学习，使我明白了一个道理。”“这次义务劳动男女老少都参加了，大家表现积极，男的女的干重活儿，老的少的干轻活儿。”其实这些都是病句。病句流传一千遍也就成了不是“病句”的病句了。

在常说常用的词语中，还存在用了别字而不能察觉的情形。这一类词语常常是不知其字，只是按字的读音用了替代的字。如将“实不相瞒”写作“事不相瞒”，将“和颜悦色”写作“和言悦色”。

还有一些常用的 ABB 式和 AABB 式词，由于只知其音不知其字，往往出现错误。如“雄赳赳”错作“雄纠纠”，“笑眯眯”错作“笑咪咪”，“硬邦邦”错作“硬梆梆”，“战战兢兢”错作“战战竟竟”，“疯疯癫癫”错作“疯疯颠颠”。

11.“污染”抵制不坚决

（1）口语“污染”

语言是人们进行交流的工具，通过语言可以反映一个人的素质。然而，在学校这个文明集体中，文明礼貌用语被污染了，你听——

两个女生见面不是正常打招呼，而是手一扬“嗨，嗨”；看到对方穿了一件时髦的衣服，“哇，酷死了!”“帅呆了!”“哇，好美好美呀。”

称班长“老大”，把作业做完了叫“搞定”，把隐瞒问题叫“抹平”。这是黑社会性质组织人员说的话。

“找死呀!”“有病呀!”“我办了你。”这些极其粗野的话，给校园语言添了杂音。

“……偶只稀饭睡觉、吃饭……”“I 服了 you.”这些奇葩的句子其实就是语言混用。学生在说话时将网络语言以及英文与传统的书面语杂糅在一起进行表达，自以为出奇、出新，其实，这样表达的意思，很多时候只有自己才懂，是不折不扣的“语言怪胎”。

中小学生对词汇本身并不具备理性分辨和筛选的能力，他们使用时多是不加选择。如果长期任其发展下去，将对学生规范使用祖国语言文字的习惯养成带来一定的负面影响。

学校要教育学生认识到这些校园“污染”语言的危害，自觉不说这些“污语”，还要劝说别人不说。同时在学校的大环境中，大家可以给那些说黑话、脏话、粗话、嗲话的人以鄙视，使说这些“污语”的人没有说“污语”的环境，感到说“污语”是可耻的。

——从我做起，提高文化修养，使用文明礼貌语言！这样“污语”就会在校园被清除。

（2）手写体的“污染”

手写体“污染”包含四种。第一种是书写已经淘汰的繁体字、异体字，如“贝”写成“貝”，“书”写成“書”。第二种是乱写不规范的简化字，如“直”中的三横写成一竖，使字写成“亩”；“壤”的右部分写成“上”或“止”，使字写成“圵”或“址”；“影”的左部分写成“井”，使字写成“𢒈”。第三种是写“半身不遂”的字，就是一个汉字的一部分写简化体，而另一部分写成繁体，如“鸡”的左部件不变，右部件却写成“鳥”字，使字写成“鳮”。第四种是写错别字，如“步”写成“歩”。

（3）商业用字的“污染”

在商业界，商家为使产品销售量增加，而在商品包装或产品广告中使用不规范的汉字或错别字，如“咳不容缓”“骑乐无穷”等。

（4）生活用字的“污染”

生活用字的“污染”随处可见，如“冨”“囍”等字。如山东孔府大门上的一副对联：“与国咸休安冨尊荣会府第；同天并老文章道德圣人家。”其中的“冨”字头上无点，意思是“富贵无顶”，因而民间有多人模仿在对联、牌匾上写无点的“冨”。

三、发展策略

准确与规范是校园用语用字的第一要旨。提升校园用语用字的使用精确度，并不是一朝一夕的事情，需要一个长期培养与不断锤炼的过程。我们的具体做法是：

（一）提高认识是前提

早在清末之际，就有人提出，要把语言统一看作“立国之要素”，认为统一语言可以“合四外为一心，联万方为一气”。而今，人类已跨入信息时代，教育部语言文字应用研究所所长、华中师范大学李宇明教授认为，汉语在信息时代有三大优势。一是人口优势。海内外使用汉语的人大约有 13 亿，是世界上使用人口最多的语言之一。二是文化优势。它承载着一个文明古国悠久的文化，这种文化对世界充满了魅力。三是潜在的经济优势。近年来中国经济持续稳定增长，随着中国综合国力和国际地位的明显提高，一些发达国家纷纷掀起了学汉语热。汉语最大的不利因素是内部的一致性差，方言分歧严重。因此，在今天看来，统一语言不仅是方便交际、增强民族凝聚力的需要，还是促进信息化发展、使汉语走向世界的基础。当今语言文字的应用范围和它的社会功能远远超出了以往任何时代，因为信息化建设要求语言文字高效率地传达信息。目前，汉字的信息处理已由语词处理向语音处理的方向攻坚，可以说，推广普通话的重要性和紧迫性已超出以往任何一个时代。

我们一定要把“推普”作为一项重要工作，实质性地纳入学校工作计划中。坚持不间断地学习上级有关语言文字工作文件精神，交流工作经验，专项研究布置工作任务，增强全校教职工搞好语言文字工作的责任感。各项活动中，学校领导要坚持带头说普通话，为“推普”工作做表率。加强对语言文字工作的宣传，通过学习和宣传，全校上下提高认识，充分认识到语言文字规范化和提高语言文字运用能力，是推进素质教育的迫切需要。做好用字用语规范化工作，对于掌握科学文化知识、培养创新精神和实践能力，对于继承和弘扬中华民族优秀的传统文化，培养爱国主义情操，增强民族凝聚力，都具有重要意义。

（二）制度健全是保证

中小学推行校园用语的规范化，需要营造一个良好的环境，如果大家坚持讲普通话，就会形成一种讲普通话的氛围，讲方言的人就会感到别扭，时间一长就会成为一种习惯。但是，在形成习惯之前，必须通过一定的制度强力推行。

第一，以校园用语用字的考核评估为抓手。考核内容包括组织领导、制度管理、环境氛围、师生素质等几方面。根据考核情况，对于考核合格的学校授予“推普合格学校”“推普先进学校”“推普示范学校”等相应的荣誉称号。

第二，教育管理部门在一定范围内定期组织普通话培训班和达标测试。坚持“以测促训、以训保测、重在建设、持之以恒”的指导思想，定期举办参测中小学教师（也可包括部分高年级学生）普通话培训班，由省级测试员授课，每期利用一个月时间集中培训几次，其余时间让学员按培训要求强化训练，然后进行普通话水平等级模拟测试。测试只是手段，促进校园用语的规范化是目的。只测不训，必然使多数参测人员达不到要求，打击他们学习普通话的积极性；只训不测，力度不够，没有压力，学员的普通话水平也难以提高。这样经过培训—测试—再培训—再测试的几次反复，中小学师生的普通话水平一定会大面积提高。另外，中小学要真正发挥推广普通话领导小组的领导作用，落实责任，制定切实可行的措施，加强监督和考核，使普通话成为校园语言。涞源县中小学已全面实行持证上岗制度，对普通话不达标的教师要落实帮扶措施，强化训练，限期达标，将教师普通话使用情况真正纳入教学质量考核体系和教学奖惩体系中去，要求教师不仅要取得合格等级的证书，还要坚持讲普通话；不仅在课堂上讲普通话，在学校的任何公开场合都要讲普通话。

学生方面，首先应该鼓励学生开口讲普通话，把能否坚持讲普通话纳入对文明班级、先进个人的考核中去，把普通话作为一门学科，将成绩记入学生的个人档案；其次，要通过举办各类活动，如讲座、广播、朗诵、演讲、辩论会等，促进普通话的推广，使讲普通话成为学生的一种自觉行为；再次，要充分发挥榜样的带头作用，鼓励那些普通话水平较高的学生参加普通话水平等级测试，让他们的能力得到权威机构的认定，充分发挥他们在各项活动中的带头作用，使学生以会讲普通话为荣，以此促进学校普通话水平的整体提高，实现校园用语规范化的目标。

第三，加强督导检查。把校园用语用字情况，作为学校教学常规检查的重要项目内容，作为教育教学评估的重要依据。

总之，校园用语用字是新时期中小学教育的重要任务之一，应该引起教育行政有关部门以及广大中小学校，特别是山区农村中小学的高度重视，使中小学教育为全社会普通话水平的不断提高发挥基础性带头作用。

（三）规范环境是后盾

要想使说普通话、书写规范字水平得到一个长期、有效的不断提升，一定要有一个规范的语言环境做后盾。如果没有良好的学习普通话的环境和氛围，学习普通话就成了无源之水、无本之木。在规范用语用字过程中，学校是主阵地，社会、家庭是催化剂。在校园内实行普通话“单语制”，利用丰富多彩的用语用字综合实践活动，通过多种形式的宣传，使普通话真正成为校园语言。在做好学校“推普”工作的同时，通过形式多样的活动，向社会、家庭辐射，从而促使社会和家庭语言环境更加规范，不断增强孩子规范用语用字的意识和能力。

1. 品味经典，开展诵读

推广普通话的主阵地是课堂教学，语文教学无疑肩负着更重的责任。“博观而约取，厚积而薄发。”早期阅读、背诵大量优美的经典，渗透到血液、深入到骨髓的不仅是语言层面的感悟与表达，还有中华民族优秀的人文精神和人文情怀。可以把经典诵读引进校园，在全校范围内组织开展一系列丰富多彩的诵读经典诗文活动，着力提高学生的文学功底，陶冶学生的道德情操，改变学生的行为习惯，让经典的阳光照耀拔节的生命。

（1）立足校情，发展特色

农村学生父母大部分因打工挣钱，对孩子缺乏正确的关爱、管教和引导，导致孩子自我约束管理能力差，甚至存在不良的行为习惯。

为了改变家长教育孩子的观念和孩子的行为习惯，可以以中华文化经典诵读活动为载体，通过活动来增强孩子人文知识的积累，提升他们的思想道德水准，同时在他们纯洁的心灵中培植下爱心、诚心、孝心。通过学习《弟子规》《论语》之后，他们懂得了“父母呼，应勿缓。父母命，行勿懒。父母教，须敬听”，也懂得了“人而无信，不知其可也”，懂得了“君子莫大乎与人为善”……

（2）精心选材

以课堂为圆心，向课外扩展，形成一个“文化场”。以学校为单位，各年级组深入研究教材，寻找具有传统文化色彩的典型文本，然后进行重锤敲打、组内研讨，再上课。可以将国学经典《弟子规》作为低年级的诵读材料，将东坡诗词作为中年级诵读材料，将《论语》和课本里的古诗文作为高年级的诵读材料，开展诵读活动，从而提高学生的中华古典文学品位。

（3）环境文化建设

“随风潜入夜，润物细无声。”环境对人的熏染作用毋庸置疑。校园内突出以“经典诗文诵读”为特色的校园文化建设和布置，突出传统文化气息，注重厚德载物、大气沉静的校园文化建设。

在“国旗下讲话”中，寻找一些相关的好著作、好文章介绍给学生，激起学生诵读的欲望。

利用橱窗、走廊、墙壁等空间和角落，印制精美诗文图画，或孩子们充满灵性的“诗配画”，让古人睿智的形象和精辟的言论深入人心，成为学校一道独特的人文风景。

校园黑板报上，可刊出一些经典诗文，并提供历史背景材料和诗词析义，供学生阅读、赏析、积累。

各教室环境布置要体现班级特色。除了诗画、诗文，每个班级都设个性班级橱窗，内容或是学生阅读古诗文的活动成果，或是古诗书法展、读后感，或手抄报等。

（4）建立两项机制

①活动保障机制

开展诗文诵读是一项长期的工作，必须有一系列的保障措施，否则就可能流于形式。学校要建立三个保障机制。一是定诵读时间，比如：每天晨读，坚持诵读 20 分钟；语文课上，课前让学生诵读每周一诗。二是定检查人员，每天有专人负责检查。三是定诵读内容，各年级组根据学生的年龄特点，制订诵读、背诵计划和决定诵读内容。

②评价激励机制

在各年级开展各种实践活动，以激发学生的诵读兴趣。比如：平时可举办“经典诗文大擂台”“为画配诗”“我为古诗找作者”“数字诗句大比拼”等活动，学期末举行“国学经典诵读”等汇报活动，评选并表彰“经典诵读小明星”，促进学生的持久兴趣和经典诵读活动的深入开展。

2. 人人动手捉“臭虫”

让“啄木鸟”活动形成常态。不单单是每年“推普周”时间段才开展，而是在日常的校园生活中，时时刻刻开展人人动手捉“臭虫”活动。因为用语用字不规范现象的重点在学生，比如有些同学的作业本上常常出现错别字，应当予以纠正。单单依靠老师对作业本的批改订正是远远不够的，一方面是老师批改不过来，另一方面是学生对老师给的订正记忆不深刻。怎么办呢？我们的方法就是人人动手捉“臭虫”。

第一，互相捉“臭虫”。每次做完作业后，同学间互换作业本，让对方捉自己作业本里的“臭虫”，比一比谁捉得最认真，谁能把本子里的“臭虫”全捉到。平时在大街上看到牌匾、广告中的错别字，也要随时捉“臭虫”。

第二，把捉到的“臭虫”分类。捉到“臭虫”记下来，把它们分一下类，看看哪些是别字，哪些是错字；错字再按缺少笔画的、画蛇添足的、不按规则简化的标准来分类。这样就找到了“臭虫”的病根。

第三，对症下药治“臭虫”。出现“臭虫”是有原因的，如受形近、同音字的影响，对字的书写笔画记不清，写字不认真等。找到原因进行针对性的练习，如用形近、同音字组词，分析字的音、形、义的关系等。比如“应接不暇”，有的同学把“暇”写成了“目”字旁，是因为认为这个词语的意思跟眼睛有关系，所以出错；通过查字典可知，“暇”指空闲，与时间有关，即要写日字旁，这样这只“臭虫”就被消灭了。

第四，开展捉“臭虫”比赛，颁发“啄木鸟”证书等。

3. 举办幽默故事会

引导学生搜集有关错别字的趣味故事，举办有关用语用字的幽默故事会，让学生在笑声中感悟用语用字规范的重要性。下面节录几则故事：

①相传李鸿章有个远房亲戚赶考，呆坐半天也做不出答卷，于是便想走后门中榜，就在试卷上写道：“我是中堂大人李鸿章的亲妻（戚）!”主考官看后又好气又好笑，提笔批道：“既是中堂亲妻，我定不敢娶（取）!”

②清代一次科举考试，有个考生因不懂《书·秦誓》中“昧昧（想念深切）我思之”一句的意思，将其写成了“妹妹我思之”。主考官开始不明其意，继而哑然失笑，挥笔批道：“哥哥你错矣!”两者恰好构成工整的对仗。

③一人给老岳父写信，请其代买一筐杏子，但却把“杏”字错写成“否”。老岳父知女婿写了别字，买下杏子托人带去，并捎回了一封信：“贤婿来信要买‘否’，急得老汉满街走。买了一筐小黄杏，不知是‘否’不是‘否’?”

写错别字不仅会闹出笑话，有时还会带来巨大的损失，所以，我们必须认真牢记常用汉字的字形，并工整书写，以便在今后的学习和生活中准确运用。

4. 举办多种形式比赛活动

组织开展以“说普通话，写规范字”为主题的手抄报比赛，并在专栏上展出优秀作品。

每年组织师生开展“三字一话比赛”“汉字听写大赛”“师德征文比赛”“写字教案比赛”等活动，来增强师生对使用规范的用语用字重要性的认识。

总之，通过确立几种有特色、效果显著的主要活动形式，再结合一些丰富多变的其他形式，比如通过每年的“双推月”和“推普周”，在公共场所、醒目位置张贴以宣传推广普通话为主题的标语和宣传海报，在校门前及相邻街道悬挂“推普”条幅，提高校园及全社会对语言文字工作的知晓度。通过小手牵大手、家校互动等方式，倡导大家讲普通话、写规范字，提高学校教职工乃至全社会对推广使用普通话的自觉意识和应用能力。

（四）师资队伍是基础

小学生良好书写习惯的培养不仅与教师的严格要求有关，而且教师的身教也起着至关重要的作用。俗话说：“打铁先要自身硬。”“其身正，不令而行；其身不正，虽令不从。”孔子的名言更道出了教师表率的重要作用。教师是学生识字与写字的直接传递者，教师的一举一动会在学生心中起到一种榜样的作用，这种榜样的作用会直接影响到学生的写字习惯。教师一手漂亮、流利的字，如一个个美妙的音符，会在学生的内心深处谱出优美的乐章，那苍劲有力、清新俊秀的笔画会给学生美的享受和潜移默化的感染力。所以教师在写字时一定要规范、认真。汉字的结构讲求对称又注意变化，追求严整又不失灵动。笔画简单的字结构均匀，显得落落大方；笔画繁多的字结构紧凑，避免臃肿松散。教师所写出来的字一定要符合汉字的造字要求，必须是规范的汉字，否则会对学生产生负面影响。

（五）课堂教学是阵地

学校是学生学习普通话的主阵地，学校对普通话重视程度的高低，是制约学生学习普通话效率高低的重要因素。加强校园普通话学习的环境建设，配合校园文化建设，搞好语言角、学校广播室的建设使用等，营造良好的普通话学习环境，让学生有展示的平台，从而促进学生普通话水平不断提高。

1. 提高教师的规范化意识和水平

规范学生用语用字是师生共同参与的过程，教师意识和水平直接影响学生的意识和水平，因此，必须提高教师的规范化意识和水平。

首先，提出要求和加强培训。在教学管理工作中，学校要明确要求教师参加集体专项培训；上课、板书、写教案、批改作业、写评语等教学评估活动要说普通话、写规范字；在课堂中增加语言文字规范化的相关知识；对少数使用方言讲课和板书用字不规范的教师提出意见，限期改进；教师集体活动使用普通话。

其次，让教师自觉提高规范意识和水平。学校注重语言文字工作的建章立制，让所有教职工都能积极参与培训，自觉提高自己的规范意识和水平。

2. 加强课堂教学

（1）注重朗读指导，过好语音关。按照学校的要求，教师从低年级教学就开始严抓学生的汉语拼音学习，采用生动活泼的教学方法，再通过口试、笔试，让学生过好语音关。

（2）重视字词教学。课堂上用多种方法教学生识字、纠正错别字。如用幻灯片展示易读错的字、词语，让学生反复准确地读，易写错的字就让学生跟教师一起写，特别是对于生僻的词语，教师通过图片、视频、动作等来帮助学生理解。学校还可以开设专门的写字课，让学生学会正确、端正、美观、规范地写字；制定相关制度，如在作业、试卷评分中进行书写等次评定，在作文评改中实行错别字扣分制度等，以此来引导学生规范书写汉字。

（3）重视作文教学。组织学生参加各级各类作文竞赛，以培养学生学习语文的兴趣，提高他们应用文字的能力。

（4）上好口语交际课。中高年级语文课本都有《口语交际》这个栏目，其内容丰富，形式多样，是培养学生思维能力和语言表达能力的好资源，用好、教好很有必要。

（5）创新教学活动。开展课前三分钟演讲、优美文章朗诵、专题演讲会、故事会、作文比赛和参观访问等活动，为学生提供锻炼和展示的舞台。

（6）加强写字教学。根据学生年龄特点抓好基础教育：教给学生正确的写字姿势，做到“头正、肩平、腰直”。教给学生运笔的正确方法：学会“起笔、转折、提、钩时稍重、稍慢；行笔过程中用力均匀，速度适当；在写撇、提、钩的收笔和其他尖状笔画时运笔稍轻、稍快”。指导学生掌握汉字的“横竖撇点捺折钩”及其变形的笔顺规则；掌握汉字间架结构空间上的“笔画、笔画部件与部件上的相离、相接、相交关系，方位上的上下、左右、内外三种关系，配合上的布局、配置、避让”等基本规则。抓好书写笔顺和间架结构安排等基本功的训练，教会学生能够从整体观察入手，领悟如何把字写得“端正、流利、整洁、行款整齐，有一定的速度和力度”。总之从低年级的识字开始，注重汉字的笔顺、笔画的教学。

（7）注重教学语言的幽默。如：一个学生把“武”字错写成“武”，老师点评说：“你真厉害！一撇打断了武二郎的腿。”该生在哄笑中，一下子悟到了错误，其他同学也会吸取教训。

(8) 注重评价，提高质量。首先是人性化的批改。对于学生来说，最快乐的莫过于能够得到老师的赞美。所以，老师在批改学生写字作业时，尽量做到面批为主，并进行适当的赞美："你今天的字真是漂亮，老师喜欢。""你写字的时候那么认真，写出来的字越来越漂亮了。"如有时来不及全部面批，也要在学生的作业后写上恰当的评语，如："你真是个小书法家。""你的进步真大，继续努力。"此外，写得好的字上加盖颗"☆"，整洁端正的作业上刻个大拇指、笑脸，都可以极大地调动学生练字的积极性。写好字是一个过程，有效的评价也应该成为一个纵向、连续的过程。这就需要老师用发展的眼光看待学生，做个有心人。

（六）科学训练是关键

涞源县中小学学生的普通话意识都很强，有说好普通话、用好规范字的主观愿望，支持在校园使用普通话。但是由于家庭和成长环境的不同，学生用语用字的规范化程度明显不同，而且具有很强的区域特征。

普通话是口耳之学，虽然要依靠语言学理论的指导，但关键是耳治和口治，只要主动积极，随时随地都可以学，可以练。训练时要把握三个关键点。一是既要重视读准单字的声韵调，又要重视学习普通话的韵律，如词语的轻重音、句调和停连等。学习普通话，如果只能念准一个个音节，那最多只能算学了一半，因为在说话、演讲、朗读等实际运用中，还必须讲究整个语流的自然生动、音节的音变规律等，这就必须学习普通话的韵律。二是要听说读写相结合。听这个环节很重要，有些人之所以普通话语音发不准，从发声理论上说，跟他长期用方言听说有关，长期所听到的内容是不正确的，当然就分不清正确的声韵调上的细微差别。因此注意听辨能力的训练很重要。要听标准的普通话录音，边听边想，找准发音部位，进行方音辨正。当然，要提高口语水平，说和读是最重要的实践环节，只有强化读说，先读后说，边读边说，才能张嘴就来，左右逢源。三是要改变内部语言。思维是人们认识世界时动脑筋的过程，人在思维时需要用语言，语言和思维是两种独立的现象，但形影相随，永不分离。日常说话，因为太平常了，脱口而出，仿佛没有使用语言进行思维的过程，但如果我们去思考一个复杂的问题，就能感觉到自己的默默自语。学习普通话，就要养成用普通话进行思维的习惯，如果没有这种习惯，讲话时就得先用方言把意思想好，再译成普通话说出来，这样说出来的话就不会流畅、纯正。

对于写字，老师要放下架子，走到学生中去，亲自写一写，握着学生的手写一写，让学生照着老师写字的笔顺写一写。无形中，老师把自己变成了一面镜子。这样不但可以提高老师自身的写字水平，养成良好的写字习惯，而且更让学生看到了一个活生生的写字标本，使学生潜移默化地受到了教育。实践告诉我们，哪位教师字写得好，他的学生写的字也比较好。为了适应 21 世纪教学的发展需要，作为一名教师，特别是小学语文教师，必须尽快提高自己的书写水平，用自己优美的字吸引学生，感染学生。

（七）形式多样是手段

1. 文件理论传达

有关用语用字相关理论文件，许多老师只听说过，没有系统学习过，对于用语用字规范性标准认识模糊。这需要我们开展专题性培训辅导。

学校要通过开设普通话课或举办普通话语音知识讲座等形式帮助师生系统学习普通话语音知识，掌握正确的发音部位和方法，建立起科学而有效的语音训练体系。疏通语音基础知识，首先要掌握 21 个声母和 39 个韵母及 4 个声调的正确读法，这是学习普通话的基础，要特别注意进行方音辨正。方言区的人共同的难点音是平舌音和翘舌音、鼻音和边音、前鼻音和后鼻音及阳平调和上声调的准确读法。要找准这些音的发音部位，理解其不同的发音方法，体会其不同的语音效果。此外，还要掌握一些基本的语流音变常识，如轻声、儿化、上声的变调、“一”和“不”的变调、语气助词“啊”的音变，等等。

2. 推广字理识字

汉字字理以其独有的魅力已经为广大教师所钟情，尤其低中年级的课堂，在识字、写字的环节，总会呈现几个汉字的演变，为课堂增添几分文化味儿。以下以“帽”字和“肺”字为例进行说明。

（1）“帽”字

“帽”字的来历：

“帽”原来写成“冒”，后来加“巾”表示字义。“冒”在古代由一个“不带钩的同字框冂”和“＝”“目”构成，“不带钩的同字框冂”就是帽子的形状，表示帽子是戴在眼睛之上的，即冃。帽子是戴在头上的，也就是盖住、蒙住了头顶，而“冒”又有“蒙、覆盖”的意思了。所以，大家一定要明确：“冒”旁是“不带钩的同字框”与“＝”字构成的部件，是不封口的！

“帽”字的写法：

“帽”有 12 画，左部要写得窄而挺直；右部“冒”的上面略宽，要特别注意不封口，下面的“目”略窄而挺立超过田字格横中线。整体结构是左小右大，虽然笔画上没有穿插，但架构要匀称稳重，这样写出来的汉字给人稳重、饱满的感觉。

“帽”子的故事：

北齐有一位名叫宗道晖的人，平时喜欢头戴一顶很高的帽子，脚上穿一双很大的木底鞋。每当有州将等级官员到来，他都要以这身打扮去谒见。见到官员时，他又总是向上仰着头，举着双手，然后跪拜，一直把头叩到木底鞋上，极尽阿谀奉承之能事。从这以后人们便把吹捧、恭维别人的行为叫作“给人戴高帽”，把喜欢别人当面阿谀的人称为“喜欢戴高帽”。

（2）“肺”字

肺，篆文=（肉，组织、器官）+（剥离纤维植物的皮）。隶书误将篆文的写成。造字本义：胸腔中两个结构如海绵的囊状呼吸器官，作用是从血液中分离出二氧化碳和氧气，吸收氧气呼出二氧化碳。我们可以把“肺”字的右部件理解成“一”横表示肩，“冂”理解成肺形，“丨”理解成气管。这个字写错率比较高，它的右部分是“巿”，而不是“市”。人们写错它是因为受“市”字的影响，由于“市”“巿”组成的字都较少，“市”字使用的频率较高，“巿”使用的频率较低，由它们组成的字相比较，如“闹”“柿”等字比“肺”“伂”的使用频率也较高，所以受熟悉字形的影响，把“肺”“伂”的右部构件错写成了“市”。如果写成了“市”，就是咽喉与肺的气管不通，得了喉癌。这个方法十分形象，可以推广一下，以免再有人写“肺”字时，得喉癌。通过这类专项培训，提高了教师们研究汉字的兴趣，强化了书写的规范，丰富了教学资源的储备。

3. 编儿歌学汉字

一个错字连篇的人，很难说有什么语文素养；一个不认真写字的人，很难打下语文学习的坚实根基。汉字浩如烟海，有一些字容易读错音，有一些字容易写错形，有一些字容易用错地方。形成错误记忆之后，受“第一印象”影响，纠正起来很不容易。如果遇到这样的字，可将它编成口诀，边念口诀边示范写字，以此来增强学生学习兴趣，从而有效地避免学生作业中的错别字现象。现举几例，供大家参考。

“傍”和“旁”。编成口诀——“旁边有人好依傍。”写念两遍，全体学生都已分清“旁”“傍”两字。

“冷”，有人会把右半部分“令”写成“今”，可编成“天冷滴水成冰晶”来强调那重要的一“点”。

“拔”和“拨”。可边写边说：“拔萝卜，要用手；拔不动，请朋友；累得汗滴流。”通过口诀学生记住了“拔”字左边是提手，右边是“友”加一“点”。

“辛”和“幸”。编口诀：“一滴汗水真辛苦，十全十美真幸福。”

“猴”和“候”。“小竖”的存在与否实在不好明确记忆。编成小故事：“一个人站在路边苦苦等候朋友的到来，可总不见朋友的影子。等啊等啊，腿都酸了。好累呀！只好拿出拐杖拄着，继续等候。瞧，这一小竖就是那根拐棍儿。”学完“候”再学

“猴”。先把“候”写上，再画一只小狗，又依小狗的体貌演化出反犬旁，教师说：“瞧啊，来了一只小狗，小狗来干啥啊？它饿了，正在四处寻找好吃的。小狗最爱吃什么呀？当然是肉骨头了。你们帮它找找，哪有啊？”我们把“小竖”当成骨头，然后说：“小狗看见肉骨头，很快就把它吃光了。”在“候”字左边写上反犬旁，随即抹去“小竖”。

朗朗上口的口诀，代替了枯燥无味的讲解，适应了学生的口味。这样的写字教学，寓教于乐，轻松有趣，事半功倍。

4. 学会欣赏汉字的美

《全日制义务教育语文课程标准》，针对小学写字教学按学段分别提出了这样两个方面的目标要求：一是从第一学段（1—2 年级）开始让学生“初步感受汉字的形体美”；二是在第三学段（5—6 年级）让学生“能用毛笔书写楷书，在书写中体会汉字的优美”。我们要引导学生学会欣赏汉字的美。

通过多种手段让学生体会书法艺术，感受文字魅力。如欣赏北京奥运会会徽标志“文”，感受文字的魅力；欣赏王羲之、颜真卿、苏轼、徐渭等书法家的作品，体会书法的艺术。学校还可以利用黑板报、校报为学生写好汉字创设环境，让学生体会汉字的美，从而激发认识汉字的热情，提高写好汉字的兴趣，让学生明白：语言是人的精神支柱，文字是形象的衣冠，它能表现一个人的“书品”和“人品”。

5. 纠正错别字方法

要区别形近的字首先要弄清字形结构。汉字的字形结构分为独体字与合体字两种。独体字是以笔画为直接单位构成的汉字。即使是字体非常相似的字，其笔画也是有所区别的。如“来”与“耒”：“来”是两横、两点、一竖、一撇、一捺；耒是三横、一竖、一撇、一捺。要十分注意独体字的一笔一画，因为差错最容易隐藏在字的笔画的细微差别之处。只要记住字体相似的独体字的不同笔画，有区别地使用这类字就比较容易了。合体字是由两个或两个以上的单个字组成的汉字。字体相似的合体字相当多，其构成方式也不同。其中有：上同下异，如“挛”与“孪”；外异内同，如“问”与“向”，等等。只要掌握住形体相似的合成字的结构不同之处，出现在书稿或校样上的这类字便不会被混淆了。其次，可以从字的形旁和声旁来区分形体相似的字。汉字大部分是由“形”和“声”组成的形声字，用形旁表示字的意义，用声旁表示字的读音。形体相似的形声字比较多，如“抢”与“抡”，两字表示动作的形旁都是提手儿，而表示读音的声旁前者是“仓”，后者是“仑”。这是从声旁区分这两个形似字的不同。又如“抢”与“枪”：“抢”字的形旁是提手儿，表示抢的动作；声旁是“仓”，表示“抢”的读音。“枪”字的形旁是“木”，表示枪与木有关；声旁是“仓”，表示“枪”的读音。这是从形旁区分这两个形似字的不同。

6. 欣赏汉语的表达美

汉语词语丰富，能充分表达各种细腻的情感。可以通过培训引导师生欣赏汉语表达的美感，激发师生学习研究汉语语言表达的兴趣。如一场奥运比赛结束后，新闻媒体报道使用最多的一对反义词是“胜”与“败”，如“中国队大胜韩国队”与“中国大败韩国队”。比较一下，两个句子意思完全相同，只是这对反义词“胜”与“败”的差异，前者的意思是比赛结果中国队胜了，后者也是中国队赢了。你看，不管是“胜”还是“败”，胜利的都是我们中国队，你说奇妙不！

（八）监督检查是把手

在我们调查研究中，涞源县中小学学生表现出来的用语用字规范化程度参差不齐，而且70%以上老师反映中年级学生的用语用字规范化程度较高。学生出现的用语用字不规范的主要原因可以归结为，家庭语言环境的影响和学生自身的重视程度不够。95%以上的教师认为非常有必要强调中小学生用语用字规范化的要求，有关部门有必要进行用语用字的督导检查。

所谓“一时易，一世难”，要养成良好的写字习惯，绝非一朝一夕之功，而要靠长期坚持不懈、持之以恒的训练。常常见到这样的情形：学生练字时是一种书写，做作业时又是另一种书写。究其原因，一方面是学生作业多，难以顾及书面质量；另一方面是学生没有实现知识的迁移，没有形成自觉写字的习惯。督导检查是监督师生在说普通话、写规范字方面的错误，并提醒其纠正，促进其提高，这项工作很有效。

首先，教师发展中心研训员深入课堂，对教师上课、板书、写教案、批改作业、写评语等教学中用语用字规范情况进行检查评估，对少数用带方音讲课和板书用字不规范的教师提出意见，促其改进。

其次，各学校成立监督机构。监督机构有学校、年级、班级三级，教师、学生既是监督的执行者，也是被监督对象。在用语方面的监督：学校规定普通话是校园语言，要求上课及课间师生相互监督，对不说普通话的人提出批评，对说不好的提出纠正，并做好记录。在规范用字方面的监督：学校专栏、教师教案、上课板书、学生作业、黑板报、手抄报、展示的作业、广播稿的用字一定要规范，对于不规范用字情况提出批评，做好检查及纠正记录等。

语文教学兼有智育、德育和美育的目标。为了每一位学生的发展，在课堂教学过程中教师要革除不利于发展学生语感素质和运用语文能力的“讲风过甚”的弊端，要让学生参与教学，让课堂充满在实践中创新的活力。教师在课内外与学生交往时，要从“师道尊严”的权威中走向“平等中的首席”。师生都要遵守《中华人民共和国国家通用语言文字法》，交往时用语用字都要力求规范化。

四、发展规划

语言文字是思维和交际的工具，是学习知识、传递信息的最主要载体。正确、规范地应用语言文字的能力也是人才素质和文明水准的重要内容。推进语言文字规范化、标准化工作，与实施、完善素质教育工程有着非常密切的关系。为促进语言文字工作的不断深化，形成语言文字工作的长效管理机制，根据教育部语言文字事业中长期发展规划及相关法律法规，结合我县实际，对我县中小学校语言文字规范化未来五年工作进行规划。

（一）总体目标

汉字社会应用进一步规范，汉语拼音更好地发挥作用；由以普及为重点，过渡为普及与提高并重；通用语言文字得到更科学的保护与发展，语言文字的学习更被重视和鼓励、使用更趋宽泛和规范、研究更加扎实和深入，语言文字法制体系和工作机制更加完善；全社会语言文字规范意识和法制意识明显提升，语言文字应用能力明显增强；语言文字规范化、标准化、信息化建设以及科学研究水平显著提高，形成与我县经济、社会和文化建设相适应的语言文字事业改革和发展新格局。

（二）达标要求

各级各类学校及其他教育机构应以普通话和规范汉字为基本的教育教学用语用字，严格建立专任教师、工作人员资格认定、评职晋级普通话水平达标制度。制定考评细则，完善监督检查机制，努力做到制度化和常态化。

严格执行教师持普通话等级证书上岗制度。加强在职教师的普通话水平再提高培训工作，将规范用语用字纳入各级各类教师继续教育培训内容，列入业务考核内容和录用教师资格要求。

校园环境用字，教材（含讲义、教学辅助读物）用字，教学、公务用字，应符合国家通用语言文字标准。

进一步开展创建语言文字规范化示范学校活动，将学校语言文字规范化、标准化工作纳入教育质量评估指标体系和学校精神文明创建活动，作为教育督导、检查、评估的一项内容。

（三）重点工作

1. 立足京津冀协同发展，加强语言文字规范化建设

涞源县政府把京津冀协同发展，作为改变涞源前途命运和发展轨迹的一次重大机遇，以经济发展新常态为引领，加快传统产业转型升级。我们涞源县语委办要以校园用语用字为突破口，继续加强语言文字规范化建设。2016 年 9 月，河北省首届旅游发

展大会在涞源、涞水、易县三县召开，涞源县是主会场。这是推动涞源旅游产业转型升级、实现旅游跨越式发展的一次千载难逢的历史机遇，也是提升涞源用语用字规范化的良好契机。涞源县语委办抓住契机，有计划地加强对学校志愿者、讲解员用语用字的培训、指导和考核，全面提升了涞源县的旅游接待能力和服务水平。

2. 加快规范化语言文字示范校建设

继续开展创建语言文字规范化示范校活动，将示范校创建作为教育质量检测、各级示范性评审等工作的重要内容。目前我县市级语言文字规范化示范校 25 所，省级示范校 4 所，计划到 2020 年，新增市级示范校 10 所，争创省级示范校 6 所，争创国家级示范校 2 所，力争达到局直学校 100％进入各级示范校行列。

3. 提升学生语言文字应用能力

（1）加强学生语言文字应用能力培养。①提升幼儿普通话水平。幼儿园要创设自由、宽松的普通话交流环境，引导幼儿学会倾听并能清楚地用普通话表达，培养阅读兴趣，养成良好阅读习惯。②中小学校要依据语文课程标准组织教学，加强识字与写字、口语交际、阅读、写作等方面的教学，加强中小学规范汉字书写教育，注重语言文字的综合运用，全面提高中小学生听说读写能力。③中等职业学校和高等学校要科学设置语言文字相关课程，以提高语文鉴赏能力、文字书写能力和语言表达与交际能力为重点，全面提升学生的语文素养及语言文字综合运用能力。

（2）建立并完善学生语言文字应用能力评价标准。分级分类制订职教学生和中小学生语言文字应用能力评价标准和测评办法，将口语表达、汉字书写纳入语文教学和评价范围。

4. 搞好文化传承，促进社会文明

（1）推进中华经典“诵写讲”行动。发挥学校在传承中华经典文化中的示范引领作用。将中华经典“诵写讲”教育活动有机融入学校的教育教学和校园文化建设中。依托语文教学主渠道，充分利用语言文字资源，强化诵读、书写、讲解要求，提倡课外阅读、朗诵，开展校内中华经典诵读比赛，组织必要的诵读、书写、讲解下基层等活动。对师生进行“诵写讲”辅导。充分认识“诵写讲”与语文教育、养成教育、青少年成长、人文情感培养等方面的关系，并加强对这方面的研究与探索，形成以中华经典诵读、书写教育为基础的“诵写讲”教育教学方法。

（2）搭建中华经典诵读、书写、讲解行动多样化社会活动平台。结合终身教育体系建设，将中华经典“诵写讲”纳入终身教育内容，定期组织中华经典诵读大赛、普通话专题演讲、规范汉字书写等系列活动。举办与传统节日有关的诵读活动，传承中华文明文化。通过对传统节日的经典诗文、民间习俗的梳理筛选，深入挖掘传统节日文化内涵，并运用多种形式予以呈现，不断扩大社会参与面和影响力，使传统中华文化在中国发扬光大，并在世界文化中独放光彩。

（3）建设中华经典“诵写讲”资源库。鼓励学校根据自身实际研发一批经典“诵写讲”校本教材，开设相关课程。遴选最具中华文化深刻内涵和文化底蕴的文学作品，体现中华民族优秀文化传统和革命传统，符合社会核心价值体系的经典诗文及反映传统节日、各民族有代表性的优秀篇章，以诵读、书写、讲解等形式予以记录、保存、展示和传播，促进优秀传统文化和革命文化传承体系建设。建设中华经典阅读、朗诵（吟诵）、讲解、评析、书写资源库，并通过网络平台实现校园共享。

5. 有计划、有目的保留与传承

在大力推广普通话和规范汉字的同时，我们也要有计划地保留传统语言，科学设计，统一规划，调查收集普通话、汉语方言、少数民族语言的有声材料，整理保存和深入开发利用，科学合理保存中国各民族和各方言语种，以使优秀传统文化薪火相传、发扬光大。

（四）保障措施

1. 完善语言文字工作机制

建立和完善“各司其职、分工协作、齐抓共管、协调有效”的工作机制。进一步明确语言文字工作办公室的主导责任，切实履行统筹职能，切实加强对语言文字工作的领导和支持。健全各学校语言文字工作目标责任制，从体制和机制上确保语言文字工作的有序开展。健全激励机制，适时对语言文字工作先进个人和先进单位进行表彰奖励。

充分发挥语言文字社会团体的作用，支持开展有关语言文字的宣传、咨询、学术研究、合作交流等活动。

2. 构建用语用字宣传体系

将《中华人民共和国国家通用语言文字法》的学习宣传纳入普法规划和普法教育内容。继续开展全国推广普通话宣传周活动，创新活动内容、载体和方式，推动农村、边远地区提高普通话普及程度。创新宣传手段、加强舆论引导，注重对社会关注的语言文字热点问题的宣传解释，营造有利于国家通用语言文字推行和规范使用的社会环境。特别重视发挥“互联网＋”对于推普工作的重要作用。

3. 加强用语用字队伍建设

继续加强学校语言文字工作机构建设。各单位明确语言文字工作责任处室。建立语言文字工作专家库，提供语言文字技术支撑。建立培训制度，通过多种途径，对语言文字专兼职干部、普通话水平测试员和测试工作管理人员进行培训，全面提升语言文字管理人员的理论水平、政策水平和业务水平，从而提高语言文字工作队伍的整体水平。

加强语言文字骨干队伍建设。继续加强和完善普通话水平测试员队伍建设，加强语文骨干教师队伍建设，管理好监督员队伍、志愿者队伍，使其成为推动我县语言文字事业全面发展的骨干力量。

成立语言文字研究中心，建立语言文字工作专家信息库、普通话水平测试员信息库和社会用字监督员信息库；开展语言文字应用研究和政策理论研究等科研工作，提出科研课题，加大科研力度，提高语言文字工作科学化水平。

4. 加强语言文字能力测评

健全语言文字培训测试机构，改进测试环境和工作条件，完善工作制度，加强规范管理，依法开展测试，确保测试质量。建立和完善测试视导制度。推进语言文字测试工作信息化、网络化建设。

依法推进普通话水平达标工作。坚持教师普通话水平达标规定，加强对新进人员的普通话培训测试；积极拓展普通话水平培训测试范围，适时开展汉字应用水平测试和汉语能力测试；加快推进语言文字培训测试的信息化建设和资源建设，加强测试基础设施建设和制度建设，提高普通话水平测试规范化、科学化水平，推动各项语言文字应用能力测评工作健康发展。

5. 强化语言文字监督检查

开展语言文字规范化教育的专项督导。切实督促各级各类学校将语言文字规范化要求纳入人才培养和素质教育之中，纳入教育质量、教师资格和学生综合素质评价标准之中。督促中小学严格执行国家语文课程标准和有关规定，开设语言文字类拓展型课程。加强网络监测平台建设，实行科学有效的监督检查。结合语言文字工作评估，有计划、有步骤地建立语言状况数据库，加强语言文字应用监测。发布语情报告，建立监测公告制度，以各种形式公布监测结果，切实加强语言文字应用的规范管理。

推普工作是一项持久的工作，我们要不断运用新的方法策略，加强对教师、学生、家长及周边人员的大力宣传，让普通话成为校园语言，成为职业语言，成为面向现代化的必需语言，成为人与人情感的纽带、沟通的桥梁，从而不断加强和提高自我的语言素质和人文素质，有力促进我县精神文明建设。

参考文献

[1] 关彦庆，张桂元.《中华人民共和国国家通用语言文字法》的法律精神 [J]. 社会科学战线，2011 (10).

[2] 于根元. 推广普通话60年 [J]. 语言文字应用，2009（4）.
[3] 王群生. 普通话培训与测试 [M]. 北京：中国地质大学出版，1999.
[4] 傅国通，殷作炎. 普通话导读 [M]. 杭州：浙江教育出版社，1998.
[5] 何九盈，胡双宝，张猛. 中国汉字文化大观 [M]. 北京：北京大学出版社，1995.
[6] 廖文豪. 汉字树：活在字里的中国人 [M]. 北京：北京联合出版公司，2013.
[7] 刘晨明. 习字格习练汉字的作用 [J]. 中国钢笔书法，2008（5）.

结　语

——留住长城文脉　守住民族语魂

在传统意识里，长城是战争掩体，是为防止游牧民抢掳北京而设立的障墙。其实，从更广阔的区域、更长的历史时期和更多的学科领域去思考长城形成、分布的背景以及长城的意义和影响能得到更有价值的结论。长城熔铸着中华民族勤劳勇敢、自强不息的民族精神，体现着古代劳动人民凭借血肉之躯，历经千辛万苦在崇山峻岭、荒漠戈壁上创造出来的伟大奇迹，它更体现了中华民族吃苦耐劳、顽强坚毅、众志成城的民族风骨。长城承载着中华民族博大精深的历史文化，长城内外农耕文明和游牧文明不断碰撞与融合交流，推动了各民族的大团结、大融合。

面积辽阔、环境复杂的中华大地在漫长的历史中形成了众多特色鲜明、文化独特的民族。由于各民族分布区的迁移、扩张，必然使其在地域上相互接近，形成民族交界和交汇的地区。这类地区成为不同民族文化之间相互交流最频繁的地区。在民族文化交流的过程中，异质文化之间的矛盾冲突难以避免，当这种矛盾冲突激化为军事冲突时，长城现象就可能发生。但长城的修筑却进一步促进了民族文化的交流、融合和发展。一方面，因防守的需要，大量驻军、屯田，从全国各地迁移来的人口促进了边区经济贸易发展和文化融合；另一方面，在两种异质文化矛盾所导致的军事冲突中，长城的修筑能形成一种暂时的均势和缓冲，使得双方得以冷静地看待、学习和借鉴对方的文化，从而实现文化的高端融合，并促进双边文化的发展。

长城是中华民族的摇篮和象征，对中华民族多元一体格局的形成和发展起着至关重要的作用。从空间序列来看，作为文化梯度的地理标志，长城是异质民族文化的分界，它诠释着中华民族及其文化多元性的特征，并制约着其空间分布的基本格局。从时间顺序来看，长城促进了异质民族文化之间的融合与发展，对中华民族及其文化统一体的形成起着关键性的作用。历史上长城的反复修筑，使中华大地上各民族的文化实现了分、合、发展的螺旋式演进，形成了中华文化多元性、开放性和兼容性的特征。正是这一特征，使中华文化数千年来经历无数次冲击，而不断地发展并一脉相承。也正是这一特征，使中华文化保持了强大的生命力。

长城沿线留下了许许多多语言文字的遗迹。这些遗迹都留有长城元素和文化。“保护、利用、传承、发展”这八字方针是推进长城文化带建设永恒的主题。调研表明，推进长城文化带建设，必须树立在继承中保护、在保护中发展、在发展中继承的意识。让我们携手书写美丽语言与历史文物共同发展的美好画卷。

编　者

2017 年 2 月